식민지 조선과 일본군'위안부' 문제 자료집 II
- 제국 외 이송유괴 사건 관계 -

• 이 책은 2020년도 동북아역사재단 기획연구 수행 결과물임(NAHF-2020-기획연구-9).

일제침탈사
자료총서 96

식민지 조선과 일본군'위안부' 문제 자료집 Ⅱ

– 제국 외 이송유괴 사건 관계 –

동북아역사재단 편

동북아역사재단
NORTHEAST ASIAN HISTORY FOUNDATION

| 발간사

일본이 한국을 침탈한 지 100년이 지나고 한국이 일본의 지배로부터 벗어난 지 70년이 넘었건만, 식민 지배에 대한 청산은 이루어지지 못하고 있다. 일본의 독도영유권 주장은 도를 넘어섰다. 일본은 일본군'위안부', 강제동원 등 인적 수탈의 강제성도 인정하지 않고 있다. 일본군'위안부'와 강제동원의 피해를 해결하는 방안을 놓고 한·일 간의 갈등은 최고조에 이르고 있다. 역사문제를 벗어나 무역분쟁, 안보위기 등 현실문제가 위기국면을 맞고 있다.

한·일 간의 갈등은 식민 지배의 역사를 어떻게 볼 것인가 하는 역사인식에서 기인한다. 역사는 현재와 과거의 대화이며 이를 기반으로 미래로 나아갈 수 있다. 과거 침략의 역사를 미화하면서 평화로운 미래를 말하는 것은 불가능하다. 식민 지배와 전쟁발발의 책임을 인정하지 않고 반성하지 않으면 다시 군국주의가 부활할 수 있고 전쟁이 일어날 위험성도 배제할 수 없다. 미래지향적 한일관계를 형성하고 나아가 동아시아의 평화와 번영의 기틀을 조성하기 위해 일본은 식민 지배의 책임을 인정하고 그 청산을 위해 노력해야 할 것이다.

식민 지배의 역사를 청산하기 위해서는 식민 지배는 어떻게 이루어졌는지 그 실상을 명확하게 규명하는 일이 긴요하다. 그동안 일본제국주의에 맞서 조국의 독립을 위해 헌신한 독립운동가들의 활동을 찾아내고 역사적으로 평가하는 일에는 상당한 성과를 거두었다. 반면 일제 식민침탈의 구체적인 실상을 규명하는 일에는 충분한 노력을 기울이지 못했다. 제국주의가 식민지를 침탈했다는 것은 너무나 당연한 사실로 여겨졌기 때문에, 굳이 식민 지배에서 비롯된 수탈과 억압, 인권유린을 낱낱이 확인할 필요가 없었는지도 모른다. 그러는 사이 일본은 식민 지배가 오히려 한국에 은혜를 베푼 것이라고 미화하고, 참혹한 인권유린을 부인하는 역사부정의 인식을 보이는 데까지 이르고 있다. 일제의 통치와 침탈, 그리고 그 피해를 종합적으로 조사하고 편찬할 필요성이 여기에 있다.

일제침탈사를 체계적으로 정리하는 일은 개인이 감당하기 어렵다. 이에 우리 재단은 한국학계의 힘을 모아 일제침탈사 편찬위원회를 꾸렸다. 편찬위원회가 중심이 되어 일제의 식민지 침탈사를 정치·경제·사회·문화 모든 방면에 걸쳐 체계적으로 집대성하기로 했다. 일제 식민침탈의 실체를 파악하기 위해 2020년부터 세 가지 방면으로 사업을 추진하고 있다. 하나는 일제침탈의 실상을 구체적이고 생생한 자료를 통해서 제공하는 일로서 〈일제침탈사 자료총서〉로 편찬한다. 다른 하나는 이들 자료들을 바탕으로 연구한 결과물을 〈일제침탈사 연구총서〉로 간행한다. 그리고 연구의 결과를 대중들이 이해하기 쉽게 〈일제침탈사 교양총서〉를 바로알기 시리즈로 간행한다. 자료총서 100권, 연구총서 50권, 교양총서 70권을 기본목표로 삼아 진행하고 있다.

〈일제침탈사 자료총서〉에서는 정치·경제·사회·문화 모든 방면에 걸쳐 침탈의 역사를 자료적 차원에서 종합했다. 침략과 수탈의 역사를 또렷하게 직시할 수 있도록 생생한 자료를 제공하는 데 목표를 두었다. 그동안 관련 자료집도 여러 방면에서 편찬되었지만 원자료를 그대로 간행한 경우가 많았다. 이번에 발간되는 자료총서는 해당 주제에 대한 침탈의 실상을 체계적으로 이해할 수 있는 구성방식을 취했으며, 지배자의 언어로 기록되어 있는 자료들을 독자들이 쉽게 읽을 수 있도록 모두 번역했다. 자료총서를 통해 일제 식민 지배의 실체와 침탈의 실상을 있는 그대로 이해할 수 있게 되기를 기대한다.

2021년

동북아역사재단 이사장

| 머리말

김학순이 일본군'위안부' 문제를 전쟁범죄와 식민지 지배책임 문제로서 공개증언하고, 여기에 공감하는 청중이 모여 새롭게 전시 성폭력의 역사를 쓰기 시작한지 30년이 지났다. 여성의 관점과 소수자의 경험을 배제해 온 역사쓰기에 거리를 두고, 역사를 배우기보다 역사에서 배우는 것이 더욱 중요하다는 사실을 깨달아 온 시간이었다. 동시에 평화와 인권을 존중하는 미래를 만들기 위해서는 역사를 소비하는 데 그치기보다 각자가 역사쓰기에 참여하는 것이 중요하다는 사실을 깨닫는 시간이기도 했다. 개인의 자유의지와 자율적인 일상이 보장받는 개인의 권리란, 타인의 권리와 균형을 이뤘을 때 비로소 평화로운 상태에 이르기 때문이다. 따라서 타인의 위한 역사를 아는 것은 나를 위한 역사쓰기의 전제조건이며, 누구도 타자화하지 않는 역사쓰기를 하려면 각자의 역할과 책임을 공유하는 민주적인 공동체 사회를 지향해야 한다는 목적의식이 있어야 한다.

그리고 우리는 그 어려운 일을 해내기 위해 지난 역사에서 다양한 권력 주체들이 저질러 온 폭력과 여기에서 비롯된 인간의 고통을 배워야 한다. 피해자의 편에서 분노하고 가해자를 응징하기 위해서만이 아니다. 폭력을 낳는 구조와 그로 인해 이득을 얻는 주체를 직시하고 폭력을 재생산하는 구조를 해체하기 위해서이다. 동시에 폭력구조가 짜놓은 관계의 그물망에서 가해와 피해 사이 어디쯤에인가 배치되어 있는 우리를 해방시키기 위해서이다. 오늘날까지 지속된 폭력구조는 미래에도 이어질 것이며, 그로 인한 인간의 갈등과 고통은 끝이 나지 않을 것이기 때문이다.

《식민지 조선과 일본군'위안부' 문제 자료집》 시리즈는 군사주의와 식민주의, 그리고 가부장주의를 발판으로 '제국'을 지배했던 일제 권력이 어떠한 지배구조를 만들어내고 또 이를 어떻게 차별적으로 운용했는지 점검하면서 '위안부' 피해에 접근하고자 한다. 그간 일본군'위안부' 문제를 둘러싼 논의에서 조선인 '위안부'의 피해 성격 문제가 쟁점이 되어왔음에도 불구하고 역사적 실태 연구는 충분치 않았다. 이는 일차적으로 조선인 '위안부'의 피해 특성을 직접적으로 드러내는 역사자료를 찾기가 쉽지 않다는 현실 때문일 것이다. 그러나 동시에 우리가 얼마나 식민주의 및 젠더 관점으로 조선인 '위안부'의 피해를 이해하고자 노력해 왔는지에 대한 질문도 필요하다. 인식의 틀을 달리하면 기존의 자료를 새롭게 독해하여 전시 성폭력 피해에 대해 풍부하게 얘기할 수 있다. 일본군'위안부' 피해를 이해하기에 필요한 것은 새로운 자료가 아니라 새로운 관점과 방법론이다. 이를 위해 이 자료집 시리즈에서는 조선인 '위안부' 동원 배경과 피해를 이야기하기 위한 다섯 가지 주제를 설정하고, 관련 자료를 수집하고, 해당 주제와 관련되는 일본 정부의 자료도 함께 정리하였다.

식민지 조선은 제국 일본의 '외지(外地)'로서 법의 예외상태에 놓여 있었다. 따라서 그 역사적 특성을 이해하기 위해서는 교차하는 권력들과 이들 간의 공모에 의해 구축된 정치적, 경제적, 사회적 지배질서의 성격을 따져봐야 한다. 제국 본국에 견준 차별적인 법 적용뿐만 아니라 법의 불비(不備) 또는 권력에 의한 폭력의 관리 상태를 드러내며 식민주의가 어떻게 작동되고 있었는지 살펴봐야 하는 것이다. 나아가 제국 본국뿐만 아니라 또 다른 외지 지역들, 그 외 점령지나 실질적 식민지 지역들에 대한 권력 행사 방식을 더불어 살펴봐야 내셔널리즘 역사인식의 함정에 빠지지 않을 수 있다. 비교사의 접근으로 시공간을 가로질러 작동하는 권력들의 본질을 드러냄으로써 현재에도 엄습하고 있는 식민주의의 공세에 맞설 수 있는 것이다. 조선인 여성의 피해 실태를 살펴봄으로써 젠더와 탈식민주의 관점을 견지하겠다는 이 자료집이 일본 내부에서 일어났던 사례까지 포함하고 있는 이유는 바로 이 때문이다.

2020년에 발간한 자료집 제Ⅰ권 '중일전쟁 이후 일제의 도항 통제'에서는 중일전쟁 발발 이후 일본 정부와 조선총독부가 시행한 '불량분자' 도항 통제와 '위안부' 도항 관계 자료를 살펴보았다. 이 책으로 전시체제기 식민지 조선, 타이완과 일본의 여성이 '자발적인 의사'로 전쟁터로 가서 '위안부'가 된다는 것이 불가능하다는 사실을 드러냈다. 일본군과 일본 정부, 그리고 식민 권력이 '위안부'의 도항을 허가하는 과정에서 사용한 용어는 '작부'나, '여급', '조추', '나카이'였다는 사실도 확인할 수 있었다. 성적 서비스나 가사 서비스를 위해 일본이 여성의 일로서 합법화한 분야의 용어들을 활용하여 전쟁터의 '위안부' 공급을 비불법(非不法) 차원으로 관리한 것이다.

2021년에는 '제국 외 이송유괴 사건 관계' 자료와 '전시체제기 유언비어 통제 관계' 자료를 엮어 자료집 제Ⅱ권과 제Ⅲ권으로 내놓는다. 제국 일본의 영역을 넘어 인신매매되는 여성들의 피해 내용이 담긴 제국 외 이송유괴 사건 관련 형사판결문은 당시 사법 당국이 '위안부' 이송을 불법으로 인식하고 처벌한 실태를 보여주는 사례로서 주목되어 왔다. 전시체제기 언론 및 여론 통제의 시대에 '위안부' 동원과 관련되었다고 여겨지는 '유언비어' 처벌 자료들은 사기와 감언이설의 방법으로 '위안부'가 되어야 했던 식민지 여성의 동원 배경을 드러내는 자료로서 검토되어온 바다.

일본군'위안부' 문제를 해결하려고 노력해 온 30년이 넘는 시간 속에서 우리는 수많은 '자료 발굴'과 자료집의 발간, 그리고 데이터베이스의 구축 소식을 접해왔다. 그간의 수고와 노력이 없었다면 이 자료집 시리즈는 기획조차 어려웠을 것이다. 따라서 이 자료집의 발간도 그간의 성과에 빚지고 있다고 할 수 있다.

한편 수많은 자료 발굴과 연구 성과에도 불구하고 '팩트'를 내세우며 일본군'위안부' 피해와 그 책임을 부정하는 역사부정론자들의 공세가 더욱 높아지고 있는 현실에 주목한다. 이는 일본군'위안부' 진상규명이라는 과제가 자료의 '발굴'에서 '해석'으로 이행되었음을 시사한다. 그리고 우리는 어떠한 관점으로 자료를 해석하여 어떠한 미래를 만들어 가기 위한 '위안부' 역사쓰기를 할 것인가라는 질문에 맞닥트리고 있다. 이제 '위안부' 문제 해결이라는 당위를 외치기에 앞서, 그 해결의 길을 찾기 위해 우리에게 필요한 관점이 무엇인지 확인하고 그 바탕 위에서 '위안부' 역사를 구성해 나갈 때이다. 이 자료집 시리즈가 역사로부터 배우는 방법을 사유하는 데 밑거름이 될 수 있기를 바란다.

이 책을 엮는 데 많은 분들의 도움을 받았다. 필자가 동국대 대외교류연구원 재직 시절 인연을 맺고 연구 교류를 했던 김윤정, 천지명, 방광석 선생님이 읽기 까다로운 형사판결문 일부를 번역해 주었다. 함께 의논할 수 있는 번역자가 있어 필자의 작업이 외롭지 않았다. 또한 원교 교열과 편집을 맡아준 선생님은 수차례 검토하는 수고를 마다하지 않으면서 원고의 오류를 바로잡고 책을 보기 좋게 만들어 주었다. 필자를 믿고 아낌없이 출판 지원을 해준 재단 관계자 분들에게도 깊은 감사와 응원을 보낸다.

2021년 12월

동북아연구재단 연구위원 박정애

| 차례

일러두기

1. 용어 표기

- 당대 역사상을 보여 주는 용어는 가능한 한 그대로 사용했다. 단, 문장을 풀어쓸 필요가 있는 경우에는 풀어서 번역했다.
- '내지(內地)', '내지인(內地人)'은 '일본', '일본인'만을 지칭하는 용어이다. 따라서 원문 그대로 입력했다.
- '중국', '중국인'을 뜻하는 '지나(支那), 지나인(支那人)'은 원문 그대로 입력했다. 일본은 중국인이 그렇게 불리는 것을 싫어한다는 사실을 알면서도 공문서에 '지나', '지나인'이라는 표현을 사용했다. 당시 일본의 아시아 인식을 드러내는 말이라 생각한다.
- '아국(我國)'은 일본, 조선, 타이완 등을 포함한 말이다. 드물게 '우리 나라'라고 번역한 경우도 있지만, 대부분 식민지를 활용하는 일제의 입장에 거리를 두기 위해서 굳이 '아국'으로 번역했다. '황군(皇軍)', '제국영사관(帝國領事館)' 등 일본 측 관점을 드러내는 용어 또한 살려서 번역했다.
- '가시자시키(貸座敷)', '오키야(置屋)', '조츄(女中)', '나카이(仲居)' 등 일본의 역사나 정책에서 비롯된 말은 번역하지 않고 일본어 발음대로 표기하였다. 그 뜻은 본문 각주에서 설명했다.
- '봉공(奉公)'은 일본어 발음인 '호오코오'로 표기하거나 '일'로 번역하였다. '호오코오'는 멸사봉공(滅私奉公)의 '봉공'에서 비롯된 단어이다. 『日本国語大辞典』(japanknowledge.com)에 따르면 '호오코오'는 원래 국가 등을 위해서 힘쓰는 것, 무가 사회에서 가신이 주군을 위해 일하는 것 등을 의미한다. '타인에게 몸의 의지하여 섬긴다'는 뉘앙스로 인해 에도시대에는 생가를 떠나 타인의 집에서 일하며 돈을 버는 것을 '호오코오'라고 일컫게 되었다. 이 자료집에는 '창기호오코오(娼妓奉公)', '조츄호오코오(女中奉公)'라는 표현이 쓰인 자료가 포함되어 있다. 그간의 번역 사례에서는 '창기봉공', '여중봉공'이라고 표현한 경우가 많은데, 과연 이렇게 번역할 수 있을지 고민이 되었다. 자료집 Ⅰ에서는 이 말을 '일'이라고 굳이 번역하거나 기존 사례를 좇아 '봉공'이라고 표기하기도 하였으나, 역시 '호오코오'의 번역 문제는 논의가 필요해 보인다. 자율적인 계약에 의해 맺어지는 근대화한 고용관계를 표현하는 데에, 계급사회에서의 수직적 차별이 드러나는 표현이 그대로 쓰이면서 결국 강화된 내셔널리즘이 내포된 단어로 재구축된 과정을 보여줄 필요가 있다고 생각했기 때문이다. 이는 또한 '호오코오'라고 표현된 고용관계가 과연 각자의 이해가 고려된 자발적인 계약에 의한 것으로 볼 수 있느냐의 문제와도 연결된다. 이러한 이유로 '호오코오'라는 표현은 번역하지 않고 일본어 발음대로 남겨두었다.
- 주로 창기의 일을 말할 때 표현되는 '창기카교오(娼妓稼業)' 또한 그간 '가업'으로 번역되어 왔지만, 이는 한국어에 없는 말이다. '카교오'는 생계유지를 위한 일이라는 의미인데, 근대 일본에서 '창기카교오'라는 합성어가 하나의 단어처럼 사용되는 배경을 살펴보는 것이 중요하다. 창기제도는 곧 인신매매 제도라는 국내외의 비판이

있자 메이지 정부는 '창기해방령'을 공포하고 다시 '창기단속규칙'을 제정하는 과정 속에서 '생계를 위해 성매매 일을 하는 여성과 포주의 계약은 인신매매가 아닌 합리적인 계약'이라는 해석을 해왔다. 근대 일본의 창기제도는 '창기의 필요에 의한 자발적인 계약 제도'라는 정치적 수사가 내포되었고 이에 '창기카교오'라는 말이 정착되었다. 이 자료집에서는 이를 '창기생업'으로 번역하여 용어가 등장한 역사적 배경을 드러내려 했다.

2. 지명 표기

- '신징(新京)', '모지(文司)' 등 지명 표기는 현지 지명의 발음 표기에 따랐다.

3. 이름 표기

- 일본인의 경우, 외래어 표기법에 따라 표기하고 한자를 병기했다. 실제로 불렸던 이름 표기를 알 수 없는 경우 일반적으로 사용하는 이름을 표기했다. 이 때문에 실제 사용된 이름과 표기가 다를 수 있는 점을 양해 바란다.
- 창씨개명한 조선인의 경우, 일본식이 아니라 한자음대로 표기했다. 실제로는 일본어 발음으로 불렸을 테지만 국책에 의한 창씨개명이었기 때문에 당대의 저항감을 반영할 필요가 있다고 판단했다.

4. 번호 표기

- 자료의 전체적인 순서나 배열, 일련번호는 편찬자가 매긴 것이다. 그러나 본문 내용의 번호나 형식은 원문을 그대로 따랐다. 一, 二, 三, (一), (二), (三) 등 원문의 번호를 그대로 입력했다. 단, 원문의 (イ), (ロ), (ハ)는 (가), (나), (다)로 번역했다.

5. 개인정보 입력

- 이 자료집에서 다루고 있는 자료는 때로 상세한 개인정보를 담고 있으며, 현재 소장처나 온라인으로 접근할 수 있는 데이터베이스를 통해 어렵지 않게 접할 수 있다. 이 때문에 자료에 드러난 정보를 최대한 공유하되 개인정보를 보호하기 위해 최대한 노력했다.
- 이름은 그대로 쓰되 한문 표기는 삭제했다. 창씨개명된 이름인 경우 한문을 병기하되 원래의 이름은 표기하지 않았다.
- 주소는 마을 단위까지 쓰고 번지 표기는 삭제했다. 전시 여성 동원에 대한 소문이 특정한 시기, 특정한 지역에서 발생하고 유통하는 흐름을 파악하기 위해 마을 단위까지 표기하는 것이 필요하다고 판단했다.

6. 일제강점기 신문기사 입력

- 국한문 혼용체 기사를 현대의 한국어로 입력했다. 원문에 쓰인 '산해관(山海關)', '장곡천(長谷川) 중장', '소화(昭和)12년' 등 고유명사의 한자음 표기를 그대로 옮겼다. 다만 가독성과 편의를 위해 한국어 맞춤법은 최대한 오늘날의 기준을 따랐다.

7. 해독 불가능한 글자 입력

- 원문이 보이지 않는 경우에는 '□□'로 입력했다. 'OO'나 '…'로 입력한 것은 원문 그대로 입력한 것이다.

8. 자료 원문의 출처 및 소장처

원문 자료	출처 및 소장처	비고
Ⅰ. 국외 이송유괴 사건 관계 형사판결문	한국 국가기록원	기관 방문 조사 수집
Ⅱ. 관련 언론 보도	한국역사정보통합시스템 (『동아일보』, 『조선중앙일보』, 『부산일보』)	koreanhistory.or.kr
	네이버 뉴스 라이브러리 (『동아일보』, 『조선일보』)	newslibrary.naver.com 동아일보의 경우, 한국역사정보통합시스템의 기사와 네이버 뉴스 라이브러리의 기사 내용이 다른 경우가 있음.
	대한민국 신문 아카이브 (『매일신보』)	nl.go.kr/newspaper
	국립중앙도서관 (잡지 『조광』, 잡지 『여성』)	nl.go.kr
Ⅲ. 위안소 업자의 국외 이송유괴 사건에 대한 일본법원 판결문	일본 국립국회도서관 法曹會 編, 1952, 『大審院刑事判例集 第14巻 上』, 法曹會. 法曹會 編, 1953, 『大審院刑事判例集 第16巻』, 法曹會.	ndl.go.jp
	여성을 위한 전쟁과 평화자료관 일본군'위안부' 관련 공문서 (나가사키재판소 판결문, 나가사키공소원 판결문)	wam-peace.org/ianfu-koubunsho/list/m-all-list.html (J_C_004, J_C_003)
	戸塚悦朗, 2004, 「日本軍「従軍慰安婦」被害者の拉致事件を處罰した戦前の下級審刑事判決を發掘：資料國外移送誘拐被告事件に關する長崎地方裁判所刑事部昭和十日年二月一四日判決」, 『龍谷法学』 37(3). (나가사키재판소 판결문)	여성을 위한 전쟁과 평화자료관 소장 자료의 누락 부분

해제

제국 외 이송유괴 사건과 인신매매, 그리고 일본군'위안부'의 동원과 이송

박정애 | 동북아역사재단 연구위원

일본군'위안부' 피해 자료로서 제국 외 이송유괴 사건 자료가 주목받은 것은 일본에서 2000년 전후 발견된 형사판결문(자료집의 III-2. 상하이 유괴 사건) 때문이다. 나가사키 사건은 일본 나가사키와 중국 상하이에 거주하는 일본인 10명이 서로 공모하고 일본인 여성 15명을 유괴하여 상하이의 해군 위안소에 이송한 일이었다. 범죄는 1932년에 일어났지만, 피고인들이 검거되어 재판을 받은 것은 1936년이다. 1936년 2월 14일 나가사키 지방재판소에서 제1심 재판이 있었고, 피고인들은 최고 3년 6월 징역형을 받았다. 1936년 9월 28일 나가사키공소원에서 열린 제2심 재판에서는 피고인들의 형량이 최고 2년 6월로 줄었으며, 이는 1937년 3월 5일 제3심 대심원 판결에서 확정되었다. 나가사키 사건에서 유괴 모의와 행위, 이송에 가담한 관계자들은 모두 공동정범으로 처벌받았다.

이 사건 자체는 1997년 조선인강제연행진상조사단의 사무국장 홍상진이 일본 공립도서관에서 대심원 판례집을 찾아내면서 처음 알려졌다.[1] 이어서 2002년 10월 도츠카 에츠로(戸塚悦朗)가 나가사키 지방검찰청에 보존되어 있던 제1심과 제2심 판결문의 원본 사본을 입수하여 2004년 처음 공개하였다.[2] 이 자료들을 검토한 도츠카 에츠로는 자료의 의의를 다음과 같이 밝혔다. ① 여

1 이때의 발견 내용은 1997년 8월 6일자 『마이니치신문(毎日新聞)』에 보도되었으며, 자료를 제공받은 도츠카 에츠로(戸塚悦朗) 변호사가 '획기적인 발견'이라고 평가한 바가 있다(戸塚悦朗, 2004a, 「戰時女性に対する暴力への日本司法の対応, その成果と限界: 發掘された日本軍「慰安婦」拉致処罰判決(1936年)をめぐって(上)」, 『季刊戰争責任研究』 43, 戰争責任資料センター, 35쪽).

2 戸塚悦朗, 2004a, 위의 논문, 35쪽, 42쪽; 戸塚悦朗, 2004b, 「戰時女性に対する暴力への日本司法の対応, その成果と限界: 發掘された日本軍「慰安婦」拉致処罰判決(1936年)をめぐって(下)」, 『季刊戰争責任研究』 44, 戰争責任資料センター(이상 2개 논문은 다음의 책에 번역되어 있다. 일본의 전쟁 책임 자료센터 엮음, 강혜정 옮김, 2011, 『일본의 군'위안부'연구』, 동북아역사재단).; 戸塚悦朗, 2004c, 「日本軍「従軍慰安婦」被害者の拉致事件を處罰した戰前の下級審刑事判決を發掘－資

성을 유괴하여 위안소로 이송한 행위를 재판소라는 공적 기관이 형법의 범죄로 인정하고 처벌한 최초 사례이다. ② 비교적 이른 시기인 1932년 일본군 위안소의 존재에 대한 유력한 증거이며, 위안소가 위법적으로 설립됐다는 것을 나타내는 공문서이다. ③ 위안소 이송을 위한 여성 유괴범죄의 구체적 사실관계를 알 수 있다. 특히 취업사기를 통한 유괴방식을 드러낸다. ④ 일본인 '위안부' 여성의 피해사례를 보여준다. ⑤ 일반인이 접하기 어려운 하급심 판결문 내용이 처음으로 공개되었다. ⑥ 그간 일본 정부의 '위안부' 피해 조사가 충분치 않았음을 말해준다.[3]

이 가운데 이 사건이 위안소 이송유괴를 범죄로 규정하고 처벌한 최초 사례라는 것은 시즈오카 사건의 대심원 판결문(자료집의 Ⅲ-1. 만주 링위안 유괴 사건)이 2012년에 발견되면서 뒤집어졌다. 시즈오카 사건은 미성년자를 포함한 피해여성들을 만주 링위안(凌源)의 위안소[4]로 이송유괴하였다가 1935년 6월 6일에 대심원 판결을 받고 유죄가 확정된 사건인데, 나가사키 사건보다 더 이른 시기의 것이다.[5]

위에 열거한 나가사키 사건 판결의 의의 가운데 연구자들은 ①과 ③에 주목하여 제국 외 이송유괴죄와 '위안부' 피해 관계를 밝히고자 했다. 일본군 위안소가 설치되고 업자들이 감언이설과 취업사기 등의 방식으로 여성들을 이송했던 사실에 대하여 일본 사법은 당대부터 불법으로 인식하고 처벌했다. 그런데 일본군이 위안소를 지정하고 관리하고 이용하는 만큼, 업자들의 불법행위에 일본군의 책임이 없을 리가 없다. 이렇게 일본군이 연루된 불법행위에 대하여 당시 사법이 책임을 묻지 않았다면, 이에 대해 일본 경찰과 사법도 책임을 져야한다. 판결문에는 일본군에 대한 경찰과 검찰의 대응이 전혀 나타나 있지 않으며, 이는 일본 사법이 군의 행위를 불문에 부친 것이 된다.[6] 도츠카 에츠로는 대심원 판결 이후인 1938년 2월 23일에 나온 내무성 경보국장 통첩 「지

料: 國外移送誘拐被告事件に關する長崎地方裁判所刑事部昭和十一年二月一四日判決」, 『龍谷法學』 37(3)(이 논문은 도츠카 에츠로, 박홍규 역, 2004, 「번역: 전시여성 폭력에 대한 일본사법의 대응, 그 성과와 한계-최근 발굴된 일본군"위안부" 납치처벌 판결(1936년)을 둘러싸고-」, 『민주법학』 26에 번역되어 있다).; 戸塚悦朗, 2006, 「日本軍「従軍慰安婦」被害者の拉致事件を處罰した戰前の下級審刑事判決を發掘(続)-資料: 國外移送誘拐被告事件控訴審長崎控訴院第一刑事部昭和十日年九月二十八日判決」, 『龍谷法學』 38(4).

3 戸塚悦朗, 2004a, 앞의 논문, 35-37쪽.

4 판결문에 위안소라는 용어가 표기되지는 않지만, "출정 중인 군인을 고객으로 하는 카페"로 설명된다.

5 조선인강제연행진상조사단이 자료의 존재를 확인했다. 마에다 아키라, 2001, 「나가사키 사건, 시즈오카 사건 대심원의 판결을 읽는다: '위안부' 강제연행은 유괴이다」, 『일본인 「위안부」, 애국심과 인신매매』, 논형, 48쪽.

6 戸塚悦朗, 2004a, 앞의 논문, 38쪽.

나 도항 부녀 취급에 관한 건(支那渡航婦女ノ取扱ニ関スル件)」을 근거로 나가사키 사건 판결이 '위안부'의 불법적인 이송을 '불처벌'할 것을 결정짓는 계기였다고 주장했다. 통첩의 내용은 중일전쟁 이후 성매매(醜業)를 목적으로 중국에 건너가는 여성들이 많은데, 모집업자 중에는 군 당국의 양해가 있는 듯이 말하는 경우도 자주 보이고, 여성의 중국 도항은 현지 실정을 감안할 때 필요한 일이므로 경찰 당국도 실정에 응하는 조치를 강구할 필요가 있다고 전제하면서 여성의 도항 조건과 관계 당국의 단속 강화 방침을 밝히는 것이다.[7] 이에 대해 도츠카 에츠로는 "나가사키 사건과 같은 판례가 있듯이 여성의 중국 도항에 범죄 요소가 있다면 '법으로 엄하게 단속하겠다'고 말하면 그만이다. 그러나 내무성은 '제국의 위신을 훼손하거나 황군의 명예를 해치는' 모집과 주선을 단속하고 '현지 실정과 기타 여러 가지 사정을 고려하여' 여성의 중국 도항을 단속하겠다고 통첩을 냈다. 결국 나가사키 사건 재판을 거치면서 '위안부' 모집이 '제국과 황군의 명예'에 좋지 않은 영향을 미치는 것을 고려하여, 내무성은 이에 대한 발설 금지를 엄포하고 경찰 당국이 '실정에 맞는 조치'를 취하겠다는 애매한 대응을 발표했다"고 비판했다. 일제 당국이 '불처벌'이라는 초법적 조치를 결정했다는 것이다.[8] 아울러 나가이 가즈(永井和)가 이 통첩에 대해 "한편으로는 위안부의 모집과 도항을 용인하고 군, 곧 국가와 위안소의 관계를 은폐할 것을 업자에게 의무화했다. …… 이 공인과 은폐가 경보국의 방침이며 일본 정부의 방침이었다"고 지적한 것을 '탁견(卓見)'이었다고 소개했다.[9] 본래 왕래가 자유롭던 일본인의 중국 도항에 규제가 이루어진 것은 중일전쟁 직후인 1937년 9월부터였다. 이때 '방인(邦人)'이라고 불렸던 일본인의 범주에는 조선인과 타이완인이 포함된다. 중일전쟁이 일어나고 중국 거주 '방인'을 히키아게(引揚)했던 일제 권력은 일본군 점령지가 확대되고 치안이 안정화되고 있다고 여기면서, 신분증명서와 도항증명서 발급을 통해 '방인'의 도항을 엄격하게 단속하도록 통첩을 발했다. 일본군의 점령지에 들어가는 만큼 어떤 증명서보다 현지의 치안을 담당하는 군의 허가가 우선시되었음은 물론이다.[10] 현지의 치

7 동북아역사재단 편, 2020a, 『식민지 조선과 일본군'위안부' 자료집 I : 중일전쟁 이후 일제의 도항 통제(번역·해제 편)』, 동북아역사재단, 434-436쪽.

8 戸塚悦朗, 2004a, 앞의 논문, 39-40쪽.

9 戸塚悦朗, 2004a, 앞의 논문, 40쪽. 나가이 가즈의 논문은 永井和, 「陸軍慰安所の創設と慰安婦募集に關する一考」, 『二〇世紀研究』 1. 이 논문의 번역 내용은 다음 문헌을 통해서 살펴볼 수 있다. 나가이 가즈, 2001, 「일본군 위안소 정책에 대해」, 『일본인 「위안부」, 애국심과 인신매매』, 논형.

10 박정애, 「일제의 도항 통제 자료와 식민지 조선에서 '위안부'의 동원·이송 문제」, 동북아역사재단 편, 2020a, 위의 책, 20-35쪽 참조.

안과 질서를 어지럽히는 '불량분자'의 도항을 금지하겠다는 취지였는데, 그렇다면 전장의 위안소로 가는 업자와 여성들은 '불량분자'였을까, '정업자(正業者)'였을까. 도항 허가를 받고 홍수처럼 중국으로 넘어가는 일본인과 조선인, 특히 '예기', '창기', '작부'에 대한 언론기사가 매일같이 나왔던 당시 상황을 보면, 이들이 당국에 의해 '불량분자'로 인식되지 않았음은 분명하다. 1938년 9월 8일 자 『동아일보』는 "지나사변 이후 북지 방면을 향하여 진출하는 이런 종류의 영업자들이 격증하는 것은 이에 따라 희생을 받는 부녀자가 늘어가는 것을 의미"한다고 지적했다. 갖가지 통첩으로 엄하게 도항을 통제하던 시기에 중국으로 진출하는 '희생받는 부녀자'가 격증한다는 기사는 전시(戰時) 당국의 방침과 거리를 두고 있는 불법 실태를 말해준다.

'위안부' 문제가 공론화된 1990년대 이후 한국과 북한, 중국 등지에 거주하는 식민지 조선 출신 여성들의 동원 피해 증언에 따르면, 이들은 농어촌이나 도시에서 머물다가 모집자의 감언이설이나 취업사기에 속아 '위안부'가 된 사례가 많았다. 이는 일본인 '위안부'가 일본과 식민지 지역의 공사창 관련 업소에 있다가 전장으로 보내진 사례가 많은 것과 견주어 눈에 띄는 부분이다.[11] 한편 조선인 '위안부'는 일본인 '위안부'와 함께 일본군이 전쟁을 벌였던 아시아·태평양 거의 모든 지역에서 발견되었다. 당국에 의한 도항 및 이동 검문을 통과한 경우가 많다는 의미이다. 이러한 조선인 피해자의 특성을 생각해 보면 이들과 관련된 제국 외 이송유괴 사건이 많았을 것으로 추정된다.

그렇다면 식민지 조선에서 일어난 제국 외 이송유괴 사건은 얼마나, 또 어떻게 법정에서 다뤄졌을까. 도츠카 에츠로는 "식민지인 조선이나 타이완에서의 해외 도항은 동일한 금지조치가 취해진 흔적이 없다. 일본에서는 군'위안부'의 국외이송을 엄격하게 단속하고 식민지에서는 불처벌의 상태로 두었다. 조선의 법원에서 그러한 처벌 예가 알려져 있지 않다. 이는 식민지 조선에서 많은 여성들이 피해자가 되는 배경이었다"라고 지적하였다.[12] 식민지 조선에서는 '위안부' 이송을 둘러싸고 제국 외 이송유괴 처벌이 없었다는 것이다. 요시미 요시아키(吉見義明) 또한 "1937년 중일 전면전쟁이 시작되어 군 위안소가 광범위하게 설치되는 가운데, 이 제226조[13]가 적용된 사례는 그 후 없었다고 생각합니다"라고 말했다.[14]

---

11 물론 그렇다고 공사창 관련 업소 출신과 비업소 출신 '위안부'의 피해 경중을 따질 수 없다. 이러한 차이는 '비교'가 아니라 '교차'의 방식으로 분석하여 반복되는 성폭력 구조를 드러내기 위해 필요할 뿐이다.

12 戸塚悦朗, 2004a, 앞의 논문, 44쪽.

13 제국 외 이송유괴죄에 해당하는 형법 조항을 말한다.

14 요시미 요시아키 지음, 남상구 옮김, 2013, 『일본군'위안부', 그 역사의 진실』, 역사공간.

그러나 이 자료집에서 확인할 수 있듯이 조선총독부 법원이 다룬 제국 외 이송유괴 사건 판결문은 10건[15]이다. 수록된 형사판결문은 한국 국가기록원에 소장되어 있다. 국가기록원 소장 자료에서 현재 북한 소재 법원에서 생산된 제1심과 제2심 판결문은 거의 찾아볼 수 없다. 또한 피고인이 재조일본인인 경우, 본적지인 일본에서 재판을 받아 판결문이 남아있지 않은 경우가 많았다. 이 때문에 한국 국가기록원에 소장되어 있는 자료만으로 식민지 시기에 생산된 재판 기록을 모두 살펴보기에는 한계가 있다.

이들 형사판결문은 본문에서 'Ⅰ. 국외 이송유괴 사건 관계 형사판결문'으로 엮었다. Ⅰ-9. 싱가포르 유괴 사건을 제외하고는 모두 만주 지역에 여성을 이송유괴(미수)한 사례이다. Ⅰ-1. 다롄 유괴 사건의 경우 피고인이 피해자를 관동주(關東州) 다롄(大連)으로 이송유괴하여 제1심과 제2심에서 영리유괴죄(형법 제225조)로 징역 1년형을 받았다. 이에 검사는 형이 더 무거운 제국 외 이송유괴죄(형법 제226조)로 다뤄야 한다고 상고하였다. 그러나 고등법원은 이를 기각하고 제1심 판결을 확정하였다. "제국 외 이송 범죄가 일반 약취, 유괴죄보다 무거운 것은 제국 외에서는 우리 통치권이 미치지 않으므로 피해자가 당하는 위험이 한층 크다는 데에서 비롯하는데, 조차지인 관동주는 현재 타국의 통치권이 아닌 오로지 제국의 통치권이 행해지는 지역이라 제국의 다른 영역과 조금도 다른 것이 없다"는 이유에서였다. 이 판결문은 1935년의 것이고, 1945년까지 관동주 외의 만주 지역은 제국 외의 영역으로 인식되었다. 이 판결문에 따르면 제국 외 이송유괴죄가 일반 영리유괴죄보다 더 무거운 죄인 이유는 '제국 외' 지역이 제국 일본의 통치권을 벗어나 피해자가 더 커다란 위험에 처해있다고 판단하기 때문이다. 다롄 유괴 사건을 담당한 검사는 "제국의 주권이 행사되고 제국의 영토와 다른 것이 없다고 할지라도 곧 제국의 영역으로 논단할 수 없음은 물론이다"는 이유로 상고했다. 결국 기각되었지만, 다롄이 제국 외 지역인지를 둘러싼 법적 판단이 필요

15 본 자료집 Ⅰ-1.(昭和10年刑控公第142號, 대구복심법원, 1935. 5. 7.; 昭和10年刑上第78號, 고등법원, 1935. 7. 15.), Ⅰ-2.(昭和11年刑公合第3號, 부산지방법원 마산지청, 1936. 5. 7.) 2건을 제외하고 중일전쟁 이후 생산된 판결문은 8건이다. 모두 피해자를 작부나 예기, 또는 '창부'로 매매한 것으로, 만주를 순업(巡業)하는 곡마단에 매매한 사례(昭和15年刑控第472號, 경성복심법원, 1940. 2. 4.)는 제외하였다.
한국 국가기록원에 소장되어 있는 관련 판결문 중 가장 이른 시기의 것은 1922년 10월 27일에 판결한 대구복심법원 판결문(大正11年刑控第765號)이다. 경성에 거주하던 피고인이 1921년 9월 경성에 살고 있던 유부녀를 속여 만주 펑톈(奉天)에서 요리옥을 하는 일본인 와타나베에게 작부로 팔았다. 와타나베는 마침 작부 고용을 위해 경성에 와 있었는데, 그가 머물고 있던 여관에 피고인이 피해자를 데려왔다. 와타나베는 전차금 명목으로 324원을 피해자에게 주었고, 피해자는 이 돈을 다시 피고인에게 주었다. 그리고 와타나베가 피해자를 데리고 펑톈으로 돌아왔는데, 법정은 피고인과 연루 혐의가 있는 와타나베의 죄는 따지지 않았다. 이러한 유형의 제국 외 이송유괴죄 재판은 1930년대 이후의 판결에서도 계속 이어진다.

했다는 사실이 주목된다. 전쟁이 확대되면서 일본군의 지배를 받았던 점령지는 '제국 외'인가. 일본의 실질적인 식민지이자 왕래하는 데 특별한 제한도 없었던 만주 지역이 법적으로는 '제국 외'로 규정되는 이유는 무엇일까. 제국 내 영역인 다롄이나 타이완에서 일본군 상대 '성적 위안'을 강요받는 여성을 '위안부'라고 정의할 수 있다면, 조선에서 일본군을 상대로 영업했던 접객업소들을 위안소라고 부르지 못할 이유는 어디에 있을까. 이러한 의문들에 대한 답은 당대의 국제법과 국제관계, 그리고 불법과 합법을 넘나들며 시스템화 되어 있던 국가 관리 성매매 제도에 대한 해명 속에서 찾을 수 있지 않을까 한다.

식민지 조선의 법원에서 판결된 제국 외 이송유괴 사건들은 대부분 피고인이 감언이설이나 취업사기의 방법으로 피고인을 유괴하여 만주나 싱가포르로 보낸 사건들이다. 친척을 범행 대상으로 삼거나, 이혼하거나 상부(喪夫)하여 어디를 가도 편치 않은 처지의 여성을 표적으로 삼거나, 가난하거나 빚이 있어서 돈이 필요한 여성에게 접근하여 유괴하였다. 일본군 대상의 접객업이라는 명시적 표현은 없으나, 1937년 9월 이후 일제 당국이 '전쟁 시국에 걸맞지 않은 일을 하는 사람'을 '불량분자'로 치부하여 도항을 통제했다는 사실을 상기할 필요가 있다. 곧 피해자가 매매되어 간 곳은 전쟁기에 일제 당국에 의해서 영업이 허가된 업소였던 것이다. 일본의 나가사키 사건과는 달리 조선총독부 법원에서 유괴한 여성을 매매한 제국 외 지역 소재 업자들을 공동정범으로 처벌한 사례는 없다. 제국 외 이송유괴죄 처벌 조항 다음인 형법 제227조는 "'미성년자 유괴나 영리유괴, 제국 외 이송유괴'의 죄를 저지른 자를 방조할 목적으로 유괴당하거나 매매당한 자를 수용 또는 숨기거나 피신시킨 자는 3월 이상 5년 이하의 징역에 처하며, 영리 또는 외설을 목적으로 유괴당하거나 매매당한 자를 수용한 자는 6월 이상 7년 이하의 징역에 처한다"[16]고 규정하고 있었다.

Ⅰ-10. 만주 아청 유괴 사건은 1944년 인사소개소의 종업원인 피고인이 피해자를 유괴하여 만주 아청(阿城) 소재 위안소에 이송하려다가 미수에 그친 사건이다. 광주지방법원 순천지청 예심판결문(昭和十九年豫第六號)과 제1심 판결문(昭和二十年刑公合第二號) 2건이 남아 있으며, 판결문 가운데 유일하게 '위안소', '위안부'라는 용어가 적시되어 있다. 위안소인 희락지점은 일본인 시미즈가 업주로 있는 전남 순천읍 요리점 희락별관의 아청 지점으로 보인다. '위안부(창기)'라는 표현이 병기되어 있는 점도 유의할 필요가 있다. 만주 빈장성(濱江省) 아청현(阿城縣) 지역은 제국 외

16 山口吸一 編, 1939, 『改訂 朝鮮制裁法規 第一冊』, 朝鮮圖書出版, 347쪽.

영역으로서 일본 법률에 의한 공창제를 시행할 수 없는 지역이다. 이 경우 일제 당국에 의한 실질적인 성매매 관리정책에 따라 해당 지역 영사관 경찰이 접객 업소를 관리하기도 했다. 이는 원칙적으로 성매매가 금지되어 있는 '작부'로 표기하되 실제로는 성매매가 공식 허가된 창기로서 관리하는 꼼수이다. 판결문의 내용이 소략하여 용어 표기의 배경은 알 수 없지만, '위안소', '위안부' 표기는 희락지점의 업주인 시미즈의 공술에서, '위안부(창기)' 표기는 시미즈의 설명이나 법원의 판단에서 비롯했을 가능성이 있다.

곧 업주나 사법 당국은 '위안부'를 국가 공인의 성매매업 허가 여성인 '창기'로 인식했던 것이다. 창기는 일본에서는 내무성령 제44호 창기단속규칙(娼妓取締規則, 1900년 공포), 타이완에서는 민정장관 통달(通達) 가시자시키및창기단속규칙표준(貸座敷及娼妓取締規則標準, 1906년 공포), 조선에서는 조선총독부 경무총감부령 제4호 가시자시키창기단속규칙(貸座敷娼妓取締規則, 1916년 공포)에 의해 관리되었다. 이렇듯 제국 일본의 창기제도는 내용이 각각 달랐고, 일본 본토에 견주어 식민지 지역의 창기제도가 여성에게 더욱 열악하게 구성되어 있었다. 만주국에는 예기나 작부, 여급을 단속하는 규정은 있었지만 창기에 대한 것은 없었다.[17] 따라서 아청 위안소의 '위안부(창기)'는 성매매 허가를 받을 수 없는 예기나 작부, 여급으로 등록되었지만 실질적으로 창기 생활을 하고 있었다고 할 수 있다. 제국 일본의 창기제도가 국내외에서 노예제도라는 비판을 받고 있었던 사실을 떠올리면, '위안부는 창기여서 피해자가 아니다'라는 말은 전혀 역사적이지 않다. 또한 제국 외 지역에서 일본 영사관 경찰이나 헌병이 관리하는 예기나 작부 단속 규정을 빌리거나, 새로운 점령지에서 이전에는 없던 위안소 단속 규칙을 만들어 '위안부'를 관리했던 정황을 생각하면, 창기와 같은 존재로 인식하고 호명했다고 해도 그 지역 '위안부'가 일본의 창기제도에 의해 관리되었다고는 말할 수 없다.

한편 1945년 2월 광주지방법원 순천지청에서 있었던 만주 아청 유괴 사건 판결은 1936년과 1937년 사이 일본법원에서 열린 나가사키 유괴 사건 판결과 여러모로 비교된다. 눈에 띄는 것은 예심에서 죄의 여부를 따졌던 위안소 업주 시미즈를 "공소사실은 공판에 부치기에 충분하나 범죄의 혐의가 없다"는 이유로 면소한 것이다. 형법 제60조 "2인 이상 공동으로 범죄를 실행한 자는 모두 정범으로 규정한다"고 되어 있고, 이에 따라 나가사키 유괴 사건 연루자들은 모두 처벌을 받

17 鈴木裕子·山下英愛·外村大, 2006,『日本軍「慰安婦」關係資料集成(上)』, 明石書店, 865-874쪽.

았다. 일본의 재판소는 공모공동정범론을 꽤 일관해서 채용하는 경향이 있고, 모의에 가담한 것만으로도 공동정범으로 보아왔다.[18] 시미즈는 순천 요리점에 피해자를 매매하려는 피고인에게 만주 위안소의 '위안부'로 쓰겠다고 제안했고 또한 피해자를 데리고 만주 위안소에 가기 위한 준비를 하다가 발각되어 제국 외 이송유괴 목적을 이루지 못했다. 이에 대해 예심과 판사는 "범죄의 혐의가 없다"고 판단하고 있으나 그 근거는 밝히고 있지 않다. 나가사키 유괴 사건과 다른 이러한 판결의 차이는 어디에서 비롯하는 것일까. 시기 차이일까, '내지 법원'과 '외지 법원'의 차이인 것일까. 아니면 위안소에 대한 일제 당국의 인식 변화가 있었기 때문일까. 피고인과 시미즈, 피해자와 증인의 공술기재를 확인하는 것으로 어느 정도 해명될 수 있을까. 앞으로의 과제로 남긴다.

본문의 'Ⅱ. 관련 언론 보도'는 제국 외 이송유괴 관련 언론 보도를 입력하여 수록한 것이다. 앞서 실었던 형사판결 사건과 관련된 언론기사, 재조일본인이 연루되어 있는 인신매매 관련 기사, 그리고 대규모 유괴조직이 얽혀 있어 사회적으로 크게 화제가 되었던 유괴단 사건 기사를 정리하였다.

재조일본인의 연루 사건은 굳이 분류할 필요가 없었을 수도 있다. 다만 일본군'위안부'의 피해를 부정하는 세력들이 조선인 모집업자의 인신매매 사건만을 확대 재생산하면서 당시 공권력이었던 일제 권력의 책임은 없었다고 주장하는 것을 의식하지 않을 수 없었다. 필자는 2007년에 '위안부' 동원 배경에 대한 위한 신문기사 자료집을 엮어내면서, 일본군과 일본 정부가 은밀하게 시행한 '위안부' 동원 과정 속에서 피해자들의 동원 경험은 가시적으로, 또 사회적으로 유괴·유인을 통한 인신매매로 드러나는 경향이 많다고 지적했다. 따라서 당대의 사회상과 인신매매 문제를 이해하는 것이 '위안부' 동원의 구조를 밝히는 것에 필요하다고 생각하여 인신매매 등을 다룬 신문기사 자료집을 엮는다고 밝힌 바가 있다.[19] 그러나 이 자료집이 조선인 업자들의 불법행위만을 부각하고, 일본 정부의 책임을 면하게 하는 데에 사용된 사례가 있는 것을 보고 몹시 참담했다. 중요한 것은 업자나 피해자 중에 일본인이 더 많았나, 한국인이 더 많았나의 문제가 아니다. 전쟁 수행을 명분으로 공권력이 개입하여 여성의 성착취를 시스템화한 사건에서, 공권력은 자신의 역할을 합리화하거나 은폐하기 위해 어떠한 사회 시스템과 차별 구조를 활용했는지를 밝히는 것이다.

---

18 前田朗, 1998,「國外移送目的誘拐罪の共同正犯: 隠されていた大審院判決」,『季刊戰爭責任研究』18, 戰爭責任資料センター, 7쪽.

19 박정애,「해제」, 국무총리실 소속 일제강점하강제동원피해진상규명위원회 편, 2007,『'위안부' 동원배경의 이해를 위한 신문기사 자료집 - 전시체제기 조선의 사회상과 여성동원:「매일신보」(1937.1~1945.8)를 중심으로』, 일제강점하강제동원피해진상규명위원회, 1-8쪽.

따라서 단순히 업자나 피해자의 국적을 밝히면서 '위안부' 문제를 정쟁화하는 것을 경계하기 위해 재조일본인의 인신매매 사례를 따로 정리하였다.

전시체제기 노동력 동원을 위한 공권력의 인력관리가 강화되는 1939년, 조선에서 대규모 유괴 조직 범죄로 검거된 하윤명 사건과 배장언 사건이 있었다. 이들은 전국적인 조직망을 가지고 있었고, 밝혀진 피해자만도 100명이 훌쩍 넘어 사회적으로 큰 화제가 되었다. 피해자들이 매매된 지역은 조선 전토를 넘어 만주나 중국 지역까지 걸쳐 있었다. 특히 하윤명의 피해자 가운데 경남 합천 출신으로 경성 소재 가시자시키에 팔렸다가, 업주에 의해 산둥성(山東省) '답경(沓鏡) 위안소'[20]에 재매매된 사례가 있어 많은 연구자들의 관심을 받았다.[21]

당시 언론 보도에 따르면, 경찰은 피해자를 구제할 방침이었지만 이미 빚이 생겨긴 경우는 그 빚을 변제하지 않으면 구제할 방법이 없어 곤란하다고 한다. 업자들의 주도에 의해 생긴 전차금(前借金, 선불금) 명목의 빚일뿐더러, 그마저도 유괴 범죄 피해자가 손에 쥐지 못하고 수수료나 비용 등의 명목으로 업자에게 대부분 뺏긴 돈이었다. 그러나 이는 공창제를 시행한 국가가 마련한 법률적 절차에 따라 생긴 빚이었기 때문에 피해자는 채무자의 의무를 져야 했다. 또한 피해자가 만주나 중국 등에 매매된 경우, 경찰이 더 이상 수색을 하지 않고 있는 모습이 언론기사를 통해 엿보인다. 위안소나 요리점, 카페 등 일본군이나 해당 지역 영사관 경찰에 의해 관리되는 업소의 경우, 조선의 경찰 당국이 의지만 있다면 해당 기관에 연락해서 피해자를 구제할 수 있었다. 명백한 유괴·유인 범죄의 피해자임에도 불구하고 지역적 경계를 넘었다는 이유로 구제하기를 포기했다면 공권력이 자기책임을 다했다고 말할 수 없다.

한편 하윤명 사건과 배장언 사건의 경우, 관련 판결 기록을 찾아볼 수 없는 것이 특이하다. 하윤명은 대전 출신이고, 배장언은 전북 김제 출신이다. 따라서 재판을 받았다면 대전지방법원이나 전주지방법원, 또는 경성지방법원에서 생산된 판결문이 있어야 한다. 그러나 현재 국가기록원 소장 판결문 가운데에는 해당하는 자료가 없다. 또한 이처럼 온 사회의 관심을 받으면서 대대적으로 다뤄졌던 사건이라면 재판 일정이나 경과에 대한 후속 보도가 있기 마련이다. 그러나 이 또한

20 현재 '답경(沓鏡)'이 어떤 지역인지는 확인되지 않는다. 위안소 이름이었을 수도 있다.

21 박정애, 2010, 「일제침략기 인신매매의 구조와 성격」, 『한일역사교과서 서술의 이념』, 경인문화사, 308쪽; 강정숙, 2010, 「일본군'위안부'제의 식민성 연구: 조선인'위안부'를 중심으로」, 성균관대 사학과 박사논문, 103-105쪽; 윤명숙 지음, 최민순 옮김, 2015, 『조선인 군위안부와 일본군 위안소 제도』, 이학사, 492-498쪽; 김경일 외, 2017, 『동아시아 일본군'위안부' 연구』, 한국학중앙연구원출판부, 148-153쪽, 243-250쪽.

이해하기 힘들만큼 언론에서 다뤄지지 않았다. 검거 1년 3개월 뒤인 1940년 6월에 배장언 유괴단 12명이 취조를 마치고 경성지방법원으로 넘겨졌다는 단신 기사만 찾을 수 있다(『매일신보』 1940. 6. 26). 하윤명에 대한 마지막 기사는 『매일신보』 1940년 11월 5일 자에 실린 여성매매 보도이다. 하윤명이 경성에서 인사소개업을 하면서 여성매매를 하다가 검거되었지만, 경찰의 취조 끝에 신원이 석방되었다는 내용이다. 식민지 경찰의 태만과 사법의 불처벌을 의심케 하는 이러한 상황이 어떻게 식민지 조선에서 일어날 수 있었을까. 그 당시의 언론 보도기사들은 전시체제와 식민지 공권력, 범죄와 처벌 문제를 설명하기 위해 해결해야 하는 많은 질문들을 담고 있다.

마지막으로 'Ⅲ. 위안소 업자의 국외 이송유괴 사건에 대한 일본법원 판결문'에는 일본법원의 제국 외 이송유괴 사건 판결문을 실었다. 앞서 설명한 만주 링위안 유괴 사건(시즈오카 사건)의 제3심 판결문과 상하이 유괴 사건(나가사키 사건)의 제1심, 제2심, 제3심 판결문이다. 제3심의 것은 대심원 판결문이 아니라 일본 국립국회도서관에 소장되어 있는 『대심원형사판례집(大審院刑事判例集)』 제14권과 16권을 참조하여 번역하였다. 나가사키 사건의 대심원 판결문 원본과 번역본은 동북아역사재단에서 2020년에 발간한 『일본군'위안부' 문제 자료집(2)』 443~538쪽에서 볼 수 있으니 관심 있는 독자는 참고해 주길 바란다.

만주와 중국의 위안소에 여성을 유괴하고 이송하여 처벌받은 이 사건들의 판결은 모두 중일전쟁 이전에 있었다. 그런데 두루 알고 있듯이 일본군'위안부'제도는 중일전쟁 이후 1938년에 들어와서 더욱 본격화, 체계화되었으며, 군을 정점으로 헌병과 경찰, 그리고 관계 기관의 긴밀한 협조가 이루어졌다. 따라서 일본 사법의 입장에서 원칙적으로 불법이었던 여성의 유괴, 위안소 이송 사건이 중일전쟁 이후 일본 공권력에 의해 어떻게 다뤄졌는지 비교해서 분석되어야 한다. 아울러 동 시기 식민지에서 일어난 이송유괴 사건과도 교차해서 검토해야, 공인과 은폐를 변주하며 차별 속에서 운용되었던 일본군'위안부'제도의 성격을 논할 수 있을 것이다.

그러나 현재로서는 중일전쟁 이후 제국 외 이송유괴 사건과 관련된 판결문은 확인할 수 없다.[22] 다만 피고인 무라카미 도미오(村上富雄)의 이후 행적은 확인할 수 있었다. 1937년 3월 5일 대심원에서 징역 2년 6월의 형을 확정한 무라카미 도미오는 1939년, 1940년, 1942년에도 해군 위안

22 이 자료집을 엮기 위해 한국의 국가기록원의 소장 자료를 조사한 결과 10건 이상의 형사판결문을 찾아냈듯이, 아시아·태평양 전쟁기 일본법원에서 생산된 자료를 전수 조사한다면 당연히 제국 외 이송유괴죄 관련 형사판결문을 더 찾아낼 수 있을 것이라고 생각한다.

소 아케보노(曙)의 업주로서 상하이 지역 재류일본인 명부에 이름을 올리고 있었다.[23] 일본 사법으로부터 제국 외 유괴이송죄로 중형을 받은 인물이지만, 일본군은 여전히 무라카미 도미오를 신뢰하고 있었다는 얘기이다. 최근 송연옥의 연구[24]에 따르면, 이 위안소에는 1932년 1월부터 '위안부' 생활을 했던 경북 출신 여성 이봉석이 있었다. 1934년에 21세였다고 하니, 처음 위안소에 왔을 때의 나이는 19세이다. 국제법상 미성년자에 해당하는 시기에 '위안부'가 되었던 것이다. 일본군은 무라카미 도미오의 어떤 점을 신뢰하여 계속해서 위안소 업주로 선정했던 것일까. 육군성은 1938년 3월 4일 「군위안소 종업부 등 모집에 관한 건」을 통첩하여 "중국 사변 지역에서 위안소 설치를 위해 내지에서 종업부 등을 모집할 때…… 모집 방법이 유괴와 비슷하여 경찰 당국에 취조를 받는 자가 있는 등 주의가 필요한 자가 적지 않다. 따라서 장래 이들을 모집 등을 할 때에는 파견군이 통제하여 이것을 담당할 인물을 주도적절하게 하고, 그 실시를 할 때에는 관계 지방의 헌병 및 경찰 당국과의 연계를 긴밀히 함으로써 군의 위신을 지키고 사회 문제에 실수가 없도록 배려하기를 명에 의해 통첩한다"고 했다.[25] 나가사키 사건의 가해자였던 무라카미 도미오의 사례를 미루어 보면, '파견군이 통제하는 모집 담당 인물'을 선정하는 기본 요건이 여성매매 범죄의 전과 경력이 있는 자를 배제하는 것은 아니었음을 알 수 있다.

일본군'위안부'제도는 이처럼 원칙과 상식을 거스르는 일제 공권력의 태도 사이에서 탄생되고 운용되고 일본 패전까지 유지되었다. 전쟁과 제국주의, 식민주의와 젠더의 관점을 견지하면서 '위안부'제도를 둘러싼 당대 정치와 사회상을 맥락화하는 것, 교차되는 권력망 어딘가에 놓인 공권력과 인간을 이해하고 평가하는 것, 그리고 일본군'위안부'제도 이후의 한국과 일본 사회, 나아가 국제사회를 말하는 것은 '위안부' 문제 해결을 위해 우리가 직면해야 하는 과제들이다. 이를 위해 우리는 파편화된 자료를 눈앞에 흔들면서 '위안부' 피해나 피해 부정을 말하기보다, '위안부' 피해와 관계되었다고 여겨지는 자료의 범주를 확장하고, 그 자료들을 다양한 렌즈로 읽어내고, 서로 충분히 논의하면서 여성폭력을 멈추기 위한 역사를 써야 한다. '여성의 의사에 반한 피해'를 반복하지 않겠다는 '위안부' 문제 해결을 향한 여정에 부디 이 자료집이 디딤돌이 될 수 있기를 바란다.

---

23 島津長次郎 編,『支那在留邦人人名錄』28版(1936), 29版(1939), 30版(1940), 32版(1942), 金風社.

24 송연옥, 2020,「『상하이니치니치신문(上海日日新聞)』으로 보는 일본군'위안부'의 실상」, 박정애 편,『일본군'위안부' 문제와 과제 III: 관점과 실태』, 동북아역사재단, 201-202쪽.

25 동북아역사재단 편, 2020a, 앞의 책, 436-437쪽.

참고문헌

강정숙, 2010, 「일본군'위안부'제의 식민성 연구: 조선인'위안부'를 중심으로」, 성균관대 사학과 박사논문.

국무총리실 소속 일제강점하강제동원피해진상규명위원회 편, 2007, 『'위안부' 동원배경의 이해를 위한 신문기사 자료집-전시체제기 조선의 사회상과 여성동원: 「매일신보」(1937.1~1945.8)를 중심으로』, 일제강점하강제동원 피해진상규명위원회.

나가이 가즈(永井和), 2001, 「일본군 위안소 정책에 대해」, 『일본인 「위안부」, 애국심과 인신매매』, 논형.

도츠카 에츠로(戸塚悦朗), 박홍규 역, 2004, 「번역: 전시여성 폭력에 대한 일본사법의 대응, 그 성과와 한계-최근 발굴된 일본군"위안부" 납치처벌 판결(1936년)을 둘러싸고-」, 『민주법학』 26.

동북아역사재단 편, 2020a, 『식민지 조선과 일본군'위안부' 자료집Ⅰ: 중일전쟁 이후 일제의 도항 통제(번역·해제 편)』, 동북아역사재단.

______________, 2020b, 『일본군 '위안부' 문제 자료집(2): 위안소 운영 실태와 범죄 처벌』, 동북아역사재단.

마에다 아키라(前田朗), 2001, 「나가사키 사건, 시즈오카 사건 대심원의 판결을 읽는다: '위안부' 강제연행은 유괴이다」, 『일본인 「위안부」, 애국심과 인신매매』, 논형.

박정애, 2010, 「일제침략기 인신매매의 구조와 성격」, 『한일역사교과서 서술의 이념』, 경인문화사.

송연옥, 2020, 「『상하이니치니치신문(上海日日新聞)』으로 보는 일본군'위안부'의 실상」, 박정애 편, 『일본군'위안부' 문제와 과제 Ⅲ: 관점과 실태』, 동북아역사재단.

신영숙, 2017, 「재판 자료로 본 일본군'위안부' 강제징집 구조」, 『동아시아 일본군'위안부' 연구』, 한국학중앙연구원출판부.

요시미 요시아키(吉見義明) 지음, 남상구 옮김, 2013, 『일본군'위안부', 그 역사의 진실』, 역사공간.

윤명숙 지음, 최민순 옮김, 2015, 『조선인 군위안부와 일본군 위안소 제도』, 이학사.

일본의 전쟁 책임 자료센터 엮음, 강혜정 옮김, 2011, 『일본의 군'위안부'연구』, 동북아역사재단.

鈴木裕子·山下英愛·外村大, 2006, 『日本軍「慰安婦」關係資料集成(上)』, 明石書店.

山口吸一 編, 1939, 『改訂 朝鮮制裁法規 第一冊』, 朝鮮圖書出版.

前田朗, 1998, 「國外移送目的誘拐罪の共同正犯: 隠されていた大審院判決」, 『季刊戰争責任研究』 18, 戰争責任資料センター.

戸塚悦朗, 2004a, 「戰時女性に対する暴力への日本司法の対応, その成果と限界: 發掘された日本軍「慰安婦」拉致処罰判決(1936年)をめぐって(上)」,『季刊戰争責任研究』43, 戰争責任資料センター.

________, 2004b, 「戰時女性に対する暴力への日本司法の対応, その成果と限界: 發掘された日本軍「慰安婦」拉致処罰判決(1936年)をめぐって(下)」,『季刊戰争責任研究』44, 戰争責任資料センター.

________, 2004c, 「日本軍「従軍慰安婦」被害者の拉致事件を處罰した戰前の下級審刑事判決を發掘-資料: 國外移送誘拐被告事件に關する長崎地方裁判所刑事部昭和十一年二月一四日判決」,『龍谷法學』37(3).

________, 2006, 「日本軍「従軍慰安婦」被害者の拉致事件を處罰した戰前の下級審刑事判決を發掘(続)-資料: 國外移送誘拐被告事件控訴審長崎控訴院第一刑事部昭和十日年九月二十八日判決」,『龍谷法學』38(4).

Ⅰ. 국외 이송유괴 사건 관계 형사판결문

1. 다롄 유괴 사건

1935년형공공제142호(昭和十年刑控公第一四二號)

판결

본적, 주거 모두: 경상남도 거창군 가조면 수월리

무직, 봉식, 곧 박봉선(당 51세)

위 자의 영리유괴 피고사건에 대해 1935년 3월 15일 부산지방법원 진주지청에서 유죄 판결을 언도한 것에 관하여 피고인이 항소신청을 함으로써 당 법원에서 조선총독부 검사 이케다 타다야스(池田忠康)가 관여하여 심리하고 다음과 같이 판결한다.

주문

피고인을 징역 1년에 처한다. 단 원심의 미결 구류 60일을 본형에 산입한다.

이유

피고인은 다롄시(大連市)의 여관업 박신경으로부터 창부(娼婦)가 될 만한 조선 여자를 동반하라는 내용의 편지를 접하고, 1934년 음력 8월경부터 원심의 피고 신종기와 수차례 면담하여 거창군 거창면 장팔리 정기선의 딸 정홍련(당 20세)을 영리 목적으로 유괴할 것을 공모했다. 신종기가 1934년 9월 21일경 거창군 가조면 도리 한상오의 집에서 위 정기선을 면회하고 홍련을 현재 오사카시(大阪市)의 모자공장에 통근하여 상당히 재산을 모은 전도유망한 거창군 북상면 갈계리 임아무개에게 혼인시킬 것이라고 속이는 말로 유혹하여 정기선이 그 뜻을 잘못 믿고 혼인을 승낙하였다. 9월 28일 거창읍에서 위 홍련과 함께 출발하고 피고 박봉선은 미리 협의한 대로 거창군 월

천면 모 주막 앞에서 위 신종기 및 정홍련이 타고 온 자동차에 승차하여 함께 김천역에 이르렀다. 김천역에서 인천을 경유하여 1934년 10월 3일 다롄시 다헤이정(大黑町) 경성여관(京城旅館)에 도착하여 정홍련을 유괴한 것이다.

증거에 대해서는 피의자 박봉선에 대한 검사의 제2회 신문조서에서 증 제4호, "내 딸 모석의 포주 박신경이 편지에서, 내가 다롄에 갔을 때 다롄에서 창기벌이(娼妓稼)를 희망하는 여자 2, 3인이 거창에 있다고 박신경에게 이야기한 적이 있었기 때문에 박신경이 그 처녀(娘)를 다롄으로 동반해 오라고 의뢰했다."는 내용의 박봉선의 공술기재가 있다.

피고인 신종기에 대한 예심조서에 "1934년 음력 8월경 거창군 가조면 마산리[1] 길 위에서 피고인 박봉선이 다롄으로 여자를 연행(連行)하면 상당한 이익이 있다는 이야기를 했다. 여자를 끌고 간 이익을 반으로 나누는 것으로 하고 나는 다롄 땅에 대해서는 잘 알지 못하므로 박봉선이 동행하는 것으로 수차례 회합한 결과, 이야기를 걸어 볼만한 여자를 발견할 수 없었으므로 박화춘에게 여자 1명을 찾아 달라고 의뢰해 두었다. 박화춘이 정기선 집에 출가했다 돌아온 딸이 있다는 것을 알고 이야기해 주었다. 처음에 박화춘이 함양군 안의면의 임 아무개가 오사카의 모자공장에 다니면서 상당한 재산을 모은 훌륭한 인물인데 장가를 들려고 하고 있으므로 정홍련을 결혼시키면 어떻겠냐고 정기선에게 교섭하니 과연 나를 만나 이야기를 하자고 했다. 1934년 9월 21일 정기선의 친족 한상오의 집에 정기선이 와서 나와 교섭하고 혼인준비금의 명의로 금 30원을 정기선에게 교부하라고 박화춘에게 교부하였다. 1934년 9월 26일에 정홍련을 집에서 데리고 나와 거창읍에서 2박하고, 9월 28일 동읍(同邑)을 출발하여 도중에 미리 의논한 장소, 곧 거창군 월천면 주막 앞에서 박봉선이 자동차를 타고 함께 출발했다. 10월 3일에 다롄에 도착하여 바로 박신경의 집에 갔는데, 정기선의 창기업 승낙서가 없었으므로, 홍련을 창기로 삼을 수 없었다"는 내용의 공술기재가 있다.

정기선의 고소보충조서에 그의 공술로 "1934년 음력 8월 8일 거창군 가조면 도리의 박화춘을 방문한 바, '딸 홍련을 내지에 거주 중인 임 아무개에게 시집보내면 어떠하겠는가, 임 아무개에 대해서는 신종기가 잘 알고 있다'고 이야기하므로, 신종기의 부락에 나의 매제 한상오가 살고 있었기 때문에 음력 8월 9일 그 집에서 신종기와 면회했다. 신종기는, '거창군 북상면 갈계리 사람으

1　마상리의 오기로 보임.

로 오사카의 모자공장에 근무하여 재산을 모은 훌륭한 인물인데 나에게 수차례 혼인을 알아봐 달라고 부탁한다. 성은 임 아무개인데 당신의 딸 정홍련을 혼인시키면 어떻겠냐'고 하므로 승낙하였다. 8월 18일 나는 딸과 거창읍에 동행하여 신학도여관에 머물렀다. 신종기가 내지 도항에 필요하다고 나에게 호적등본, 인감증명을 받고, 8월 20일 거창에서 자동차로 김천을 향해 출발했다. 그런데 음력 8월 말 신종기가 갑자기 우리 집에 와서 그에게 '딸이 무사히 오사카에 도착하였냐'고 묻자, '부산에서 도항(渡航)을 할 수 없어 밥값의 담보로 딸을 부산부 초량정 경성여관에 머물게 하고 있다'고 하였지만, 최근 딸이 다롄에서 편지를 보내 비로소 속고 있다는 것을 알아차렸다"는 내용의 기재가 있다.

당 법정에서 피고인 박봉선이 "미리 약속한대로 판시 일 거창군 월천면에서 신종기 및 정홍련이 타고 있는 자동차에 탑승하여, 인천에서 다롄을 향해 출발하였는데, 신종기는 도항의 편의상 나의 남편 김영기의 이름으로 탑승하였다. 다롄에 도착하여 먼저 박신경의 집으로 갔다가 다시 다롄시 다헤이정 경성여관으로 갔다. 그 여관에서 신종기가 일단 조선에 돌아갔다가 다시 다롄으로 되돌아올 때까지 위 정홍련을 감시할 것을 부탁하여 그 여관에 잠시 머물러 있었다"는 내용의 공술을 종합하여 고려하면 판시 범죄를 충분히 증명한다.

법에 따라 피고인의 행위는 형법 제225조에 해당함으로 정한 바의 형기 범위 내에서 피고인을 징역 1년에 처하고 동법(同法) 제21조에 따라 원심 미결 구류의 일부를 본형에 산입한다.

이에 주문과 같이 판결한다.

피고인의 항소는 이유 없다.

1935년 5월 7일

대구복심법원 형사 제1부

재판장 조선총독부 판사 카가미 이치이[2](鏡一以)

조선총독부 판사 아카시 유스케(赤司友輔)

조선총독부 판사 호시나 도쿠타로(保科德太郎)

2 또는 카가미 카즈이.

1935년형상제78호(昭和十年刑上第七八號)

판결

본적 및 주거: 경상남도 거창군 가조면 도리

무직 박봉식, 곧 박봉선(당 51세)

위 자의 영리유괴 피고사건에 대하여 1935년 5월 7일 대구복심법원에서 언도한 판결에 대해 피고인이 상고를 신청하였으므로 당 법원은 조선총독부 검사 사사키 히데오(佐佐木日出男)의 관여하에 다음과 같이 판결한다.

주문

본 건 상고 및 부대(附帶) 상고는 모두 그것을 기각한다.

이유

피고인의 상고 내용은 피고인이 1934년 음력 8월 20일경 만주국 진저우(錦州)에 사는 둘째 딸 김묘식에게 가야 해서 거창읍내에서 승차하였는데, 신종기가 정씨 여자 홍련을 데리고 같은 차에 탔다. 피고인과 위 신종기는 먼 친척으로 얼굴을 알고 지내는 사람이었는데, 정씨 여자 홍련은 초면이어서 피고인이 신종기에게 누구냐고 물었다. 신종기가 말하기를 "나도 만주국이 좋다고 생각해서 이번에 새롭게 정씨 여자 홍련을 데리고 둘이서 귀하가 가는 곳까지 우선 가보고 싶다"고 해서 처음에는 신종기 부부가 함께 동반 여행 중이라고 알았다. 여행 며칠 후 다롄에 도착하여 먼저 피고인의 지인인 다롄시 이하 불상의 박승경[3]의 집으로 갔는데, 위 박승경이 신종기에게 정씨 여자 홍련은 부모의 동의를 얻어 만주국에 온 것이냐고 물었다. 신종기는 무언가 두려움을 느끼는 것 같이 박승경의 집을 떠나 다롄시 경성여관으로 가서 피고인에게 "나는 조선에 돌아가서 정씨 여자 홍련의 부모 동의서를 받아와야 하므로 그 사이 약 15일 정도 필요하다. 그녀를 여관에 혼자

3 복심법원 판결문에는 박신경이라고 기재됨.

두는 것은 위험하므로 귀하가 함께 있어주면 은혜는 평생 잊지 않겠다"라고 애원하였다. 또 같은 날 위 여관의 주인 씨명 불상 및 해당 지역에 근무하는 백(白) 형사도 이러한 신종기의 애원을 목격하고 피고인에게 "신종기가 어쩔 수 없이 조선에 돌아가야 하므로 귀하가 향리 사람의 일이니까 조금 보살펴 달라"고 하여 인정상 별 수 없이 응하였다. 피고인은 정씨 여자 홍련과 함께 위 여관에 있었을 뿐이다. 본 건이 사실 피고인과 어떠한 관계가 없다는 것은 위의 내용과 같음에도 불구하고, 신종기의 허위 진술만을 믿고 피고인에게 실형 언도를 하였다. 이것이 실로 억울하게 죄를 뒤집어 쓴 것이라면 정씨 여자 홍련과 다롄시 경성여관 주인 및 당지 근무의 백 형사에게 본 건의 진상을 조사하시고 무죄 판결을 바란다고 말했다.

그렇지만 원판결이 제시한 증거에 의하면, 본 건 범행은 널리 이를 인정할 만한 기록을 정밀히 조사해도 원판결에 중대한 사실 오해가 있다는 것을 의심하기에 충분할 만한 현저한 사유가 없으므로 논지는 이유 없다.

고등법원 검사장 사이 겐타로(笠井健太郎)의 관련 상고 내용은 "앞의 피고사건에 대한 원판결은 피고인이 피해자 정홍련을 유괴하여 관동주 다롄으로 이송한 사실을 인정하였으므로 형법 제225조를 적용하여 처단하였다. 관동주는 제국의 조차지로서 제국의 주권이 행사되고 제국의 영토와 다른 것이 없다고 할지라도 곧 제국의 영역으로 논단할 수 없음은 물론이다. 따라서 사람을 유괴하여 이곳으로 이송한 행위는 형법 제226조의 죄를 구성하는 것이라고 생각한다. 곧 원판결은 법률의 적용을 잘못한 것이므로 이를 파기하고 상당한 판결을 하고자 한다"라고 함에 있다.

그러나 형법 제226조에서 제국 외로 이송할 목적으로 사람을 약취, 유괴, 매매하거나 피괴취자(被拐取者)를 제국 외로 이송하는 범죄가 일반 약취, 유괴의 범죄보다 무겁다는 것은 우선 제국 외에서는 우리 통치권이 미치지 않음으로 피해자가 당하는 위험이 한층 크다는 데에서 비롯한다. 조차지인 관동주는 현재 타국의 통치권이 미치지 않고 오로지 제국의 통치권이 행해지고 있어 제국의 다른 영역과 조금도 다른 것이 없다. 따라서 관동주는 위 법조 소관 제국 외에 해당하지 않는 것으로 해석한다. 과연 그렇다면 원심이 정홍련을 영리의 목적으로 관동주 다롄으로 유괴한 피고인의 행위에 대해 형법 제226조를 적용하지 않고 동법(同法) 제225조로 따지는 것이 정당함으로 논지는 이유 없다.

이에 본 건 상고 및 관련 상고를 이유 없는 것으로 하고 형사소송법 제446조에 따라 주문과 같이 판결한다.

1935년 7월 15일

고등법원 형사부

재판장 조선총독부 판사 키토오 헤이치(喜頭兵一)

조선총독부 판사 혼다 키미오(本多公男)

조선총독부 판사 이츠이 세츠조(五井節藏)

조선총독부 판사 와기 테츠이치(脇鉄一)

2. 하얼빈 유괴 사건

1936년형공합제3호(昭和十一年刑公合第三號)

판결

본적: 충청북도 영동군 상촌면 물한리

주거: 경상북도 성주군 용암면 용정리

정말이, 곧 주류판매업 최행화(당 47세)

본적, 주거 모두: 위와 각각 같음

이창화, 곧 엿 행상 이창원(당 23세)

위의 자 등의 제국 외 이송유괴, 횡령 피고사건에 대해 조선총독부 검사 마츠모토 요(松本要)의 관여하에 심리하고 다음과 같이 판결한다.

주문

피고인 등을 각 징역 2년에 처한다.

이유

피고인 이창원은 피고인 최행화의 장남으로 1933년 4월 초순경부터 행화의 죽은 형의 남은 부인인 전정순 및 그 장녀 정봉절(당 17세)을 피고인 집에 임시 머물도록 하였다.

제1, 피고인 둘은 생활이 곤궁하여 위 봉절을 유괴하여 그러할만한 음식점의 작부가 되도록 하여 이익을 얻을 것을 기도하고 공모한 후, 같은 달 중순경(일자 불상) 정순 및 봉절에게 "봉절을 부산의 고무(護謨)공장에 여공으로 부탁해 두었다"는 내용의 감언(甘言)을 하여 이를 그들이 오해하여 믿게 하였다. 피고인 창원이 그 무렵 밤에 봉절을 주거지인 밀양에서 미리 알선 방법을 의뢰한 부산부 보수정 2정목 직업소개업 이달수의 집에 연행하여 유괴한 바, 이달수로부터 만주국 하얼빈(哈爾濱) 다오리(道里) 1면가 24호 요리점 방월루(芳月樓)의 누주인 박태□의 집에 전차금 100원으로 주선할 수 있다는 내용으로 봉절을 그곳에 보내기로 종용되었다. 급히 이를 수용하여 정봉절을 제국 외인 앞서 기록한 장소에 이송할 목적으로 의연하게 정봉절을 계속 유괴하여 동(同) 목적에 따라 유괴를 이루었다. 다음 날 일단 피고인만 밀양으로 돌아와 피고인 행화에게 그 내용을 보고하고, 행화도 이에 동의함에 따라 곧바로 필요한 여러 서류를 작성하고 다음 날 피고인 둘이 동반하여 다시 부산으로 출발하고 앞에 기록한 이달수의 집으로 가서 그에게 봉절을 인도하여 만주로 건너가도록 했다.

제2, (1) 같은 달 피고인 창원은 위 봉절의 전차금으로 수령한 금 100원 중 금 30원을 여러 비용으로 제외하고, 잔액금 70원을 전정순에게 주었다. 다시 그중에서 전정순의 의뢰에 따라 금 30원을 보관하였는데, 그 무렵 이 돈을 장소 불상 피고인의 주거지에서 자기의 용도로 소비하여 횡령하였다.

(2) 다시 범의(犯意)를 계속하여 일찍이 정순에게 보관을 부탁받아 동 피고인이 점유 중이던 정순 소유의 식기류 12점(시가 약 4원)을 앞과 마찬가지로 그 무렵 거리에 풀어 매각 횡령하였다.

제3, 피고인 행화도 또한 정순으로부터 받아 보관 중인 의류 여러 점(시가 약 4원)을 그 무렵 자기의 용도로 사용하여 횡령하였다.

증거에 따라 위의 판시사실 중 판시 제1, 전정순 및 그 장녀 정봉절이 판시의 경위에 의해 피고인의 집에 임시 머물렀던 것은 피고인 행화가 당 공정에서 그 내용으로 공술함에 따라 명백하다. 피고인 등이 공모하고 제국 외 이송의 목적으로 판시와 같이 봉절을 유괴한 점은 피고인 등에 대한 각 검사 제1회 신문조서 중의 판시한 공모의 점을 제외하고 그 나머지 판시한 것과 같은 내용의 피고인 창원에 대한 사법경찰관 사무취급 제1회 신문조서 중 "나는 당시 빈곤한 나머지 정봉절을 나의 어머니 행화 등과 상담하고 요리옥의 작부로 삼으려 하였다"는 내용의 각자 공술기재, 증인 전정순에 대한 사법경찰관 사무취급 신문조서 중, "피고인 둘은 공모하고 나와 장녀 정봉절에게 봉절을 부산의 고무공장에 여공으로 부탁했다는 내용으로 말하여 속였다. 봉절을 유괴하여 만주의 요리옥 작부에 전차금 100원으로 몸을 팔려고 하였던 것이다. 나도 봉절도 모두 피고인 등의 말과 같이 부산의 여공으로 봉절을 부탁했다고 생각하고 있었다"는 내용의 공술기재를 종합하여 인정한다.

판시 제2, 제3의 각 횡령의 점은 피고인 등이 당 공정에서 한 각 판시와 같은 내용의 자백(自供),

증인 전정순에 대한 앞의 신문조서 중 "나는 피고인 등의 집에 임시 머묾에 따라 피고인 등에게 맡겨둔 식기 의류 등을 그들에게 횡령당하였다. 또 봉절이 부산의 고무공장에 취직하여 얻은 돈이라 생각하고 금 100원 중에서 피고인 창원에게 보관 방법을 의뢰한 돈을 피고인 등이 임의로 소비하였다"는 공술기재를 종합하여 인정한다.

판시사실은 모두 그 증명이 있다.

법률에 따라 피고인 등의 판시 행위 중 제국 외 이송의 목적에 의한 유괴의 점은 각 형법 제226조 제1항 제60조에, 횡령의 점은 무릇 동법(同法) 제252조 제1항(또 피고인 창원에 대해 제55조)에 각 해당하는 바다. 위 양자는 동법 제45조의 병합죄에 관계함으로 동법 제47조 본문 제10조, 제14조에 따라 각각 더 무거운 전자(前者)의 형(刑)으로 병합 가중을 하여(단 동법 제47조 단서의 제한에 따름) 형기 범위 내에서 피고인 등을 각 징역 2년에 처한다.

본 건 공소사실 중 피고인 행화가 전정순으로부터 보관 중이던 식기를 횡령하였다는 점은 피고인과의 관계에서는 이를 인정할 수 있는 증명이 없지만, 이는 앞서 기록되어 인정된 피고인의 의류 횡령의 사실과 연속 범죄의 관계에 있는 것으로 기소된 것이라 인정함으로써 주문에서 특히 무죄 언도를 하지 않는다.

이에 주문과 같이 판결한다.

1936년 5월 7일

부산지방법원 마산지청 형사부

재판장 조선총독부 판사 무토 쇼오스케(武藤將之助)

조선총독부 판사 미야케 슈이치(三宅修一)

조선총독부 판사 김우열(金又說)

3. 만주국 유괴 사건

1939년형공제268호(昭和十四年刑公第二六八號)

판결

본적 및 주거 : 전라북도 완주군 구이면 두현리

농업, 임일순(당 37세)

위 자의 제국 외 이송유괴 피고사건에 대하여 당원(當院)은 조선총독부 검사장 타니카와 칸(谷川寬)이 관여하여 심리하고 다음과 같이 판결한다.

주문

피고인을 징역 1년 6월에 처한다.

1940년 칙령 제45호에 따라 징역 1년 1월 28일로 변경되었다.

이유

피고인은 1939년 1월 중순경 전주부 팔달정 최의봉으로부터 부녀를 만주국 방면의 창기 또는 작부로 소개하면 상당한 이익이 있을 것이므로 적당한 부녀자를 알선해 달라는 내용을 요청받았다. 피고인은 자신의 처 오빠인 김제군 공덕면 마현리 주낙환의 둘째 딸이자, 다른 곳에 한 번 시집을 갔다가 남편이 사망하고 친정에 돌아와 있는 주옥례(당 21세)를 생각해냈다. 그녀를 유괴하여 만주국에 이송할 것을 기도하고 같은 달 28일 위 주낙환의 집을 찾아가 그의 처 김덕환에게 주옥례를 마을 안의 독신자에게 재가시키도록 진력을 다하겠으므로 자신에게 맡겨달라고 거짓말을 하였다. 같은 날 그 안내에 따라 그녀가 당시 머물고 있던 이리읍 마동정 김고양의 집으로 가서 주옥례를 데리고 나와 즉시 동이리역(東裡里驛)에서 기차에 태워 전주로 왔다. 그날부터 같은 달 30일까지 완주군 우전면 석불리 금창암 김선세화 집에 숙박시켜 놓고 그 동안 주옥례에게 만주국에서는 부녀자라도 돈을 잘 벌 수 있으니 만주에 가서 벌이(出稼)를 하면 어떠냐는 감언이설을 함부로 하여 만주국에서 보통의 고용녀가 되는 것을 승낙받았다. 한편 같은 달 30일 위 주낙환의 집에 찾아가 주옥례는 이미 품행(素行)이 불량하다는 내용으로 거짓말을 하여 주낙환으로부터 그녀의 조치를 위탁받았다. 다음 날 31일 위 김선세화의 집에 되돌아가 의류 제작이나 그 외 만주국에 가서 돈벌(出稼) 준비를 위해서라며 그녀를 위 최의봉의 집으로 연행하여 전주부내 남창여관에 1박을 하도록 했다. 다음 날인 2월 1일 전주부 고사정 예창기(藝娼妓)소개업 츠쿠네 하야지(築根早次)의 대리인 박태환의 집에 유괴하여 두고 주옥례로 하여금 몸값(身代金) 천 원으로 만주국에서 창기 또는 작부를 한다는 내용의 계약을 체결하도록 함으로써 그녀를 제국 외로 이송할 목적으로 유괴하였다.

증거를 살피건대 피고인과 판시 주옥례의 신분관계, 그녀의 경력 등은 피고인이 당 공정에서 그 내용으로 공술한 것에 따라 명확하다. 그리고 피고인이 판시 목적으로 주옥례를 유괴하였다는 점은 피고인이 당 공정에서 판시 1월 28일 판시 김덕환에게 판시와 같이 말하고 주옥례가 머무는 곳인 판시 김고양의 집에 가서 주옥례에게 재가시키거나 또는 제사공장의 여공으로 부탁하겠다고 알리고 그녀를 꾀어내어 판시와 같이 판시 김선세화의 집으로 데리고 와서 같은 달 30일까지 3박을 시켰다. 같은 달 29일부터 그녀를 화류계에 팔아넘길 악의를 품고 판시 최의봉의 집에 방문하여 주옥례를 만주 방면의 화류계에 부탁하고 싶다는 내용을 의뢰하고 돌아가 주옥례에게는 만주 방면으로 가서 밥 짓는 일에 고용되면 상당한 수입이 있을 것이라고 말했다. 그러자 그녀는 일단 이를 승낙한 뒤 아버지의 양해를 얻어 줄 것을 요청함에 따라 위 주낙환의 집에 가서 주옥례는 시골 생활이 싫어 화류계에 들어가고 싶은 의사가 있다는 내용으로 말하였다. 주낙환이 이런 딸은 그 하는 대로 방치해 두라고 대답함에 따라 같은 달 31일 주옥례에게 판시와 같이 말하고 최의봉 집으로 데려갔다. 다음 날인 2월 1일 다시 판시 박태환 집에 데려가서 판시한 것과 같은 계약을 체결시켰다는 내용의 공술,

피고인에 대한 검사의 제2회 심문조서 가운데 피고인의 공술로서 주옥례를 데리고 나오기 약

15일 전에 전주부내 시장 부근에서 최의봉과 만났을 때 그로부터 만주국에서는 반달 정도면 조선에서 한 달 정도의 임금을 얻을 수 있으니 적당한 부녀를 알선해 달라는 의뢰를 받고 판시 주옥례를 후일 연행하겠다고 약속하고 귀가하였다. 그러나 생업에 쫓겨 며칠이 지난 바 최의봉으로부터 두 차례의 문의가 있었다. 따라서 며칠 후에 전주부 팔달정에 있는 최의봉의 집에 방문하여 그로부터 그녀를 데려오면 얼굴을 보고 얼마라도 돈을 주겠다는 내용의 말을 들었다. 이에 어떻게 해서든 그녀를 만주국에 팔아넘겨 돈을 벌어야겠다고 결심하고 판시 주낙환의 집으로 가서 그의 처 김덕환에게 판시한 것과 같은 내용을 말하였다. 그리고 주옥례가 머물고 있는 김고양의 집에 가서 주옥례에게 판시 내용과 같이 말하고 전주로 데리고 온 다음 금창암에 데려가서 머물게 하였다. 만주국에 가면 조선에서는 한 달을 일해도 벌 수 없을 만큼의 돈을 반달 정도에 벌 수 있으니 만주로 가지 않겠느냐고 여러 번 권하였는 바 그녀가 드디어 승낙하였다는 내용의 기재,

피고인에 대한 검사의 제3회 심문조서 가운데 그 공술로서, 주옥례를 데리고 판시 박태환이 소개소로 가서 그에게 주옥례를 보이고 몸값 천 원으로 만주에 보내는 것으로 이야기를 꾸미고 박태환이 여자에게 준비금으로 120원을 대여했다는 내용의 기재,

증인 주옥례에 대한 검사의 심문조서 가운데 주옥례의 공술로서, 자신은 판시 경력으로 이리의 쿠마노(熊野) 아무개의 집에서 일하던(奉公) 중 1938년 음력 12월 중순경부터 휴가를 청해 판시 김고양의 집에서 휴양하고 있었다. 그런데 이틀째에 임일순과 친모인 김덕환이 와서 집으로 돌아올 것을 권함으로 세 사람이 동이리역에 향하여 출발하여 그 도중 어머니는 집으로 돌아가고 임일순과 둘이 남았다. 그 사람은 자신을 재가시키거나 혹은 제사공장의 여공으로 소개시켜 줄 테니 신상을 자신에게 일임해 달라고 말함에 따라 그를 따라 판시와 같이 어느 절에 이르러 그곳에서 1박하고 그 다음 날 아침 구이면의 피고인 거주지로 가도록 요청하였다. 임일순이 자기 집은 온돌이 한 칸 밖에 없고 처자식이 병에 누워 있어 형편이 나쁘니 당분간 이 절에서 숙박하라는 말을 남기고 나갔기 때문에 그 절에 다시 머물렀다. 그런데 피고인은 다음 날 아침에 와서 만주국에 가면 밥 짓는 일만 해도 돈벌이가 좋으니 함께 만주로 돈 벌러 가자고 말하므로 이를 승낙하였다. 임일순은 양친의 양해를 얻어 돌아올 테니 기다리라고 말하고 외출하였으므로 하는 수 없이 그 절에서 3일째 숙박했는데 피고인은 다음 날 아침 돌아와 "양친도 너의 일신을 나에게 맡기겠다고 승낙했으니 염려할 것 없고 일을 구하려면 네 옷을 만들어야 한다"고 말하며 자신을 데리고 나가 전주부내 씨명 불상자의 집으로 안내하여 그 주인인 듯한 사람에게 소개하고 전주부내의 어떤 여관에서 1박을 했다. 그 다음 날 아침 소개소 사람이 와서 그의 안내로 어떤 소개소로 갔더니 그 곳

의 주인은 우선 옷을 만드는 비용으로 120원을 교부하였으므로 이것을 피고인에게 건넸다. 그는 의류 기타 소지품 등을 주문해 달라고 하고 같은 날 정오경 수속 정비를 위해 나의 집에 가자고 해서 나와서 그 소개소에서 계속 3박했던 내용 및 자신은 무지하여 만주국이 어디인지도 모르는 자인데 설마 고모부(피고인)가 자신을 돈벌이 목적으로 팔아넘길 것이라고는 꿈이라도 상상하지 못한 채 그를 신뢰하고 그 말을 맹종했다는 내용의 기재,

증인 김덕선에 대한 검사의 신문조서 가운데 공술로서, 1938년 음력 12월 중순경 피고인이 자기 집을 찾아와 주옥례를 도회지에 방치하면 위험하니 조속히 데려와야 하며 만일 그렇게 하지 않으면 자신이 데리고 가 적당한 사람에게 재가시키겠다는 내용의 진심 어린듯한 충고를 하였다. 그 다음 날 그와 둘이서 주옥례를 데려오기 위해 이리에 갔는데 돌아오던 중 피고인은 일단 주옥례를 자신에게 맡기고 집으로 돌아가라고 말해 자신은 그의 호의에 감사하며 옥례에게 고모부(피고인)를 따라가 음력 정월에 돌아오도록 하고 기찻삯으로 금 40전을 주고 이리시장 부근에서 동인 등과 헤어져 혼자 돌아왔다. 그로부터 2~3일 후 피고인이 또다시 찾아와 주옥례는 완전히 나쁜 사람으로 이미 평범한 여자가 아니다, 어쩔 수 없으니 데려가라는 요지의 기재를 종합하면 판시사실은 그 증명이 충분하다.

법에 따라 피고인의 판시 행위는 형법226조 제1항에 해당한다. 범죄의 정상이 동정할 만하므로 형법 제66조, 제71조, 제68조에 따라 적절히 경감하고, 형기 범위 내에서 피고인을 징역 1년 6월에 처한다.

따라서 주문과 같이 판결한다.

1939년 4월 14일

전주지방법원 형사부

재판장 조선총독부 형사부 사사키 히데오(佐佐木日出男)

조선총독부 판사 김윤근(金潤根)

조선총독부 판사 다케다 노부히사(武田信壽)

4. 만주 펑톈 유괴 사건(1)

1939년형공제849호(昭和十四年刑公第八四九號)

1939년 10월 10일 확정

판결선고
1939년 10월 10일 조선총독부재판소 서기 사사키 키요츠쿠(佐佐木清次)

1940년 칙령 제 45호에 의해 징역 1년 6월로 변경됨.

판결

본적: 전라남도 장흥군 안양면 사촌리

주거: 위와 같음

무직, 박봉엽(당 35세)

위 자의 국외 유괴 피고사건에 대해 다음과 같이 판결한다.

주문

피고인을 징역 2년에 처한다.

소송비용은 전부 피고인의 부담으로 한다.

이유

피고인은 1939년 3월중 전라남도 여수군 여수읍 동정 강복수의 집에서 자기 부인의 실제 언니인 만주국 펑톈성(奉天省) 우순시(撫順市) 다관정(大官町) 3정목 9-1번지 음식점업 김덕린으로부터 장차 요리점을 개업할 때에 사용할 작부의 고용인 주선 방법을 의뢰받고 제국 밖으로 이송할 목적으로 부녀를 유괴하고자 하였다. 3월 12일 어머니 쪽 종형인 앞의 주소지와 같은 마을에 살고 있는 유길수의 집에 가서 그 부부가 외출하여 집에 없는 것을 기회로 그들의 다섯 번째 딸 유순례(당 15세)에게 만주국에 가서 가마니 직조공장에 취직하면 매월 금 20~30원의 수입을 얻을 수 있으므로 부모에게 송금을 할 수도 있고, 또 마찬가지로 취학도 할 수 있으므로 함께 만주국으로 가자고 하였다. 유순례가 그 내용을 잘못 믿도록 하고 같은 날 그녀를 앞의 강복수의 집으로 연행하여 유괴하였다. 3월 하순 일자 불상 유순례를 위 강복수의 집에서 만주국 김덕린의 집으로 동행함으로써 제국 밖으로 이송하였다.

위 사실은 피고인이 당 법정에서 유길수 부부의 승낙을 얻었다고 한 점을 제외하고 판시와 같은 내용의 자백(自供), 증인 유길수, 이연엽에 대한 각 예심조서 중 판시한 날짜에 그들이 집에 없었을 때에 그 딸 유순례가 소재 불명이 되었다는 내용의 각 공술기재,

증인 유순례에 대한 예심조서 중 판시와 조응하는 피해사실을 공술한 기재에 따라 증명이 된다.

법에 따라 피고인이 판시한 행위 중 제국 밖으로 이송할 목적으로 사람을 유괴한 점은 형법 제226조 제1항에, 유괴를 당한 자를 제국 밖으로 이송한 점은 형법 제226조 제2항 및 제1항에 각각 해당한다. 그리고 양자는 수단 결과의 관계에 있으므로 형법 제54조 제1항 후단 제10조에 따라 더 무거운 전자의 형에 따라 그 소정 형기 범위 안에서 피고인을 징역 2년에 처한다. 소송비용은 형사소송법 제237조 제1항에 의해 전부 피고인이 부담하는 것으로 한다.

이에 주문과 같이 판결한다.

조선총독부 검사 나카노 츠요시(中野毅) 관여

1939년 10월 10일

광주지방법원 목포지청 형사부

재판장 조선총독부 판사 츠다 다케야(津田猛哉)

조선총독부 판사 문영승모(文永昇謨)[4]

조선총독부 판사 후지이 쇼(藤井章)는 휴직 중으로 서명 날인하는 것이 가능하지 않음.

재판장 조선총독부 판사 츠다 다케야(津田猛哉)

4 문승모.

5. 만주 펑톈 유괴 사건(2)

1939년예제11호(昭和十四年豫第一一號)

예심종결결정

본적: 대구부 남산정

주소: 대구부 덕산정

무직, 김봉동(당 43세)

본적 및 주소: 경상북도 영일군 송라면 조사동

해산어업, 정상로(당 42세)

위 자들의 국외 이송유괴 피고사건에 관해 예심을 거쳐 다음과 같이 결정한다.

주문

피고인 김봉동, 동(同) 정상로 2명을 면소한다.

이유

본 건의 공소사실은 다음과 같다.

피고인 정상로는 이미 알고 지내던 경산군 자인면 동부동의 계월(桂月), 곧 황수련이 동생 황태수의 학자금을 조달하기 위해 경상남도 동래군 구포면 구포리 요리점 대성관(大成館)의 남갑수 집에서 300원을 전차(前借)하여 작부로 영업 중이라는 사실을 듣고 피고인 김봉동과 공모하여 황수련을 유괴해 만주국으로 이송하여 작부 영업을 시키고 그 전차금으로 이익을 얻고자 기도하였다. 먼저 피고인 정상로는 1939년 4월 15일경 구포면의 황수련을 방문해 구포역 앞의 모 여관에서 뒷날 돈을 마련해 전차금을 갚고 아내로 삼겠다고 속여 황수련과 정교관계를 맺고 부부의 약속을 하였다. 이어서 피고인 김봉동은 같은 4월 23일경 전화를 하여 황수련을 대구부 덕산정의 김봉동 피고인의 집으로 불렀다. 황수련에게 "지금 만주국 평톈시 무정정(木曾町)의 요리점 동양관의 김재복이 작부를 데리고 가기 위해 대구에 와 있는데 정상로가 그 사람과 친교가 있다. 정상로는 작부 2, 3명을 데리고 김재복의 허락을 얻어 가서 요리점을 경영하고 당신과 동거하고 싶어 한다. 그러나 정상로의 600~700원으로는 그러한 목적을 달성할 수 없으므로 일시적으로 돈을 마련한다는 의미로 당신이 김재복에게 천 원을 빌려서 정상로에게 주면, 당신의 전차금 300원을 갚은 다음 그 잔금과 정상로가 갖고 있는 돈으로 작부를 데리고 펑톈으로 간 뒤 당신과 정상로가 부부라는 것을 김재복에게 말해 당신의 전차금을 뒷날 갚겠다고 양해를 구하겠다. 만약 김재복이 이를 거절하면 정상로가 데리고 간 여자를 당신 대신 김재복에게 인도하겠다. 그러면 당신은 작부 영업을 하지 않고 전차금도 없게 되어 정상로와 부부생활을 할 수 있다"는 말로 교묘하게 속였다. 이에 따라 황수련이 그 내용을 잘못 믿도록 유혹하고 같은날 대구부 동천대전정(東千代田町) 호남여관, 곧 손성초의 집에 이르러 그 집에 머물고 있는 김재복에게 전차금 천 원을 받고 황수련을 작부로 인도했다. 그리고 같은 해 4월 30일경 황수련을 만주국 펑톈시 무정정 김재복의 집으로 이송함으로써 그 목적을 달성했다는 것이다. 그러나 공판에 부칠만한 범죄 혐의가 없으므로 형사소송법 제313조에 따라 면소해야 할 것이다.

이에 주문과 같이 결정한다.

1939년 11월 1일

대구지방법원

예심 담당 조선총독부 판사 아라이 쇼조(荒井尙三)

6. 만주 옌지 유괴 사건

1940년형공제84호(昭和十五年刑控第八四號)

판결선고
1940년 3월 26일 조선총독부 재판소 서기 요시나가 요시로(吉永芳郞)

판결

본적: 함경남도 이원군 동면 참평리

주거: 청진부 신암동

인사소개업 김창태(당 38세)

위 자의 제국 외 이송유괴 피고사건에 관해 1940년 2월 20일 청진지방법원이 언도한 유죄 판결에 대해서 원심 검사가 항소신청을 하였으므로 당 법원은 조선총독부 검사 미야이 신조(宮井親造)가 관여하여 심리하고 다음과 같이 판결한다.

주문

피고인을 징역 2년에 처한다.

단 4년간 형의 집행을 유예한다.

소송비용은 전부 피고인이 부담한다.

이유

피고인은 1934년 5월부터 청진부내에서 예창기(藝娼妓)소개업을 해왔는 바,

(一) 1939년 5월 1일 함경북도 성진군 성진읍 욱정 133번지에서 인사소개업을 하는 최시춘 집에 기(妓)를 구하러 갔으나 마땅한 자가 없었기 때문에 욱정 255번지의 가시자시키(貸座敷)업 낙빙루(樂氷樓)를 하는 이현숙의 집에 들렀다. 그곳에서 경찰서장의 허가 없이 예창기생업(稼業)을 하는 해주부 동애리에 사는 김이남의 장녀 박옥녀, 곧 박명옥(당시 19세로 음력 11월 17일생)과 만나 그녀를 다른 곳에 예창기로 소개하여 수수료를 얻을 목적으로 그녀에게 "친구에게 너에 대해 들었는데 이곳에 그대로 있는 것보다는 청진의 갑종요리점(甲種料理屋)에 가서 예기로 돈을 버는 편이 좋다"는 감언으로 유혹하고 박옥녀에게 금 1,030원을 변통하여 낙빙루에 그녀의 전차금을 지불하도록 하였다. 그 뒤 전업(鞍替)에 관해 친권자의 승낙을 받지 않고 같은 달 2월경 박옥녀를 피고인의 집으로 데리고 와 영리의 목적으로 유괴하였다.

(二) 다시 같은 해 5월 6일경 만주국 지엔다오성(間島省) 옌지현(延吉縣) 롱징가(龍井街) 차오르구(朝日區) 옌핑로(延平路)의 요리업 동양관의 한치옥이 전화를 걸어 고용할 여자가 있는지 문의했을 때 기(妓)가 있다고 답하고 그녀를 호출하였다. 5월 8일경 위 피고인의 집에서 박옥녀에게 "롱징에는 훌륭한 음식점이 있어 경기가 좋고 수입이 많다"는 것과 승낙은 "롱징에 간 다음 구해도 괜찮다"는 내용을 한치옥과 함께 번갈아 얘기하고 박옥녀를 유혹하여 위 동양관에 예창기로서 전차금(前借金) 1,200원을 받고 입주하는 것을 승낙하도록 하였다. 그리고 소개비용 50원을 받아 같은 날 무렵 한치옥이 박옥녀를 위 동양관에 데려가도록 함으로써 피유괴자인 박옥녀를 제국 밖인 롱징가에 이송하였다. 위 영리유괴 및 피유괴자 제국 외 이송의 행위는 계속되는 범의(犯意)에서 나온 것이다.

증거를 살피건대, 피고인이 1934년 5월부터 청진부내에서 예창기소개업을 해 온 것은 피고인이 당 공정에서 한 공술에 의해 명백하다.

판시 (一)의 사실은 원심 제1회 공판조서 중 피고인이 판시 박옥녀에게 판시와 같은 언사를 함부로 한 점과 박옥녀의 연령과 생년월일을 제외하고 판시와 같은 내용의 공술기재가 있다.

증인 박옥녀에 대한 예심판사의 신문조서 가운데 자신이 성진에서 청진으로 온 것은 판시 낙빙루에서 피고인이 "너에 대해서는 청진에 있는 너의 친구에게 들었다. 이곳에 그대로 있는 것보다 청진에 가서 갑종요리점에서 일하는 편이 좋으니 오라"는 말을 들었기 때문이다. 그리고 청진에 가서 피고인에게 친구의 행방을 물으니 피고인이 친구는 없다고 답했다는 내용의 공술기재,

증인 김이남에 대한 예심판사의 신문조서 가운데 판시 박옥녀는 1921년 음력 11월 17일생으로 19세라는 내용의 공술기재를 종합하여 이를 인정한다.

판시 (二)의 사실은 피고인이 당 공정에서 판시 일시경 판시 한치옥으로부터 전화를 통해 고용할 여자가 있는지에 대해 문의한 것에 대해 "여자가 있다"고 답한 결과 한치옥이 그 다음 날 즈음 자신의 집으로 찾아왔다는 내용의 공술,

증인 박옥녀에 대한 예심판사의 신문조서 가운데 자신은 당초 롱징으로 갈 생각은 없었는데 청진에 온 후 자신에게 빚이 많고 또 과연 청진에서 일해도 경기가 좋고 수입이 많을지 의문이 들어 성진의 낙빙루로 돌아가려 했다는 내용과 청진에 있는 피고인의 집에서 피고인이 자신에게 판시 한치옥은 자신의 형에 해당하는 사람으로, 롱징은 경기도 좋고 수입도 많기 때문에 가지 않겠냐고 권유했다는 내용이 있다. 그리고 피고인이 자신에게 현재 동양관의 주인 한치옥 앞에서 노래를 불러보라고 말해 노래하였는데 동양관의 주인이 노래 실력을 칭찬하며 어디서 왔는지 물어보아 해주에서 왔다고 답했다. 이번에는 자신이 "당신은 어디에서 왔느냐"고 물어보니 "롱징에서 왔다"고 말해 자신은 그 때 처음 한치옥이 롱징에서 온 것을 알았다. 롱징의 경기를 물어보니 "롱징은 정말로 경기가 좋아 수입도 절반은 작부가 가져가며 빚은 1년 이내에 완전히 변제할 수 있다"고 하였기 때문에 동양관에 갈 것을 희망하기에 이르렀는데 그 때 피고인은 네가 가고 싶으면 가도 좋다고 했다는 내용이 있다. 당시 피고인과 한치옥은 자신에게 "부모의 승낙이 필요하지만 그것은 네가 롱징에 간 후에 받든지, 아니면 승낙을 기다린 후 가든지 너의 자유"라고 했다는 내용의 공술기재,

원심 제1회 공판조서 중 피고인이 박옥녀는 보호자의 승낙 없이 동양관의 예창기가 되어 전차금 1,200원을 받았고 자신이 박옥녀 등과의 사이에서 고용계약 입회인이 되어 소개비용 50원을 받은 후 한치옥이 박옥녀를 롱징에 데려갔는데 자신은 롱징이 제국 밖이라는 것을 알고 있었다는 내용의 공술기재를 종합하여 이를 인정한다.

판시 범의 계속의 점은 단기간 내에 동종의 행위를 반복하여 여러 번 시행한 사실에 따라 이를 인정한다.

그렇다면 위에 서술한 각 증거자료에 따라 판시사실은 증명이 있다.

법률에 따라 판시 행위 가운데 영리유괴의 점은 형법 제225조에, 피유괴자 제국 외 이송의 점은 형법 제226조 제2항, 제1항에 각 해당한다. 이상은 연속범이므로 형법 제55조, 제10조를 적용하고 무거운 후자의 죄로 삼아 소정의 형기 범위 내에서 피고인을 징역 2년에 처한다. 정상(情狀)을

보아 형의 집행을 유예하는 것이 마땅하므로 형법 제25조에 따라 4년간 위 형의 집행을 유예한다. 소송비용은 형사소송법 제237조 제1항에 따라 피고인이 전부 부담한다.

따라서 주문과 같이 판결한다.

원심 검사의 항소는 이유 없다.

1940년 3월 26일

경성복심법원 형사 제2부

재판장 조선총독부 판사 야모토 쇼헤이(矢本正平)

조선총독부 판사 하타 요시(畑好)

조선총독부 판사 후루가와 하츠오(古川初男)

7. 만주 및 중국 중부 방면 유괴 사건

1940년형공제365 · 366호(昭和十五年刑公第三六五 · 三六六號)

판결선고
1940년 7월 31일 조선총독부 재판소 서기 도나카[5] 세이이치(渡中誠一)

판결

본적: 대구부 남산정

주거: 대구부 금정

채소 행상, 종찬 곧 이종옥(당 48세)

본적: 경상북도 경산군 경산면 상방동

거주: 대구부 봉산정

광산인부 감독, 원철, 원복, 곧 정돌방(당 40세)

본적: 경상북도 달성군 공산면 백안동

거주: 대구부 남산정

무직, 태홍, 곧 최홍이(당 51세)

5 또는 와타나카.

본적: 대구부 남산정
거주: 대구부 남산정
과일 행상, 명선, 곧 제암회(당 45세)

본적: 대구부 내당동
거주: 대구부 시장정
무직, 김재연(당 67세)

본적: 경북 영천군 북안면 송포동
거주: 대구부 남산정
재봉업, 영수, 기수, 곧 최만술(당 43세)

본적: 대구부 남산정
거주: 대구부 남산정
무직, 철호, 곧 임수만(당 34세)

본적: 경상북도 경산군 경산면 삼남동
거주: 대구부 남산정
진□기 제조 직공, 김동수(당 36세)

본적: 대구부 금정
거주: 대구부 남산정
무직, 유화춘(당 33세)

본적: 광주부 명치정
거주: 대구부 동운정
무직[전 공증역장(公證役場) 사무원], 황용팔(당 36세)

본적: 대구부 경정

거주: 대구부 신암동

무직, 순해, 곧 김광지(당 28세)

위 이종옥의 영리유괴 공문서 변조 행사 사기, 정돌방, 최홍이, 제암회의 공문서 변조 행사 사기, 김우성의 업무상 횡령 사기, 최만술의 영리유괴 공문서 위조 행사 사문서 위조 행사 사기, 임수만의 영리유괴 국외 이송유괴 사기, 김동수의 영리유괴 사문서 위조 행사 사기, 유화춘의 영리유괴 사기, 황용팔, 김광지의 영리유괴 국외 이송유괴 동(同) 미수 사기 각 피고사건으로 조선총독부 검사 츠보야 유헤이(坪谷雄平)가 관여하여 심리하고 다음과 같이 판결한다.

주문

이종옥을 징역 4년에, 피고인 정돌방, 동 최만술 동 임수만을 각 징역 3년에, 피고인 제암회를 징역 2년 6월에, 피고인 황용팔을 징역 1년 6월에, 피고인 최홍이, 동 김우성, 동 김동수, 동 유화춘, 동 김광지를 각 징역 1년에 처한다.

단 피고인 김우성은 3년간 위 형의 집행을 유예한다.

미결 구류 일수 중 피고인 이종옥, 동 정돌방, 동 최홍이, 동 제암회에게는 각 240일을, 피고인 김우성, 동 최만술, 동 임수만, 동 김동수, 동 유화춘, 동 황용팔, 동 김광지에게는 각 180일을 위 각 본형에 산입한다. 압수에 관하여 호적등본(1939년 압 제515호의 증 제7호) 중 변조 부분은 피고인 제암회, 동 정돌방에 대해, 인감증명서 1통(1939년 압 제645호의 증 제3호), 호적등본 1통(동상의 증 제7호)은 피고인 최만술, 동 정돌방에 대해, 금원(金員) 대차 생업(稼業) 계약서 1통(동상의 증 제5호), 차용금 영수증(동상의 증 제4호)은 피고인 최만술에 대해, 금원차용증서(동상의 증 제37호)는 피고인 김동수에 대해 집행하고 이를 몰수한다.

소송비용 가운데 증인 박재환, 김만금, 최인준, 윤금선에 대한 부분은 피고인 이종옥이, 증인 안경선, 김금순에 대한 부분은 피고인 김우성이, 증인 성여석, 이기화, 전택상, 강우선, 성재선, 최종련, 최석몽에 대한 부분은 피고인 최만술이, 증인 지재선에 대한 부분은 피고인 황용팔이 각 부담하도록 한다. 증인 황경조, 박남술에 대한 부분은 피고인 이종옥, 동 정돌방이, 증인 정주석에 대한 부분은 피고인 최홍이, 동 정돌방이, 증인 최영학에 대한 부분은 피고인 제암회, 동 정돌방이, 증인 박우연에 대한 부분은 피고인 최만술, 동 유화춘, 동 김동수가 각각 연대부담한다.

이유

제1, 피고인 이종옥은 1938년 11월 하순경 당시 대구부 비산동에 거주하는 박남술이 그 둘째 딸 이분영(당시 16세)을 기생견습 호오코오(奉公)에 나가게 하고 있는 것을 듣고 그녀를 유괴해서 창기로 삼아 사리를 취할 것을 도모했다. 11월 29일경 동 장소 황경조의 집에서 자기의 첩 권택상으로 하여금 무지몽매한 위 박만술, 이분영 모녀에게 기생의 양녀를 하면 좋은 남편을 맞아 수입이 많다는 내용으로 감언이설을 하였다. 같은 날, 같은 장소에서 위 이분영을 대구부 남산정의 당시 피고인 이종옥 집에 연행하여 유괴하였다. 그런데 이분영의 연령이 16세로 창기업을 할 수가 없어서 11월 말경 피고인 정돌방과 공모하고 이분영이 창기허가연령(만 17세 이상)에 도달하는 것처럼 호적등본을 변조 행사하여 타인을 기망하였다. 전차금 명의하에 돈을 편취할 것을 기도하고 피고인 이종옥은 먼저 그즈음 자택에서 경성부 장사정의 김필주에게 위 이분영을 창기로 고용시키고자 한다는 내용을 말하였다. 박만술 및 이분영이 이분영을 18세로 사칭하기로 하고 위 김필주로 하여금 그 내용을 믿게 하여 그녀를 3년 반, 돈 400원의 전차로 창기 고용할 것을 승낙하도록 하였다. 동시에 같은 장소에서 김필주로부터 계약금 명의하에 돈 50원을 박남술에게 교부하여 주고 피고인 정돌방은 위 박만술로 하여금 대구부 서부출장소로부터 이분영의 호적등본 1통을 교부받도록 하여 이를 사용하였다. 1938년 12월 1일 대구부 봉산정 자택에서 위 호적등본 중 이분영의 생년월일란의 생년 1923년(大正12年) 4월 20일로 기재되어 있는 것의 '12(拾貳)' 부분을 잉크 분말과 석유 벤젠으로 교묘하게 지우고 새롭게 '10'자를 적어 넣어 대구부윤 후루이치 신사쿠(古市進作) 명의의 호적등본 1통을 변조했다. 같은 날 밤 권택상, 박남술, 이분영 등을 동반하여 대구부 덕산정 197번지 덕산여관 백음전의 집에 가서 사정을 알리고 박남술로 하여금 김필주에게 위 변조한 호적등본을 교부하라고 하여 이를 행사하였다. 김필주로 하여금 점점 신용하도록 하여 즉시 동 장소에서 동인(同人)으로부터 전차금 명의 하에 돈 350원을 박남술에게 주도록 하여 합계 400원을 편취하였다.

제2, 피고인 제암회는 1939년 1월경 경산군 와촌면 계전동 최영학으로부터 그 둘째 딸 두태(당시 17세)를 창기로 주선해 달라는 의뢰를 받았다. 그녀가 아직 창기의 허가 연령이 되지 않았기 때문에 피고인 정돌방에게 그 사정을 말하고 두 피고인이 공모하여 최두태의 호적등본을 변조행사하여 타인을 기망하고 전차금 명의하에 금원(金員)을 편취하기로 도모하였다. 피고인 정돌방은 1월 23일경 전기 자택 온돌방에서 1월 21일 최영학이 관할 와촌면 사무소에서 교부받아온 면장 작성 명의의 최두태 호적등본 중 생년월일란의 생년이 1923년(大正12年) 4월 20일로 기재되어 있는 것의 '12(拾貳)' 부분을 지난번 방법과 같이 교묘하게 지우고 새롭게 '10'자를 적어 넣어 동 면장 작성 명의의 위 호적등본 1통(1939년 압제515호의 등 제7호)를 변조하였다. 그 무렵 자택에서 최영학의 손을 통해 이를 피고인 제암회에게 교부하고 피고인 제암회는 1월 29일경 대구부 남산정 어영우의 집에서 그 사정을 듣게 하고 그의 중개에 따라 대구부 팔중원정(八重垣町) 3번지 가시자시키(貸座敷)업 일월관(日月館), 곧 이경삼에게 최영학의 손을 통해 전기(前記) 변조한 호적등본을 교부 행사하여 당 19세의 최두태를 창기로 고용하고자 한다는 내용으로 말하였다. 이경삼으로 하여금 최두태가 진실로 19세로 창기허가연령에 달한 것으로 오해하게 하고 4년간 720원의 전차로 그녀를 창기로 고용한다는 내용을 약정하게 하였다. 즉시 동 장소에서 이경삼에게 최두태를 인도하고 이경삼으로부터 전차금 명의로 720원을 최영학에게 교부하게 하여 이를 편취하였다.

제3, 피고인 최홍이는 1939년 2월 중순경 대구부 봉정동 이장술 및 그의 처 정월향 등으로부터 정월향의 여동생인 칠곡군 동명면 봉암동 정주석의 서자녀 정막이(당시 17세)를 창기로 주선하여 달라는 의뢰를 받았다. 그녀가 아직 창기허가연령이 되지 않았으므로 그즈음 피고인 정돌방에게 그 사정을 말하고 양 피고인이 공모하여, 정돌방이 호적등본을 변조 행사하고 타인을 기망한 후 전차금 명의하에 금원을 편취하고자 하였다. 피고인 정돌방은 2월 하순경 전기 자택 온돌방 내에서 2월 21일 정주석이 칠곡군 동명면 사무소에서 교부받아온 면장 작성 명의의 정막이 호적등본 중 생년월일란의 생년이 1923년(大正12年)으로 기재되어 있는 것의 '12(拾貳)' 부분에 마찬가지 방법으로 교묘하게 지우고 새롭게 '10'자를 적어 넣어 동 면장 작성 명의의 위 호적등본 1통을 변조하고 그즈음 이장술의 손을 통해 피고인 최홍이에게 교부하였다. 피고인 최홍이는 1939년 3월 13일경 전기 어영우에게 그 사정을 말하고 그의 중개에 따라 평안북도 철산군 오광순에게 변조한 호적등본을 교부 행사하며 당 19세의 정막이를 창기로 고용시키고 싶다는 말을 지어냈다. 이에 오광순은 정막이가 진실로 당 19세로 창기허가연령을 충족했다고 오해하고 4년간 750원의 전차로 그녀를 창기로 고용한다는 내용의 약정을 했다. 즉시 동 장소에서 정막이를 오광순에게 인도하고 오광순으로부터 전차금 명의하에 750원을 정막이에게 교부하게 하여 그것을 편취하였다.

제4, 피고인 이종옥은 영리의 목적으로 1939년 7월 4일경 대구부 서성정 1정목 음식점 대성관(大成館), 곧 윤금선의 집에서 그 집의 작부 김만금(당시 18세)에게 자신은 경주에서 음식점을 경영하는 자인데 경주의 자기 경영의 음식점에 오면 대구보다 좋을 것이라는 내용으로 감언하여 그녀를 오해하게 했다. 같은 달 김만금을 위 윤금선 집에서 대구부 대명동 박재환의 집에 연행하여 유괴하였다.

第5, 피고인 김우성은 (가) 1934년 8월경부터 1937년 10월경까지 대구부내에서 예창기작부 등의 인사소개업을 경영했던 자이다. 1935년 10월 8일경 대구부 비산동 김금순으로부터 그 장녀 권월선(당시 17세)을 전차금 120원에 작부로 소개하고 전차금 중 20원은 수수료 비용 등에 충당하여 잔액을 교부하고 싶다는 의뢰를 받았다. 10월 10일경 경성부 다목정 173번지 인사소개업 이재선의 소개에 따라 위 권월선을 경성부 수은정 음식점 175번지 안경선의 집에 전차금 120원에 작부로 살게 하고 해당 금액을 위 이재선으로부터 수취하여 업무상 보관 중 그중 20원은 피고인 김우성이 수수료 비용 등으로 받고 잔액 100원은 위 권월선에 교부해야 함에도 불구하고 그즈음 50원을 교부했을 뿐 잔액 50원은 다시 대구부내에서 자신의 용도로 소비 횡령하였다.

(나) 1938년 4월 9일경 피고인 김우성 집에서 대구부 팔중원정 3번지 가시자시키업 군방루(群芳樓), 곧 정재선에게 진실로 자기의 서자녀 김계담(당시 21세)를 창기업을 하게 할 의사가 없음에도 불구하고 그녀를 군방루에서 창기업을 하도록 하고 전차금을 대여하고자 한다고 거짓으로 말하여 정재선이 그 내용을 오해하게 하였다. 같은 장소에서 김계담의 창기업을 위한 전차금이라는 명의하에 4월 9일에 200원, 4월 12일에 150원 모두 350원을 받아서 편취하였다.

第6, (가) 피고인 임수만, 동 이종옥은 공모하고 1939년 1월 2일 영리의 목적으로 달성군 성서면 파산동 김광석의 집에서 그 집의 고용녀 전라북도 금산군 진산면 막현리의 윤어진(당시 19세)에게 시골의 농가에 고용되어 있는 것보다 도회지인 대구에 오면 좋은 음식점에 소개해줄 것이라는 말로 교묘하게 설득하여 기망하였다. 같은 날 그녀를 대구부 남산정 임수만의 집으로 데리고 나와서 유괴했다. 그 무렵 그녀를 대구부 신정 178번지 음식점 이종로의 집에 전차금 200원으로 일시 작부로 가게 하여 해당 돈을 편취하고 영리의 목적을 이루었다.

(나) 피고인 임수만은 피고인 정돌방과 공모하고 다시 위 윤어진을 타인 명의로 다른 음식점에 옮기도록 하여 포주를 기망하고 전차금 명의하에 돈을 편취하고자 하였다. 1939년 1월 10일경 피고인 2명은 미리 피고인 정돌방이 피고인 김우성으로부터 받아 가지고 있던 대구부 서내정 윤옥봉의 호적등본(1935년 형공 제366호 기록 제1331줄), 인감증명(1939년 압 제210호의 증 제3호)에 따라 전기 이종로의 집에서 피고인 김광지에게 윤순덕이라는 여자를 작부로 고용시키고자 한다고 말하고 윤어진을 위 윤옥봉의 장녀 윤순덕이라 허위로 말하여 피고인 김광지가 그 내용을 오해하게 하였다. 같은 날 같은 장소에서 전차금 명의하에 210원을 피고인 정돌방에게 교부하게 하여 편취했다. 위 윤어진에게는 두 피고인이 교대로 다른 좋은 음식점에 소개시켜 주겠다는 내용으로 감언하고 다른 곳에 옮기는 것을 승낙받았다. 같은 날 윤어진을 이종로 집에서 피고인 정돌방에게

데리고 나와 그 장소에서 윤어진을 피고인 김광지에게 인도함으로써 피고인 정돌방은 영리의 목적으로 그녀를 유괴하였다.

(다) 며칠 후 피고인 김광지가 윤어진을 작부로 보내도록 하고 전차금의 반환을 요청하였다. 피고인 정돌방, 동 임수만은 공모하고 그녀를 제국 외에 이송할 목적으로 1939년 1월 14일경 위 김광지 집에서 윤어진에게 또 다른 좋은 음식점에 주선해 주겠다고 거짓으로 말하고 그녀로부터 다른 곳으로 옮긴다는 내용을 승낙받았다. 피고인 정돌방에게 데리고 와서 피고인 정돌방이 그즈음 대구부 덕산정 모 대서인 집에서 당시 중부 지나(支那) 방면에서 요리옥업을 경영하고 있는 본적 대구부 남산정 최유건에게 윤순덕을 위 영업소에 작부로 고용시키고자 한다고 말했다. 전과 마찬가지로 윤어진을 윤순덕이라고 사칭하고 전기 윤옥봉의 호적등본 인감증명서 등을 최유건에게 교부하여 최유건이 그 내용을 오해하여 윤어진을 위 영업소의 작부로 고용한다는 내용으로 약정하도록 하였다. 즉시 같은 장소에서 윤어진을 최유건에게 인도하여 유괴하고 동시에 그 전차금 명의하에 350원의 최유건의 약속어음 1통을 받아 편취하였다.

제7, 피고인 최만술, 동 정돌방 등은 이분남(현재 소재불명)과 공모하고 타인을 기망하여 작부의 전차금 명의하에 돈을 편취하고자 하였다. 1939년 2월 하순경 피고인 정돌방이 자택에서 그즈음 피고인 김우성으로부터 발급받아 가지고 있던 피고인 김우성의 호적초본 및 인감증명서에 각각의 문서 중 김우성이라고 기재되어 있는 것의 '성(星)'의 문자 및 김우성의 인장을 잉크로 지우고 석유 벤젠으로 교묘하게 말소하여 새롭게 '택(澤)'의 문자를 기입하고 또 호적초본의 문자 중 '초(抄)'의 문자를 말소하고 새롭게 '등(謄)'의 문자를 기입하였다. 피고인 최만술이 미리 대구부 남산정 인쇄업 이교영의 집에서 준비하여 둔 김우택 명의의 인장을 수취하여 전기 인감증명서의 요부(要部)에 압날함으로써 대구부윤 후루이치 신사쿠 작성 명의의 인감증명서(1939년 압 제645호의 증 제3호), 호적등본(동상 증 제7호), 각 1통을 위조하고 이를 피고인 최만술에게 교부하였다. 동 피고인은 1939년 3월 2일경 대구부 천대전정 모 여관에서 당시 창기 고용을 위해 대구에 체재 중인 중부 지나(支那) 방면에서 요리옥업을 경영하는 장명술에게 김계담을 창기로 고용하고자 한다고 하였다. 이분남 역시 스스로 김계담이라고 사칭하고 또 그곳에서 피고인 최만술이 단독으로 사정을 알지 못하는 위 장명술로 하여금 김계담 명의를 사용하여 금원 대차 계약서 2통(1939년 압 제645호의 증 제5호는 그 일부), 550원의 차용금 영수증(이상의 증 제4호) 1통을 작성하게 하고 기타 요부에는 이분남이 김계담 이름으로 날인하게 한 뒤 위 각 종류를 위조했다. 그리고 그 서류(단 금원 대차영어 계약서 1통을 제외)와 전기 위조의 호적등본 인감증명서 등을 일괄해서 장명술에게 교부 행사함으로써 장명술로 하여금 이분남이 진실로 김계담으로 창기업을 하려는 자라고 믿게 하고 즉시 같은 장소에서 전차금 명의로 500원을 이분남에게 교부하도록 하여 이를 편취하였다.

제8, (가) 피고인 최만술, 동 유화춘 등은 이분남과 공모하고 영리의 목적으로 1939년 4월경 경상남도 합천군 삼가면 동리(東里) 김홍석의 처 이흥순(당시 20세)에게 경남 창녕군 말흘리 김의호의 집에서 경성에 가서 작부를 하면 매월 50원 정도의 수입이 있을 뿐만 아니라 장래에 좋은 남편을 만날 수 있을 것이므로 같은 장소에서 작부 주선을 해주겠다는 감언으로 권하였다. 그즈음 그녀를 경성부 서계정 황중상의 집으로 연행하고 피고인 김동수에게 그 사정을 말하여 동 피고인 역시 해당 범행에 가담하였다. 경성부내에서 포주를 물색하고 적당한 포주를 정하여 대구부내에 데리고 와서 잠시 피고인 김동수 집에 체재하도록 두고 다시 동 피고인은 그녀에게 일시 음식점의 작부로 일하고 있으면 4~5일 내에 데려가 주겠다고 교묘하게 말하였다. 1939년 6월 5일 대구부 신정 115번지 음식점 이남이의 집에 전차금 250원으로 위 이흥순을 작부로 있게 하고 피고인 김동수가 금원을 수취하여 유괴를 이루었다.

(나) 피고인 김동수는 단독으로 1939년 7월 2일경 본적 경산군 경산면 사정동 석남이로부터 그 호적등본(1939년 압 제645호의 제28호), 인감증명서(동상의 증 제27호) 각 1통을 발급받고 7월 11일 대구부 칠흑정 555번지 음식점 최술연에게 배경순은 창기업을 하는 여자인데, 창기를 하여 전차금을 받으면 즉시 지불할 수 있으므로 그녀에게 420원을 일시 빌려주려고 한다는 말을 했다. 이흥순을 배경순이라고 사칭하고 대구부 □성정 대서인 지장원의 집에서 사정을 알게 된 지장원이 위 석남이의 둘째 딸 배경순의 명의를 사용하여 420원의 금원차용증서(1939년 압 제645호의 증 제37호) 1통을 작성하도록 하였다. 기타 요부에는 위 이흥순으로 하여금 배경순의 명의로 날입하게 하여 이를 위조하고 즉시 동 장소에서 위 최만술에게 교부 행사하였다. 최만술은 진짜로 배경순이 돈을 빌리는 것으로 오해하여 이흥순을 최술연에게 인도하고 대차 명의하에 420원을 이흥순에게 교부하여 이를 편취하였다.

(다) 다시 피고인 김동수, 동 유화춘은 1939년 7월 31일 위 최술연의 집에서 사정을 알지 못한 최술연으로 하여금 경상남도 동래군 구포면 구포리 요리옥업 김분임에게 배경순이 최술연의 집에 머무르게 하고 있으므로 고용시키고자 한다는 말을 하고 이흥순이 배경순이라고 사칭하도록 하였다. 피고인 유화춘 역시 이흥순을 배경순인 것으로 사칭하고 사정을 알지 못하는 최술연의 손을 거쳐 전기 석남이의 호적등본 인감증명서 등을 김분임에게 교부함으로써 김분임이 진실로 배경순이 작부생업을 하는 자라고 오해하도록 하고 즉시 같은 장소에서 전차금 명의하에 600원

을 이흥순에게 교부하도록 하여 이를 편취하였다.

제9, 피고인 최만술은 영리의 목적으로 1939년 6월경 경주읍 동부리 소개업자 송□돌 집에서 경상남도 창녕군 대지면 왕산리 최원이의 장녀 최옥매(당시 27세)를 대우 좋은 음식점에 소개하여 준다는 내용으로 속이고 그녀의 전차금 22원을 변제한 뒤 피고인 최만술의 집에 데리고 와서 유괴했다. 그 후 피고인 이종옥에게 사정을 말하고 두 피고인이 공모하여 피고인 이종옥은 대구부 남산정 이용의 처 최성문으로부터 이용의 호적등본(1939년 압 제108호의 증 제9호), 인감증명서(동상의 증 제8호) 등을 받았다. 그즈음 피고인 최만술은 자택에서 피고인 황용팔에게 이남순을 창기로 고용시키고 싶다고 말하였다. 동시에 위 최옥매를 거짓으로 위 이용의 장녀 이남순이라고 칭하였다. 이로 인하여 황용팔로 하여금 진실로 최옥매가 이용의 장녀 이남순으로 창기가 된다고 오해하도록 하고 전차금 명의하에 520원을 교부받아 편취하였다.

제10, (가) 피고인 최만술은 김한동(현재 소재불명), 최석명(마산형무소 복역 중) 등과 공모하고 1939년 6월 상순경 위 최석명이 영리의 목적으로 경상남도 창녕군 이방면 현창리 배성녀의 집에서 딸 정옥조(당시 19세)에게 음식점 작부를 하면 멋진 옷을 입고 화려한 생활을 하며 장래 좋은 남편을 만날 수 있다는 감언으로 권유하고 대구부 남산정 정문백의 집으로 유괴하여 사람을 이용하고 타인을 기망하여 작부의 전차금 명의로 돈을 편취하고자 했다. 1939년 6월경 김한동으로 하여금 경상남도 합천군 율곡면 와리 박성의 호적등본(1939년 압 제645의 증 제41호), 인감증명서(동상의 증 제42호), 승낙서(동상의 증 제43호) 각 1통을 발급하게 하였다. 피고인 황용팔에게 박성의 셋째 딸 강이조를 창기로 고용하고자 한다고 말하고 정옥조를 강조이라고 사칭하는 한편 박성의 호적등본, 인감증명서 등을 피고인 황용팔에게 교부하여 피고인 황용팔로 하여금 진실로 강조이가 창기업을 하는 것이라고 오해하도록 하였다. 그 무렵 피고인 김광지 집에서 피고인 황용팔이 전차금 명의하에 580원을 피고인 최만술에게 주도록 하여 이를 편취했다.

(나) 피고인 황용팔은 1939년 6월 24일 위 정옥조를 전기 이재선 방에 연행하고 다음 날인 25일 그의 소개로 인천부 부도정 30번지 가시자시키업 주금죽의 방에서 전차금 720원에 창기로 지내도록 하였다. 그 뒤 약 2주간을 지나 정옥조가 강조이라고 사칭하고 강조이의 호적등본 등을 사용하고 있어 진실이 발각되고 주금죽이 정옥조의 전차금 반환을 요구하여 부득이 변상하였다. 그 손해를 회복하기 위해 또 정옥조를 강조이라고 사칭하여 만주 방면에 창기로 보내어 전차금을 취득하고자 도모하고 무지한 정옥조에게 흡사 전차금이 거액에 미치는 것과 같이 속였다. 1939년 7월 하순경 대구부 남산정 이성삼으로 하여금 전기 박성의 호적등본(1939년 압 제645호의

증 제11호), 인감증명서(동상의 증 제10호), 백지위임장(동상의 증 제12호), 승낙서(동상의 증 제13호)를 교부받아 입수하고 그것을 전기 이재선에게 교부하였다. 위 정옥조를 만주 방면에 이송할 목적으로 전기 이재선에게 그 주선 방법을 의뢰해 두었는데 적당한 포주를 찾지 못해 유괴의 목적을 이루지 못하였다.

제11, 피고인 최만술은 노갑석, 김한동, 이분남 등(모두 현재 소재불명)과 공모하고 영리의 목적으로 1939년 7월 상순경 경상남도 의령군 오목리 최동연 또는 최종련(당시 20세)를 대구 좋은 공장의 여공으로 주선해 준다는 내용을 말하고 경상남도 창의군 대지면 본소리 성우영의 집에서 대구부 남산정 정문백 집에 유괴하였다. 그즈음 노갑석을 통해 그의 호적등본(1939년 압 제645호의 15호)과 인감증명서(동상의 증 제14호) 각 1통을 입수하여 1939년 7월 10일이 지나 위 정문백 집에서 원산부 영정 18번지 소개업자 전택상에게 위 노갑석의 장녀 노귀분(당시 18세)을 창기로 삼기 위한 소개 방법을 의뢰하였다. 최동연을 노귀분이라고 사칭토록 하고 위 노갑석의 인감증명서, 승낙서(동상의 증 제18, 19호) 등을 전택상에게 교부하여 전택상이 그 내용을 오해하게 하였다. 즉시 같은 장소에서 그녀를 3년 기간으로 내외국 지역을 묻지 않고 예창기작부로 소개한다는 내용의 약정을 하고 위 전택상이 전차금 명의로 최종련에게 300원을 교부하도록 하여 이를 편취하였다.

제12, 피고인 최만술은 전기 김한동, 노갑석, 이분남 등과 공모하고 영리의 목적으로 1939년 7월 상순경 경상남도 창녕군 고암면 억만리 성재선(당시 24세)를 대구의 좋은 공장에 여공으로 주선해 주겠다고 말하여 속이고 창녕군 이방면에서 피고인 최만술 집으로 끌고 나와 유괴하였다. 그즈음 김한동이 창녕군 이방면 모곡리 박동수의 호적등본, 인감증명서 등을 교부받아 1939년 7월 13일경 피고인 최만술 집에서 사정을 알지 못하는 피고인 황용팔을 소개하고 전기 전택상에게 위 성재선을 박동수의 장녀 박명선(당시 24세)이라고 사칭하여 그녀를 내외국 어느 지역을 묻지 않고 예창기작부로 소개할 방법을 의뢰하였다. 전택상이 그 내용을 오해하도록 하여 그 전차금 명의하에 200원을 수취하여 편취하였다.

제13, 피고인 임수만, 동 황용팔, 동 김광지 등은 서로 공모하고 피고인 임수만이 예전부터 정교관계에 있는, 1939년 6월 상순경 경성에서 피고인 김광지의 방에 연행하여 온 본적 불상 이길순(당시 21세)을 타인 명의의 창기로 살게 하여 포주를 기망하고 그 전차금 명의하에 금원을 편취할 것을 도모하였다. 피고인 임수만은 위 이길순에게 "내가 황용팔에게 700원의 채무가 있어 지불이 괴롭다. 그러므로 약 3월 후에는 반드시 돈을 갚아 몸을 빼줄테니 일시 창기가 되어 그 채무를 변제해 주었으면 한다"고 속여 말하고 이길순이 창기생업을 하는 것을 승낙받았다. 피고인 김광지와 함께 같은 해 7월 하순경 이길순을 제국 외에 이송할 목적으로 전기 이재선 집으로 연행하여 이길순을 영천군 임고면 사동 김해석의 넷째 딸 만조라고 사칭하고 사정을 알지 못하는 위 이재선의 중개에 의해 전차금 1,200원으로 만주국 이하 불상 요리 영업자 모씨의 집에 창기로 보내고 전차금은 나누었으므로 유괴 및 사기의 목적을 달성하였다.

이로써 피고인 이종옥의 전기 영리유괴 사기, 피고인 정돌방의 공문서 위조 동 변조 동 행사 사기 영리유괴 및 제국 외 이송유괴, 피고인 최만술의 영리유괴 공문서 위조 사문서 위조 사기, 피고인 임수만의 영리유괴 제국 외 이송유괴 미수 사기 및 사기 미수, 피고인 김동수의 사기, 피고인 황용팔의 제국 외 이송유괴 미수의 각 행위는 모두 범의 계속에 관련되어 있다.

피고인 이종옥은 1937년 11월 25일 경성지방법원에서 영리유괴죄에 의해 징역 1년 6월(미결 구류 420일 산입)에 처한 자이다. 피고인 정돌방은 1935년 12월 20일 대구지방법원에서 공문서 위조 행사, 공정증서 원본 부실기재 행사, 사기, 사기 미수죄에 따라 징역 1년(미결 구류 180일 산입)에 처했다. 피고인 제암회는 1935년 1월 18일 대구지방법원에서 영리유괴죄에 따라 징역 2년 6월에 처하였고 피고인 임수만은 1933년 3월 24일 대구지방법원에서 사기 영리유괴죄에 따라 징역 1년에 처한 자이다. 모두 형의 집행을 마쳤다.

증거에 따라 판시 제1의 사실은 피고인 정돌방이 당 법정에서 나는 1938년 11월 말경 외출 중 판시 이종옥이 호출하여 그의 집에 간 바 이종옥의 첩 권택상 및 씨명 불상의 여자 4, 5명이 있었다. 그때 이종옥이 나에게 타인의 딸을 창기로 소개하려고 생각하고 있는데 딸의 연령이 창기연령에 미치지 못하므로 그 호적을 정정해 달라고 의뢰하였다. 다음 날 딸의 모친을 데리고 대구부 서부출장소에 가서 이분영의 호적등본 1통을 교부받아 이종옥의 집에 간 바 그는 포주를 데리고 왔다는 내용을 말했다. 원심상 피고인 최홍이와 함께 포주 김필주를 데리고 와서 김필주가 이분영의 연령을 물어본 바 18세라고 말했다. 결국 전차금 400원으로 고용하기로 하고 김필주가 먼저 계약금 50원을 박남술에게 교부했다. 잔금은 계약서류와 교환하여 지불하기로 하였으므로 나는 1938년 12월 1일 자택에서 전술한 호적등본을 사용하여 판시한 바와 같이 해당 호적등본을 고치고 판시와 같은 방법으로 변조하여 이를 박남술에게 교부하였다. 같은 날 밤 권택상, 박남술 모녀와 함께 판시 덕산여관에 갔다. 나는 이종옥이 위 호적등본을 사용해서 이분영의 연령을 18세로 속이고 포주를 기망하여 돈을 수령하는 것을 알고 있었다는 내용의 공술,

동 피고인에 대한 예심판사의 신문조서 중 판시 월 판시 일시 판시 덕산여관에서 박남술이 판시 변조한 호적등본을 김필주에게 교부했다는 내용의 공술기재,

피고인 이종옥에 대한 1939년 8월 14일 자 사법경찰관 사무취급의 제1회 신문조서 중 판시 일경 권택상이 박남술 모녀를 자기 집에 데리고 와서 박남술이 자신에게 딸을 어디론가 팔고 돈을 많이 취할 수 있도록 도와달라고 의뢰하였다. 딸의 연령이 16세라고 해서 자신은 피고인 정돌방에게 그녀의 호적을 18세로 정정하는 것으로 의뢰했다는 내용의 공술기재,

증인 박남술에 대한 예심판사의 신문조서 중 자신은 1938년 11월 중순경 생활 곤란으로 판시 황경조에게 둘째 딸 이분영(1923년 4월 23일생)을 어느 곳인가 기생 양녀로 맡겨달라고 의뢰해 두었던 바, 11월 29일경 황경조가 나를 불러서 딸을 데리고 그의 집으로 갔다. 그 집에는 판시 권택상이 와 있었는데 나에게 "술집에 이분영을 두면 빚이 증가할 것이라고 쓴소리를 하면서 자신이 어느 곳인가 좋은 곳에 기생 양녀로 맡겨서 보내면 좋은 남편도 맞을 수 있고 돈도 많이 벌 수 있으므로 부모를 잘 모시는 것이 어떠한가"라고 말했다. 또 딸 이분영에게도 "내가 좋은 곳에 기생 양녀로 부탁해 주겠다. 그러면 좋은 남편을 얻을 수 있고 부모의 생활도 도움이 될 것이다"라고 권유하였다. 따라서 그녀의 말대로 하면 딸을 위해서도 좋다고 생각했다. 딸의 모습을 보면 딸은 침묵하고 있었는데 권택상이 여러 번 권유했으므로 나는 딸을 데리고 가는 것을 승낙했다. 권택상은 그날 밤 자신의 집으로 이분영을 연행하였다. 다음 날 30일경 내가 황경조와 함께 권택상 집에 방문한 바 그 집의 방 하나에 권택상, 이종옥 및 딸 이분영 등이 있었다. 이종옥은 먼저 자신이 권택상으로부터 말을 듣고 신세를 지게 되었다는 말을 하고 딸의 연령을 물어봄으로 16세라고 답을 하니 피고인이 "16세는 안 돼. 오늘 사람이 와서 물어보면 18세라고 말해라"고 하므로 그 뜻을 물어보았다. 피고인은 웃으면서 "아무래도 좋으니까 물어보면 18세라고 대답해라"고 말하였다. 그곳에 최홍이 및 경성의 포주인 남자가 들어왔다. 이종옥은 그때 경성의 포주에게 "3년간 440원으로 하자"고 하고 경성 사람은 "450원은 많고 400원으로 하자"고 서로 이야기하였다. 정돌방도 들어와서 잠시 이야기하고 결국 이분영을 3년 반 전차금 400원으로 고용하는 것으로 하였다. 나는 포주로부터 계약금 50원을 받았는데 일찍이 호적등본이 필요하다고 하여 정돌방과 함께 그 교부를 받은 해당 호적등본을 그에게 건네고 집으로 돌아왔다. 다음 날 판시 덕산여관에서 위 최홍이, 김재연 등이 계약서류를 작성하고 경성의 포주에게 건넸다. 나는 그로부터 전술한 계약금을 제한 잔금 350원을 이분영의 손을 거쳐 받았다. 이종옥으로부터 여러 가지 수수료가 있다고 들어 돈을 내고 결국 140원만 가질 수 있었다. 딸을 창기로 팔려고 한 것이 아니고 기생 양녀로 주려고 해서 승낙했다는 내용의 공술기재,

피의자 권택상에 대한 사법경찰관 사무취급의 제1 신문조서 중 1938년 11월경 씨명 불상의 노

파가 이종옥과 동거 중인 나의 집에 와서 비산동 사람인데 기생 견습으로 나가고 있는 바 술을 팔게 하고 재능을 가르치지 않으니 이러면 딸의 장래에 좋지 않다. 그러므로 어디엔가 좋은 곳이 있으면 소개해 달라고 하였다. 피고인 이종옥은 나에게 "그 여자가 있는 곳에 가서 보고 말하자"고 하여 황경조 집에 가서 그녀를 데리고 왔다는 내용의 공술기재를 종합하여 인정한다.

판시 제2의 사실은 피고인 정돌방이 당 법정에서 판시 일경 "와촌면 거주 최영학이 딸을 창기로 팔려고 하는데 연령이 부족하기 때문에 그 호적등본을 정정해 달라고 의뢰했다. 판시 일 판시와 같이 최두태의 호적등본 1통(1939년 증 제515호의 증 제7호)를 고쳐서 최영학에게 교부하고 15원을 받았다. 해당 호적등본을 사용해서 최두태를 당 19세로 속여서 포주를 기망하고 창기 고용하는 것을 해결했다"는 내용의 공술,

피고인 제암회에 대한 사법경찰관 사무취급의 제2회 공술기재 중 1939년 1월 25일경 김해수가 자신에게 지금 창기로 팔려는 17세의 딸이 있는데 창기허가연령에 미치지 못하기 때문에 피고인 정돌방을 통해서 호적을 19세로 정정해 주었다. 다른 소개를 해달라고 의뢰함으로써 그 딸을 데리고 어영우 집에 가서 딸 최두태가 18세라고 허위로 말하고 창기로 소개시킬 곳을 의뢰해서 소개료 12원을 받았다는 내용의 공술기재,

증인 최영학에 대한 예심판사의 신문조서 중 1939년 1월 경 피고인 제암회가 자신의 집에 와서 딸을 창기로 부탁한다고 말했으므로 딸을 데리고 대구의 피고인에게 갔다. 동(同) 피고인은 호적등본과 인감증명서가 필요하다고 해서 자신이 와촌면 사무소에서 이를 발급받아 피고인 제암회에게 교부했다. 동 피고인은 이를 보고 "딸의 나이가 17세여서 팔 수 없으니 18세로 정정하자"고 말하고 자신을 피고인 정돌방의 집에 안내했다. 자신은 위 호적등본을 동 피고인에게 교부하고 돌아온 밤에 다시 동 피고인의 집으로 가서 해당 호적등본을 받고 이를 피고인 제암회에게 교부했다는 내용의 공술기재,

증인 이경년에 대한 예심판사의 신문조서 중 판시 변조 호적 등의 호적 행사 및 사기의 피해전말에 관해 판시에 조응한 공술기재,

압수에 관한 호적등본 1통(1939년 압 제515호의 제7호)의 현존사실을 종합하여 이를 인정한다.

판시 제3의 사실은 피고인 정돌방에 대한 예심판사의 제2, 제3회 신문조서 중 판시 공모 및 호적등본 변조의 점에 대해 판시 같은 내용의 공술기재,

피고인 최홍이에 대한 사법경찰관 사무취급의 제1회 신문조서 중 피고인 정돌방의 판시 호적등본 변조의 점을 제외하고 판시와 같은 내용의 공술기재,

증인 오광순에 대한 예심판사의 심문조서 중 자신은 1939년 3월 초경 대구부 남산정 어영우의 집에서 그의 중개에 의해 정한이를 전차금 750원으로 창기로 고용하였다. 3월 13일 어영우의 집에서 계약하고 정한이에게 750원을 교부했는데 그 때 어영우가 정한이에게 연령을 물어보자 계속해서 만 18세라는 내용으로 대답을 했다. 동석해 있던 피고인 최홍이가 역시 정한이는 연령이 충분하므로 고용하라고 권유하여 호적등본을 받아보니 역시 19세여서 만 18세라고 하고 있으므로 창기허가 연령에 해당한다고 믿고 계약했다는 내용의 공술기재를 종합하여 이를 인정한다.

판시 제4의 사실은 피고인 이종옥에 대한 예심판사의 제3회 신문조서 중 판시 같은 내용의 공술기재,

증인 김만금에 대한 예심판사의 신문조서 중 자신은 1939년 7월경 판시 윤금선의 집에서 작부를 하고 있던 바 판시 일 낮 즈음에 피고인 이종옥이 박재환, 서만수 등과 함께 와서 나에게 "나는 경주에서 음식점을 경영하고 있는데, 그곳에 가면 고용녀가 한 사람 더 있다. 그곳에서 너와 두 사람으로 술을 팔면 좋을 것이다. 경주가 대구보다 더 좋은 곳이니까 가자"고 권유하였다. 나는 그 내용을 진실로 믿고 주인의 양해를 얻어 피고인 이종옥이 나의 전차금 90원을 지불한 뒤 위 윤금선의 집에 출입하였다. 그 집을 나오자 피고인 이종옥이 나에게 경주에 함께 가는 여자가 한 사람 더 있기 때문에 그 사람이 오기까지 2~3일 박재환의 집에 머물러야 될 것 같다고 말하였다. 따라서 박재환 집에 가서 머물렀는데 그 후 경주에는 가지 않고 박재환이 나에게 "이미 전차의 지불도 마쳤다면 어딘가에 전업해야 하는 것 아닌가, 이번에 잠깐 있자"고 말하고 머물러 있었다. 그 사이 이종옥과 서만수 등이 때때로 와서 여러 가지 상담을 했는데 결국 7월 17일경 부산의 선일식당(鮮一食堂) 최인준의 집에 팔았다는 내용의 기재가 있는 것을 종합하여 이를 인정한다.

판시 제5의 사실은 피고인 김우성이 당 법정에서 나는 판시의 즈음 예창기작부 등의 인사소개업을 운영하고 있던 자이다. 판시 일시 김금순으로부터 권월선을 작부로 소개시켜 달라고 의뢰받았으므로 이재선의 소개에 따라 그녀를 안경선의 집에 120원으로 들여보내고 이재선에게 돈을 받았다는 내용의 판시 (나)의 사실에 대한 판시와 같은 내용의 공술,

피고인 김우성에 대한 검사의 제1회 신문조서 중 횡령의 점에 대한 판시 같은 내용의 공술기재,

증인 김금순에 대한 예심판사의 신문조서 중 나는 1935년 10월 8일경 둘째 딸 권월선을 작부로 소개시켜 달라고 피고인 김우성에게 의뢰하여 4년간 120원으로 했다. 김우성이 그중 20원은 소개료 및 의류 등의 비용으로 충당하고 잔금 100원을 받았다고 하면서 결국 그중 50원을 주고 권월선을 경성의 이재선 집에 데리고 가서 작부를 하도록 했다. 그 후 피고인 김우성이 잔금을 지

불하지 않았다는 내용의 공술기재,

증인 이재선에 대한 예심판사의 제1회 신문조서 중 자신은 1935년 10월 10일 피고인 김우성이 권월선이라는 여자를 데리고 와서 작부로 소개시키는 방법을 의뢰했으므로 판시 안경선의 집에 얘기해서 120원을 받아 이를 전부 동 피고인에게 교부했다는 내용의 공술기재,

증인 정재선에 대한 예심판사의 신문조서 중 판시 사기의 사실에 조응한 피해전말의 공술기재를 종합하여 이를 인정한다.

판시 제6의 (가)의 사실은 피고인 이종옥에 대한 사법경찰관 사무취급의 1939년 10월 13일 자 제1회 신문조서 중 판시와 같은 내용의 공술기재,

피고인 임수만에 대한 사법경찰관 사무취급의 제1회 신문조서 중 판시와 같은 내용의 공술기재,

증인 이종로에 대한 예심판사의 신문조서 중 1939년 1월경 예전부터 알고 있는 소개업자 김재연 및 피고인 임수만이 윤어진이라는 여자를 자신의 집에 데리고 와서 윤어진이 먼 곳에 가게 되었는데 지금 그녀의 형이 수속 중에 있으므로 수속을 마칠 때까지 잠깐 당신 집의 작부로 고용하고 전차금 200원 정도를 빌리고 싶다고 말하였다. 그래서 승낙하고 윤어진을 채무자, 임수만을 보증인으로 하여 200원의 차용증서를 보여주고 임수만에게 200원을 주었다. 그리고 4~5일 후 그가 우리 집에 와서 250원의 원리금을 지불하고 윤어진을 데리고 갔다는 내용의 공술기재,

증인 윤어진에 대한 사법경찰관 사무취급의 제1회 신문조서 중 나는 1938년 음력 10월경 남편과 이별하고 달성군 성서면 파산동의 김광석 집에 식모(飯炊女)로 고용되어 있었다. 판시 일시 경 판시 임수만 및 이종옥이 나를 성서면 음식점으로 호출하여 판시와 같은 일을 말하며 대구에 가는 것을 권유하였다. 그들이 나를 진실로 도와주는 것이라고 믿고 같은 날 그들을 따라서 대구로 왔다는 내용의 공술기재를 종합하여 이를 인정한다.

판시 제6의 (나)의 사실은 피고인 정돌방이 당 법정에서 판시 감언을 한 점을 제외하고는 판시한 내용과 같다는 공술,

사법경찰관 사무취급의 피고인 임수만에 대한 신문조서 중 자신은 피고인 이종옥과 함께 윤어진을 유괴해 와서 일시 이종로 방에서 일하게 했다가 다시 타인의 호적을 사용해서 그녀를 팔기 위해 피고인 김광지에게 사정을 말하고 220원을 받았다. 윤어진에게는 다른 곳의 음식점의 고용녀라고 말하라고 사칭하고 이종로 집에서 그녀를 정돌방 집에 두게 했다는 내용의 공술기재,

사법경찰관 사무취급의 증인 윤어진에 대한 제1회 신문조서 중 나는 판시 일 이종로의 집에서 약 5일간 작부를 하고 있었다. 피고인 정돌방, 피고인 김광지 등이 와서 다른 좋은 곳에 말해주겠

다고 함으로 그들에게 끌려서 그 집에 출입했다는 내용의 공술기재,

예심조서에 관한 윤옥봉의 호적등본, 압수에 관한 인감증명서(1939년 압 제210호의 증 제3호)의 현존사실을 종합하여 이를 인정한다.

판시 제6, (다)의 사실은 피고인 정돌방이 당 법정에서 판시 윤어진을 기망하고 끌고 갔다는 점을 제외한 판시한 내용의 공술,

피고인 정돌방에 대한 예심판사의 제3회 신문조서 중 자신은 윤어진을 최유건에게 건네고 윤어진에게는 지나(支那)에 가서도 아무것도 말하지 말아라, 좋은 음식점에 보내주겠다고 말하고 끌고 갔다는 내용의 공술기재,

피고인 임만수에 대한 사법경찰관 사무취급의 신문조서 중 판시 같은 내용의 공술기재,

증인 윤옥봉의 호적등본 및 인감증명서의 현존사실을 종합하여 이를 인정한다.

판시 제7의 사실은 피고인 정돌방이 당 법정에서 판시 호적등본 및 인감증명서를 위조한 점에 대해 판시와 같은 내용과 피고인 최만술이 해당 호적등본 및 인감증명서를 사용하여 호적이 없는 여자를 창기로 팔았다는 것을 승낙했다는 내용의 공술,

피고인 최만술이 당 법정에서 판시 공문서 위조의 점을 제외한 외에는 판시와 같은 내용의 공술,

피고인 최만술에 대한 사법경찰관 사무취급의 제4회 신문조서 중 판시 공문서 위조의 공모의 점에 대해 판시와 같은 내용의 공술기재,

증인 이교영에 대한 예심판사의 신문조서 중 자신은 1939년 2월 25일 및 3월 2일 2회에 걸쳐 최만술에게 김우택 명의의 인감 2통을 조각해 주었다는 내용의 공술기재,

압수에 관한 인감증명서(1939년 압 제645호의 증 제3호), 호적등본(동상의 증 제7호), 금원 대차계약서(동상의 증 제5호), 차용금 영수증(동상의 증 제4호)의 현존사실을 종합하여 이를 인정한다.

판시 제8, (가)의 사실은 피고인 최만술에 대한 사법경찰관 사무취급의 제3회 신문조서 중 판시와 같은 내용의 공술기재,

피고인 유화춘에 대한 사법경찰관 사무취급의 제1회 신문조서 중 판시와 같은 내용의 공술기재,

피고인 김동수에 대한 사법경찰관 사무취급의 제1회 신문조서 중 1939년 4월경 피고인 유화춘이 자신의 집에 와서 동 피고인 및 이분남 2명에게 이흥순을 지금 경성에 꾀어 보내어 어디엔가 창기로 팔 계획이다. 자신이 피고인 최만술로부터 경성에 데리고 와서 자신은 피고인 유화춘과 함께 경성부내 황중상 집에 가서 피고인 유화춘, 이흥순을 데리고 □□여관에 머물고 있는 중 이흥순에게 부부가 되는 것처럼 속이고 정교관계를 맺은 뒤 어디론가 소개인에게 의뢰해 팔려고 계

획했다. 그러다가 형사의 검문을 받아서 이흥순을 데리고 대구의 자신의 집에 돌아와서 약 1개월 정도 동거했다. 그 사이 자신은 그녀에게 일시 음식점에서 작부로 일하고 있으면 자신이 함께 채무를 변제할 수 있다고 속이고 1939년 6월 피고인 김광지의 집에서 이남이에게 250원으로 작부로 팔았다는 내용의 공술기재,

증인 이흥순에 대한 사법경찰관 사무취급의 신문조서 중 판시에 조응하는 유괴 전말의 공술기재를 종합하여 이를 인정한다.

판시 제8, (나)의 사실은 피고인 김동수에 대한 예심판사의 제4회 신문조서 중 판시와 같은 내용의 공술기재,

증인 최술연에 대한 예심판사의 신문조서 중 자신은 약 3년 전부터 판시 장소에서 음식점을 경영하고 있는 자이다. 1939년 7월 20일경 피고인 김동수 및 이성택이라는 자가 자신의 집에 와서 지금 만주에 창기로 가는 여자가 한 사람 있고 수속 절차도 완비했는데 오직 돈의 융통이 곤란하므로 일시 그녀를 고용해 두고자 한다는 내용을 말하므로 자신은 그녀를 420원에 고용하기로 약속하였다. 다음 날 그들과 함께 이성택의 집에 가서 그 여자가 있어서 이름을 묻자 배경순이라고 대답했다. 피고인 김동수도 이 여자는 배경순이라고 말하므로 지장원이라는 대서인 집에 가서 420원 채무자 배경순, 보증인 김동수로 계약서(1939년 압 증 645호의 증 제37호)를 작성했다. 그곳에서 배경순에게 420원을 주었더니 그녀가 이를 이성택에 건넸다. 피고인 김동수와 함께 배경순을 자신의 집에 데리고 갔다는 내용의 공술기재,

압수에 관한 금원차용증서(1939년 압 제645호의 증 제37호)의 현존사실을 종합하여 이를 인정한다.

판시 제8, (다)의 사실은 피고인 김동수에 대한 사법경찰관 사무취급의 제1회 신문조서 중 판시 같은 내용의 공술기재,

피고인 유화춘에 대한 사법경찰관 사무취급의 제1회 심문조서 중 판시 같은 내용의 공술기재,

증인 이흥순에 대한 사법경찰관 사무취급의 심문조서 중 자신은 판시 최술연의 집에 맡겨져서 살고 있다. 7월 하순경 피고인 김동수가 소개인 정 아무개로 하여금 자신에게 배경순이라고 속이고 김분임의 집에 600원에 창기로 고용되어 있으면 약 1개월 내로 채무를 변제하고 몸을 빼주겠다고 말하였다. 이에 응하지 않자 동 피고인은 "남편의 말을 듣지 않으면 이제까지 비용은 어떻게 하나. 나는 징역 6월 정도를 산다"고 여러 차례 협박하였으므로 할 수 없이 승낙했다. 7월 31일 최술연의 집에 구포의 김분임이 와서 최술연에게 배경순이라고 허위로 말하고 창기생업한다는 계약을 했다. 같은 날 같은 장소에서 전차금 600원을 받았다는 내용의 공술기재,

증인 김분임에 대한 예심판사의 신문조서 중 판시에 조응하여 사기의 피해전말의 공술기재를 종합하여 이를 인정한다.

판시 제9의 사실은 피고인 최만술에 대한 예심판사의 제4회 신문조서 중 피고인 이종옥과 공모하고 판시와 같이 사기를 했다는 내용의 공술기재,

피고인 최만술에 대한 사법경찰관 사무취급의 제1회 신문조서 중 판시와 같은 내용의 공술기재,

피고인 이종옥에 대한 사법경찰관 사무취급의 1939년 10월 13일 제1회 신문조서 중 판시와 같이 알고 있으면서 판시 이용의 호적등본 및 인감증명서를 피고인 최만술에 교부했다는 내용의 공술기재,

증인 최옥매에 대한 사법경찰관 사무취급의 신문조서 중 공술로서, 나는 1939년 5월경 울산에서 경주 음식점의 고용녀로 옮겨 왔다. 1939년 6월경 피고인 최만술이 와서 나에게 "대구부내에 가면 지금부터 좋은 곳에 고용녀로 소개해 주겠다"라고 말하였으므로 그 말을 믿고 그를 따라 대구부 최만술의 집에 왔다. 그 후 동 피고인은 나를 10일 정도 자택에 머물게 하여두면서 고용녀로 소개하여 주지 않고 돈을 많이 벌 수 있다고 만주 방면에 가라고 빈번히 권유하였다. 따라서 만주 음식점의 고용녀로 소개된다고 생각하고 이를 승낙하자 최만술이 만주에 가려면 호적등본이 필요하므로 이용의 호적등본으로 내가 이용의 장녀 이남순인 것처럼 거짓 이름을 하자고 하였다. 1939년 불상 일에 위 최만술의 집에서 판시 황용팔에게 이남순의 이름으로 고치고 520원에 팔아서 돈은 전부 최만술에게 주고 같은 날 밤 즉시 경성으로 함께 출발했다는 내용의 기재,

피고인 황용팔이 당 법정에서 판시에 조응한 피해전말의 공술,

압수에 관한 이용의 호적등본(1940년 압제107호의 제9호), 인감증명서(동상의 제8호)의 현존사실을 서로 종합하여 인정하고, 전과의 점은 피고인의 당 법정의 공술에 따라 인정한다.

판시 제10, (가)의 사실은 사법경찰관 취급사무의 피고인 최만술에 대해 제2회 신문조서 중 판시와 같은 내용의 공술기재,

증인 최금술에 대한 예심판사의 신문조서 중 자신은 판시 일경 판시 정문백 집에서 최석명이 피고인 최만술, 김만동 등과 정옥조의 호적등본은 돈을 들여 타인의 호적을 사려고 하는 것을 들었다. 그 후 피고인 최만술, 최석명이 정옥조를 첩 조이라고 가장하고 창기로 팔려고 하였다. 피고인 최만술은 자신에게 520원을 주었다는 내용의 공술기재,

피고인 황용팔의 당 법정에서 판시 사기의 사실에 조응하는 피해전말의 공술기재,

압수한 박성의 호적등본(1939년 압 제455호의 증 제41호), 인감증명서(동상의 증 제42호), 승낙서(동

상의 증 제43호)의 현존사실을 종합하여 이를 인정한다.

판시 제10, 제(나)의 사실은 피고인 황용팔에 대한 사법경찰관 사무취급의 제1회 신문조서 중 판시와 같은 내용의 공술기재,

증인 이재선에 대한 예심판사의 제2회 신문조서 중 1939년 6월 25일경 피고인 황용팔이 이남순, 강조이라는 여자를 자기 집에 데리고 와서 창기로 소개해 달라고 하였다. 다음 날 강조이라는 여자를 판시 주금죽 집에 720원으로 소개하였다. 2주 후 주금죽이 강조이를 데리고 와서 "이 여자에 관해 모친으로부터 전차금을 수령하지 않은 창기라고 이야기를 하는 등 편지가 왔고, 또 본명이 호적과 달라서 고용할 수 없다"는 등을 이야기했다. 나는 그 사정을 피고인 황용팔에게 통지해서 약 1주일 후 동 피고인이 자신의 집에 왔으므로 그에게 "이 여자에 관해서는 포주로부터 여러 가지 문구가 있는 돈을 받았는가, 받지 않았는가, 어떻게 할 것인가"라고 말하였다. 피고인 황용팔이 "다음과 같은 것은 알지 못하지만 어쨌든 데리고 가겠다"고 말하고 7백 몇 십 원인가를 내어주었다. 7월 중순경 나는 강조이라는 여자를 인천에서 데리고 와서 나의 집에서 황용팔에게 인도했다. 동 피고인은 나에게 "강조이를 인천에서 데리고 오는 데 여러 가지 비용이 들었다. 차금이 800원 정도이므로 여자를 두고 갈 테니까 만주 방면에 800원 정도에 창기로 소개시켜 달라"고 부탁했다. 나는 "강조이는 호적이 다르기 때문에 본 호적을 가지고 온다면 만주 방면에 부탁해도 좋다. 틀리지 않는 호적등본을 가지고 와서 부탁하자"고 답함에 피고인은 "그러면 대구에 가서 수속서류를 가지고 올 테니까 여자를 맡아달라"고 말해서 여자를 나의 집에 두고 대구에 갔다. 수일 후 다시 나의 집에 와서 인천에서 온 여자의 수속서류라고 하고 몇 개의 서류(1939년 압 제645호의 증 제10 내지 13호)를 가지고 와서 나의 집 책상 서랍에 넣어두었다. 나는 포주를 찾기는 했어도 매수는 하지 않았다. 그중 장현중이라는 자가 여자를 대구에 데리고 왔다는 내용의 공술기재,

증인 정옥조에 대한 예심판사의 신문조서 중 자신은 1939년 6월 하순 피고인 황용팔에게 끌려서 경성 이재선의 집에 갔다. 그곳에서 인천 주금죽 집의 강조이라고 거짓으로 이름하고 720원에 팔렸다. 위 주금죽의 집에 20일간 정도 머무는 중 창기가 되기 위해 필요한 어머니의 승낙을 받지 못한 일이 있어서 경성의 이재선의 집에 돌아와서 약 1주일 정도 그 집에 머물렀다. 피고인 황용팔이 와서 나에게 너는 천 원 정도로 만주 방면에 창기로 팔려 가야한다고 말해두었다. 장 아무개라는 자에게 끌려서 대구에 돌아와서 그날 밤 경찰서에 연행되었다는 내용의 공술기재,

압수에 관계된 박성의 호적등본(1939년 압 제645호의 증 제11호), 인감증명서(동상의 증 제10호), 백지위임장(동상의 증 제12호), 승낙서(동상의 증 제13호)의 현존사실을 종합하여 이를 인정한다.

판시 제11의 사실은 피고인 최만술에 대한 사법경찰관 사무취급의 제1회 신문조서 중 1939년 7월경 노갑석, 김한동 등이 창녕군의 아무개 집에 고용되어 있는 최동련을 대구부내 모 공장의 여공으로 보내주겠다고 속이고 대구로 유괴해 왔다. 노갑석이 최동련의 호적등본, 인감증명서 등을 관할 면장으로부터 교부받아 노갑석, 김한동, 자신 등 3명이 최동련에게 노갑석의 장녀 노귀분이라고 사칭하라고 교시하고 해당 서류를 사용하여 전택상에게 창기로 팔아넘겼다는 내용의 공술기재,

증인 최종련[6]에 대한 제1회 예심조서 중 자신은 1938년 음력 11월경 창녕군 성 아무개의 집에 약 7개월간 농사를 돕는 일로 고용되어 있었다. 1939년 음력 5월경 노갑석이 공장에 좋은 취직자리가 있다고 가자고 하였다. 김한동도 나는 공장에 등기가 있으니까 함께 가자고 권하여서 나도 그러할 기분이 들었다. 그들과 이분남은 공장에서 일하려면 다른 사람의 이름을 사용해야 하므로 노귀분이라는 이름으로 18세라고 하라고 말하고 만약 이 일을 다른 사람에게 말하면 징역 20년 정도 간다는 등 속여 말하고 나를 데리고 대구의 정문백 집으로 갔다. 그곳에서 피고인 최만술, 노갑석, 김한동 등이 자신의 이름은 잊어도 노귀분이라고 그대로 말하지 않으면 너는 징역에 갈 것이라고 했다. 그곳에서 2~3일을 보낸 후 전택상이 와서 이름이나 나이를 물어봤으므로 배운대로 대답하였다. 같은 날 밤 피고인 황용팔, 김광지도 와서 김광지가 나에게 300원을 넘겼으므로 그돈을 정문백에게 주고 피고인 황용팔 등에게 끌려 그 집에 도착하여 3박을 한 후 전택상에게 끌려 원산으로 갔다. 자신은 돈은 조금도 받지 못하고 또 공장에 가는 것을 허락했다고 생각하고 있었다는 내용의 공술기재,

증인 전택상에 대한 예심판사의 신문조서 중 판시 사기의 사실에 조응하는 피해전말의 공술기재,

압수에 관한 호적등본(1939년 압 제645호의 증 제15호), 인감증명서(동상의 증 제14호), 승낙서(동상의 증 제1819호)의 현존사실을 종합하여 이를 인정한다.

판시 제12의 사실은 피고인 최만술에 대한 사법경찰관 사무취급의 제3회 신문조서 중 판시 사기의 사실에 대해 판시와 같은 내용 및 내가 성재선에게 박명선이라고 사칭하도록 교시했을 때 그녀에게 이분남과 함께 대구부내의 여공도, 경성인가 원산 방면 공장의 여공도 대우가 좋다고 속여 말하고 그녀를 피고인 황용팔에게 인도했다는 내용의 공술기재,

6 원문대로 표기함. 위의 최동련을 말한다.

증인 성재선에 대한 예심판사의 심문조서 중 자신은 1939년 음력 5월경 이분남이 공장의 여공으로 소개해 주겠다고 하여 이분남, 노갑석, 김한동 등에게 끌려 대구에 와서 피고인 최만술 집에서 6박을 하였다. 그 사이 동 피고인 및 이분남이 나에게 공장에 가려면 박명선이라는 가명을 사용해야 한다고 말하였다. 6일째에 그들의 허가로 피고인 황용팔, 김광지가 와서 무엇인가 이야기를 하고 곧이어 경성의 공장에 가자고 함으로 그날 밤 대구역에서 전택상에게 끌려 출발했는데 자신은 창기로 팔린다는 것을 알지 못하고 오로지 받아들이고 있었다는 내용의 공술기재,

증인 전택상에 대한 예심판사의 신문조서 중 판시 사기의 사실에 조응하는 피해전말의 공술기재를 종합하여 이를 인정한다.

판시 제13의 사실은 피고인 임수만, 동 황용팔이 당 공정에서 판시와 같은 내용의 각 공술,

피고인 김광지에 대한 사법경찰관 사무취급의 제4회 심문조서 중 판시와 같은 내용의 공술기재,

증인 이재선에 대한 예심판사의 제2회 신문조서 중, 1939년 7월 하순경 피고인 김광지가 나의 집에 김도조라는 여자를 데리고 와서 "이 여자는 김도조라는 여자로 수속서류는 전부 갖추고 있으니까 만주 방면에 금 1,200여 원 정도의 창기로 맡겨달라"고 부탁함으로 그를 인도했다. 며칠 후 피고인 황용팔도 역시 나의 집에 와서 피고인 김광지와 같은 내용을 의뢰하였으므로 당시 만주 방면에서 여자를 사러 와있는 자 2, 3명에게 교섭하였지만 전차금 1,200원이 너무 높아서 매수하지 않았다는 내용의 공술기재,

증인 이길순에 대한 사법경찰관 사무취급 심문조서 중 나는 18세경부터 경성부 관철정 음식점 박정식 집에서 고용녀로 일하고 있었다. 1939년 6월경 피고인 임수만이 와서 나에게 부모 없는 것을 동정하고 전차금 190원을 지불하여 주면서 대구를 구경하고 고향으로 돌아가라고 말하였다. 나는 매우 감격하여 그와 함께 대구로 와서 피고인 김광지 집에 갔다. 피고인 임수만이 나에게 본처는 사망하고 현재 독신으로 있는데 부부가 되자고 말하고 피고인 김광지도 역시 임수만이 소학교 당시의 동창생인데 상당한 자산이 있으므로 부부가 되라고 권하므로 드디어 피고인 임수만과 정교관계를 맺었다. 그달 15일 동 피고인은 피고인 황용팔로부터 금 700원을 같은 달 20일 반제기한으로 정하고 차용했는데 나에게 연대보증을 해달라고 부탁하고 피고인 황용팔도 □□□하므로 승낙하였다. 피고인 임수만은 기한 내에 그 돈을 반제하지 못하여 피고인 황용팔로부터 그 변제 방법을 청구당하여 나에게 어디 요리점에 약 3개월간 예기생업을 하고 있으면 반드시 그 기한 내에 데리러 올 것이므로 그동안 편의를 도모해 달라고 부탁하였다. 따라서 같은 해 7월 초 피고인 임수만, 김광지에게 끌려 경성에 도착하여 은서(恩敍)여관에 투숙하였다. 그곳에서 동 피고

인 등은 나에게 김□석의 장녀 김도조라고 가명하고 약 3개월간 전차금 1,200원으로 창기생업을 하여 주면 그 기간 내에 반드시 몸을 빼내 줄 테니까 잠시 편의를 도모해 달라고 말하였다. 소개인 이재선으로 하여금 포주를 여러 명 데리고 와서 나를 만주 방면에 팔려고 하였다는 내용의 공술 기재를 종합하여 인정할 수 있다.

판시 범의 계속의 점은 피고인 등이 단기간 내에 동종 행위를 반복 거듭하였던 일의 흔적으로 인정할 수 있음으로 판시 범의 사실은 증명이 있다.

법률에 따라 피고인 이종옥의 판시 행위 중 영리유괴의 점은 형법 제225조 제55조에, 공문서 위변조의 점은 동법 제155조 제2항 제1항에, 동 행사의 점은 동법 제158조 제1항 제155조 제2항 제1항에, 사기의 점은 동법 제246조 제1항, 제55조에 각 해당하는 바이다. 위 공문서 변조 동 행사 사기의 점은 순차 수단의 결과에 관계함으로 동법 제54조 제1항 후단 제10조를 적용하여 가장 무거운 변조 공문서 행사의 죄의 형에 따르고, 이와 영리유괴죄는 동법 제45조 전단의 병합죄인 바 피고인은 판시 전과가 있으므로 동법 제56조 제1항, 제57조에 따라 각 누범 가중을 하고 다시 동법 제47조 제10조 제14조에 따라 범죄가 무거운 영리유괴죄의 형에 법정 가중하여 형기 범위 내에서 피고인 이종옥을 징역 4년에 처한다.

피고인 정돌방의 판시 행위 중 공문서 변조의 점은 형법 제155조 제2항 제1항 제55조에, 동 행사의 점은 동법 제158조 제1항 제155조 제2항 제1항 제55조에, 공문서 위조의 점은 동법 제155조 제1항 제55조에, 동 행사의 점은 동법 제158조 제1항 제155조 제1항에, 사기의 점은 동법 제246조 제1항 제55조에, 영리유괴의 점은 동법 제225조에, 제국 외 이송유괴의 점은 동법 제226조 제1항에 각 해당하는 바이다. 공문서 변조와 공문서 위조, 변조 공문서 행사와 위조 공문행사는 연속에 관계하고 또 위조 공문서 행사는 하나의 행위로서 수 개의 범죄를 범하는 경우에 관계하여 함께 공문서 변조 행사 사기 및 공문서 위조 행사 사기 사이는 순차 수단의 결과에 관계하므로 동법 제55조 제54조 제1항 전단 후단 제10조를 적용하여 결국 가장 무거운 위조 공문서 행사죄에 따른다. 또 전시(前示) 영리유괴와 제국 외 이송유괴는 연속에 관계함으로 동법 제55조 제10조에 따라 무거운 후자의 죄의 형에 따라 기록한다. 위조 공문서 행사죄는 동법 제45조 전단의 병합죄에 관계하는 바 판시 전과가 있으므로 동법 제56조 제1항 제57조 제14조에 따라 각 누범 가중을 하고 다시 동법 제47조 제10조 제14조에 따라 무거운 제국 외 이송유괴의 죄의 형으로 법정의 가중을 한다. 형기 범위 내에서 동 피고인을 징역 3년에 처한다.

최고인 최홍이의 판시 행위 중 공문서 변조의 점은 형법 제155조 제2항 제1항에, 동 행사의 점은 동법 제158조 제1항 제155조 제2항 제1항에, 사기의 점은 동법 제246조 제1항에 각 해당하는 바이다. 이상은 순차 수단 결과에 관계하므로 동법 제54조 제1항 후단 제10조를 연용하고 가장 무거운 변조 공문서 위조 행사죄의 형에 따라 그 소정의 형기 범위 내에서 동 피고인을 징역 1년에 처한다.

피고인 제암회의 판시 행위 중 공문서 위조의 점은 형법 제155조 제2항 제1항에, 동 행사의 점은 동법 제158조 제1항 제155조 제2항 제1항에, 사기의 점은 동법 제246조 제1항에 각 해당하는 바이다. 이상은 순차 수단 결과에 관계하므로 동법 제54조 제1항 후단 제10조를 적용하고 가장 무거운 변조 공문서 행사죄의 형에 따라 처단하는 바이다. 판시 전과가 있으므로 동법 제56조 제1항 제57조에 따라 누범 가중으로 하고 형기 범위 내에 동 피고인을 징역 2년 6월에 처한다.

피고인 김우성의 판시 행위 중 업무상 횡령의 점은 형법 제253조에, 사기의 점은 동법 제246조 제1항에 각 해당하는 바이다. 위는 동법 제45조 전단의 병합죄이므로 동법 제47조 제10조에 따라 무거운 사기죄의 형으로 정하여 가중한다. 형기 범위 내에서 동 피고인을 징역 1년에 처한다.

피고인 최만술의 판시 행위 중 공문서 위조의 점은 형법 제155조 제1항 제55조에, 동 행사의 점은 동법 제158조 제1항 제155조 제1항에, 사문서 위조의 점은 동법 제159조 제1항 제55조에, 동 행사의 점은 동법 제161조 제1항, 제159조 제1항에, 사기의 점은 동법 제246조 제1항, 제55조에, 영리유괴의 점은 동법 제225조 제55조에 각 해당하는 바이다. 공사문서의 일절 행사의 점은 한 개의 행위로 수 개의 죄명에 저촉하는 경우에 관계하고 또 공사문서 위조, 동 행사, 사기 사이에는 순차 수단의 결과에 관계하므로 동법 제54조 제1항 전단 후단 제10조를 적용하고 결국 가장 무거운 위조 공문서 행사죄의 형에 따른다. 이와 영리유괴는 동법 제45조 전단의 병합죄에 관계하므로 동법 제47조 제10조에 따라 범죄사실이 무거운 영리유괴죄 형에 대해 법정 가중을 하여 형기 범위 내에서 피고인 최만술을 징역 3년에 처한다.

피고인 임수만의 판시 행위 중 영리유괴의 점은 형법 제225조에, 제국 외 이송유괴의 점은 동법 제226조 제1항에, 동 미수의 점은 동법 제228조 제226조 제1항에, 사기의 점은 동법 제246조 제1항 제55조에, 동 미수의 점은 동법 제250조 제246조 제1항에 각 해당하므로 영리유괴와 제국 외 이송유괴 및 동 미수, 사기와 사기 미수와는 연속에 관하므로 동법 제55조 제10조에 따라 제국 외 이송유괴 및 사기 미수의 각 하나의 죄로 하고 위는 동법 제45조의 병합죄인 바 판시 전과가 있으므로 동법 제56조 제1항 제57조 제14조에 따라 각 누범 가중을 하고 동법 제47조 제10조 제14조에 따라 무거운 제국 외 이송유괴죄의 형으로 결정하고 가중하여 형기 범위 내에서 피고인 임수만을 징역 3년에 처한다.

피고인 김동수의 판시 행위 중 영리유괴의 점은 형법 제225조에, 사문서 위조의 점은 동법 제159조 제1항에, 동 행사의 점은 동법 제161조 제1항 제159조 제1항에, 사기의 점은 동법 제246조 제1항 제55조에 각 해당하는 바이다. 사문서 위조 행사 사기는 순차 수단의 결과에 관계하므로 동법 제54조 제1항 후단 제10조에 따라 가장 무거운 사기죄의 형에 따른다. 이와 영리유괴는 동법 제45조 전단의 병합죄로서 동법 제47조 제10조에 따라 무거운 후자의 죄의 형으로 결정하고 가중하여 형기 범위 내에서 피고인 임동수를 징역 1년에 처한다.

피고인 유화춘의 판시 행위 중 영리유괴의 점은 형법 제225조, 사기의 점은 동법 제246조 제항에 각 해당하는 바이다. 위는 동법 제45조 전단의 병합죄로 동법 제47조 제10조에 따라 무거운 영리유괴죄의 형으로 결정하고 가중하여 형기 범위 내에서 피고인 유화춘을 징역 1년에 처한다.

피고인 황용팔의 판시 행위 중 제국 외 이송유괴 미수의 점은 형법 제228조 제226조 제1항 제55조에, 사기 미수의 점은 동법 제250조 제246조 제1항에 각 해당한다. 위는 동법 제45조 전단의 병합죄인 바 미수죄에 관계하므로 동법 제43조 본문 제68조 제3조에 따라 각 미수 감형을 하고 동법 제47조 제10조에 따라 무거운 제국 외 영리유괴 미수죄의 형으로 결정하여 가중하고 형기 범위 내에서 피고인 황용팔을 징역 1년 6월에 처한다.

피고인 김광지의 판시 행위 중 제국 외 이송유괴 미수의 점은 형법 제228조 제226조 제1항에, 사기 미수의 점은 동법 제250조, 제246조 제1항에 각 해당하고 위는 동법 제45조 전단의 병합죄인 바 미수죄에 관계하므로 동법 제43조 본문 제68조 제3호에 따라 각 미수 감형을 하고 동법 제47조 제10조에 따라 무거운 제국 외 이송유괴 미수죄의 형으로 법정 가중을 하여 형기 범위 내에서 피고인 김광지를 징역 1년에 처한다.

피고인 김우성은 범죄 사정을 보아 형의 집행을 유예하고 동법 제21조에 따라 피고인 등에 대해 미결 구류 일수 중 피고인 이종옥, 동 정돌방, 동 최홍이, 동 제암회는 각 240일을 제외한다. 피고인 등에게는 각 180일을 위 각 본형에 산입하고 주문 게시된 압수 물건은 판시 공문서 위조 변조 행사 및 사문서 위조 행사에서 생긴 물건으로 누구의 소유도 아니므로 동법 제19조 제1항 제3항에 따라 주문 게시와 같이 몰수한다. 소송비용은 형사소송법 제237조 제1항 제238조를 적용하여 주문 게시한 바와 같이 피고인 등이 부담하도록 한다.

본 건 공소사실 중 피고인 최홍이가 판시 제1의 공문서 변조행사 사기의 범행에 공모 가중한 점은 범죄가 증명되지 않았는데 판시 제3의 같은 죄와 연속관계가 있어 공판에 부치는 것으로 함으로 특히 주문에서는 무죄를 언도하지 않는다.

이에 주문과 같이 판결한다.

1940년 7월 31일

대구지방법원 형사부

재판장 조선총독부 판사 아리요시 마사미(有吉正躬)

조선총독부 판사 타치바나 모리유키(橘盛行)

조선총독부 판사 손동현(孫東頊)

1940년형공공제201호(昭和十五年刑控公第二〇一號)

판결

본적: 대구부 남산정

거주: 대구부 금정 2정목

채소 행상, 종찬, 곧 이종옥(당 48세)

위 사람의 영리유괴, 공문서 위조 행사, 사기 피고사건에 관해 1940년 7월 31일 대구지방법원이 언도한 유죄 판결에 대해 피고인이 항소신청을 하였음으로 당 법원은 조선총독부 검사 정영세책(鄭永世策)의 관여로 심리하고 다음과 같이 판결한다.

주문

피고인을 징역 4년에 처한다.

단 원심 미결 구류 일수 중 240일을 본형에 산입한다.

소송비용 중 원심 증인 박재환, 김만금, 최인준, 윤금선에 대한 것은 피고인이 단독 부담하고 증인 황경조, 박남술에 대한 부분은 피고인과 원심의 피고인 정돌방이 연대부담한다.

이유

피고인은

제1, 1938년 11월 하순 당시 대구부 비산동에 거주하는 박남술이 그 둘째 딸 이분영(당시 16세)을 기생 견습 봉공으로 보낸다는 것을 듣고 그녀를 유괴하여 창기로 만들어서 사적 이익을 얻을 것을 도모하였다. 11월 29일경 같은 장소 황경조의 집에서 자기의 첩 권택상으로 하여금 무지몽매한 위 박남술, 이분영 모녀에게 기생 양녀로 가면 좋은 남편을 맞이할 수 있고 또 수입도 많다는 내용으로 감언하고 유혹하도록 하였다. 같은 날 같은 장소에서 위 이분영을 대구부 남산정의 당시 피고인의 집으로 연행하여 유괴하였다. 위 이분영의 나이가 16세여서 창기생업을 하지 못하자 같은 달 말경 미리 알고 있던 원심의 피고인 정돌방에게 사정을 말하고 그와 공모하여 이분영이 창기허가연령(만 17세 이상)에 해당하는 것처럼 호적등본을 변조 행사하고 타인을 기망하여 전차금 명의하에 돈을 편취할 것을 기도했다. 앞의 피고인은 그즈음 자택에서 경성부 장사정 김필주에게 이분영을 창기로 고용시키고 싶다고 말하고 동시에 박남술과 이분영에게 이분영이 18세라고 사칭하도록 하여 김필주가 그 내용을 오해하도록 하였다. 따라서 그녀가 3년 반, 돈 400원의 전차금으로 창기 고용할 것을 승낙하도록 하고, 즉시 같은 장소에서 김필주가 계약금 50원을 박남술에게 교부하였다. 그리고 정돌방은 박남술로 하여금 대구부 서부출장소에 이분영의 호적등본 1통을 교부받게 하고 이를 사용하여 1938년 12월 1일 대구부 봉산정 집에서 위 호적등본 중 이분영의 생년월일란에 생년 1923년(大正12年) 4월 23일로 기재되어 있는 '12(拾貳)'를 잉크 분말과 석유 벤젠으로 교묘하게 지우고 새롭게 '10'자를 적어 넣어 대구부윤 후루이치 신사쿠(古市進作) 명의의 호적등본 1통을 변조하였다. 같은 날 밤 권택상, 박남술, 이분영 등과 함께 대구부 덕산정 덕산여관 백음전의 집으로 가서 사정을 알리고 박남술로 하여금 김필주에게 변조한 호적등본을 교부하라고 하여 이를 행사하였다. 김필주가 점점 신용하여 즉시 같은 장소에서 전차금 명의하에 돈 350원을 박남술에게 교부하도록 하여 합계 400원을 편취하였다.

제2, 계속해서 영리의 목적으로 1939년 7월 4일경 대구부 서성정 1정목 음식점 대성관, 곧 윤금선의 집에서 그 집의 작부 김만금(당시 18세)에게 자신은 경주에서 음식점을 경영하는 자인데 자기 경영의 음식점에 오면 대구보다 좋을 것이라는 내용으로 감언하여 그녀가 오해하도록 하였다. 같은 달 그녀를 윤금선의 집에서 대구부 대명동 박재환의 집으로 연행하여 유괴하였다.

제3, 원심의 피고인 임수만과 공모하고 1939년 1월 2일 영리 목적으로 달성군 성서면 파산동 김광석의 집에서 그 집의 고용녀 전라북도 금산군 진산면 막현리 윤어진(당시 19세)에게 시골의 농가에 고용되어 있는 것보다 도회지인 대구에 오면 좋은 음식점에 소개해 줄 것이라는 말로 교묘하게 설득하여 기망하였다. 같은 날 그녀를 위의 대구부 남산정 임수만의 집으로 데리고 와서 유괴했다. 그 무렵 그녀를 대구부 신정 음식점 이종로의 집에 전차금 200원으로 일시 작부로 가도록 하여 해당 돈을 편취하고 영리의 목적을 이루었다.

제4, 예전에 서로 알고 있는 원심의 피고인 최만술은 영리의 목적으로 1939년 6월경 경주읍 노동리 음식점 영업 이화윤의 집에서 경상남도 창녕군 대지면 왕산리 최원이의 장녀 최옥매(당시 27세)에게 대우 좋은 음식점에 소개하여 준다는 내용으로 감언하고 대구부 남산정 최만술의 집에 데리고 가서 유괴하였다. 자택에 머물게 하는 중 피고인에게 그 사정을 말하고 그녀의 매매에 대해 원조를 구하였다. 피고인이 이에 응하여 두 사람이 공모하였다. 피고인은 대구부 남산정 이용의 처 최성문으로부터 이용의 호적등본(1940년 압 제108호의 증 제9호), 인감증명서(동상의 증 제8호) 등을 받아 그즈음 최만술의 집에서 대구부 동운정 원심의 피고인 황용팔에게 이를 보여주고 교부하며 이남순을 창기로 고용시키고 싶다고 말하였다. 동시에 최옥매를 이용의 장녀 이남순라고 거짓으로 칭하였다. 이로 인하여 황용팔이 진실로 최옥매가 이용의 장녀 이남순으로 창기가 된다고 오해하도록 하고 전차금 명의하에 520원의 교부를 받아 편취하였다.

이로써 피고인의 위 행위 중 영리유괴의 및 사기의 행위는 무릇 범의(犯意) 계속에 관계하였다.

피고인은 1937년 11월 25일 경성지방법원에서 영리유괴죄로 징역 1년 6월(미결 구류 420일 통산)에 처하여 당시 위 형의 집행을 마친 바 있다.

증거에 따라 피고인의 위 행위 중 판시 제1의 사실은 피고인에 대한 사법경찰관 사무취급의 1939년 8월 14일 자 제1회 신문조서 중 판시 일시경 판시 권택상이 박남술 모녀를 자기 집에 데리고 와서 박남술이 나에게 딸을 어느 곳인가 팔고 돈을 많이 취하도록 도와달라고 의뢰했지만 딸의 연령이 16세이기 때문에 나는 나이를 많게 말하지 않으면 돈을 많이 받을 수 없다고 말했다. 박남술도 나의 말에 찬성하고 그 방법을 물어봤다. 나는 그러면 호적을 정정하는 것 외에 방법이 없다고 했다. 그러면 부탁하겠다고 말해서 돌아왔는데 그 후 호적등본 변조를 잘하는 정돌방에게 그 내용을 말하고 난 뒤 그녀의 호적등본을 18세로 정정할 것을 의뢰했다는 내용의 공술,

원심의 피고인 정돌방에 대한 원심 공판조서 중 동인(同人)의 공술로서, 나는 1938년 11월 말경 외출 중 판시 이종옥이 호출하여 그의 집에 간 바 그곳에는 그의 첩 권택상 및 씨명 불상의 여자 4, 5명이 있었다. 그때 이종옥이 나에게 타인의 딸을 창기로 소개하려고 생각하고 있는데 딸의 연령이 창기연령에 미치지 못하였으므로 호적을 정정해 달라고 의뢰하였다. 다음 날 딸의 모친을 데

리고 대구부 서부출장소에 가서 이분영의 호적등본 1통을 교부받고 이종옥의 집에 간 바 그는 포주를 데리고 왔다고 말했다. 원심의 피고인 최홍이와 함께 포주 김필주를 데리고 와서 김필주가 이분영에게 연령을 물어본 바 18세라고 말했다. 절충한 결과 결국 전차금 400원으로 고용하기로 하고 김필주는 먼저 계약금 50원을 박남술에게 교부하면서 잔금은 계약서류와 교환하며 지불하기로 하였다. 나는 같은 해 12월 1일 자택에서 전술한 호적등본을 사용하여 판시한 바와 같이 해당 호적등본을 고치고 판시와 같은 방법으로 변조하여 박남술에게 교부하였다. 같은 날 밤 권택상, 박남술 모녀와 함께 판시 덕산여관에 갔는데 나는 이종옥이 위 호적등본을 사용해서 이분영의 연령을 18세로 속이고 포주를 기망하여 돈을 수령하는 것을 알고 있었다는 내용의 기재,

정돌방에 대한 제2회 예심 신문조서 중 그 공술로서, 판시 일시 판시 덕산여관에서 박남술이 판시 변조한 호적등본을 김필주에게 교부했다는 내용의 기재,

증인 박남술에 대한 예심 신문조서 중 나는 1938년 11월 중순경 생활 곤란으로 판시 황경조에게 둘째 딸 이분영(1923년 4월 23일생)을 어느 곳인가 기생 양녀로 맡겨달라고 의뢰해 두었다. 같은 달 29일경 황경조가 나를 불러서 이분영을 데리고 그의 집에 갔다. 그 집에는 판시 권택상이 와 있었고 나에게 이분영을 술집에 두면 빚이 증가할 것이라고 쓴소리를 하면서 자신이 "어느 곳인가 좋은 곳에 기생 양녀로 맡겨 보내면 그곳에서 좋은 남편도 맞을 수 있고 돈도 많이 벌 수 있으니 부모를 잘 모시는 것이 어떤가"라고 말했다. 또 딸 이분영에게도 "자신이 좋은 곳에 기생 양녀로 부탁해 주겠다. 그러면 좋은 남편을 얻을 수 있고 부모의 생활에도 도움이 될 것이다"라고 권유하였다. 따라서 그 말을 들으면 딸을 위해서도 좋다고 생각하고 딸의 모습을 보니 딸은 침묵을 하고 있었다. 권택상이 여러 번 권유했으므로 나는 딸을 데리고 가는 것을 승낙했다. 권택상은 그날 밤 자기 집에 이분영을 연행하였다. 다음 날 30일경 내가 황경조와 함께 권택상 집에 방문한 바 그 집 방 하나에 권택상, 이종옥 및 딸 이분영 등이 있었다. 이종옥과 나에게 먼저 자신이 권택상으로부터 말을 듣고 신세를 지게 되었다는 말을 하면서 딸의 연령을 물어봄으로 16세라고 답을 하니 그 사람은 "16세는 안 돼. 오늘 사람이 와서 물어보면 18세라고 말해라"고 하므로 그 뜻을 물어보았다. 그는 웃으면서 "아무래도 좋으니까 물어보면 18세라고 대답해라"라고 말하였다. 그곳에 최홍이 및 경성의 포주인 남자가 들어왔다. 이종옥은 그때 경성의 포주에게 "3년간 440원으로 하자"고 하고 경성 사람은 "450원은 많고 400원으로 하자"고 서로 이야기하였다. 정돌방도 들어와서 잠시 이야기 하고 결국 3년 반, 전차금 400원으로 이분영을 고용하는 것으로 하였다. 나는 포주로부터 계약금 50원을 받았는데 미리 호적등본이 필요하다고 하여 정돌방과 함께 교부

를 받은 해당 호적등본을 그에게 건네고 집으로 돌아왔다. 다음 날 판시 덕산여관에서 위 최홍이, 김재연 등이 계약서류를 작성하고 경성의 포주에게 건넸다. 나는 그로부터 전술한 계약금을 제외한 잔금 350원을 이분영의 손을 거쳐 받았다. 이종옥에게 여러 가지 수수료가 있다고 들어 돈을 내고 결국 140원만 가질 수 있었다. 나는 딸을 창기로 팔려고 한 것이 아니고 기생 양녀로 주려고 해서 승낙했다는 내용의 공술기재,

피의자 권택상에 대한 사법경찰관 사무취급의 제1회 신문조서 중 1938년 11월경 씨명 불상의 노파가 이종옥과 동거 중인 나의 집에 와서 비산동 사람인데 딸이 기생 견습으로 나가고 있는 바 술을 팔게 하고 재능을 가르치지 않으니 이러면 딸의 장래에 좋지 않다. 그러므로 어디엔가 좋은 곳이 있으면 소개해 달라고 하였다. 이종옥이 나에게 그 여자가 있는 곳에 가서 보자고 말하여서 황경조 집에 가서 딸을 데리고 왔다는 내용의 공술기재,

증인 김필주에 대한 사법경찰관 사무취급의 신문조서 중 나는 경성부 장사정 45번지에서 소개업을 하는 자이다. 1938년 11월 말경 대구부에 와서 덕산정 덕산여관에 숙박하고 요리옥, 음식점의 고용녀를 구하고 있던 바, 그즈음 주소 불상의 정 아무개 및 최태호 2명이 나를 여관으로 방문하였다. 화류계 출신의 여자가 있는데 팔 수 없나 라고 권하여서 데리고 오라고 말하였다. 같은 날 오후 6시경 위 2명 및 다른 남자 1명이 판시 박남술과 그 딸 이분영을 데리고 와서 면담 절충 끝에 결국 위 딸을 팔기로 약속하고 필요 서류인 박남술의 인감증명서, 호적등본, 승낙서 및 위임장을 그로부터 받고 몸값을 지불하였다. 나는 최태호 및 정 아무개 등이 이 여자는 박남술의 둘째 딸이 맞다고 안심시켜 주어 이를 믿었다는 내용의 공술기재,

증거를 종합하여 이를 인정한다.

판시 제2의 사실은, 피고인에 대한 예심 제3회 신문조서 중 판시와 같은 내용의 공술기재가 있다.

또한 증인 김만금에 대한 예심판사의 신문조서 중 그의 공술, 나는 1939년 7월경 판시 윤금선 집에서 작부를 하고 있던 바 판시 일시경 피고인이 박재환, 서만수 등과 함께 와서 나에게 판시와 같이 말하고 경주에 같이 가자고 권유하였다. 나는 그 내용을 진실로 믿고 주인의 양해를 얻어 윤금선의 집에 출입하였다. 그 집을 나오자 이종옥이 나에게 경주에 함께 가는 여자가 한 사람 더 있으므로 그 사람이 오기까지 2~3일 박재환의 집에 머물러야 될 것 같다고 말하였다. 그래서 박재환의 집에 가서 머물렀는데 그 후 경주에는 가지 않고 박재환이 나에게 이미 전차의 지불도 마쳤다면 어딘가에 전업해야 하는 것 아닌가, 이번에 잠깐 있자고 말하여 머물러 있었다. 그 사이 이종옥과 서만수 등이 때때로 와서 여러 가지 상담을 했는데 결국 같은 달 17일경 부산의 선일식당 최

인준의 집에 팔았다는 내용의 기재가 있는 것을 종합하여 이를 인정한다.

판시 제3의 사실은 피고인에 대한 사법경찰관 사무취급의 1939년 10월 13일 자 제1회 신문조서 중 판시와 같은 내용의 공술기재,

피의자 임수만에 대한 사법경찰관 사무취급의 신문조서 중 판시에 조응하는 공술기재,

증인 이종로에 대한 예심판사의 신문조서 중 나는 대구부 신정 178번지에서 음식점 영업을 하는 자이다. 1939년 1월 초순경 예전부터 얼굴을 아는 소개업자 김재연과 임수만이 윤어진이라는 여자를 우리 집에 데리고 나서 나에게 윤어진이 먼 곳에 가게 되었는데 그녀의 형이 지금 수속 중이므로 수속을 할 때까지 잠깐 그녀를 당신 집의 작부로 고용하고 전차금 200원 정도를 빌리고 싶다고 말하였다. 그래서 승낙하고 윤어진을 채무자, 임수만을 보증인으로 하여 200원의 차용증서를 보여주고 임수만에게 200원을 주었다. 그리고 4~5일 후 그가 우리 집에 와서 250원의 원리금을 지불하고 윤어진을 데리고 갔다는 내용의 공술기재,

증인 윤어진에 대한 사법경찰관 사무취급의 제1회 신문조서 중 나는 1938년 음력 10월경 남편과 이별하고 달성군 성서면 파산동의 김광석 집에 식모로 고용되어 있었다. 판시 일시 경 판시 임수만 및 이종옥이 나를 성서면 음식점에 호출하여 판시와 같은 일을 말하고 대구에 가는 것을 권하였다. 그들이 진실로 나를 도와주는 것이라고 믿고 같은 날 그들을 따라서 대구로 왔다. 나는 누구하고도 전혀 돈의 대차관계가 없고 또 전차금 기타의 점은 일절 알지 못한다는 내용의 공술기재 등을 종합하여 이를 인정한다.

판시 제4의 사실은, 피고인에 대한 사법경찰관 사무취급의 1939년 10월 13일 자 제1회 신문조서 중 공술로서 판시와 같은 사정을 알게 되면서 판시 이용의 호적등본 및 인감증명을 최만술에게 교부했다는 내용의 공술,

원심 피고인 최만술에 대한 예심 제4회 신문조서 중 피고인과 공모하고 판시와 같이 사기를 했다는 내용의 공술기재,

같은 사람에 대한 사법경찰관 사무취급의 제1회 신문조서 중 판시와 같은 내용의 공술기재,

증인 최매옥에 대한 사법경찰관 사무취급의 신문조서 중 공술로서, 나는 1939년 5월경 울산에서 경주의 음식점 이화윤의 고용녀로 옮겨 왔다. 같은 해 6월경 앞의 판시 최만술이 내가 있는 곳으로 와서 나에게 "대구부내로 가면 지금부터 좋은 곳에 고용녀로 소개해 주겠다"고 말하였으므로 나는 이 말을 믿고 그를 따라 대구부 최만술의 집에 왔다. 그 후 최만술은 나를 10일 정도 자택에 머물게 하여 두면서 고용녀로 소개하여 주지 않고 돈을 많이 벌수 있다고 만주 방면으로 가라

고 여러 번 권유하였다. 만주 음식점의 고용녀로 소개된다고 생각하고 승낙함에 그는 만주에 가려면 호적등본이 필요하므로 이용의 호적등본으로 나를 그의 장녀 이남순으로 사칭하자고 하였다. 같은 달 불상 일에 최만술의 집에서 판시 황용팔에게 이남순으로 이름으로 고치고 520원에 팔아 돈은 전부 최만술에게 주고 같은 날 밤 즉시 경성으로 함께 출발했다는 내용의 기재,

원심 공판조서 중 피고인 황용팔의 공술은 판시에 조응한 피해전말의 기록이다.

압수에 관한 이용의 호적등본(1940년 압제107호의 제9호), 인감증명서(동상의 제8호)의 현존사실을 서로 종합하여 이를 인정하고, 전과의 점은 피고인이 당 법정에서 한 공술에 따라 인정한다. 범의 계속의 점은 피고인이 단기간 내에 각 동종의 행위를 반복 실행한 일을 보아 인정할 수 있으므로 판시사실은 이를 증명한다.

법률에 따라 피고인의 판시 소행 중 영리유괴의 점은 형법 제225조 제55조에, 공문서 위조의 점은 동법 제155조 제2항 제1항에, 동 행사의 점은 동법 제158조 제1항, 제155조 제22항 제1조에, 사기의 점은 동법 제246조 제1항 제55조에 각 해당한다. 공문서 변조 및 행사, 사기의 점은 순차 수단의 결과에 관계하므로 동법 제54조 제1항 후단 제10조에 따라 가장 무거운 변조 공문서 행사 죄의 형에 따르고 위 영리유괴죄는 동법 제45조 전단의 병합죄인 바 피고인은 전시 전과가 있으므로 동법 제56조 제57조에 따라 각 누범 가중을 한다. 다시 동법 제47조 제10조에 따라 범죄가 무거운 영리유괴죄의 형에 법정 가중하여 동법 제14조의 제한 범위 내에서 피고인을 징역 4년에 처한다. 동법 제1조에 따라 원심 미결 구류 일수 중 240일을 위 본형에 산입하는 것으로 한다. 소송비용 중 주문 제3항에 적은 소송비용은 형사소송법 제237조 제1항 제238조에 따라 피고인 단독 및 피고인 및 원심의 피고인 정돌방으로 하여금 연대부담을 지도록 한다.

주문과 같이 판결한다.

피고인의 항소는 이유 없다.

1940년 8월 31일

대구복심법원 형사2부

재판장 조선총독부 판사 와타나베 마스미(渡邊彌美)

조선총독부 판사 쿠로가와 카즈나오(黑川和直)

조선총독부 판사 히에다 히데오(稗田秀雄)

8. 만주 펑톈, 안동 유괴 사건

1940년형공제933호(昭和十五年刑公第九三三號)

판결

본적 : 전라북도 임실군 관촌면 관촌리

주거 : 전라북도 임실군 관촌면 병암리

목수업, 전태랑, 곧 전준순(당 24세)

위 자의 국외 이송 피고사건에 관해 조선총독부 검사 천본창수(天本昌秀)의 관여하에 심리하고 다음과 같이 판결한다.

주문

피고인을 징역 2년에 처한다.

이유

피고인은 만주국에 이송할 목적으로 부녀자 유괴를 도모하고 범의를 계속하여

제1, 1939년 7월 7일경 전라북도 임실군 둔남면 오수리의 여인숙업 김애순의 집에 들렀을 때 우연히 김애순 집의 고용녀 김순애(당시 24세)로부터 생활난을 전해 듣고 이를 기회 삼아 김순애에게 조선에서 불경기인 술장사에 종사하기보다 만주국에서 작부로 일하면 30~40원의 이익이 있어 즉시 저금할 수 있으니 함께 만주국으로 가자며 교묘한 말로 유혹하여 김순애가 그 내용을 잘못 믿고 승낙하도록 하였다. 다음 날 김순애를 임실군 관촌면 관촌리로 꾀어냈으며, 같은 달 14, 15일경 전라선 관촌역에서 기차로 만주국 펑톈시(奉天市)에 연행함으로써 제국 외 이송유괴를 하였다.

제2, 같은 해 8월경 임실군 삼계면 계은리 한□석의 장녀 한정숙(당시 22세)이 그 내연의 남편인 김진택과 이별하고 임실군 신평면 대리 이순상의 집에 머물면서 혼인할 곳을 물색하고 있다는 내용을 들었다. 이를 기회로 사정을 모르는 이순상을 통해 한정숙을 아내로 맞을 의사가 없음에도 그럴 것처럼 가장하여 여러 차례 혼담을 넣고 승낙을 받아 한정숙을 유출하여 피고인의 집에서 같은 해 11월경까지 동거하였다. 그리고 한정숙에게 조선에서 생활이 궁핍하였으므로 경기가 좋은 만주국에 함께 가서 일하자고 유혹하여 한정숙이 그 내용을 잘못 믿고 승낙하게 하였다. 같은 해 11월경 한정숙을 만주국 안동시(安東市)로 연행함으로써 제국 외 이송유괴를 한 것이다.

증거를 살피건대, 피고인이 당 법정에서 한 판시와 같은 내용의 자공(自供)

증인 김애순에 대한 사법경찰관 사무취급의 신문조서 중 1939년 7월경 김순애라고 하는 여자를 고용하고 있었는데 그녀가 진지하게 일하였으나 어느 닭 행상인과 말을 나누고 나서는 갑자기 태도가 변해 일을 그만두고 싶다고 하였다. 이유를 물어보니 위 닭 행상인과 부부가 되겠다고 하며 그러면 다른 사람에게 고용되어 일하는 것보다 좋다고 하였다는 내용의 공술기재,

증인 한정숙에 대한 안동지방 검찰관의 신문조서 중 자신은 2년 전 처음 남편과 사별하고 모친의 친척 집에 얹혀살았다. 친척의 도움으로 1939년 8월부터 전준순과 동거하여 같은 해 12월경 헤어졌다. 만주국 안동시의 경성관에 고용된 계기는 같은 해 11월경 위 전준순이 만주는 경기가 매우 좋으므로 만주에서 함께 일하자고 하여 자신도 동의하였다. 11월경 우순(撫順)으로 2명이 가서 직장을 여러 곳 물색하였으나 적당한 일이 없었기 때문에 전준순이 12월 중 안동에 연행하여 자신을 경성관이라고 하는 술집에 작부로 근무하도록 권하여 할 수 없이 작부가 되었으나 전준순에게 속았다는 내용의 공술기재가 있음에 따라 이를 인정하고 판시 범죄사실을 증명한다.

법률에 따라 피고인의 판시 행위는 형법 제226조 제1항 제55조에 해당하므로 그 형기 범위 내에서 피고인을 징역 2년에 처한다.

따라서 주문과 같이 판결한다.

1940년 11월 19일

전주지방법원 형사부

재판장 조선총독부 판사 우도 마사유키(有働政行)

조선총독부 판사 기무라 쥰(木村潤)

조선총독부 판사 타키자와 겐이치(瀧澤憲一)

9. 싱가포르 유괴 사건

1942년형공제486호(昭和十七年刑控第四八六號)

판결

본적: 경기도 여주군 북내면 천송리

주거: 경성부 임정

무직, 김용배 개명, 금택광명(당 32세)

위 자에 대한 제국 외 이송유괴 미수, 사문서 위조 행사, 사기 피고사건에 관해 1942년 10월 20일 경성지방법원에서 선고한 유죄 판결에 대해 피고인이 항소신청을 하였으므로 당 법원은 조선총독부 검사 민병성(閔丙晟)이 관여하여 다음과 같이 심리, 판결한다.

주문

피고인을 징역 2년에 처한다.

압수한 차용금 영수증 1통(증 제1호), 승낙서 2통(증 제23호)은 모두 몰수한다.

이유

제1, 피고인은 일정한 직업 없이 궁핍한 생활을 하고 있는 중 다른 사람을 기망하여 금전을 편취할 것을 계획하고

(가) 1941년 10월 초경부터 같은 해 12월 2일경까지 전후 8회에 걸쳐 경성부 계동정 풍전수길의 집 외 네 군데에서 계동정 장본순덕 외 4명에게 사실은 신탄(薪炭)을 매수할 의사가 없음에도, 또 매여(買與)할 의사가 없음에도 불구하고 마치 할 것처럼 가장하여 자신은 신탄상과 관계가 있

고 신탄을 쉽게 구할 수 있으므로 가까운 시일에 사줄 테니 선금 또는 선운임을 교부해 달라고 말하여 그 사람들을 잘못 믿게 하고 그즈음 위 각 장소에서 같은 사람들로부터 합계 518원을 신탄 대금 또는 운임 명목으로 받아 편취하였다.

(나) 1942년 4월 상순경 2회에 걸쳐 경성부 앵정정 무송심산의 집 외 한 곳에서 무송심산 외 1명에게 사실은 근친자가 옷감을 소지하지 않고, 또 이를 매여할 의사가 없음에도 불구하고 마치 있는 것처럼 가장하여 자신의 근친자가 가지고 있는 옷감을 사줄 테니 선금을 교부해 달라고 말하여 같은 사람 등이 그 내용을 잘못 믿게 함으로써 그즈음 위 각 장소에서 같은 사람 등으로부터 옷감 대금 명목으로 합계 460원을 받아 편취하였다.

제2, 피고인은 최덕기와 공모하여 부녀자를 유괴하고 이익을 얻을 것을 계획하여, 1942년 4월 13일 당시 사정을 모르는 원심의 피고인 흥목상옥을 통해 최덕기의 지인인 경성부 현저정 이맹호의 여동생 평전기분(본명 이기분, 1922년 3월 6일생)에게 사전에 의뢰하였던 취직을 알선해 주겠다고 말하였다. 같은 날 저녁 당시 평전기분의 고용주인 경성부 관동정 유학재의 집에서 경성부 낙원정에 소재한 춘삼여관(春三旅館)으로 꾀어내었다. 그 다음 날인 14일 관철정 8번지 흥창여관(興昌旅館)으로 데리고 간 다음 피고인 및 최덕기는 각각 평전기분에게 자신들은 소남도(昭南島)에서 카페를 경영할 계획인데 함께 그곳으로 가 네가 여급 감독을 하면 상당한 저축도 가능하다고 교묘하게 권유함에 따라 평전기분이 그 내용을 잘못 믿고 승낙하게 하였다. 또한 흥목상옥에게는 다른 사람과의 교섭을 맡아 평전기분의 오빠인 이맹호처럼 가장할 것을 의뢰했다. 위 계획을 안 이맹호의 승낙을 얻어 같은 날 저녁 평전기분을 데리고 경성부 장사정 100번지 일화여관(日華旅館)으로 옮겨 15일 오전 9시경 그 여관에서 경성부 황금정 인사소개업 영신사 홍천칠홍에게 흥목상옥이 평전기분의 오빠 이맹호인 것처럼 가장하고 피고인의 위 계획에 가세하였다. 한편, 피고인은 위 홍천칠홍에게 평전기분은 위 오빠의 승낙을 얻어 소남도 유곽에 창기로 고용될 것을 희망하고 있다는 허구의 사실을 전달하여 홍천칠홍이 그 내용을 잘못 믿게 하고, 일화여관에서 위 홍천칠홍으로 하여금 가불금 명목으로 500원을 교부하게 하여 이를 편취하였다. 그리고 곧바로 함께 경성부 장사정 42번지 대성(大成)인사소개소로 가서 사정을 모르는 고용인 장용환을 시켜, 행사할 목적으로 이맹호 명의를 도용하도록 하여 동인(同人) 명의의 이기분이 창기 또는 작부가 되는 조건으로 500원을 수령했다는 내용의 차용금 영수증 1통(증 제1호) 및 평전기분이 전차금을 받고 창기 또는 작부가 될 것을 승낙하는 내용이 포함된 금액, 생업(稼業)기간 등의 기재가 없는 승낙서 2통(증 제2, 3호)을 순차 작성하게 했다. 이어서 평전기분의 이름 밑에는 같은 날 사정을 모르는 황금정 43번지 1호 도장업(印判業) 환산창만으로 하여금 위조로 조각해 둔 이맹호 명의의 인장을 날인하게 하여 순차적으로 위조를 완성시켰다. 그리고 홍천칠홍에게 즉석에서 위 각 위조문서가 정말로 성립하는 것처럼 일괄 교부, 행사하였고 위 평전기분을 홍천칠홍에게 인도함으로써 위 영리유괴의 목적을 이루었다. 이상의 행위 중 동종 행위는 범의가 계속된 것이다. 위 피고인은 1937년 3월 5일 경성지방법원에서 업무횡령죄로 징역 6월을 선고받고 당시 형의 집행을 마쳤다.

증거를 살피건대 판시 범의 계속의 점을 제외한 다른 판시사실 중 판시 제1의 각 사실은 피고인이 당 공정에서 한 판시와 같은 내용의 공술, 증인 풍전수길에 대한 예심판사의 신문조서의 내용 및 증인 풍전수자, 송강행삼, 국본청일에 대한 각 사법경찰관 사무취급의 신문조서의 내용 가운데 각각 판시에 조응하는 각 피고 전말의 공술기재를 종합하여 이를 인정한다.

판시 제2의 사실은 피고인이 당 공정에서 "나는 1942년 4월 초경 최덕기 및 박 아무개를, 같은 달 10일경 원심상 피고인 흥목상옥을 알게 되었는데 위 홍목상옥이 같은 달 13일 저녁 춘산여관에 이기분을 데리고 와 그날 밤 나와 최덕기 및 이기분 3명이 그 여관에 숙박하였다. 그 여관에는 다수의 지인이 출입하고 있어 상황이 좋지 않았기 때문에 우리들 3명은 그 다음 날 판시 흥창여관으로 옮겼다. 최덕기가 그 여관에서 나에게 자신은 지금 이기분에게 소남도 쪽에서 카페를 경영하고 자네가 이사(取締役), 자신이 지배인을 맡고, 이기분도 함께 소남도로 가 여급 감독을 하면 어떠냐고 말했다. 이기분이 이를 승낙하고 적당한 인사소개소를 소개해 달라고 하였으므로 자신도 인사소개소를 알아봐 주겠다고 말하였다. 같은 달 14일 밤 위 3명 외에 흥목상옥 등과 더불어 일화여관에 숙박하고 그 다음 날 아침 홍천칠홍이 위 여관으로 와 이기분에게 소남도에 가 조로(女郎)[7]가 될 것이냐고 물었다. 이기분은 승낙하여 위 홍천칠홍이 현금 500원을 건네 우리들은 즉시 대성인사소개소로 향했다. 그곳에서 장용환이 이맹호 명의의 판시 서류를 제출하고 내가 흥목상옥에게 위 서류에 날인할 이맹호의 인장을 가져오게 하여 날인했다. 장용환이 위 서류를 봉인하여 홍천칠홍에게 건네었고 나는 그 자리에서 이기분을 홍천칠홍에게 인도하였다"는 내용의 공술,

원심 제1회 공판조서 중 피고인의 공술로 "나는 올해(1942년) 4월경 최덕기 및 박 아무개와 상담한 후 달콤한 말로 이기분을 유괴하여 소남도 쪽으로 팔아 치우려고 인사소개소를 알선한 사실이 있다. 흥목상옥이 같은 달 13일 최덕기의 의뢰에 따라 최덕기의 지인인 판시 이맹호의 여동

---

7 성매매 여성을 말한다. 주로 일본에서 사용되는 말이다. 이것은 피고인은 진술 내용으로 실제로 이렇게 말하였는지, 피해자가 이 말의 뜻을 온전히 이해하고 승낙한 것인지는 알 수 없다.

생 이기분에게 전부터 의뢰하였던 취직처를 알선하겠다고 말하고 같은 날 저녁 당시 이기분의 고용처인 판시 유학재의 집에서 판시 춘산여관으로 꾀어냈다. 그리고 자신들이 같은 달 14일 저녁 이기분을 데리고 판시 일화여관에 숙박한 다음 날 나와 박 아무개가 인사소개소의 지인인 양재덕의 소개로 위 여관에 부른 판시 홍천칠홍에게는 흥목상옥이 이기분의 오빠인 이맹호인 것처럼 가장하여 홍천칠홍과 대화하였다. 그리고 홍천칠홍이 그 자리에서 위 이기분의 가불금으로 500원을 건넸다. 홍천칠홍은 실제로 이기분이 싱가포르에 조로(女郎)로 팔려나가는 것을 승낙하였고 또 이기분의 오빠도 승낙한 것이라 생각하고 위 돈을 건넨 것이라 생각한다. 그 후 곧바로 판시 인사소개소로 향해 그곳에서 판시 장용환으로 하여금 행사의 목적으로 이맹호 명의의 판시서류를 작성시킨 후 최덕기가 흥목상옥에게 의뢰하여 판시 도장집에 조각하게 한 이맹호의 인장을 내가 건네받아 해당 서류를 완성하고 그 자리에서 진정한 서류로 일괄하여 위 홍천칠홍에게 넘겼다. 그 후 그곳을 나와 부내 중국음식점에서 회식을 했는데 그 때 최덕기는 내게 사례의 의미로 70원을 주고, 따로 30원을 양재덕에게 전해달라고 의뢰하였으나 나는 그중 15원을 양재덕에게 건네고 남은 돈은 내가 가졌다"는 내용의 기재,

원심 제1회 공판조서 중 피고인 흥목상옥의 공술로 "나는 올해(1942년) 4월 10일경 예전부터 알던 사이인 최덕기가 피고인 금택광명을 소개했는데 그때 금택광명은 소남도에서 카페를 경영하는 자라고 들었다. 내가 판시 일 흥창여관에 있을 때 최덕기가 여자에게 자신들은 싱가포르에서 카페를 경영하고 금택광명이 이사를 하고, 자신은 조바(帳場, 관리인)를 보기로 했으므로 너도 같이 가 여급 감독을 하여 함께 돈을 벌자고 말하였다. 금택광명도 그곳에 와서 싱가포르는 경기가 좋아 같이 돈을 벌면 상당한 돈을 저축할 수 있다고 하였다. 또 저녁에 일화여관으로 옮겨서 금택광명이 이기분에게 싱가포르에 가기 위해서는 도항증명서가 필요하다고 하며 오빠의 이름, 본적, 연령 등을 듣고 이를 종이에 받아 적어 나에게 건넸다. "조합원이 오면 네가 이기분의 오빠가 되어주고 만약 본적, 연령 등을 물으면 위 종이에 적은 대로 답하라"고 부탁함에 따라 이를 승낙하였다. 그 다음 날 오전 9시경 위 여관에서 홍천칠홍이 이기분에게 "당신은 싱가포르에 가 조로가 되어도 상관없느냐"고 물으니 이기분은 그저 "네"라고 답했다. 이기분이 그렇게 답한 것은 그 전날 밤 금택광명이 이기분에게 "조합장은 재미있는 사람이므로 재미있는지, 나쁜지, 좋은지 물어도 그저 네, 네라고 답하라"고 했기 때문이라고 생각한다는 내용의 기재,

증인 이기분, 곧 평전기분에 대한 예심판사의 신문조서 가운데 "나는 음식점의 고용녀로 그곳에서 최덕기를 알았다. 어느 날 저녁 흥목상옥이 와서 '어제 네가 일하는 곳에 술을 마시러 온 사

람으로부터 너를 바에 소개해 줄 테니 데리고 오라고 부탁받았으니 가자'는 권유를 받고 그에게 끌려갔는데 최덕기가 내가 오는 것을 기다리고 있었다. 내가 두 번째 장소로 끌려가 방에 3명이 있을 때 흥목상옥이 나에게 오빠가 있냐고 물어서 있다고 답하자 금택광명이 바에 들어가기 위해서는 오빠의 이름이 필요하다고 하여 나는 금택광명에게 오빠는 이맹호라고 알려주었다. 세 번째 장소로 이동한 다음 날 금택광명이 어떤 사람으로부터 500원을 받았다. 그 후 최덕기의 말대로 어떤 사람을 따라가서 여자들이 많은 집에 도착했는데 그 여자들로부터 몸이 팔려 어딘가로 갈 것이라 듣고 비로소 내가 사기를 당해 몸이 팔린 것을 깨달았으므로 주저앉아 울었다"는 내용의 공술기재,

증인 홍천칠홍에 대한 예심판사의 신문조서 가운데 판시 일 아침에 대성인사소개소의 양재덕이 나의 집에 와 여자가 있으니 돈을 지참하라고 하여 현금을 지참하고 위 인사소개소 앞의 여관에 갔더니 그 여관에 여자와 피고인 2명(금택광명 및 흥목상옥) 외에 남자 1명이 있었다. 금택광명이 "이 여자는 오빠를 위해 몸을 파는 것"이라 말했고 그곳에 오빠들이 있었으므로 나는 여자에게 싱가포르에 갈 것인데 상관없냐고 물으니 상관없다고 하였다. 그 오빠라고 하는 남자도 돈이 필요하다고 하였으므로 여자의 몸값으로 500원을 건넨 후 대성인사소개소에 이르렀다. 그곳에 있는 장용환이 위에 관한 계약서를 썼다. 나는 금택광명이 주동하여 젊은 사람들을 꼬드겨 유괴한 것이라 생각하였다. 만약 내가 당시 여자가 유괴된 자이고 이상옥이 사실은 여자의 오빠가 아닌 것을 알았다면 물론 돈을 건네지 않았을 것이라는 내용의 공술기재 및 압수에 관한 차용금 영수증 1통(증 제1호), 승낙서 2통(증 제2, 3호)의 현존을 종합하여 이를 인정한다. 범의 계속의 점은 피고인이 동종 행위를 반복 누행한 사실에 비추어 인정되므로 판시사실은 그 증명이 있다. 판시 전과의 점은 피고인이 당 공정에서 말한 내용의 공술에 따라 이를 인정한다.

법률에 따라 피고인의 판시 행위 중 사기의 점은 형법 제246조 제1항, 제55조에, 영리유괴의 점은 형법 제225조에, 사문서 위조의 점은 형법 제159조 제1항 및 제 55조에, 동 행사의 점은 형법 제161조 제1항 및 제159조 제1항에 각각 해당한다. 위조 사문서의 일괄 행사는 하나의 행위로 여러 죄명에 저촉되고 사문서 위조, 행사는 순차 수단의 결과에 관계하므로 형법 제54조 제1항 전단과 후단, 제10조를 적용하여 범죄 사정이 무거운 위조 사문서 행사죄의 형에 따른다. 또 앞서 제시한 전과가 있으므로 형법 제56조 제1항, 제57조에 따라 사기, 영리유괴 및 위조 사문서 행사의 각 죄에 대해 가각 누범 가중을 한다. 이상은 형법 제45조 전단의 병합죄이고, 형법 제47조 본문 제10조에 따라 무거운 영리유괴죄의 형이므로 형법 제14조의 제한에 따라 법정 가중한 형기

범위 내에서 피고인을 징역 2년에 처한다. 주문 기재의 압수 물건은 위조 사문서 행사죄로 조성된 물건으로 모두 누구의 소유도 될 수 없으므로 형법 제19조 제1항 제1호, 제2항에 따라 이를 몰수한다.

따라서 주문과 같이 판결한다.

피고인의 항소는 이유가 없다.

1943년 1월 29일

경성복심법원 형사 제1부

재판장 조선총독부 판사 시오미 요네쿠라(鹽見米藏)

조선총독부 판사 우에사카 히로미치(上坂廣道)

조선총독부 판사 야마구치 노보루(山口昇)

1943년형상제21호(昭和十八年刑上第二一號)

판결

본적: 경기도 여주군 북내면 천송리

주거: 경성부 임정

무직, 김용배 개명, 금택광명(당 32세)

위 자의 제국 외 이송유괴 미수, 사문서 위조 행사, 사기 피고사건에 관해 1943년 1월 29일 경성복심법원에서 선고한 판결에 대해 피고인이 상고신청을 하였으므로 당원은 조선총독부 검사 스기모토 가쿠이치(杉本覺一)가 관여하여 다음과 같이 판결한다.

주문

본 건 상고는 기각한다.

이유

피고인의 상고이유 제1점은 다음과 같다. "원판시 제1 사기의 점은 불복하지 않지만 제2 영리 유괴의 점은 사실 오인이 있습니다. 원판결은 증거로 이기분, 홍천칠홍, 흥목상옥 및 유명준의 증언을 채용하였는데 이들의 공술은 진실에 반합니다. 홍천칠홍은 동업자 중 1명과 대성인사소개소의 양재덕과 3명이 일화여관(日華旅館)에 와서 스스로 전차금(前借金)을 이기분에게 건넨 후 동행자에게 뒷일을 맡기고 돌아갔으므로 홍천칠홍이 본 건의 행위가 저의 행위인지, 흥목상업의 행위인지 판단할 수 없을 터입니다. 또 흥목상옥이 내가 의뢰하여 이기분, 홍천칠홍 등의 관계인을 기망한 것처럼 공술한 것도 거짓말입니다. 원판시의 각 문서도 제가 위조한 것이 아니고 장용환이 문서를 작성하여 나에게 입회인으로서 필요하다고 하여 도장을 장용환에게 넘겨서 장용환이 날인한 것입니다. 이 사건의 진상을 아는 자는 김학준, 양재덕, 양재덕의 고용인 장용환 및 유학재입니다. 저는 원심에서 이들 증인을 불러 신문할 것을 신청하였지만 원심이 이를 이유 없이 각하한 것은 부당합니다."

그렇다고는 하나 원판시에 관한 피고인의 범죄사실은 원판결에서 제시한 증거에 따라 인정하기에 충분하고 유명준(유명종의 오기라고 인정됨)의 증언은 원판결이 채용하지 않았으므로 그 부당을 말하는 것은 옳지 않다. 그 외의 소론 각 증인의 증언이 허위라는 것은 기록상 이를 인정하기에 충분한 증거가 없다고 이를 단죄의 자료로 제공하여도 채증의 법칙에 위배한 것이라 할 수 없다. 또 기록을 살펴보아도 피고인이 원심에서 증거신청을 한 형적이 없으므로 원심이 피고인의 증거신청을 각하할 이유가 없다. 그 외에 기록을 정밀하게 검토하였으나 원심의 사실 인정에 중대한 오인이 있다고 볼 수 없으므로 논지는 이유가 없다.

피고인의 상고이유 제2점은 다음과 같다. "가령 그러한 사실이 있었다고 해도 원심의 양형은 너무 무겁기 때문에 아무쪼록 관대한 재판을 부탁드린다"고 하나 기록을 정밀하게 살펴보아 범죄 정황과 그 외 모든 사정을 참작하여도 원심의 양형에 잘못이 있다고 할 현저한 사유가 있다고 인정할 수 없으므로 논지는 이유가 없다.

따라서 형사소송법 제446조에 근거하여 주문과 같이 판결한다.

1943년 4월 12일

고등법원형사부

재판장 조선총독부 판사 사이토 에이지(齊藤榮治)

조선총독부 판사　야마네 키치사(山根吉三)

조선총독부 판사　사사키 히데오(佐佐木日出男)

조선총독부 판사　이케다 요노스케(池田良之助)

조선총독부 판사　후지이 쇼조(藤井尙三)

10. 만주 아청 유괴 사건

1944년예제6호(昭和十九年豫第六號)

판결

본적: 전라남도 여수군 여수읍 동정

주소: 전라남도 여수군 순천읍 동외리

인사소개 종업원 조공섭 개명, 하산정웅(당 34세)

본적: 에이메현(愛媛縣) 야와다하마시(八幡濱市) 오즈고정(大字鄉町)

주소: 전남 순천군 순천읍 대수정

음식점(割烹業) 시미즈 타테후쿠(清水種福)(51세)

위 하산정웅에 대해 국외 이송유괴, 시미즈 타네후쿠에 대해 동 조력 피고사건에 대해 심리를 마치고 조선총독부 검사 이가호의 의견을 듣고 다음과 같이 결정한다.

피고인 하산정웅에 대해 본 건을 광주지방법원 형사합의부의 공판에 부친다.

피고인 시미즈 타네후쿠를 면소한다.

이유

피고인 하산정웅은 1941년 11월경부터 순천군 순천읍 동외리 와다(和田)인사소개소의 종업원으로 일하고 있던 바, 1944년 9월 4일 오후 3시경 경성부 종로구 종로 2정목 종로소개소에서 경성부 대현정 궁본계동의 장녀 궁본양자 또는 재구(당 17세)가 동 소개소를 방문하여 음식점의 조추(女中)나 기타 월급을 받을 만한 직업에 취업주선을 의뢰하는 것을 보았다. 궁본양자가 작부 등의 경력 없이 소위 여염집 여자(素人女)로서 전차금 관계도 없는 자인 것을 알고 이를 기회로 그녀를 유괴하여 작부 또는 창기로 보내고 전차금 명의하에 타인으로부터 돈을 취할 영리를 목적으로 그녀에게 자신은 순천읍 희락별관(喜樂別館)이라는 요리옥의 관리인(조바)을 하고 있는 자인데 귀녀를 동 요리옥의 관리인 보조(帳場手伝)로 월급 150원에 부탁하겠다고 속였다. 그녀가 처음에는 부모도 친척도 없다고 거짓말을 했지만 잠시 후에 그녀의 부모가 생존한 것을 알았음에도 불구하고 부모의 승낙을 구하지 않고 수일 후 희락별관에 작부로 들여보내어 이득을 취할 목적으로 그녀를 순천읍내에 연행하고 동읍 서석(瑞石)여관에 머물게 함으로써 영리유괴를 하였다. 같은 날 즈음 순천읍 대수정 요리점 희락별관의 시미즈 타테후쿠와 위 재구를 작부로 고용하도록 교섭하였다. 그러나 동 별관은 목하 휴업 중이었으므로 작부는 필요하지 않았다. 따라서 그가 경영하는 만주국 빈장성(濱江省) 아청현(阿城縣) 아청(阿城) 소재 위안소인 희락지점에서 위안부(창기)로 쓰겠다는 내용을 듣고 그녀를 다시 만주국에 이송시키는 것을 결의하였다. 그녀가 전차금이 없는데도 불구하고 전차금 3,500원이 있는 것처럼 타테후쿠에게 속이고 희락지점에 위안부로 고용하는 것을 승낙받고 동인으로부터 전차금 명의로 금 3,500원을 받아 동녀를 위 시미즈 타네후쿠에게 인도하였다. 이로써 제국 외에 이송할 목적으로 그녀를 유괴하고자 했으나 만주국 이송 수속 중에 발각하여 이송하지는 못했다.

위 피고인의 행위 중 영리유괴의 점은 형법 제225조에, 국외 이송유괴의 점은 동법 제226조 제1항에 각각 해당하는 범죄임으로 공판에 부치기에 충분하다. 범죄의 혐의가 있으므로 형사소송법 제312조의 규정에 따라 결의한다.

피고인 시미즈 타네후쿠에 대하여 본 건 공소사실은 공판에 부치기에 충분하나 범죄의 혐의가 없으므로 동법 제313조의 규정에 따라 결정하도록 한다.

이에 주문과 같이 결정한다.

1944년 12월 31일

광주지방법원 순천지청

예심과 조선총독부 판사 츠다 타게야(津田猛哉)

1945년형공합제2호(昭和二十年刑公合第二號)

판결

본적: 전라남도 여수군 여수읍 동정

주소: 전라남도 여수군 순천읍 동외리

인사소개종업원 조공섭 개명, 하산정웅(당 35세)

위 자에 대한 국외 이송유괴 피고사건에 대해 당원은 조선총독부 검사 이노우에 타쿠(井上卓)가 관여하여 심리하고 다음과 같이 판결한다.

주문

피고인을 징역 2년에 처한다.

이유

피고인은 1941년 11월경부터 순천군 순천읍 동외리 와다(和田)인사소개소의 종업원으로 일하였다. 1944년 9월 4일 오후 3시경 경성부 종로구 종로 2정목 종로소개소에서 경성부 대관정 궁본계동의 장녀 궁본양자, 곧 재구(당 18세)가 무단가출하여 동 소개소를 방문하여 음식점의 조츄(女中)나 기타 월급을 받을 만한 직업에 취업주선을 의뢰하는 것을 보았다. 재구가 작부 등의 경력 없이 소위 여염집 여자(素人女)로서 전차금 관계도 없는 자인 것을 알고 이를 기회로 그녀를 유괴하여 작부 또는 창기로 보내고 전차금 명의하에 타인으로부터 돈을 취할 영리를 목적으로 자신은 순천읍 희락별관(喜樂別館)이라는 요리옥의 관리인(조바)을 하고 있는 자인데 귀녀를 동 요리옥의 관리인 보조(帳場手伝)로서 월급 150원에 받아주겠다고 속였다. 그날부터 같은 달 12일까지 위 종로소개소에 데려다 놓고 같은 날 기차로 순천군 순천읍에 연행하여 서석(瑞石)여관에 투숙시켜 머물게 하고 유괴의 목적을 이루었다. 같은 날 사정을 알지 못하는 순천읍 대수정 요리점(割烹店) 희락별관 주인 시미즈 타테후쿠(清水種福)에게 석재구를 전차금 3,500원에 작부로 고용하는 방안을 교섭했다. 그러나 시미즈로부터 위 별관은 목하 휴업해서 작부가 필요 없으므로 그가 경영하는 만주국 빈장성 아청현 소재 위안소인 희락지점의 위안부(창기)로 쓰겠다는 말을 듣고 그녀를 다시 만주국에 이송시킬 것을 결의했다. 위 시미즈 타테후쿠에게 전차금 3,500원으로 위 희락지점에 위안부로 고용하는 것을 승낙받고 즉시 위 시미즈 타테후쿠에게 인도함으로써 제국 외에 이송할 목적으로 그녀를 유괴했다.

증거에 따라 판시사실은 피고인이 당 공정에서 한 공술,

궁본재구, 궁본계동에 대한 예심판사의 각 증인신문조서 중 각 공술기재,

시미즈 타테후쿠에 대한 예심판사의 제2회 피고인 심문조서 중의 공술기재,

압수에 관한 증 제1호 비용증서 1통의 현존을 종합하여 인정한다.

법률에 따라 피고인의 판시 소행 중 영리유괴의 점은 형법 제225조에, 국외 이송유괴의 점은 동법 제226조 제1항에 각 해당하는 바, 위는 포괄하는 죄로서 무거운 후자의 죄로 그 소정 형기 범위 내에서 피고인을 징역 2년에 처하기로 한다.

이에 주문과 같이 판결한다.

1945년 2월 16일

광주지방법원 형사부

재판장 조선총독부 판사 사사키 요시히사(佐佐木義久)

조선총독부 판사 대산동진(大山東鎭)

조선총독부 판사 금조영린(金島永璘)

Ⅱ. 관련 언론 보도

1. 형사판결문 피고인 관계 사건
2. 재조일본인의 인신매매 사건
3. 하윤명 유괴단 사건
4. 배장언 유괴단 사건
5. 기타 인신매매 사건

1. 형사판결문 피고인 관계 사건

다렌 유괴 사건(대구복심, 1935. 5. 7.; 고등법원, 1935. 7. 15.)

『조선일보』, 1935. 6. 16.

혹 떼려다가 혹 붙인 부녀 유괴한 범인, 복심서 1년역 불복코 상고타, 고등법원서 경형(輕刑)이라고 부대상고(附帶上告)

농촌처녀를 꾀어다가 팔아먹으려 한 영리유괴 범인이 복심판결이 너무 무겁다고 불복 상고하였음에 대하여 고등법원 검사국 입정(笠井) 검사장은 그 판결이 도리어 경하다 하여 15일에 부대상고(附帶上告)를 한 사건이 있다. 사건의 피고는 경남 거창군 가조면 수월리 사는 박봉선(51)으로 그는 작년 9월 28일에 거창군 거창면 장팔리 사는 정기선의 딸 홍련이라는 스무살 먹은 처녀를 감언이설로 꾀어내어 인천으로 데리고 가서 대련(大連) 어느 유곽에 팔아먹으려다가 그 처녀의 부모의 승낙서가 없었기 때문에 목적을 달하지 못하고 필경 경찰서에 발각 체포되어 진주재판소에서 영리유괴죄로 징역 1년의 판결을 받고 대구 복심법원으로 불복 공소하였는 바 대구복심법원에서도 역시 징역 1년의 판결을 받고 다시 불복상고한 것이다. 원심 판결의 법률 적용은 형법 제225조에 규정된 국내에서 팔아먹을 목적으로 범한 죄에 대하여 최저형 1년을 선택하여 판결한 것인데 입정 검사장은 이 사건은 국외에 이송할 목적으로 범행한 것이므로 형법 제226조(2년 이상의 유기징역)에 해당한 범죄인 즉 원심판결(징역 1년)은 경하다 하여 부대상고를 한 것이다.

『조선일보』, 1935. 7. 16.

"대련은 일본 영토" 국외 유괴죄의 판결에 나타난 고등법원의 신해석

관동주 대련을 일본의 영토냐 아니냐 하는 데 관하여 형의 경중이 결정된 고등법원의 신판례 = 경남 거창군 가조면 도리 박봉선(51)은 대련시 대흑정 경성여관의 주인 박신경으로부터 작부 한 명을 소개해 달라는 서신을 받고 소화9년 8월 공범 신종기와 공모한 후 동군 동면 장팔리 정기선의 장녀 홍련을 대판의 모자공장에 있는 임 모에게 결혼시켜 준다고 꼬여서는 동년 9월 28일 김천역으로부터 인천을 경유하여 대련으로 데리고 가서 전기 박경신[1]에게 팔아먹은 사실이 있었다. 이 사건에 대하여 1심과 2심에서 각 1년의 언도를 받고 경성고등법원에 상고하였는데 여기에 대하여 검사로부터 관동주 대련은 일본의 영토가 아니니 형법 제226조를 적용하여 2년 이상의 형에 처할 것이지 형법 제225조를 적용하지 못할 것이라고 하였다. 여기에 대하여 16일 희두(喜頭) 재판장은 대련도 조차지라고는 하나 일본의 법률이 행사되는 곳이므로 일본 영토로 간주한다 하여 피고와 검사의 상고를 다 같이 기각하였다.

『동아일보』, 1935. 7. 16.

"영토 정의"의 신판결, 유괴마 사건으로 들처나[2], 국내 매끽(賣喫)은 죄가 경(輕)하다

경남 거창군 가조면 도리 박봉선(51)은 작년 8월 20일 당지에서 정홍련이라는 당년 20세된 여자를 유인하여 관동주 대련으로 이송하였다는 사실로 대구복심법원에서 지난 5월 7일 영리유괴죄로 징역 1년 언도를 받고 이에 불복 상고하였는 바 경성고등법원 검사장은 이 피고사건에 대하여 부대상고를 하였기 때문에 고등법원에서는 이래 신중히 심리 중인 바 15일에 이르러 고등법원에서는 피고 상고와 부대 상고를 각각 기각하는 신판례를 만들어내게 되었다.

고등법원 검사장의 부대상고 이유는 전기 피고사건에 대한 원판결은 피고인이 피해자인 정홍

---

1 원문대로 표기함. 위의 '박신경'의 오기임.

2 원문대로 표기함. '드러나'의 오기로 보임.

련을 유인하여 관동주 대련으로 이송한 사실을 인정하면서 형법 제225조를 적용하였다는 것이다.

그러나 관동주는 제국의 조차지로 제국의 주권이 행사되어 제국의 영토나 다를 것이 없다고 하였으나 실지로는 일본 영토가 아니므로 사람을 유인하여 관동주로 이송한 행위는 형법 제226조의 죄를 구성하므로 원판결은 법률의 적용을 잘못하게 된 것이므로 이를 파기하여 달라는 부대상고였는데 고등법원에서는 조차지인 관동주는 현재 중화민국의 영토로는 되어있으나 중국 통치권이 행사되지 않고 일본 통치권이 행사되어 있음으로 제국의 영토나 다를 것이 없으므로 관동주는 형법 제226조의 소위 제국 외에 해당치 않는다는 것이다.

그러므로 원심이 정홍련을 영리의 목적으로 관동주로 유괴한 피고 박봉선의 행위에 대하여는 형법 제226조를 적용하는 것이 아니고 형법 제225조를 적용한다는 신판례로 세인의 이목을 끌게 되었다.

만주국 유괴 사건(전주지법, 1939. 4. 14.)

『동아일보』, 1925. 2. 12.

처녀를 유인매도, 사간 자는 다시 15원을 남겨 팔아

전주 완산정 임남규란 자는 거월(去月) 중순에 전남 곡성군 죽곡면 죽곡리 최규남(18)이란 소녀를 유인하여다가 전주 대정정 창기중개업자 축근조차(築根早次)에게 60원을 받고 매도하여 축근은 다시 아관루(雅觀樓) 중화요리옥에다 75원을 받고 재매(再賣)한 사실이 전주서에 발각 체포되어 목하 취조 중인데 근래 부녀 유인 매도가 성행 중임으로 모조리 검거 처벌하겠다고 사법계원은 말한다고(전주)

『동아일보』, 1932. 6. 7.

전주도 화재, 손해 2천여 원

[전주] 지난 4일 오전 3시경에 전북 전주읍 고사정 예창기소개업을 경영하는 박태환의 집에서 불이 일어나 화광이 충천하여 부근 일대를 엄습하는 도중에 급보를 접한 전주경찰서와 소방조(消防組)가 출동하여 적극적 노력을 하였으나 형세 급한 화염은 인접한 김한갑의 집까지 전소한 후 동 4시 반에 진화하였다. 이제 그 화원을 듣건대 부엌에서 남아있던 불이 나무에 붙어서 타올랐다 하며 그의 손해를 2호 2동에 대하여 2천여 원에 달하였다 한다.

만주 및 중국 중부 방면 유괴 사건(대구지법, 1940. 7. 31.; 대구복심, 1940. 8. 31.)

『동아일보』, 1933. 8. 20.

모히 편취의 가형사 체포

[대구] 대구 남산정 손재필(40) 외 2명은 한 달 전부터 가형사 노릇을 하여 물품을 사취하고 대구서의 진짜 형사에게 잡혀 취조 중이라 한다.

내용은 남산정 최유건이 몰래 팔려는 '모히'의 소지를 알고 '모히'를 내어 놓지 아니하면 가택 수색을 하여 취체를 한다고 위협하고 시가 150원의 '모히'를 편취한 일이라 한다.

『조선일보』, 1934. 5. 18.

몽매한 소녀들을 유괴매끽한 일단(一團)

16일 오후 2시경에 시내 종로서 사법계에서는 대구경찰서의 수배에 의하여 시내에 마수를 벌이고 있는 부녀 유괴단의 수괴 수은동 신성조(45)를 검거하였는데 어디로 모양을 감추어 버렸다고 한다. 전기 신성조 외 도망한 대구 출생의 정춘삼 등 수 명이 공모하고 작년 12월경에 대구 북시장통 음식점 김금련의 집 고용녀 김옥란(21), 김순이(19)의 2명을 달콤한 말로 꾀어서 김옥란은 원산 녹정 박영식의 집에 창기로 430원에 팔고 그 여자에게는 70원만 주었으며, 김순이는 480원에 팔고 당자에게는 60원만 준 것을 비롯하여 금년 2월에는 달성군 달서면 비산동 박춘동의 큰딸 박점선(21)을 유인하여다가는 정춘삼의 딸처럼 호적등본을 위조해가지고 원산 녹정 황대신의 집에 창기로 350원을 받고 팔고는 역시 당자에게는 40원만 준 것 등 이 종류의 범행이 상당히 넓은 범위에 미친 모양이라 한다. 어린 여자들의 피를 빨아 먹고 살던 이 유괴단이 드디어 경찰의 손에 걸리게 된 동기를 들으면 피해자의 한 사람인 박점선은 그의 남은 몸값을 전부 받아쓴 그 아버지에게서 도무지 편지 한 장 없어서 아버지를 원망하던 끝에 편지를 했더니 그 회답에는 그 아버지는 돈 한 푼 받은 일이 없다는 것이다. 이에 비로소 속은 것을 깨닫고 원한 서린 투서를 대구서에 던져서 비로소 경찰의 활동을 보게 된 것이다.

『매일신보』, 1936. 1. 21.

순진한 향촌녀 유괴, 인육시(人肉市)에 매끽한 마굴, 백일하에 폭로된 소위 『성신사』 피해 인처(人妻) 처녀, 판명만 20여

향촌에서 가난에 쪼들려 울고 있는 순진한 부녀를 감언으로 유인하여 사복을 채운 인육마 4명의 일단이 20일 종로서에 검거되었다. 그들은 부내 장사동 성신사(誠信社)라는 인사소개업의 간판을 걸고 신성조가 주모가 되어 배영학(45), 강대수(35), 이태환(50) 등의 3명을 부하로 두고 주로 지난번에 한해가 심하던 남선 지방을 무대로 하고 마수를 뻗쳐 16세 내지 25세가량된 남의 안해와 딸들을 감언으로 유인하여 경성으로 데려다 시집을 보내준다 하고 꾀어다가 전부 작부 창기 등으로 매각한 것인데 그 공범자도 다수한 모양임으로 방금 계속 활동 중인 바 그 범인들은 「리레-」식으로 대구에서 천안으로, 경성으로 이러한 방식으로 여러 곳을 거치어서 그 부모들도 딸들이 어느 곳에 가 있는지 알 수 없게 되도록 만든 것인데 혹은 전차금으로 50원가량 쓰는 여자가 있으면 그곳에다 여비 기타 잡비 등까지 합하여 200원 내지 300원식 계약서를 작성하여 전부 전기 성신사에 갖다 두고 한 사람씩 두 사람씩 처분을 하는 것이며 이미 판명된 피해 소녀만 20여명에 달하는 바 그 씨명은 다음과 같다.

▲ 광주 박금순(20) ▲ 김제 강순례(16) ▲ 대구 김성기(18) ▲ 정읍 김순애(19) ▲ 청양 임근련(20)

▲ 광주 이길순(18) ▲ 달성 김월순(21) ▲ 권말선 ▲ 달성 장선이(17) ▲ 외 10여 명

『매일신보』, 1936. 1. 28.

호적등본 용지와 공인 위조의 대담, 창기로 팔아먹는 범죄에 이용, 피해 여자도 참고 신문

부내 장사동 인사소개업 성신사를 중심으로 한 향촌 부녀 유인단 사건은 지난 번에 부내 종로서에서 신성조, 배영학, 강대수, 이태환 등 4명을 검거하고 엄중한 취조를 계속한 결과 그 공범자가 다수한 모양임으로 계속 활동 중이라든 바 25일에는 청주읍 박노해(40)라는 여자 외 3명의 남녀를 또 검거하였는데 목하 동서에서는 7명을 검거하고 취조 중인 바 아직도 공범자가 23명가량이 있어 전 조선 각지에 지명수배를 하고 맹렬한 활동을 거듭하고 있는 중이다. 그런데 전기 박노해는 그 오빠까지 남매가 금번 유인단 사건에 관련하여 방물장사 행세를 하고 경향 각지로 출몰하며 양가의 부녀자들을 다수히 유인하여 성신사의 손을 거쳐 팔아먹었는데 그들의 범행은 자못 계획적으로 호적등본 용지를 선명하게 활자로 인쇄를 하고 면장의 인장까지 위조하여 유한여자의 호적과 부모들의 승낙서까지 전부 위조하여 창기 작부 등으로 유곽이나 음식점에 팔아먹은 것이라는 바 동서에서는 전기 「성신사」의 문부(文簿)를 전부 압수하고 한편 피해 여자들을 소환하여 참고 심문을 하는 등 대분망 중이라고 한다.

『동아일보』, 1936. 1. 30.

방물잡사 앞잡이 유인마의 독아, 궁핍의 농가, 불화의 가정 찾아, 공인 위조, 인신매매

기보= 인사소개업의 간판 아래서 부녀를 유인하여다가 청루에 팔아먹는 유인마 일단을 종로경찰서에서 적발하여 검거하였다 함은 기보한 바와 같거니와 그들의 전율할 죄상은 취조에 따라 점차 그 전모를 나타내는 중이라고 한다.

주범되는 경성시내 장사동 인사소개업 성신사 주인 신성조 등 4명은 충북 청주읍 박노해녀(40) 등 3명의 여자를 앞잡이로 내세워 이들은 방물장사 등 행상인으로 꾸미고 경성시내를 위시하여 각 지방 주요도시는 물론 궁핍에 떨고 있는 농촌 일대를 편답하면서 가정불화로 싸우는 집안을, 또는 가

난에 쪼들려 끼니를 굶는 집안 등을 찾아들어 달달한 말솜씨로 부녀자와 숫처녀 등을 꼬여내다가는 서울로 데리고 와서는 음식점 작부 등으로 50원 내지 200~300원씩에 팔아먹은 것이라고 한다.

물론 그 매매 행위는 전차금이란 명목 아래 여자를 화폐로 환산한 것인데 거기는 당자의 부모 승낙이 필요한 관계상 이들은 호적등본과 공인(公印), 사인(私印) 등을 모조리 위조해 가지고 양친의 승낙이 있는 듯이 꾸민 것이라고 한다.

이 독아에 걸린 부녀는 이미 판명된 것만 12명으로서 아직도 피해자가 많은 모양이라고 계속 취조 중이라 한다.

『매일신보』, 1936. 2. 25.

성신사 유괴범 연루자 12명을 영남에서 검거하여, 종로서원이 금일 압송 귀성

부내 종로서에서는 1개월 전부터 부내 장사동 인사소개업 성신사를 중심으로 한 부내 유인단 수령 신성조를 비롯하여 남녀 78명을 검거 취조 중이던 바 그 관계는 전선적으로 퍼져 있음으로 수일 전 동서 횡전(横田) 부장이 형사 수 명을 대동하고 영남 방면으로 출장하였는 바 금년 24일 아침에 공범자 12명을 검거하여 가지고 10명을 다른 서에 호송을 의뢰하고 우선 2명만 데리고 돌아왔는데 그들의 범행인즉 자못 교묘하여 전 조선 각처에 인사소개업이라는 간판을 걸고 경찰의 눈을 피하여 가며 양가의 부녀를 감언으로 유인하여 호적등본을 위조하여 가지고 각처 음식점과 유곽에다 팔아먹는 것인데 얼른 팔리지 않는 여자는 임시응변으로 친한 음식점에다 무보수로 맡기어 두고 임검하는 경관에게는 장부에 기재한 여자 수와 실수를 속여 가며 비밀리에 영업을 계속하여 왔다고 한다.

광주서도 활동 검거. 종로서 연락

[광주] 광주경찰서에서는 수일 전부터 경성에서 온 종로경찰서원 2명과 협력하여 각 방면으로 맹렬한 활동을 계속하고 있는 중인데 이제 그 자세한 내용을 들은즉 근일 경성에서 부녀 유인단의 일당이 각 방면에 잠재하여 농촌과 도시의 묘령의 여자를 유인하여 만주 기타 방면에 혹은 작부로 혹은 밀매음녀로 팔아버리어 전정을 그르치게 하는 일방으로 6, 7세 이상의 유아까지 유인

하여 각 방면으로 팔아먹는 악마의 손이 각지로 뻗쳐 본도 내에서도 그 일당이 잠재하여 있음으로 그 용의자를 검거하여 엄중 취조 중에 있는데 근일 광주에서도 무단히 출가하여 실종된 자가 적지 않음으로 광주서에서는 종로서원과 연락하여 인도상 용서할 수 없는 그 자들을 일망타진으로 검거하고자 맹렬한 활동을 계속 중이다.

『조선중앙일보』, 1936. 3. 5.

부녀자 유인마 전문의 악당 25명 송국, 독아(毒牙)에 걸린 부녀가 9명! 감금, 구타, 매매 자행

불야성 서울의 그늘 속에 복마전을 설치하고 향촌부녀를 대규모적으로 유괴하여 본인도 모르게 인신매매 혹은 심지어 강제적으로 매×까지 시켜 수천 원의 금전을 사취해먹은 대규모의 부녀 유괴단이 부내 종로서에 검거되어 영정(永井) 사법주임의 준열한 취조를 받는 중 취조에 일단락을 짓고 4일 아침에 경성지방법원 검사국으로 일단 25명(그중 10명만 구속)이 송치되었다.

그들의 씨명은 구속자 ▲경북 달성군 수성면 대명동 이권식의 처 김복순(35) ▲경성 장사동 인사소개업 신성조(48) ▲대구 달성정 인사소개업 이임수(35) ▲대구 남산정 이종옥(44) ▲대구 덕산정 권원조(37) ▲경남 창녕군 창녕면 송현리 김수갑(49) ▲대구 신정 미곡상, 나인옥(45) ▲전북 익산군 이리읍 경정 김동수(40) ▲경성 관훈동 최영춘(48) ▲전남 광주군 광주읍 김희명(41) 불구속 ▲대구 남산정 유순옥(52) 외 14명으로 그들은 전기 장사동 화광원(和光園)을 근거로 하고 작년 10월부터 농촌을 무대로 하여 "가갸뒤다리" 하나도 모르는 문맹의 처녀를 비롯하여 소박뜨기를 경성으로 취직시켜 주겠다고 감언으로 속여 가지고 그들도 모르는 사이에 문서를 위조해서 인육시장에 한 사람에 대해서 200원 내지 300여 원에 팔아먹은 것을 비롯하여 얼굴이 좀 못나 잘 팔리지 않는 여자는 강제적으로 매음을 시키어 사복을 채워오며 만약 그들이 자기네의 요구를 듣지 않는 경우에는 밥을 굶기며 거의 감금하다시피 하고 무서운 매질까지 하여 9명의 여자를 독아(毒牙) 속에서 꼼짝도 못하게 만든 근래에 드문 부녀 유괴단으로 피해를 당한 여자는 경북 안동군 동후면 도곡동 장분애(18), 이두순(17), 박금례(20) 등 9명이라 한다.

피해 여자 9명 마굴에서 해방. 별항 105명 일당의 대규모 부녀 유괴단을 종로서에서 4일 아침에 경성지방법원 검사국으로 송국하는 동시에 피해자인 장분애(18) 외 8명의 여자에 대해서 동서에서는 자유의 길을 터주어 9명이 모두 마굴을 벗어나 해방의 몸이 되었다.

유령인간 명의 사용, 신안(新案)의 취적 사기, 의사대서인 등 15명을 검거. 부녀 유괴단과도 상통

놀랄만한 신안의 취적 사기단 15명이 부내 종로서에 검거되었다. 그들은 부외 신당리에 거주하는 박재숙(62)을 비롯하여 15명으로 조직되었는데 그들은 작년 8월 중순경에 부내 화천정 조춘성 씨의 집에서 기생 노릇을 하는 장소저(19)가 사생아로 되어 민적이 없는 것을 기화로 하여 호적에 올려주겠다 하고 전혀 허무인(虛無人)의 이름을 만들어 그의 명의로 사망계를 하여 경성부청을 교묘히 속여서 호적을 만들어가지고 그 호적에 적당히 자식 혹은 손자 등의 관계를 붙여서 호적 한 장에 대해서 15원 내지 20원가량을 받고 팔아먹었는데 이 피해를 입은 사람은 기생을 비롯하여 민적에 오르지 못한 안잠자기 등 9명이나 되는 바 그들 일당에는 사망진단서를 맡아 해주는 부내 장교정 모처에 의원을 둔 최영진(67, 가명) 등 2명의 의사와 대서업을 하는 부내 누상동에 거주하는 장민환(58, 가명) 등이 섞였으며 그들은 별항 신성조를 수법으로 한 부녀 유괴단과도 일맥상통하였다 하며 취조도 일단락을 지어 5일 아침에는 송국하기로 되었다.

『매일신보』, 1936. 3. 5.

피폐농촌에 마수 뻗쳐, 30여 명 유인한 성신사 관계자 25명 송국, 종로서 취조 마치고

부내 장사동 인사소개업 성신사를 중심으로 한 부녀 유인단 사건은 부내 종로서에서 월여 전부터 검거 취조를 계속 중이던 바 4일 오전 11시 반경 그 관계자 25명 중 10명은 구속 15명은 불구속으로 일건 서류와 함께 경성지방법원으로 송치하였는데 그 피해 여자는 이미 판명된 것만 30여 명에 달하는 바 그 조서만 1,340페이지에 이르게 되었다. 그 관계자는

▲ 구속= 김동수(42), 김복순(35, 여), 이종옥(40), 이임수(35), 신성조(48), 권문조(37), 유순오(51), 최영춘(48), 김수갑(49), 나인옥(45)

▲ 불구속= 이만기(45), 장의수(46), 김희춘(41), 박찬종(40), 홍연구(40), 오영복(35), 추태춘(40), 김광희(30), 임헌행(40), 최헌영(47), 박재숙(53), 김영준, 정준익, 이화봉(42), 장춘선(52)

등으로 재작년 가을부터 전 조선 각지의 한, 수재와 냉해 등으로 농촌이 피폐한 틈을 타서 마수를 뻗치고 순진한 농촌부녀자 등을 감언이설로 유인하여 민적과 면장 등의 인장까지 교묘히 위조하여 한 사람에게 100원 내지 500원씩에 창기와 작부로 팔아먹은 것인데 그 피해자 중 경주군 출

생의 이두순(20) 외 8명은 목하 화광교원에 보호 중이며 대부분은 고향으로 돌려보냈다고 한다.

『조선일보』, 1936. 3. 5.

종로서에서 검거한 부녀 유괴단 1소대, 그중에서 26명 일단은 금일에, 나머지 10명은 5일 송국

지난달 초순부터 시내 종로서 사법계에게 검거 취조 중이던 시내 장사동 56번지 성신사라는 인사소개업자 신성조, 이태환 등의 전 조선에 뻗친 부녀자 대유괴 사건은 그동안 그 서 영정(永井) 사법주임이 직접 취조를 진행하며 계원이 각지로 출장까지 가서 공범자를 검거하던 중 요즈음 검거와 취조가 단락을 지어 4, 5일 전에 김복순(30, 여자), 이종옥(44) 등 10명은 신체구속으로 유순오(52) 등 16명은 불구속으로 전부 26명을 1,300여 장의 두터운 서류와 함께 경성지방법원 검사국으로 넘기었다. 이들과 동근이리의 사건으로 역시 그 서에서 취조 중인 박재숙(62)등 16명에 대한 유리사건도 내일쯤 송국되리라고 하는데 그들은 전기 신성조의 인사소개소를 중심으로 하여 전 조선 각지의 농촌으로 마수를 뻗쳐 무지하고 순박한 농촌부녀들을 교묘한 수단으로 꼬여가지고 인장과 문서와 민적등본까지를 위조하여 가지고 많은 돈을 받고 팔아먹던 것으로 그들 악착한 인육상의 일당 가운데는 전과 수범의 악한들이 섞여 있고 기생 여자들도 준동하였으며 의사들까지 2명이나 관계되어 있다. 피해자는 경주 사는 이두순(17) 등 20여 명이나 된다.

『동아일보』, 1936. 3. 5.

의사, 대서업자 등 결탁, "기근농촌부녀" 유인, 마수에 걸린 부녀 전 조선에 25명, 2회에 41명을 송국

누보= 농촌의 순진한 부녀자를 감언이설로 유인하여다가 주사청루에 팔아먹던 유인단을 종로경찰서에서 적발한 것은 검거 이래 엄중한 취조와 광범위의 증거조사를 행하더니 복잡다단한 사건의 전모가 드러났으므로 4일과 5일의 2회에 긍하여 41명을 송국하게 되었다.

이 41명 중에 신체구속이 16명, 불구속이 25명인데 불구속 중에는 도주하여 체포치 못한 자도 다수라고 한다.

이들 일단은 인사소개업자, 전 대서업자 등이 지방농촌에 브로커를 내세워 가난에 우는 집안을 노려 순진한 부녀자를 꼬여내기 25명, 이들을 무슨 물건처럼 팔아먹느라고 악랄하게 야차와 같은 범행수단에 인술(仁術)의 간판을 내걸은 의사까지도 2명씩이나 가담한 것은 더욱 놀라운 사실이다. 송국되는 범인들은 다음과 같다.

4일 제1차 송국자

달성군 수성면 대명동 여자 김복순(35), 대구부 남산정 이종옥(44), 달성군 달성면 내당동 이임수(37), 경성부 장사동 인사소개업 신성조(48), 대구부 덕산정 권원조(37), 창녕군 창녕면 송현리 김수갑(49), 대구부 신정 나인옥(44), 익산군 이리 경정 김동수(42), 경성부 관훈동 최영춘(48) 이상 10명 구속

대구부 남산성 유순오 등 15명 불구속

5일 제2차 송국자

고양군 숭인면 신당리 전 대서업 박재숙(63)(신체구속), 의사 최영석(假姓), 의사 최기정(假姓) 등 15명 불구속

농촌에서 낚아 서울서 총 판매, "인사소개업" 간판 걸고

이 자들의 범행은 실로 기묘하여 농촌으로 퍼져 나가서 가난한 집 딸과 색시를 감언이설로 꼬여가지고 서울 가면 흰밥에 배 부르고 비단옷에 몸 더우며 힘든 일은 하나도 없이 손님에게 술이나 따라주면 되는 것이며 월급은 30원 이상을 받을 수 있다는 등 수단으로 맘을 움직여 가지고 서울로 데려온다.

그러면 서울서는 신성조 등이 인사소개업 간판 아래 이들이 전부 문맹인 것을 기화로 하여 200원 내지 300원씩의 차용증서를 작성하고 호적등본을 위조한 후 음식점에 팔아먹는 것이다. 이 마수에 걸려든 여자 총수 25명으로 그중 지금은 이리저리 팔려나가 행방을 찾을 수 없는 자 등이 다수이고 종로경찰서에서 적발 구호한 것이 14명으로 이미 6명은 그 고향으로 돌려보냈고 나머지 8명은 방금 수표정 화광교원에 수용하고 장차 그 고향으로 보내거나 혹은 적당한 일자리를 알선하여 줄 터라고 한다.

호적을 위조, 유령 결혼

특히 5일에 제2차로 송국될 전 대서업자 박재숙과 의사 최영석 등의 범행 수단은 실로 놀랍기 짝이 없다. 즉 이렇게 유인되어온 부녀자들은 그들의 호적등본으로는 매매가 되지 못하게 되므로 이들은 호적을 전부 가짜로 만들었다고 한다.

『조선중앙일보』, 1936. 3. 17.

농촌 부녀 노리던 유괴마 등 수(逡) 기소, 그중 6명만은 기소 중지

의사 대서업자 고리대 등 41명이 결탁하여 일당을 지어가지고 기아에 울고 있는 농촌의 젊은 부녀자를 노려 25명을 넘는 귀여운 생명을 마치 어떤 상품처럼 팔아먹어 오던 세상에도 끔찍한 악착스러운 인간들 수월 전부터 부내 종로경찰서에 검거되어 엄중한 취조를 받은 후 그중 25명은 불구속으로 나머지 16명만이 구속으로 지난 4일과 5일 2회에 긍하여 경성지방법원 검사국에서는 각각 송국되었는데 그동안 민(閔) 검사의 취조도 일단락을 보게 되고 다음의 10명만 결국 기소되어 예심에 회부되고 나머지 6명은 기소 중지 처분이 되었다 한다.

김복순(35), 이종옥(44), 김우갑(49)[3], 이임수(37), 박재숙(37)[4], 신성조(48), 권원조(37), 김희춘(41), 김동수(43), 김남수.

『동아일보』, 1936. 3. 17.

유인 악귀 일단, 10명은 예심에 회부, 종로서에서 검거 송국한 것

서울 한복판에 인사소개업자의 간판을 걸고 의사와 대서업자 등과 결탁하여 철없는 농촌의 부

---

3 원문대로 표기함.

4 원문대로 표기함.

녀자들을 감언이설로 유인하여 주사청루에 팔아먹는 유인단을 종로서에서 일망타진하여 관계자 41명을 2회에 긍하여 경성지방법원 검사국으로 송국하였다 함은 기보와 같거니와 동 검사국에서는 미원(米原) 검사가 이를 담임 취조하던 중 16일 오전에 이르러 대체의 취조가 끝났으므로 그 중 10명은 예심에 회부하고 그 나머지 관계자는 기소 중지 혹은 유예를 하게 되었는데 예심회부자는 다음과 같다.

▲ 김복순(35) ▲ 권원조(37) ▲ 이종옥(44) ▲ 김희춘(41) ▲ 김수갑(49) ▲ 김동수(42) ▲ 이임수(37) ▲ 김남수(37) ▲ 박재숙(45)[5] ▲ 신성조(48)

『조선일보』, 1937. 10. 15.

30여 명 유괴 매끽한 11명 일당 공판, 문서 위조 등 행패작사(行悖作詐)가 무쌍(無雙)

경성에 근거를 두고 대구, 광주 등에 연락원을 두어 순진한 시골여자들을 꾀어다가 작부, 여급 등으로 팔아서 사복을 채웠다는 경북 달성군 수성면 대명동 김복순(36, 여)외 10명에 관한 영리유괴, 공사문서 위조 행사, 공정증서 부실기재 행사, 사기 등 피고사건 제1회 공판은 14일 경성지방법원에서 소림(小林) 재판장 주심 지보전(志保田) 검사 관여 밑에 열리었다. 피고들은 인사소개업자 또는 무허가 인사소개업에 종사하는 자들로서 시골 여자들에게 서울 가서 작부나 여급이 되면 좋은 옷과 좋은 밥을 먹고 훌륭한 생활을 한다는 말로 꾀어서 팔아서는 자기들의 사복을 채울 계획을 가지고 서울과 대구, 광주 등지와 서로 연락하여 재작년 12월에 경주읍 이두순(20)이라는 여자를 꾀어다가 작부로 판 것을 비롯하여 재작년 가을까지에 경북 안동에 사는 장분애(17), 충남 청양 사는 임금련(17), 전남 곡성 박금례(20), 광주 김길순(20) 등 처녀, 인처 등 30여 명을 유인하여다가 팔아먹되 연령이 적어서 팔기가 곤란할 때에는 호적등본을 고쳐 꾸미고 또 가짜 인감증명을 내어 승낙서를 만드는 등 갖은 못된 행위를 다하여 순진한 여자들의 피를 빨아먹던 것으로 오전 중에 김복순, 이종옥(45), 이임수(36) 3명만 사실 심리를 마치었는데 당일 출정한 유괴단의 씨명은 다음과 같다.

---

5 원문대로 표기함.

▲ 경북 달성군 수성면 대명동 김복순(36, 여) ▲ 대구부 남산정 이종옥(45) ▲ 경북 달성군 수성면 대명동 이임수(46) ▲ 광주부 천정 김남수(36) ▲ 광주부 사정 김희춘(42) ▲ 광주군 효지면 봉선리 장의수(47) ▲ 경성부 장사정 신성조(49) ▲ 대구부 대봉정 홍구윤(36) ▲ 경성부 덕산정 권원조(38) ▲ 전북 익산군 이리읍 경정 김동수(42)

『동아일보』, 1937. 10. 15.
50 처녀를 유인 인육시장에 혈매, 7도에 긍(亘)한 일당 11명의 독아(毒牙), 금일 법정에 폭로된 죄상

경기 이남으로 경상도, 전라도, 충청도 등을 중심으로 번잡한 길목과 정거장을 근처로 다니는 20세 내외의 시골색시를 2년 동안에 50여명을 유인하여 상경케 한 후 작부로 팔아먹었다는 유인마 김복순(36) 등 남녀 11명에 관한 영리유괴, 사기, 공증증서 위조 사건의 공판은 14일 오전 9시 40분에 경성지방법원 형사부 법정에서 소림(小林) 재판장 주심과 지보전(志保田) 검사의 입회하에 개정되었다.

피고 김복순, 이종옥 등 11명은 영리유괴의 본부인 무허가의 인사소개소를 부내 죽첨정 1정목 모 처에 두고 소화10년 2월부터 유괴 단원을 경기 이남 각 지방으로 파견하여 석양과 밤중으로 들어 정거장과 번잡한 길목으로 다니는 시골색시를 만나게 되면 감언이설로 서울을 가게 된다면 좋은 음식과 의복을 얻는 수가 있는 외에 상당한 수입도 얻을 수가 있다고 유인을 하여 상경케 한 후 무지한 시골색시를 작부로만 1명에 대하여 50원 내지 100원까지를 받고 50여 명을 팔아먹었다는데 유인된 색시로 안동 출생 장분애(17), 청양 출생 임금련(18), 곡성 출생 박금례(20), 광주 출생 김길순(20) 등은 그동안 작부로 팔려가서 있다가 그들의 원통함을 금치 못하던 끝에 소관 경찰에 고발까지 하게 되었다고 한다.

그런데 재판장은 오전에 김복순, 이종옥 등 2명의 심리를 끝마치게 되었는데 피고들은 경찰의 고문에 못 이기어 유인된 여자가 50여 명이나 된다고 하였으나 실은 그 반수도 못된다고 부인을 하였는데 나머지 피고들의 심리는 오후에 속행하기로 되었다.

▲ 달성군 수성면 대명동 김복순(36, 여) ▲ 대구부 남산정 이종옥(45) ▲ 달성군내 명암동 이임수(46) ▲ 대구부 덕산정 권원조(38) ▲ 익산군 이리읍 경정 김동수(42) ▲ 광주부 천정 김남수(36) ▲ 광주부 사정 김희춘(42) ▲ 광주군 효지면 봉선리 장의수(47) ▲ 경성부 장사정 신성조(49) ▲ 대

구부 대봉정 홍구윤(36) ▲ 경성부 신당정 박재숙(63)

『매일신보』, 1937. 10. 15.

처녀를 약탈당하는 농촌 유괴마의 독수, 30여 농촌처녀를 인육시장에, 11 피고 공판 출정

경성을 중심무대로 남선 지방의 대구, 광주에 연락원을 두어가지고 철모르는 소녀들을 꾀어다가 작부로 팔아먹기 시작하여 재작년 12월 31일에는 경주읍 이두순(20)을 유괴하여 피고인 이임수에게 작부로 팔아먹은 김복순을 비롯하여 안동 사는 장분애(17), 천안 임금련(17), 곡성 박금례(20), 광주 김길순(20) 등 30여 명을 금의와 옥식으로 대접한다고 꾀어다가는 막대한 이익을 보고 팔아먹다가 종로경찰서에 일망타진으로 검거되었던 사건 피고 11명에 대한 영리 유괴 공문서위조 동 행사 공증증서 부실기재 행사 등의 피고 사건은 14일 경성지방법원에서 소림(小林) 재판장 주심 지보전(志保田) 검사 간여 밑에 제1회 공판이 개정되었는데 당일 출정한 피고는 아래와 같다.

▲ 경북 달성군 수성면 대명동 김복순(36) ▲대구부 남산정 이종옥(45) ▲경북 달성군 수성면 대명동 이임수(36) ▲대구부 덕산정 권원조(38) ▲전북 익산군 이리읍 경정 김동수(42) ▲광주부 천정 김남수(36) ▲경성부 장사정 신성조(49) ▲대구부 대봉정 홍구연(36) ▲경성부 신당정 박재숙(63).

『동아일보』, 1937. 10. 29.[6]

처녀 유인마 공판 유인범 11명을 심리

경기 이남으로 7도에 긍하여 2년 동안 20세 내외의 시골 색시 50여 명을 감언이설로 유인하여 상경케 한 후 작부 혹은 식당 여급 등으로 1명에 대하여 50원 내지 100원까지를 받고 팔아먹었다는 유인마 김복순 등 남녀 11명에 관한 영리 유괴 사문서위조 급 공정증서 위조사건의 속행공판은 28일 오전 10시에 경성지방법원 형사부 법정에서 소림(小林) 재판장 주심과 지보전(志保田) 검

6 네이버 뉴스 라이브러리 소장 자료.

사의 입회하에 개정되었다. 재판장은 지난 14일 제1회 공판 때에 심리를 끝마치지 못한 피고 권원조, 김동수, 김남수 등의 심리를 진행하게 되었는데 피고들은 전부 조서에 나타난 범죄사실을 부인하게 되었는데 오전에는 이로써 휴정을 하고 오후부터 계속 진행하리라는 바 나머지 피고 심리가 끝난 후에는 검사의 논고 구형이 있으리라고 한다.

『동아일보』, 1937. 10. 29.[7]

구형공판은 내월 초 처녀 유인단 심리 종료

시골처녀 50여 명을 감언이설로 유인하여 상경케 한 후 팔아먹었다는 김복순 등 11명에 관한 영리 유괴 사건의 속행공판은 28일 오후 2시부터 진행하게 되었는데 이날 오전에 심리를 끝마치지 못한 나머지 피고 김희춘, 장의수, 신성조, 홍구연 등의 심리를 동 오후 4시 반까지에 대체로 끝마치게 되었는데 피고들은 이구동성으로 범죄사실을 부인하였다. 그런데 재판장은 이로써 전 피고들의 심리를 종료하게 되었으므로 오는 11월 4일에 간단한 보충심문을 하고 난 후 입회검사의 구형이 있으리라고 한다.

『동아일보』, 1937. 11. 5.

처녀 유인단 구형, 최하 10개월로 3년 징역까지, 11명 전부 체형 논고

경기 이남으로 7도를 중심으로 2년 동안에 시골처녀를 50여 명을 감언이설로 유인하여 상경케 한 후 작부와 식당 여급 등으로 1명에 대하여 50원 내지 100원까지 받고 팔아먹었다는 박재숙, 김복순 등 남녀 11명에 관한 영리유괴 사건의 구형 공판은 4일 오전 11시에 경성지방법원 형사부 법정에서 개정되었는데 입회한 지보전(志保田) 검사는 각 피고에 대하여 준열한 논고를 하고 난 후 최고 징역 3년으로부터 10개월까지의 체형을 다음과 같이 구형을 하였는데 판결 언도는 오는

7　국사편찬위원회 한국사데이터베이스 소장 자료.

18일 오전에 있으리라고 한다.

▲ 박재숙(63) 징역 3년 ▲ 이종옥(45) 징역 2년 6월 ▲ 김동수(42) 징역 2년 ▲ 김희춘(42) 징역 2년 ▲ 이임수(46), 권원조(38), 신성조(49), 홍구윤(36) 각 징역 1년 6월 ▲ 김복순(36), 김남수(36) 각 징역 1년 ▲ 장의수(47) 징역 10월

『조선일보』, 1937. 11. 5.

처녀 유괴마

경성에 근거를 두고 대구, 광주 등에 연락원까지 두어 서울을 동경하는 시골의 순박한 처녀와 여자 30여 명을 감언이설로 꾀어다가 부모의 승낙서를 위조하고 또 인장, 호적 등을 위조하여 여급, 작부 등으로 팔아서 사복을 채웠다는 유괴마 김복순 등 11명에 관한 영리유괴 등 피고사건 제3회 공판은 4일경 경성지방법원에서 소림(小林) 재판장, 주심 지보전(志保田) 검사 관여 밑에 열리었다. 먼저 재판장으로부터 전번 공판 때에 다하지 못한 간단한 보충 심리가 있은 다음 검사로부터 준열한 논고와 함께 최고 3년으로부터 최저 10개월 징역까지의 구형이 있었는데 피고와 및 구형 연수는 다음과 같다.

▲ 김복순(36) 징역 1년 ▲ 이종옥(45) 징역 2년 6월 ▲ 김남수(36) 징역 2년 ▲ 장의수(47) 징역 10월 ▲ 신성조(49) 징역 1년 6월 ▲ 홍구윤(36) 징역 1년 6월 ▲ 박재숙(63) 징역 3년 ▲ 권원조(38) 징역 1년 6월 ▲ 김동수(42) 징역 2년

『동아일보』, 1937. 11. 26.

농촌처녀 유인단, 최고 3년 징역을 언도

경기 이남으로 7도에 긍하여 2년 동안에 50여 명의 처녀를 감언이설로 유인하여 상경케 한 후 작부 혹은 식당 여급으로 팔아먹었다는 유인마 박재숙, 김복순 등 11명에 관한 영리유괴 사건의 언도 공판은 25일 오전에 경성지방법원 형사부 법정에서 개정되었는데 소림(小林) 재판장은 피고 1명을 제한 나머지 피고 10명에게 각각 체형을 다음과 같이 판결 언도하였다.

▲ 박재숙 징역 3년 ▲ 김희춘 징역 2년 6개월 ▲ 이종옥, 김동수 징역 1년 6개월 ▲ 홍구윤 징역 1년 4개월 ▲ 이임수, 권원조, 김복순 각 1년 ▲ 신성조 징역 4개월 ▲ 장의수 징역 6개월 ▲ 김남수 무죄

『매일신보』, 1939. 9. 8.

재지(災地) 부녀 19명 매끽한 유인마 10여 명 검거, 대구서에서 엄조 중

대구서에서는 며칠 전부터 형사대가 총동원으로 맹렬한 활동을 하더니 대구를 중심으로 하고 전 조선을 무대로 한 부녀 유인마 10여 명을 일망타진하였다. 그 범인은 부내 남산정 최만술(43)과 남산정 임수만(37), 남산정 김동수(36) 외 13명으로 그들은 각처 농촌에서 한해로 생활이 곤란한 부녀자를 달콤한 말로 유인하여 유곽의 창기나 또는 내외 주점 작부로 팔아먹은 것인데 이미 판명된 것만 그 피해자는 전북 금산군 출생의 박병필의 안해 김림(29)을 비롯하여 19명이라는 바 한 사람에 200원 내지 500원씩을 받고 팔아가지고 호화로운 생활을 계속하여 왔다고 한다.

『동아일보』, 1939. 9. 9.

부녀 등을 간계로 유괴, 만지(滿支) 방면에 매끽, 현재 판명된 피해 여성만 10여명, 대구서 일당 12명 타진

[대구] 금년 1월경부터 대구부내를 근거지로 하고 각지에 연락기관을 두어 세상 모르는 부녀자를 인육시장으로 호려가는 대규모의 부녀 유괴단이 암중 활약을 하고 있다는 소문을 들은 대구서에서는 민완의 형사 10여 명을 동원해 가지고 이래 불면불휴로 탐사의 손을 뻗치고 있더니 드디어 7일 그들 일당 12명을 한 그물에 포진하였는데 피검거된 범인은 영리유괴의 전과자인 ▲ 대구부 남산정 최만술(42) ▲ 동정(同町) 임수만(33) ▲ 동정(同町) 김동수(35) ▲ 봉산정 정돌방(29) ▲ 금정 이종옥(47) 그 외에 모 공증인의 사무원 노릇을 하던 대구부 원정 황용팔(35), 동인의 첩 신암동 김광지(27), 봉덕동 유화춘(31), 시장정 김우성(66), 창녕군 이방면 모곡리 김한동(47), 대구부 남산정 정문백(60), 창녕군 이방면 노갑식(44) 등인데 그들은 모두 서로 공모하고 멋모르는 어염부녀들

을 벌이 좋은 데 소개해 준다고 감언으로 유인하여 가지고는 범인 중 정돌방은 호적등본과 인감증명 등 공문서를 곧잘 위조하는 악기(惡技)가 있어 처음에는 음식점 같은 데 200~300원씩으로 팔아먹었다가 끝에는 혹은 조선 내 혹은 만주, 북지 방면으로 700~800원 내지 천여 원에 매각해서 제들끼리 분배해왔다는 것인데 금년 1월 초에 대전 부외 남면 가양리 박병철의 처 윤어진(19)이 무단히 집을 나와 달성군 성서면 하산동 최모 방에 와 있는 것을 이종옥이 알고 당시 경성 돈의정 인사소개업 신성조가 창기를 사려고 대구로 오자 윤어진을 데려다 준다 하고 금 300원을 사취하고 다시 임수만과 공모한 후 윤어진을 최모에게 65원을 물어주고 임수만 집으로 데려와 정돌방우와 공모하고 대구부내 신정 음식점 이종로 방에 작부로서 금 200원에 팔아먹었다가 정돌방우와 김우성은 부내 서내정 윤옥봉의 호적등본을 구해가지고 윤옥봉의 딸처럼 인감증명을 위조한 후 김광지로 하여금 윤어진을 220원으로 사게 한 후 동인 방에 데려다 놓고 만주 방면으로 팔아넘길 주선을 하던 외에 그들의 독아에 걸려서 인육시장으로 전전해 다니는 부녀자가 이미 적확한 증거까지 압수된 것만도 10여 명에 달하고 그들이 저간에 호탕을 극한 생활을 한 점에 비추어 이외에도 많은 피해 부녀자가 있을 것이므로 대구서에서는 목하 엄중한 취조와 함께 여죄를 추궁 중이다.

2. 재조일본인의 인신매매 사건

『동아일보』, 1938. 2. 19.

부녀유인, 횡령 등, 조선 만주를 무대로 피해 막대, 대사기단 불일(不日) 송국

일본 내지, 조선, 만주, 지나 일대를 무대로 하여 남녀 6명 일단이 공모한 후 요릿집 식당, 카페, 바- 등에 여급을 소개해 준다고 하고 한 여자를 4, 5처에 보인 다음 전차금을 4, 5중으로 사기해 먹고 유부녀를 여급으로 시켜준다고 한 후 꼬여내어 영리적으로 이용하는 등 가지가지의 나쁜 짓을 하던 일당이 그간 본정서에 체포되어 엄중한 취조를 받고 있던 바 이즈음 취조도 일단락을 고하게 되었음으로 공문서 위조 행사, 횡령, 부녀유괴 등 죄명으로 2, 3일 사이에 송국하리라 한다. 그들은 앵정정 소개업 판상수비(坂上秀砒, 32), 병목정 전과6범 시전구칠(柴田久七, 41), 주소부정 전 여급 전중하루(畑中하루, 23)외 3명의 6명으로 이들은 서로 공모한 후 작년 5월부터 부내 각 요릿집, 카페, 바- 등에서 여급으로 곤란을 받고 있는 데를 찾아다니며 여급을 소개해 준다고 한 후 젊은 여급을 데리고 가서 전차금 300원 내지 500원을 받고 또 다른 곳으로 이와 같이 4, 5차 전전하여 사기를 해먹었는 바 그들은 공문서를 위조 행사하고 도시, 농촌 유부녀까지 유인하여 운동의 미끼로 사용하였다는데 그들은 이와 같은 수단으로 조선 안에서는 부산, 대구, 대전, 함흥, 회령, 평양, 만주에서는 봉천(奉天), 신경(新京), 하얼빈, 일본 내지에 복강(福岡), 박다(博多), 지나의 상해(上海) 등지에까지 그와 같은 수단으로 전후 60여 건 피해액 8천여 원의 범죄가 탄로되었다 한다.

『동아일보』, 1938. 4. 6.

동요된 부녀 춘심(春心), 감언에 매혹 출가, 궐남(厥男) 북지(北支)에다 매끽(賣喫)

[함흥] 훈훈한 봄바람에 들뜬 여자들의 마음을 엿보아 그들을 유혹하여 멀리 북지로 매끽하려던

사나이가 함흥서원에게 잡혔다. 이 사나이는 북지 창덕현(彰德縣) 용이안리(龍而安里) 노서리(路西里)에서 요리점을 경영하고 있는 이웅덕차랑(伊熊德次郞)이라는 자인데 얼마 전 함흥부내에 출현하여 시내 모씨의 안해 가대(加代, 27)와 홍자(弘子, 23)외 2명을 교묘히 호려 지난 28일 여행권도 없이 함흥역에서 승차하여 북지로 떠났는데 즉시 이를 안 함흥서의 수배에 의하여 지난 3일 무난히 도중에서 체포하였다고 한다. 유혹당한 여자들은 전부 상당한 가정의 부녀들인데 그중에는 아해까지 있는 사람들도 있다고 한다.

『조선일보』, 1939. 3. 23.

"바람난 처녀"의 함정, 전후 19명을 북지(北支)에 수출한 우(又) 일 유괴마, 체포 엄중 취조

희유의 유괴마 하윤명(河允明) 사건에 자극을 받은 경찰은 극력 이러한 종류의 범죄를 적발하기에 노력 중 여기에는 바람난 양가 처녀면 전문으로 유괴하여 북지와 북만으로 수출시킨 유괴마가 경찰에 잡히었다. 21일 본정서 형사대는 휴일임에도 불구하고 신정(新町) 금자부귀(金子富貴, 31)를 체포하고 엄중 취조 중인데 그는 작년 10월 중순 본정 5정목 전중하루(田中하루, 18)라는 양가의 처녀가 실연 뒤 자포자기에 빠진 것을 기화로 감언이설로 유괴하여 하얼빈 모 댄스홀에다가 팔아버린 것을 위시하여 전후 19명의 처녀를 이와 같이 유괴하고 7,600여 원의 몸값을 편취해먹은 것이 판명되었다.

『동아일보』, 1939. 3. 31.

유괴단 3명 예종(豫終) 공판회부(公判廻附)

작년 5월 25일경 북지 석가장(石家莊)에 개업한다는 카페에 여급을 시켜준다는 감언이설로 경향의 처녀들을 꼬여 인육시장에 팔았다는 혐의로 적발된 강기정(岡崎町) 중전(中田, 53), 원윤식(34) 등 3명에 관한 국외 이송유괴 급 동 미수에 관한 사건은 그간 경성지방법원 제4 예심계에서 취조를 받아오던 중이던 바 30일 유죄 결정 등 법원 공판에 회부되었다.

『조선일보』, 1939. 3. 31.

유괴마 3명 예종(豫終) 여섯 처녀를 꼬여가지고 북지 가다가 붙들려, 유죄로 결정 경성법원 공판에

작년 5월 북지 석가장(石家莊)에 카페 여급을 소개하되 월급 50원을 준다고 속인 다음 처녀 6명을 유괴하여 북지로 데리고 가려다가 용산헌병분대에 검거되어 경성지방법원 검사국에 송국된 부내 강기정(岡崎町) 과자상 전중덕차(田中德次, 53), 동 점원 원창식(34), 안인덕(22) 등 3명은 그간 경성지방법원 제4 예심 평곡(坪谷) 판사의 취조를 받고 있던 바 30일 예심이 끝나는 동시에 유괴동 미수죄로 동 법원 공판에 회부되었다.

『동아일보』, 1939. 5. 23.

처녀 유인마 전매(轉賣) 직전 대전서 피체(被逮)

[대전] 부내 춘일정(春日町) 2정목에 사는 박종수(26)라는 자는 대덕군 구직면 안모라는 사람의 딸 순이(18)라는 처녀를 감언이설로 꼬여가지고서 대전역전에 있는 모 여관에다 감금을 시켜 놓고서 약 1주일 동안이나 두고서 폭행을 하다가 부내 춘일정 소개업자인 유치병이라는 사나이의 손을 거쳐 북지 대동현(大同縣) 나랑(奈良)이라는 내지인에게 일금 700원 받고 팔아먹은 것이 소관 대전서에 탐지되어 목하 엄중한 취조를 받고 있는 중이라고 한다.

『매일신보』, 1939. 6. 4.

창기 사주마고 4천 원 횡령, 용산서(龍山署) 엄중 취조 중

원적을 내지의 당진시(唐津市) 대자만도(大字滿島) 자신축정(字新築町)에 두고 수년 전에 조선으로 건너와 일정한 주소도 없이 떠돌아다니는 길전신길(吉田新吉, 35)은 지난 말 중순경에 부내 미생정(彌生町)의 우도수미(牛島수미)가 경영하는 도내가(桃酒家)에서 창기로 있는 '히후미'(명=작좌부하루(作佐部하루), 19) 에게 "이런 데 있는 것보다 대륙으로 나아가는 것이 어떠냐" 하고 "가겠다고만 하면 대련에 있는 아는 사람에게 소개를 하여 주겠노라" 하여 그의 마음을 사놓은 후 길전은 다시 대련으로 뛰어가 봉판정(逢坂町)에서 제5풍영루(第五豊榮樓)라는 창루를 경영하는 궁전충웅(宮川忠雄)에게서 전기 히후미를 데려오겠노라고 3,900원을 받아 넣은 후 주색잡기에 이를 모조리 써버리고 말았음으로 2일 밤 미생정 모 유곽에서 자고 있는 것을 용산원이 체포하여다 엄중 취조 중이다.

『동아일보』, 1939. 8. 5.

'처녀무역'의 유인마, 북행(北行) 열차에 실린 네 처녀 구조, 서서(西署)에서 마녀 정숙을 엄조(嚴調)

3일 밤 11시에 경성역을 출발하는 북경(北京) 행 급행열차에 나이 30세가 된 여자가 17, 18, 19세 되어 보이는 일본 내지 처녀 네 사람을 데리고 가는 것을 서대문경찰서 소방(小方) 형사가 조사한 결과 의외로 유괴마의 정체가 탄로되어 인치하여 엄중히 취조 중인데 여죄가 상당히 많은 모양이다.

전기 유괴마의 여자는 부내 의주통 2정목 출생으로 현재 북지(北支) 분양성내(汾陽城內)에서 카페업을 하고 있는 임정숙(28)인데 유괴의 마굴로 끌려가던 처녀들도 일본 내지 궁성현(宮城縣) 출생 산하정자(山下正子, 17)외 3인으로 위기일발에 서대문서에 보호되었다. 임정숙은 일찍이 어렸을 때부터 일본 내지인 집에서 자라난 만큼 그 언행이 일본 내지인과 조금도 다른 점이 없을 뿐만 아니라 소화5년경에 부내에 있는 조일(朝日) 산파강습소를 졸업한 후에 판정(坂井) 병원, 뢰호(瀨戶) 병원 등에 간호부로 오래 근무한 관계로 자연히 일본 내지 여자들과 교제가 많았다. 그 후에 임정숙은 만주에 가서 말영 모(末永 某, 32)라는 일본 내지인과 동거하여 이름도 말영정자(末永定子)라고 부르며 임정숙이라고는 부르지 않게 되었다 한다. 그 후 전기 분양성 내에서 카페업을 하게 되자 자기 정부와 공모하고 일본 내지 처녀를 유인하여 팔아먹을 것을 계획하고 약 한달 전에 동경, 대판, 선대(仙臺) 등지에 가서 멋모르는 처녀들을 감언이설로 꾀어 북지로 데려다가 팔아넘기려고 경성 와서 하룻밤 자고 떠나려던 것인데 전기 유괴당한 처녀들 가운데는 상당한 가정에 태어난 여자도 있다 하며 당국에서는 여죄를 엄중히 추궁 중이다. [사진은 유괴마 임정숙]

『조선일보』, 1939. 8. 6.

유괴마 피착

본적을 부내 의주통 2정목에 둔 말영정자(末永定子)라는 임정숙(28)은 자칭 북지 분양(汾陽)에서 주점을 경영한다고 하여 궁성현(宮城縣) 출생 산하노리코(山下노리코, 18) 외 4명을 꾀어 북지에다 팔아먹을 작정을 하고 3일 밤 11시 차로 경성역을 떠나려다가 서대문 경찰서원에 발각되어 방금 동서에서 취조를 받고 있다.

『조선일보』, 1939. 9. 15.

내지인 하녀 유괴, 만주 등지에 매끽, 동서(東署)에서 유괴단 포진(捕盡)

동대문서에서는 14일 아침부터 동서의 형사대가 총출동하여 충신정 조충석(41), 관훈정의 김병찬(39), 장사정 박재환(40) 등 3명을 검거하여다가 엄중한 취조를 개시하였는데 사건의 내용은 이들은 서로 공모하고 유괴단을 조직한 후 부내 신당정 등지에서 주로 내지인 하녀들을 유괴하여다가 만주 기타 등지에 천원 내지 2천 원씩 받고 팔아먹었다는 것이다. 피해자는 부내 신당정 삽택(澁澤) 기미요(18)=가명=외 3명으로 취조에 따라서 사건은 점점 확대될 듯 하다.

3. 하윤명 유괴단 사건

『동아일보』, 1922. 9. 12.

대전 인사의 주최와 본사 대전지국 후원으로 대전 각희대회를 거 8일 오전 8시부터 시장천변에서

수만회 중리에 이원영 주심의 선언으로 소아 급 학생의 각희를 비롯하였다. 대전청년회에서는 관람석 소방조에서는 도천교량 등을 가설하였고 대안의원 안병삼 의사 외 소년회원은 위생계를 시설하고 시내 각 상점은 노점 출장하여 자못 복잡을 이루었으며 차(且) 추천촉의 전등을 가설하였다. 오후 6시부터 총각인격전이 시작되어 10시에 필하고 제2회 제3회전이 필한 후 원(遠)히 청주에서 래(來)한 김남술(25)과 대전군 박포근(20)과의 결승전이 되자 장내의 공기는 긴장하였고 필경 대전 박군이 득승하니 상품인 중 우(牛) 1두와 우승기 기타 상품의 수여식이 필한 후 무사히 폐회한 바 오후 12시 반 제2일인 9일에는 원히 부산 마산 평양 장연 등지로부터 모인 용사도 다(多)한 바 장내는 더욱 인산인해를 성하였는데 당지 경관 급 소방대가 총출동하여 만일을 경계하였다. 오후 7시까지 대인 제1회 인격전을 행하여 80명의 (3인 연승자) 용장을 선택한 후 휴게하고 오후 8시부터 제2회 40조 제3회 20조 및 제4회를 필하매 6명이 선택되었다. 제5회에 3조가 잔(殘)하니 장내는 더욱 긴장되었다. 결승전이 되매 각희로 유명한 대전 하윤명(河允明), 한성매의 대전이 되니 양인의 용투는 일반의 대갈채를 수한 여(餘)에 최후의 우승은 하윤명(대전군 외남면 외천리)에게 돌아가고 회장의 폐회사와 기 급 상품(大牛 1두) 기타를 수여 후 산회하였는데 동 대회에 동정한 방명은 다음과 같다.[8]

---

8 이하 생략함.

『동아일보』, 1928. 12. 5.

불량배 8인조에 유인된 20여 부녀, 경향 각지로 돌아다니며, 범인은 종로서에 일망타진

전남 함평군 열야면 용암리에 거주하는 정성모(32)를 필두로 정윤만(30), 박재근(27), 임명수(29), 하윤명(31), 이중진(38), 오근동(29), 김만식(20) 등 8명은 지난 9월 11일에 전남 함평군 평릉면 초포리에 거주하는 장돌남의 처 김지덕(19)을 감언이설로 유인하여 전남 광주로 데려다가 120원을 받고 음식점의 작부로 팔아먹은 것을 비롯하여 전남 일대의 향촌 부녀자를 유인하여 경향 각지 도회로 데려다가 팔아먹은 사실이 발각되어 지난 1일에 시내 종로서 사법계에 일망 타진적으로 체포되어 목하 엄중한 취조를 받는 중이라는데 이미 피해된 피해 부녀만 무려 20여 명으로 동 피해액이 수천 원에 달한다더라.

『조선일보』, 1929. 8. 27.

대전에서 각희대회 개최, 성황으로 종료

대전용진단(大田勇進團) 주최와 동아조선 양 지국 후원으로 대전 각희대회를 개최한다 함은 기보한 바어니와 예정과 여히 거 20일부터 3월간 당지 본정 2정목 각희장에서 개최한 바 정각 전부터 운집하는 관중은 매일 수천 명에 달하여 오던 바 지난 23일 야(夜)에 종막되었다는데 회장 김자영 씨가 상품 수여식을 거행한 바 수상자는 여좌하다더라(대전).

총각 각희(제1일)

중등 각희(제2일)

1등= 대전 신대전면 춘일정 2정목 하윤명(河允明)(30)

대인 각희(제3일)

1등= 대전 신대전면 춘일정 2정목 하윤오(河允五)(38)

『경성일보』, 1929. 10. 27.

백치의 여자를 팔아(白痴の女を売る)

대전 춘일정 소개업 하윤명(河允明) 동 대흥정 음식점 한상용 양명은 공모하고 경상북도 문경군 영순면 왕태리 박봉순(18)을 전차 80원으로 고용한다는 계약을 했는데 봉순이 백치인 것을 기회로 함흥음식점 주석칠 측에 금 220원으로 매각하려는 것을 대전서원에게 탐지되어 양명을 인치하고 엄중하고 취조 중이다(대전).

『동아일보』, 1932. 8. 22.

전조선 씨름 성황리 종막, 대전 초유의 성사

[대전] 대전용진단 주최 전조용 씨름대회는 예정과 같이 지난 18일부터 개최하였다. 멀리 개성, 인천 남으로 대구, 금산 등지로부터 선수 300여 명이 출전하였다.

19일 밤 결승전이 시작될 때부터 가는 비가 부실부실 내리기 시작하더니 나중에는 폭우가 쏟아졌으나 5천이 넘는 관중은 비를 맞아가면서도 자리를 떠날 줄 모르고 서로 서로 우산을 받고 박수와 환호리에 진행되었는데 20일 오전 1시 반에야 겨우 좌기와 같이 상품 수여식이 끝나고 무사히 폐회하였다고.

대인 1등= 하윤명(대전), 2등= 장기철(옥천), 3등=윤봉은(청주)

중인 1등= 김점만(대전), 2등= 환중(丸中)(일본인), 3등= 맹해성(대전)

『매일신보』, 1934. 1. 12.

향촌여자를 꾀어, 인육시장에 매각, 악마의 그물에 걸린 수십 명의 여성

[대전] 세상에 온갖 직업도 많지만 여자들의 철모르고 어리석음을 이용하여 인육시장에 매매함을 유일의 직업으로 알다가 경찰에 발현되어 방금 엄중한 취조를 받는 자가 있으니 화제에 오른 자는 전북 군산부 약송정 소개업 양득룡(42)과 동부 전정 이만복(32)으로 45인의 젊은 여자를 끌

고 목적지인 인육시장을 찾아 가던 중 대전에서 눈치 빠른 경관에게 들켜 일망타진 격으로 체포를 당하였다는 바 이 자들의 악마의 그물에 걸린 여자는 취조를 따라 수가 없는 중[9] 대개 들어보면 소화8년 11월에 전남 화순군 출생 박옥수(24)를 이리 류정 김용호로부터 전차금 145원 90전에 매수하여 자기의 집으로 꾀어온 후 함남 함흥부 황금정 1정목 최희련 방에 금 200원에 매도하고 동 11월 하순경에 또 김도화(39)란 여자를 군산부 장재동 정봉철 방 윤춘갑에게 차금 87원 50전에 매수하여 전과 같이 유기한 후 함흥 황금정 이순택에게 130원에 매각하고 또 동 12월경에는 군산부 오룡동 김옥순을 차금 69원에 매수하여 동 수단으로 함흥 모 음식점에 95원에 매각하였으며 또 동 12월 22일에 군산부 영정 박종남 방에서 박봉선(19)을 82원 50전에 매수하여 가지고 박의 실부의 안맹을 이용하여 131원 20전에 산 양을 하고 또 동인에게 김명옥(18)을 차금 132원 50전에 매수하여 동 수단과 같이 183원 27전에 산 양으로 하였으며 동 12월 25일경에 또 전북 김제군 김제면 김제역 전 하윤명(河允明) 방에서 정읍 출생 이금례(22)를 전차금 75원에 매수하여 가지고 동 수단으로 108원에 산 양을 하였으며 동 12월 24일경에 또 군산부 영정 최영준 방에서 박옥수(21)를 차금 102원에 매수하여 역시 동 수단으로 130원에 산 양으로 하고 동일 또 동인의 집에서 박복순(20)을 차금 82원 15전에 매수하여 역시 감언으로 꾀어가지고 112원에 산 양으로 사 가지고 북선 방면으로 팔러가다가 대전서원에게 체포되었다는 바 근래 이와 같은 인육장사를 하는 자들이 횡행하지만 이와 같은 자는 보기 드문 인육상이라고 한다.

『동아일보』, 1938. 9. 3.

잃어버린 부성애 연극보고 각성, 딸을 중국으로 팔려다 각성(대구)

대구극장에서 개연 중에 있던 극단 호화선의 연극 1막에 자극을 받아 북지 방면에 팔려고 한 자기 딸을 다시 찾아달라고 지난 28일 밤 대구역전 파출소에 호소한 신판 부성애 1막의 실연이 있었다.

극의 주인공은 대구부 남산정 방덕유와 그의 딸 봉산정 방복향(22)으로서 경성부 서린정의 소개업 하윤명(河允明, 39)이 27일에 북지와 만주 방면에 가는 창기를 모집하러 대구에 와서 전기 방

---

9 "취조를 따라 수가 없는 중"은 원문 표기를 따른 것임.

덕우를 만나 박복향(23)을 450원의 차금으로 북지에 팔게 되어 실부된 방덕유에 승낙서와 본인과의 정식계약을 마치고 28일 밤에는 자기 가족 일동이 대구극장에 와서 극단 호화선 일단의 연극을 보고 있던 중 그 연극 입장에 "어떤 마적이 딸을 사러 와 부친의 승낙을 받고 딸은 마적의 소굴로 전락하는 일 장면"이 자기와 똑같은 장면에 있으므로 방은 양심에 가책을 받아 그길로 파출소에 달려가 딸을 찾아달라고 한 극 중 실극의 일막으로 29일은 대구서 이성옥 사법주임에 알선으로 그 딸을 찾게 되었다.

『동아일보』, 1939. 3. 5.

전율할 부녀 유인마 매끽(賣喫)당한 처녀 65명, 범인 부부 동대문서에 피체(被逮)

서울을 그리워하는 농촌부녀를 감언이설로 꼬여 가지고 창기 혹은 작부로 팔아먹은 악당 부부가 동대문서에 붙잡혀 취조를 받고 있는 중인데 현재 자백한 것만 인수로 65인, 액수로 근 10만원에 달하는 돈을 감쪽같이 편취하였다고 하는데 취조 계속에 따라 희유의 유인마 부부의 죄악상이 탄로될 것으로 자녀를 둔 가정에 일대 경종을 울리고 있다. 사건의 내용인즉 주소를 본정 5정목 35번지에 둔 하윤명(40)과 그의 처 김춘교(36)는 부부가 공모하고 소화 7년부터 경상도, 전라도 등 남선 일대를 무대로 삼아 무지 몽매한 농촌처녀들을 꾀어내 서울 가면 호의호식하게 된다고 감쪽같이 속인 후 서울에 데려다가는 며칠간 구경을 시켜주고 환심을 얻고서는 인사소개소를 통하여 혹은 직접 창기 혹은 작부로 팔아먹는 것을 본업으로 삼아왔다. 이렇게 법망을 뚫고 순진한 처녀를 65인이나 팔아먹었다 하는데 범인 부부가 붙잡히기까지의 경보는 이러하다. 지금부터 2개월 전 역시 예의 수단으로 부부가 직접 전남 광주에 가서 김정숙(17)이라는 처녀를 꾀어가지고 서울로 돌아왔었는데 정숙이가 직접 와 보니 모든 것이 처음보다 다름으로 주인 몰래 행방을 감추고 말았음에 전기 부부는 자기의 조카딸이라고 동대문서에 수색원을 제출하였었다. 이 수색원을 받은 동대문서에서는 여러 가지로 조사를 하여보았으나 수상한 점이 많으므로 이 부부를 검거하여 가지고 취조하여 본 결과 이와 같은 범죄상을 슬슬 자백하였는데 피해당한 처녀만 본적을 송정리에 둔 김영임, 김영금 등 무려 65명에 달하고 있어 취조하던 경관도 혀를 내두르고 있다.

『조선일보』, 1939. 3. 5.

희대의 유괴마 부처 체포, 피 빨린 처녀가 엄청나게 65명

농촌의 가난하고 무지한 처녀들을 서울 가서 취직을 시켜준다고 감언이설로 꼬여서는 우선 제가 먼저 모조리 정조를 유린한 후 유곽과 술집에 팔아먹기를 7년 동안에 65명이나 해먹은 희대의 유인마 부처가 동대문서에 잡혔다(사진은 범인부처).

마수의 비결. 빈농(貧農) 설복, 여아 유인, 고가로 청루에 매끽, 취직 알선이 구실, 백지위임장으로 기만, 취인(取引) 범위는 해외까지

이 짐승같은 부처는 시내 본정 5정목 35번지에 마굴을 가지고 있는 하윤명(40)과 그의 처 김춘교(36)로서 소화7년께로부터 주로 전라도, 충청도 농촌을 돌아다니면서 가난한 부모들을 달래어서 그들의 어린 딸들을 서울 가서 제사공장, 연초공장, 백화점 같은 곳에 취직을 시켜준다고 10원 내지 20원씩 쥐어주고는 "이것은 딸의 취직허락서이니 도장을 찍으라"고 백지에 손도장들을 받은 후 13살, 14살 나는 어린 처녀들을 기차에 태워서는 서울로 데리고 와서 우선 제가 정조를 유린한 후 시내 신정, 병목정, 미생정 등 유곽을 비롯해서 평양, 봉천, 목단강, 북경, 천진, 상해 등지에 최저 700원 최고 1천 원씩 받고 팔아먹은 것이라는데 현재 자백한 것만 해도 65명의 거짓말 같은 숫자에 달하고 있으며 현재 경성 시내 각 유곽에 널려있는 피해자만도 40여 명이라는 다수에 달하고 있다 한다.

음침한 마굴 속에 잠복한 "유수부대(留守部隊)", 호아(虎牙)에 으스러진 그들의 정조

체포된 단서는 얼마 전 역시 같은 방법으로 유괴를 당한 광주군 송정리 사는 최성녀(44)가 자기와 함께 유괴되어온 그의 딸 영희(16)와 동네 처녀 영금(16)이와 같이 전기 마굴을 탈출하자 유괴마 전기 하윤명은 대담하게도 동대문경찰서에 이들은 자기의 친척인데 행방불명이 되었으니 찾아달라고 수사원을 제출해 왔음으로 수상히 여긴 동서 서원이 전기 하(河)의 집을 찾아가 보았더

니 웬 아이들인지 열 서너 살부터 스무 살에 이르는 모습 다른 처녀들이 어두컴컴한 이방 저방 안에 도합 15명이나 있어 여기서 의혹은 한결 더 커서 3일 동서에서는 형사대를 현장에 보내어 다짜고짜로 주인 하와 그의 처를 잡아다가 취조를 해본 결과 이상과 같은 전후 사실이 드러났다는데 동서에서는 이와 동시에 마굴에 갇혀서 자칫하면 이들 역시 유곽에 팔릴 뻔한 유수부대의 처녀 15명 중 7명은 각각 고향으로 돌려보내고 남은 8명은 친권자의 조회가 끝날 때까지 동서 유치장에 보호 중이다.

하전(河田) 사법주임 담: 원체 피해자가 하도 많아서 이들의 신원을 조사한 후 고향까지 돌려보내는 일만 하더라도 큰일이다.

부근 주민 담: 그러고 보니 알겠습니다. 웬일인지 그 집에는 계집아이들이 수없이 출입하고 있어서 대체 무엇을 하는가 했더니 그게 모두 꼬여다 팔아먹을 아이들이었는가 봅니다. 이웃에 그가 오기는 작년 가을인가 봅니다. 여편네의 말인즉 그는 대전서 간수 노릇을 했다고 자랑하였는데요.

(사진은 마굴 속에 감금되었던 처녀들)

『조선일보』, 1939. 3. 5.

복마전(伏魔殿) 뒤의 밀실, 65명 처녀의 정조와 일생이 망쳐진 방! 유인마 하윤명의 소굴 탐사기

기보= 동대문경찰서에 검거된 희세의 유괴마 하윤명(48), 김춘교(36) 부처는 계속하여 준렬한 취조가 진행됨에 따라서 죄상이 속속 백일하에 나타나고 있는데 범인이 수많은 여자들을 제물로 삼고 있던 본정 5정목 범인의 집에는 경찰의 습격을 받고 집이 텅 비어져 버렸다는 소식을 듣고

전주에서 달려온 그의 큰 딸 하명옥(24)이가 쓸쓸히 집을 지키고 있었다. 더욱 그가 7년 동안이나 계속하여 그처럼 엄청난 범죄사를 꾸미던 이 집에는 거처하는 방을 지나서 겉으로 보기는 벽처럼 꾸민 미닫이가 있고 열어 제치면 다시 다락처럼 생긴 큰 밀실로 되어 있는데 여기에는 다다미 10조 가량의 넓이로써 촌 처녀들을 데려다가는 모두 여기에 감금해 둔 것이었다. 텅 빈 암실 속에 퇴색한 인조견 이불들이 20여 벌 먼지에 파묻혀 있었다.

이러한 밀실에 한번 들어가기가 무섭게 여기를 탈출하려면 범인이 거처하는 방을 지나지 않으면 안 되게 구조가 되었으며 그 집 뒤에는 공교로히 신정을 관통하는 청계천 지류가 흐르고 있으므로 시멘트 절벽을 이루어 정문 이외로는 비조도 날아들 수 없게 되어 있었다.

『매일신보』, 1939. 3. 5.

희세의 유인마, 처녀 매끽 65명, 제 발로 걸어와 동대서 유치장에

농촌의 무지한 처녀를 꼬여내서 창기로 팔아먹기로 자그마치 65명에 달하는 전고미문의 처녀 유인범의 부부가 동대문서원에게 붙잡혀 방금 취조를 받는 중이다. 지난 3일 오전 10시쯤 되어

나이 40세쯤 되어 보이는 남녀가 서생 질(姪)되는 아이가 도망을 했으니 찾아주시오 하고 수색원을 제출하였는데 그 행동이 수상한 점이 있어 그 자리에서 검속하고 취조한 결과 이 자는 부내 본정 5정목 35번지에 소굴을 두고 지난 소화7년부터 경남북, 전남북 각지를 돌아다니며 무지하고 도회에 가고 싶어 하는 농촌처녀를 꼬여내 북경, 천진, 목단강, 상해 등지에 창기로 700원으로부터 1천 원까지에 팔아먹은 하윤명(40)과 그의 안해 김춘교(38)로 판명되었는데 그는 10년 전에 대전형무소 간수 생활을 한 후 지금까지 같은 수법으로 팔아먹은 처녀가 자그만치 65명이라는데 시골서 꼬여내서는 먼저 자기가 '정조 감정'을 한 뒤에 팔아먹었다 한다. 그런데 이 자가 수색원을 제출한 것은 전남 광주군 송정리에 사는 최성녀(44)와 그의 딸 김영임(16)과 이웃집에 사는 영금(18) 세 사람이 서울 가면 좋은 직업이 있으니 가자고 함으로, 속고 와서 온 뒤에야 내막을 알게 되어 도망한 것이라는데 이같이 끝끝내 한 사람도 놓치지 않고 찾아가면서 팔아먹으려는 범인의 자백에 취조경관도 자못 놀랠 일이라 한다(사진은 유인된 처녀들과 범인 부부).

『동아일보』, 1939. 3. 6.

유인마 여죄 속출, 청상과부도 걸리어

기보= 세상을 모르는 농촌부녀를 감언이설로 꾀어내 팔아먹은 희유의 흡혈귀 하윤명, 김춘교 부부는 동대문서에서 방금 계속 취조 중인데 하(河)는 소화7년에 대전형무소 간수를 그만두고 그때부터 인도상 용서치 못할 처녀, 과부를 유괴해 팔아먹은 것을 자백. 어제만 해도 또다시 3인의 처녀를 유괴 정조 유린한 것을 불었는 바 범인 본인도 너무 수가 많음으로 잘 알 수 없다 하여 피해자는 의외로 다수에 달하는 것으로 예상된다. 독아에 걸려든 자는 처녀만이 아니라 남편을 잃은 젊은 과부들도 유인, 정조를 감정한 후에 팔아먹었다 한다. 본적을 송정리에 둔 양판례(21)라는 여자는 두 살 난 아들까지 데리고 와서 이와 같은 수단에 농락되어 아이까지 잃어버렸다 하는데 방금 이 아이의 행방에 대해서 동대문서에서 조사 중에 있는데 이 무진의 죄상은 취조에 따라 속속 탄로될 것이다.

『조선일보』, 1939. 3. 6.

등한시 못할 인사소개업 제도, 취체법규의 조루(粗漏)로 탈법 잠망(潛網)하는 인육매매, 방범(防犯)대책으로 공영(公營)이 여하(如何)

부내 동대문서에서 계속 취조 중인 하윤명 부처의 영리유괴 사건은 도회지 암흑가에서 반복되고 있는 단순한 인육매매로 가볍게 치워버리기에는 범행이 너무나 교묘 악착하고 광범위어서 마치 인육백백교 사건이라 하여 사회의 관심을 집중케 하고 있다. 범인은 수년 전 대전형무소에서 약 2년 동안 간수 노릇을 한 자로 법률에 대한 약간한 지식이 있는 것을 밑천으로 농촌으로 돌아다니며 무지한 농민을 감언이설로 속여 그 딸의 호적등본, 친권자의 인감증명, 백지위임장 등 마음대로 팔아먹기에 필요한 일체의 서류를 갖추어가지고 피해자를 데리고 서울 와서는 경찰서장의 정식인가로 얻은 소개업자의 손을 거쳐 팔아먹은 것이다. 이와 같은 소개영업자는 취체 규칙에 의하여 경찰서에서 취체 감시하고 있는데 현재 부내에서는 각 경찰서가 소할 파출소로 하여금 한 달에 한 번씩 영업 감사를 하는 정도로 피해자의 무지는 물론 취체 당국의 취체가 불철저한 것이 이와 같은 눈물겨운 사건을 확대하는 한 이유라고 할 수 있다. 그러나 이와 같은 인신상 중요한 영향을 주는 영업을 개인의 영업은 공공단체 또는 국가에서 직접 취급하면 인육매매를 제한하며 불행을 방지할 수가 있다고 이번 사건을 계기로 인사소개업 제도의 불비에 대한 비난이 각 방면에서 날로 높아가고 있다.

유괴마 체포 후일담 청상과부도 유인하여, 소생아(所生兒)는 암암리에 처분

희대의 유괴마 하윤명의 죄상은 작일 보도한 바와 같이 이미 판명된 피해자가 65명이나 되는데 앞으로 취조가 진행됨에 따라 피해자가 얼마나 더 나올는지 주목되고 있으며 지금 동대문서에서 보호 검속 중인 피해자 중에는 다음과 같은 눈물겨운 이야기도 있다.

즉 전남 광주군 송정면 송정리 양판례(21)라는 여자는 청상과부로 두 살 먹은 아들 하나를 믿고 근근이 살아오던 중 하윤명의 꼬임을 받아 작년 12월 21일 고향을 떠나 25일에는 본정 5정목 마굴로 끌려오게 되었다. 그런데 귀축 같은 하윤명은 양판례에게 아들이 딸려 있어 팔아먹기가 곤란한 것을 생각하고 양의 아들을 어디론지 따돌리고 말았다. 시골에서 서울 마굴로 또다시 영문도 모르고 경찰서에 불려오게 된 양판례는 5일 아침 비로소 자기가 유괴가 되었던 사실을 알고 잃어버린 아들의 이름을 부르며 반은 실신상태에 빠져 있다는데 사건은 점점 다방면으로 발전하고 있다.

『동아일보』, 1939. 3. 7.

신판 「도색 백백교」 상해(上海) 북지(北支)까지 유괴의 손 처녀 과부 100명 돌파, 동서(東署) 유인마 사건 확대

기보= 목하 동대문서에서 적발되어 취조를 받고 있는 희유의 유괴마 부부 대전부 춘일정 출생 본정 5정목 33번지[10] 하윤명과 그의 안해 김춘교 양 명의 죄상은 취조에 따라 속속 판명되고 있는데 금 6일 오전 중까지 판명된 유괴한 처녀와 처분한 처녀만도 무려 100여 명을 돌파하였다는데 취조에 따라서 앞으로 얼마나 더 피해 여자가 등장할지 알 수 없는데 그들 부부는 소화 7년부터 8년간 갖은 흉악한 수단을 다 써서 농촌의 무지한 처녀와 과부 등을 감언이설로 유괴하여다가 서울서 취직시켜 준다고 한 후 유곽, 내외주점, 작부 등으로 최고 1,300원 최저 100원, 평균 400~500원씩 주로 유곽에 팔아 신인이 용서치 못할 죄상을 저질렀다 한다. 그들 부부가 주로 처녀들을 유괴해 온 곳은 전남북 양도로 그들 부모에게는 서울로 데리고 가서 직공으로 소개한다고 10원, 혹은 20원씩 주고 부모들의 승낙을 얻은 다음 데리고 와서 자기 집 마굴에 넣어 둔 다음 인사소개소와 뚜쟁이들을 통하여 유곽, 내외주점, 술집 작부 등으로 팔았다는데 현재 병목정, 미생정 유곽에 이들 부부의 손을 거쳐 농중조의 생활을 하고 있는 여자만이 45명의 다수에 달한다는데 이들은 앞으로 방면시키도록 경찰에서 노력하리라 한다. 그런데 그들 부부는 시골서 데리고 오면 1, 2개월 안에 처분하고 딴 여자를 또 착수하고 하여 경찰의 눈을 피하였다는데 지금까지 판명된 100여 명 피해 여자 속에는 지나인의 손을 거쳐 북지, 상해 등지에서 불우한 인육시장에 생활을 하고 있는 여자도 10여 명에 달하고 있다는 것을 자백하였다는데 그들의 용서 못할 죄상은 앞으로 속속 판명될 것으로 그 귀추가 매우 주목되고 있다.

---

10 원문대로 표기함. 다른 기사에서는 '35번지'로 표기됨.

과부의 소생 살해?

전기 부부의 독아에 걸려 울고 있는 여성 중 전남 광산 출생 서사헌정 반월루(半月樓) 김판례(18)는 작년 가을 그들의 손에 넘어가 목하 유곽생활을 하고 있는데 전차금 700원을 받은 것은 꿈에도 모르고 있으며 기타 유곽에 판 처녀들은 부모 승낙이 없어 모두 허가를 얻지 못하여 취업을 못하여 유곽주인으로 하여금 골치를 앓게 하고 있는데 그중에도 청산과부를 처치할 때 데리고 온 어린아이들을 어떻게 처리하였는지 가장 의심되는 바인데 혹은 무지하게도 살해코 과부만을 처치하지 않았는지 준렬한 취조를 하고 있는 바 범인은 이점에는 입을 굳게 닫고 함구불언코 있다는데 목하 동서에 보호되어 있는 미처분의 처녀는 김갑성(16), 김자근애기(19), 김순이(19), 박금덕(14), 김애순(14), 오택돌(13), 박국화(26) 외 3명이라 한다.

『매일신보』, 1939. 3. 7.
오오! 가여운 소녀들, 독아(毒牙) 희생 150명, 유괴마 하윤명 부부 죄상 확대

기보= 농촌으로 돌아다니며 무지할 뿐 아니라 생활난으로 굶주림에 허덕이는 가난한 농사꾼들의 딸들을 서울 가면 좋은 직업이 있다고 감언이설로 꼬여서 65명이나 유곽 창기로 팔아먹은 유괴마 하윤명(40) 내외는 동대문서에서 이어 취조 중인데 취조에 따라 사건은 점점 커지고 있다. 즉 유괴당한 처녀는 65명뿐 아니라 경성부내 각 유곽에 팔아먹은 것만 50여 명에 달하고 기타 천진, 상해 방면으로 지나인에게 팔아먹은 것이 20여 명으로 6일 오전까지의 취조 결과는 약 150명에 달한다는 바 앞으로도 취조에 따라 훨씬 더 많아질 것으로 예상된다는데 이 많은 피해자 가운데 가지가지의 비극이 숨어있어 취조경관도 분함을 못 참는다는 것이다.

즉 부내 장곡천정 지나 요릿집에 팔려간 김옥이(17)라는 처녀는 여덟 살 때 이름도 성도 모르는 인력거꾼의 손을 거쳐 그때도 지나인 요릿집에 팔려갔었는데 이것을 하윤명의 아내가 알고 남편에게 보고하자 하윤명은 지나인 요릿집에 가서 늠름한 신사의 태도를 보이며 이 아이는 부모가 따로 있으니 내가 데리고 간다 하고 데려다가 다시 팔아먹었다는데 형사실에 끌려와서 취조를 받으면서도 아직도 자기가 꼬여서 팔린 것을 모르고 있는 것을 보아 그 자의 교묘한 수단을 짐작할 수 있다고 한다.

그런데 취조 중의 하윤명은 취조경관에게 나는 그전에 간수였으니까 내가 법에 안 걸린다는 것은 잘 알고 있다 하며 큰 말만 하더니 6일 아침부터 겨우 각성을 하고 지금까지의 경로를 자백하였다 한다. 그런데 하윤명은 대전형무소 간수를 사직한 후 김천, 광주 방면으로 돌아다니며 일확천금을 꿈꾸고 돈벌이를 꾸몄으나 마땅한 것이 없어 헤매다가 마침내 생각난 것이 요리업이어서 사리원서 조선 요리업을 경영해 보았으나 요리업을 하고 본 즉 이번에는 작부나 창기를 속여 사서 팔아먹는 것이 훨씬 나은 것을 알고 비로소 시작을 하였는데 간수 시대에 배워놨던 다소의 법률지식을 기초로 훌륭한 신사로 꾸미고서는 한 달에 50여 원씩이나 주고 비서역을 데리고는 시골로 돌아다닌 것이라 한다. 이제 경성부내에 살고 있는 피해자 중에 판명된 것을 보면 다음과 같다.

▲서사헌정 이윤희 방 김영순 ▲내자정 이남식 방 구순이 ▲병목정 박성삼 방 이복귀 ▲병목정 조진순 방 조학남 ▲서사헌정 김희한 방 권사순 ▲병목정 임경숙 방 김두란 ▲서사헌정 대좌부 신성녀 방 채명란 ▲대화정 2정목 평번(平繁) 방 천필순 ▲서사헌정 반월루 김판례 ▲교남정 신흥한 방 이재순 ▲용두정 조성재 방 서선이 ▲죽첨정 3정목 한순동 방 김원득

괘씸들하다, 동대문서 사법주임 담(談)

흉칙한 이 사건에 대하여 하전(河田) 사법주임은 다음과 같이 말한다. 처음에는 백백교 같은 것으로 알았었다. 아직도 취조에 따라서는 얼마나 피해자가 나올지 모르겠으나 범인은 조금도 잘못했다는 태도가 보이지 않고 오히려 법률을 좀 아는 것을 자랑으로 알고 있으니 괘씸한 자이다. 그리고 피해자가 조금이라도 교육을 받은 자들이면 그렇지도 않겠으나 무지하고 순박한 농촌의 처녀들이 생활에 곤란한 나머지 도피에 나갈 것을 꿈꾸게 되는 가엾은 현상을 악용한 그 행위가 더욱 괘씸하여 엄중 처벌할 것으로 믿는다.

『매일신보』, 1939. 3. 7.

"첨엔 취직이라구, 손도장을 받더니", 울멍울멍하는 피해 소녀의 말

피해자 중에 가장 나이 어리고 얼굴이 묘하게 생긴 부내 반월루에서 창기 견습을 하고 있는 김돌순(15)이라는 소녀는 형사실에서 다음과 같이 울멍울멍하면서 말한다.

처음에는 현금 20원을 주고 종잇조각을 내어서 이것을 지금부터 네가 취직하는데 쓰이는 증명서이니 도장을 찍어라 하며 손도장을 받아갔습지요. 그 후에 지금 있는 곳에 왔는데 처음은 방 소제나 하고 목욕물이나 끓였던 것이 요즈음은 화장을 하고 손님을 대하라고 자꾸 끌고 나갑니다그려 그런데…

여기까지 말하는 돌순이는 갑자기 주저앉으며 얼굴을 붉힌다.

『조선일보』, 1939. 3. 7.
사설 / 유괴범죄를 방지하자

一. 우리 사회에 있어 유괴된 사실은 그저께도 들었고 어제도 들었고 또 오늘도 들을 수 있는 바의 극히 평범한 것이라 새삼스러이 대경소괴(大驚小怪)할 바 아니나 다시 한번 돌이키어 생각한다면 그 직접 원인은 생활의 곤고(困苦)하거나 가정의 불화거나 턱없는 부녀의 허영이거나를 막론코 일절 그들의 무지로부터 나오는 것인즉 무지한 그들의 생활을 옹호하는 의미에서 좀더 거기 대한 사회적 관심과 여론을 환기해야만 되리라고 믿는다. 본래 어느 때 어떠한 사회든지 그 이면에는 종종의 간사하고 조악한 무리가 잠복하여 있고 또 법령이 얼마나 엄하고 사회적 제재가 얼마나 주도하든지 그들의 간지(奸智)와 마수가 미치는 한 가지 사회를 잠독(蠶毒)시키는 것이라고는 하되 오늘날 우리 사회에는 거의 유괴의 전문업자들이 있어가지고 무지한 인민을 대상 삼는 동시에 그들의 생활상 모든 약점을 엿보아 남의 안해와 딸을 꾀어내고 매끽하여 저의의 사복을 채우는 터로써 그런 자들을 좀더 엄혹히 취급치 않아서는 사회에 미치는 바 영향이 실로 불소한 것이다.

二. 일전 본보에 보도된 유괴범 하모의 사건을 보라. 아직 사건은 취조 진행 중에 있어서 범죄의 전모가 다 드러난 것이 아니지마는 우선 알아진 것만도 피해자가 64명에 이른다고 한다. 또다시 범행한 경로를 들으라. 친권자의 인감증명과 백지의 위임장 등을 준비해 가지는 것은 물론이요 반드시 경찰의 정식인가를 얻은 인사소개업자를 통해서 매매하였다고 한다. 범죄의 범위가 넓은 그것보다도 방법이 교묘한 그것이 더 놀랍지 않은가. 그 자는 오직 무지한 인민만을 속이기에 그치지 않고 한 걸음 더 내키어 엄혹한 법망을 피하기에도 능한 것이 아니었는가. 좌우간 이미 경찰의 손에 취조를 받고 있는 사건에 대하여는 곧 그 죄의 경중을 따라서 처벌될 것이므로 우리가 더 다른 말을 가할 필요가 없겠지만은 이제부터 제2, 제3의 하 모가 나오지 않기를 위하여 우리는 다 함께 각별한 주의를 요한다고 생각한다. 경찰당국에서도 전부터 취체를 엄히 안 해온 것은 아니로되 금후로 가일층의 엄한 취체를 하여 주기를 바라는 바다.

三. 그런데 그러한 견지에서 제일 먼저 개선을 요하는 것은 인사소개소의 제도니 개중에는 경찰의 인가를 간판으로 내걸고 부정한 자와의 연락을 일삼는 무리가 없지 않을뿐더러 이때까지는 경찰에서 1월 1회 영업 감사를 행한데 불과하는 만큼 얼마든지 경찰 당국의 눈을 속여가면서 부정한 행동을 계속키 가능했던 것이다. 만일 철저히 그의 근본적 개선책을 취하려면 일절의 인사소개소를 당국에서 직접경영하거나 공영단체에 위임 경영케 할 것이요, 설사 그렇게까지는 못한다고 하더라도 경찰의 감독을 좀더 엄히 하여야 할 것이다. 본래 인사소개란 인신상 중요한 문제를 취급케 되는 터로 일 개인의 영리에 맡기어 둔다는 것이 근본적으로 불합리한 제도다. 단연 그것을 국가의 실제 경영으로 하거나 적어도 공영단체에 위탁하지 않아서는 안되리라고 생각한다.

『조선일보』, 1939. 3. 7.

불법 계약은 당연 파기, 피해 여자 가급 구출, 유괴마, 하윤명 부처의 죄상 확대, 동대문서에서 적극 활동

희세의 유괴마 하윤명 부처는 그 후 계속해서 동대문서에서 취조 중인데 취조에 따라서 여태까지 감추고 있던 가지가지의 악착한 범행 수단과 함께 피해자의 수효도 점점 더 늘어가고 있어 흡사히 '인육백백교'인 감을 주고 있다. 범인은 처음에는 범행의 물적 증거를 감추기 위해서 유괴해다 팔아먹은 어린 처녀들의 수효에 대해서는 대체로 자백하나 성명만은 되도록 감추고 혹은 기억에 남지 않았다고 하고 혹은 되는대로 불러버리어 이 때문에 취조경관을 괴롭게 하였으나 6일 아침에 이르러 범인은 모든 것을 단념하였음인지 하나씩 둘씩 성명을 불기 시작한 것이 총수 65명 중 40여 명에 달하고 있다. 그중 현재 경성 시내 각 유곽 등지에 팔린 대로 남아있는 피해자의 성명이 판명된 것만도 20여 명에 달한다. 그래서 동서에서는 우선 이들만이라도 구해주어야 되겠다고 6일 그중에서 12명을 동서로 불러서 팔리게 된 전후 사정을 듣는 한편 고향과 부모네의 성명을 물어가지고 그들의 원대로 그리운 고향으로 돌려보내기로 주선할 방침을 가지고 있다.

시내에만 20명, 호출해 사정 청취

6일 이 반가운 소식을 접하고 동대문서의 호출을 받은 피해자의 성명은 다음과 같다.

▲병목정 조진순 방 조학이(19) ▲서사헌정 김수한 방 박사순(18) ▲병목정 임경숙 방 김간난(19) ▲서사헌정 신성녀 방 황명란(17) ▲대화정 2정목 사평긴 방 천필순(20) ▲서사헌정 반월루(半月樓) 방 김판례(18) ▲교남정 신흥숙 방 이재순(17) ▲용두정 조성재 방 서원이(21) ▲죽첨정 3정목 김원득(22) ▲서사헌정 이주희 방 김영순(18) ▲내자정 이남식 방 구순이(20) ▲병목정 박성삼 방 이복실(17)

보호 중의 12명 부모가 오기를 고대

하윤명 부처의 손에 꾖혀 본정 5정목 마굴에 감금당하고 있던 중 구사일생으로 경찰의 손에 발견되어 방금 동서에서 친권자가 나타날 때까지 보호검속 중이던 15명의 소녀 중 3명은 믿을만한 곳이 있어 그리로 보냈다. 아직도 부모가 나타나지 않아 그대로 고향 부모님네가 찾아가기만 목을 늘여 기다리고 있는 소녀는 12명인데 그 이름은 다음과 같다.

▲광주부 송정면 송정리 양근영(18) ▲동 오자근아기(17) ▲동 오연임(17) ▲대구부 신암동 김갑성(16) ▲전주부 상생정 장정리(17) ▲광주부 송정면 송정리 이순남(24) ▲전북 옥구군 대야면 산월리 박국화(28) ▲대구부 남산정 오부돌(13) ▲전주부 고사정 김애순(14) ▲옥구군 우전면 안행리 박금덕(14) ▲정읍군 태인면 백산리 김순이(19) ▲동면 소성리 김자근아기(19)

극력 구해주겠다. 하전(河田) 동대문서 사법주임 담

하전 사법주임 담: 팔아먹은 곳과 피해자의 성명이 판명되는 족족 그것이 불법계약에 의한 희생인 것이 확실해지는 대로 피해자 본인의 의사만 있다면 계약은 당연히 파약될 터이니 고향 가고 싶다면 구해내도록 주선할 터이다 운운.

인사소개업자를 금후로 엄중 감시

동대문 경찰서에서 검거된 희세의 유괴마 하윤마 부처 사건에 비추어 시내 본정서에서는 관내에 유곽이 있는 관계상 창기 취업을 금후 엄격히 취체하는 한편 관내 24명의 인사소개업자의 장부를 한 달에 한 번씩 검사하던 것을 늘려서 금후에는 수시로 임검하여 유괴마와 인사소개업자의 흑막이 있나 없나를 철저히 방지하기로 되었다.

『동아일보』, 1938. 3. 8.

뉘동생 찾으러 노동자가 부산서 상경(上京), 유인마 사건의 후문

희세의 유괴마 하윤명 부처의 죄상은 경찰의 취조에 따라 속속 판명되어 경찰의 취조경찰관으로 하여금 더욱 혀를 내두르게 하고 있는데 이들 부처의 손에 여지없이 유괴된 100여 명의 여성들은 모두 불법계약으로 인육시장에 방매되어 있었으므로 이를 그대로 방치함은 인도상 도저히 용서할 수 없는 일이라 하여 경찰에서는 될 수 있는 대로 이들의 가련한 신세를 구출하여 자유로운 몸을 만들어 줄 터이라 한다.

그런데 7일 아침에는 신문을 보고 실종된 자기 누이를 찾아달라고 부산서 상경한 청년이 있다. 그는 상주군 공성면 금계리에 본적을 두고 부산부 초량정 김용구 장남 노동 김기묵(20)으로 작년 12월 중순경 그의 아버지와 일터에 노동하려 나간 새 누이동생 기열(18)이가 어떤 자에게 유인이 되었음인지 행방불명이 되었다는 것인데 이래 사방으로 찾았으나 소식을 모르는 중 금번 사건을 신문지상에서 보고 7일 아침 상경하여 경찰에 출두한 후 이 뜻을 신고하여 왔음으로 경찰에서는 곧 하윤명에게 전기 사실을 신문하였던 바 작년 12월 16일 오전 11시 반경 부산서 마수를 뻗치던 중 전기 처녀 혼자서 집을 보고 있는 것을 기화로 갖은 소리를 다 써가며 서울로 데려다가 취직시켜 준다고 한 후 데리고 와서 450전을 받고 길주군 길성면 길남동 음식점 차기인 집에 작부로 팔아먹은 것을 자백하였다. 경찰에서는 기열이가 현재에도 그 집에 있는지 길주서로 조회한 후 구출케 할 터이라는데 이밖에도 피해 여자와 고용주를 앞으로 속속 소환하여 불법계약을 타파한 후 자기 고향으로 돌려보낼 방침이라 한다.

『조선일보』, 1939. 3. 8.

매신(賣身)의 계약은 무효나 새로 지어 놓은 빚이 걱정, 하(河) 부처(夫妻)의 독아(毒牙)에 걸려 유곽에 팔린 피해녀들, 구출하려도 돈이 문제

유괴마 하윤명 부처의 죄상은 동대문서의 준렬한 취조에 따라 속속 백일하에 폭로되고 있는데 이것보다도 중요한 것은 이들 부처의 손에 걸려 참담한 운명에서 울고 있는 60여 희생자들의 구출문제라고 동대문서에서는 7일도 전날에 계속해서 속속 시내 여러 유곽에 묻혀서 울고 지내는 가련한 피해자들을 속속 불러다가 되도록 그들로 하여금 부모가 기다리는 고향으로 돌려 보내주려고 속임을 받아 몸을 팔리게 되던 전후 사정을 청취하는 한편 고향에 기별하여 잃었던 딸들과 누이들을 찾아가라고 조회 중이다. 계약은 물론 불법이라 파약할 수는 있어도 이태 또는 3, 4년 동안에 사사로이 포주에게서 취해 쓴 전차금에 얽매여 그들 개인의 힘으로서는 도저히 이 쇠사슬을 벗어나기가 어려울 뿐 외라 가정이라야 빈한한 농가가 대부분이어서 과연 부모네가 500원, 600원이라는 큰돈을 대번에 빼어낼 수가 있을지도 의문이어서 결국 모처럼인 파약도 수포에 돌아가지나 않을까 동서에서는 걱정이 자심하다.

실종된 내 누이가 농중(籠中)에서 울 줄이야! 신문 보고 찾아온 "오빠의 탄식"

딸과 누이를 찾아가라고 동대문서에서 열심히 고향에 기별을 띄웠건만 대개가 삼남의 벽지라 "내 딸이오"하고 나서는 부모네가 없어 경찰에서 보호 중인 열두 소녀는 울음으로 세월을 보내고만 있던 중 작 6일 석양 돌연 스무 살가량 되어 보이는 청년 1명이 동대문서 형사실에 찾아와서 드리고[11] "누이동생 기열이를 돌려줍시오"하고 울먹울먹 다음과 같은 하소연을 하였다.

이 청년은 부산부 초량정에서 사는 김기연(21)[12]으로 작년 12월 어느 날 당시 17살난 누이동생 기열이가 돌연 행방불명이 되어 이래 백방으로 사람을 놓아서 찾았으나 종시 소식이 묘연하여 이제는 단념하려 하던 중 신문에 크게 난 하윤명 부처의 유격 전말을 읽고 행여나 내 누이동생도 그

11 원문대로 표기함.

12 원문대로 표기함. 다른 기사에서는 '김기묵'으로 표기됨.

틈에 끼어 있지나 않나 하고 아버지와 의론한 후 급거 상경한 것이라고 한다. 그래서 이야기를 들은 동서에서는 즉시 피해자 명록을 들추어 보았으나 '김기열'이라는 이름은 보이지 않아 잠깐 누이를 찾아 먼 길을 들어온 이 오빠를 실망케 하였으나 혹여나 하는 생각에서 유치장에 갇혀 있는 범인 하윤명이를 불러내어다가 다시 준엄히 문초해 보았더니 아니나 다를까 범인은 그제야 머리를 숙이면서 과시 기열이는 내 손으로 유괴해다가 작년 섣달 함경북도 길주 모 유곽에 4백 몇 십 원인가 받고 팔아먹었습니다 라고 자백을 하였다 한다. 동서에서 즉시 길주서에 조회를 띄우고 전후 사실을 조사키로 하였다.

『매일신보』, 1939. 3. 8.

누이 찾아 딸 찾아, 동대문서로 피해자 가족 살도(殺到), 원성 듣는 유괴마 하윤명 부처(夫妻)

기보= 동대문서에서는 유괴마 하윤명(40) 내외의 손에 희생된 가엾은 소녀들에 대하여 될 수 있는 대로 구해내서 고향으로 보내 줄 방침으로 취조에 따라 팔아먹은 곳으로 호출장 혹은 조회장을 보내어 전차금과 팔아먹은 경로에 대한 조사를 신중히 거듭하고 있는데 7일 오전 9시쯤 경남 부산부 초량정 김동식(51) 맏아들 김기묵(21)은 동대문서 형사실을 찾아와 작년 12월 12일 부내 서린정 인사소개소의 손을 거쳐 함북 길주 백일루(白一樓)에 490원에 팔려간 누이 김기열(18)을 찾아주오 하고 애원을 하며 다음과 같이 기열이가 집 나간 데 대하여 이야기한다. 양친과 우리 두 남매 네 식구는 아버지와 내가 날품을 팔아서 겨우 호구를 하였는데 기열이는 어릴 때부터 재주가 있어 학교로 보내려고도 해보았으나 워낙 먹고 살기가 바쁜 일임이라 그것도 뜻대로 하지 못하고 그러니까 언제든지 서울 가면 큰 공장도 많이 있으니 여공으로 있으면서 공부를 하겠다고 혼자 말을 늘 하고 있었습니다. 그리고 있던 중에 작년 12월 초순에 아무 말 없이 집을 나가고 말았음으로 필연코 서울 가서 공장에 들어갔느니 하고 한편 본인의 장래를 위해서 기쁘기도 했습니다. 그런데 그 후 아무 소식이 없음으로 그때야 비로소 이상한 점이 있어 각 인사소개소를 찾아다니며 조사하여 보았으나 알 길이 없어 궁금튼 중에 신문에 누이의 이름이 크게 났다는 말을 이웃 사람으로부터 듣고 찾아왔습니다. 그리고 이날 또 한 가지 함북 명천군 서면 삼향리 명월루(明月樓)의 창기로 있는 이칠성(18)은 부내 병목정 이루길의 소개로 700원에 팔아먹은 사실이 판명되었는데 전기 김기묵의 누이동생 외에도 "딸을 찾아주오! 누이를 찾아주오!" 하고 찾아오는 사람과 수색원이 하나 둘씩 몰려들고 있다.

『매일신보』, 1939. 3. 8.
농촌 소녀 유괴범 검거, 그 방지의 대책여하

一. 농촌으로부터 순진한 소녀의 도회에 대한 동경심을 이용 유인하여 유곽 기타로 팔아온 유괴마의 범인 부부가 경찰의 손에 검거되어 방금 속속 그 죄상이 판명되는데 벌써 판명한 것만도 150여 명에 달한다고 한다. 그 범인들의 공술(供述)에 나오는 차(此) 범행수단을 보건대 대개 농촌 소녀의 도시에 대한 동경심을 이용하여 취직시켜 준다는 감언으로 꼬여 필경 점차 그를 수중에 넣은 후에는 인육시장에 매(買)하는 것이다. 이에 대하여 오인은 간단히 2, 3의 대책을 제시하려 한다. 첫째는 농촌의 문화에 대한 시설을 촉진하는 것이오, 둘째는 향당(鄕黨)에 상당한 지도기관을 둘 것이오, 셋째는 이런 악질의 범죄는 주범과 공범을 막론하고 엄혹한 처벌을 할 바라 한다. 첫째로 현대의 문화 환경은 너무도 도시 치중이 되어 있다. 도시가 정치나 경제의 중심 지대이니만큼 문화시설이 이리로 편중될 것은 부득이한 일이오, 대저 어느 나라든지 있는 현상으로 반도에서만 있는 특유한 현상은 아니다. 다만 반도 농촌의 시설은 그 시대와 환경의 제약에 의하여 다른 나라의 그것보다도 훨씬 뒤떨어진 것도 사실이다. 그럼으로 비록 금후 단시일의 가능한 일은 못 된다 할지라도 일단은 도시 편중의 문화시설을 기분간(幾分間)이라도 농촌에 균점되도록 장원(長遠)한 계획을 세울 것이니 이것이 이런 불균형에서 생기는 폐해를 제거하는 데 유력한 기초가 될 것이다.

二. 둘째로는 농촌에 적당한 지도기관을 만드는 것이다. 현재의 농촌이 이렇게 빈약하고 또한 시설이 부족한 이상 농촌의 소년소녀가 도시에 직(職)을 구하여 그 생활을 영위코자 함은 거의 불가피한 일이다. 이에 대하여는 소극 적극의 두 가지 지도방법이 있으리라고 본다. 소극적으로는 농촌의 소년소녀에게 외양으로 보아 화려한 도회가 얼마나 사회악이 잠복 활보하는 곳임을 지적하고 농촌의 풍물과 직업에 친(親)하여 평화한 생활을 보내는 농민도(道)를 고취하여 이러한 망념(妄念)의 맹아를 미연에 방지케 함이 그 일이오, 다른 하나는 이와 같은 소년소녀의 도시 동경심리를 이용하여 적극적으로 직업에 대한 상의 기타에 응할 수 있도록 하는 것이다. 물론 농촌으로부터 이러한 지원자는 심히 많을 것이오. 도저히 전부 소화도 할 수 없을 것이며 또 힘써 여공 기타로 취직이 된다 하여도 과연 자신을 위하여 농촌생활보다 나을까는 의문이다. 다만 도시에 대한 사정을 상담하는 기관이라도 되었으면 좋을 것이다.

三. 이런 점에 대하여 내지에는 전자로는 농촌처녀회 기타가 있고 후자로도 공사(公私)의 기관이 상당히 있다. 반도에도 농촌진흥운동이 있은 이래 이런 종류의 단체로 부인회 기타가 있으니 평소부터 부락의 소녀에 대하여 서상(敍上)과 같은 활동을 하는 것도 좋은 것이오, 향당(鄕黨)의 유지(有志)가 항상 유의하여 주었으면 좋을까 한다.

셋째로 사직(司直)에서는 물론 엄정한 처벌이 있으려니와 특히 이런 종류는 가장 악질의 범죄임으로 엄벌에 처하기를 기대한다. 어떠한 범죄이든지 그것이 사회의 질서를 문란하는 자인 이상 당연히 상당한 제재가 있어야 할 것은 불가피이나 개중에는 정상의 가긍한 자도 있고 혹은 의협감에 의한 탈선 등이 있어서 오히려 그를 작량(酌量)할 점이 있다 하려니와 이러한 양(羊)과 같은 소녀를 유인하여 인육시장에 매(買)하여 비기(肥己)의 자(資)로 삼는 자는 인면축혼(人面畜魂)도 심한 자이어서 추호만치라도 용대(容貸)할 자이 못된다. 물론 사직의 처단은 공정한 것이어서 보통 문외한이 생각함과 같이 범인 개체에 대한 증오감에 지배될 것은 아니다. 그러나 이 시기에 세도(世道)를 바로잡고 이런 범죄를 미연에 방지하여 포부입정(匍匐入井)과 여(如)한 적자를 구한다는 대의로서 추상열일(秋霜烈日)의 처벌이 있기를 요망하여 마지않는다.

『동아일보』, 1939. 3. 9.

유인사건 다단(多端) 유곽업자는 창기를 지방에 전매(轉賣), 경찰은 영업정지라도 시킬 방침

희세의 처녀 유괴마 하윤명 부처는 경찰의 준렬한 취조에 따라 속속 여죄가 백일하에 드러나고 있는데 이번 사건이 한 번 세상에 폭로되자 전기 하윤명에게서 처녀를 산 부내 유곽업자들은 3, 4일 동안에 전부 다른 곳으로 전매하여 그들의 손해를 미연에 방지케 재빠른 수속을 취하였다 한다. 이로 말미암아 경찰의 호의로 그들을 구출하려든 계획은 당분간 꺾인 셈인데 그들 업자들은 경찰에서의 호출이 있자 곧 지방으로 급처분을 하였다는데 이들은 이미 정을 알고 이와 같이 하였으므로 경찰에서는 업자에게 엄중한 처벌을 하여 경우에 따라서는 영업정치 처분까지 내릴지 모른다고 한다.

병목정 58번지 박성삼이가 경영하는 유곽에 하윤명의 꼬임으로 팔려와 있는 경북 영일 출생 이칠성의 딸 이복귀(17)는 6일 600원에 병천군 서면 삼향리 명월루에 전매한 것이 판명되었고 기타 15명 부내 유곽에 판 여자는 전부 다른 지방으로 막 처분하였고 오직 전남 순천군 낙안면 이곡리 출생 서사헌정 180번지 반월루 창기 권사순(20)[기명 영자(英子)]만이 남아있는데 그는 작년 섣달 1천 원에 하윤명이 반월루에 판 것이라 한다.

그리고 병목정 61번지 유명루(遊明樓)에 팔려 있는 경남 합천 출생 조학남(18)은 이틀 전 400원을 받고 산동성 답경위안소(畓鏡 慰安所)에 판 것도 드러나 그들의 행방 찾기에도 여간 곤란이 아니라는데 사건이 의외의 방면으로 벌어져 취조에 곤란을 느끼고 있다 한다.

『매일신보』, 1939. 3. 9.

하윤명 유괴 사건 파문 확대, 악랄한 유곽업자, 경찰의 구출을 염려, 속속 외국으로 전매

기보= 유괴마 하윤명(40) 내의 죄상은 취조에 따라 날로 새로운 사실이 판명되고 있는데 동대문서에서는 하윤명의 자백에 따라 부내 각 유곽으로 호출장을 보내서 가엾은 소녀들을 구해내기에 갖은 고심을 하고 있는 반면에 각 유곽에서는 호출장을 받기 전에 혹은 받은 뒤에 불법 계약이 무효 됨을 두려워하여 북지 방면으로 다시 팔아먹은 사실이 드러났다. 즉 서사헌정의 반월루 김판례를 비롯하여 40여 명의 피해자 중에 다른 곳으로 전매한 곳이 판명된 것만 해도 부내 병목정 유명루의 창기 조학남(20)을 산동성 답경위안소로 500원에 팔아먹은 것을 비롯하여 20명이나 되므로 유괴마 하윤명의 행위와 조금도 다름이 없는 포주들의 눈물도 인정도 없는 행위를 분히 여기고 그 서에서는 다시 전매한 곳으로 조회를 하여 최후까지 구해낼 방침으로 노력 중이나 장소가 변함에 따라 늘어가는 전차금을 어떻게 처리하느냐가 앞으로 큰 어려운 문제라 한다. 그런데 이 흉측한 포주의 손에서 다시 북지로 팔아넘어가기 전 그야말로 위기일발에서 구조된 여자가 있다. 전남 순천군 태생으로 작년 12월에 하윤명이가 서사헌정의 망월루에 1천 원에 팔아먹은 권사순이라는 여자로 포주가 만주 방면으로 팔아먹으려 하다가 동대문서로부터의 호출로 말미암아 못 팔아먹은 것이라 한다.

『매일신보』, 1939. 3. 9.

인사소개소에 검찰의 메스! 특별조사대 편성 내탐

별항= 하윤명 내외의 유괴 사건의 취조가 진전됨에 따라 인사소개소의 현상에 많은 결함이 있는 것을 인정하고 동대문서에서는 특별조사대를 만들어서 때때로 내정탐사를 하는 한편 앞으로는 절대로 신설허가를 않을 바임을 세우고 있다 하며 될 수 있는 대로는 조금이라도 부정한 행위가 보이면 단연코 영업폐지를 명할 터이라 한다.

『조선일보』, 1939. 3. 9.

인간상품화의 이 결과, 계약무효에 끽경(喫驚)하여 헐값 전매의 경매종(競賣鐘), 악랄한 포주들의 간계, 경찰 탄압 결의, 유괴마 하윤명 사건 역(逆)진전

유괴마 하윤명 부처의 손으로 팔린 여자들은 모조리 계약을 파기한 후 고향으로 돌려보내기로 한다는 소문이 한번 보도되자 유곽에서 때 아닌 일대 공황을 일으키게 되어 공으로 큰돈 들인 여자들을 빼앗기기보다는 이 기회에 재빠르게 다른 데로 헐값으로라도 넘겨 팔아 손해를 덜게 함과 같지 못하다고 잇속에 밝은 포주들은 나도 너도 하고 장품(贓品)이나 처분하듯 국내 또는 국외로 헐값으로 팔아넘긴 사실이 드러나서 호출장을 띄워놓고 사람 오기만 기다리고 있던 동대문서로 하여금 벌린 입을 닫지 못하고 있다 한다.

이제 그 전말을 들어보면 호출장은 시내에만 도합 20여 장이나 내었음에도 불구하고 당일로라도 뛰어와야 할 그들이 부내 서사헌정 반월루에 창기 순천 출생 권사순(기명 영자, 20) 하나를 내놓고는 아무리 기다려도 오지 않음으로 동서에서는 하도 수상하기에 전후 사정을 조사해 보았다는데 그 결과 포주들의 간계로 최근 2, 3일 내로 그거의 전부가 전매되어 국내로는 병목정 유곽업 이성삼 방에 있던 이칠성녀(18)가 사흘 전에 함북 명천군 서면 향리 명월루(明月樓)로 600원으로 전매된 것을 비롯해서 10여 명이 그리고 국외로는 이역 병목정 유명루 창기 조학남(18)이가 지나 산동성에 500원이라는 헐값으로 이 역시 빼앗길까 봐 헐가로 전매된 사실이 드러났다고 한다. 그래서 이 사실을 안 동서에서는 이것은 비단 인도상으로도 용서치 못할 처사일 뿐 외라 법에 비추어서 "정을 알고" 급속히 처분할 필요상 되팔아 넘긴 것이 확실한 이상 포주는 모름지기 하윤명

유괴 사건의 공범으로 간주하여 엄벌에 처해야만 될 것이라고 방침을 작정 경우에 따라서는 단호 영업권 해소를 명령할는지도 모른다고 한다.

『동아일보』, 1939. 3. 10.

팔린 처녀 구출 무망(無望) 뺏긴 것을 염려코 만주로 산매(散賣) 악귀의 뒤를 따른 악귀

취조를 계속함에 따라서 속속 전율할 범죄가 드러나고 있는 하윤명 부처의 죄상은 그간 보도로 대략 전모가 드러났는데 범인 부처가 잡히자 부내 각 유곽에서 전기 하윤명에게서 처녀를 샀던 업자들이 계약무효가 될 것을 두려워하고 지방으로 전매하여 경찰로 하여금 더한층 분노를 사게 하고 있는데 그들이 조선 안 지방으로 팔면 소환해 오기가 쉬운 것을 또 두려워하여 1명을 제하고는 전부 국외인 만주국으로 인사소개업자의 손을 거쳐 헐가로 처리한 것이 판명되어 그들을 구출하겠다는 경찰의 참뜻도 좌절되게 되었다.

즉 경북 달성군 주성면 봉덕리 황하대의 장녀 황명란(18)은 작년 10월 중순경 하윤명의 꼬임에 빠져 상경하여 서사헌정 차성녀 유곽에 600원에 팔려와 있는 바 며칠 전 이 사건이 탄로되자 그는 곧 명란을 2년 계약으로 250원에 부근 인사소개업자의 손을 거쳐 길림성 회덕현 공주령 부정 1정목 이기홍에 팔았으며, 진주 출생 천택순(19)은 대화정 2정목 모 내지인 집 심부름꾼으로 있는 것을 목단강 방면에 300원에 팔고 순천 출생 서사헌정 반월루 권사순(20)은 작년 말 천 원의 전차금으로 반월루에 와있던 바 이 기미를 안 주인은 8일 오후 4시 차로 산서성 태원으로 떠나게 하려던 직전에 경찰에 탐지되어 위기일발에서 구출되었다는데 지금까지 만주 각지로 급처분한 처녀가 19명에 달한다고 한다.

관계 소개업자에 단호 철퇴 내릴 방침

별항 처녀 유인마 하윤명과 정을 통하여 유곽에 소개한 각 인사소개업자는 사건이 발각되자 유곽업자와 결탁하여 만주국으로 급처분 하였으므로 사건에 주저케 된 경찰에서는 이러한 악덕 인사소개업자는 단호히 처치하여 영업을 정지시키는 동시에 엄벌에 처할 터이라는데 이로 말미암아 부내 관계 인사소개업자는 전별을 당할는지도 알 수 없는 바 앞으로는 인사소개업자를 더욱 단속하여 유곽과 함께 숙청에 노력할 터이라 한다.

『매일신보』, 1939. 3. 10.

흡혈업자도 무색! 희세의 유괴마 하윤명의 죄상 점차 백일하에, 인사소개소 주(主) 8명을 취조 중

누보= 하윤명 내외의 유괴 사건은 취조가 진전함에 따라 그 흉측한 유괴 경로를 더욱 뚜렷하게 상상케 하는 새 사실이 나타나고 있으며 부내를 비롯하여 전선 각지로부터 누이 혹은 딸을 찾아오는 사람이 날로 불어가고 있어 동대문서에서는 다방면으로 진전해 가는 이 사건을 추궁하여 가엾은 피해자들을 구해내겠다는 점에 중심을 두는 한편 8일 아침에는 관내의 인사소개업자 8명을 불러다가 이 사건과 다소 관련되는 듯한 점을 잡고서 취조 중이라는 바 창신정 모 인사소개소의 주인은 다음과 같이 하윤명의 유괴에 대하여 말한다. "우리도 형편에 따라서는 사실 딱한 일도 알면서 돈이 탐이 나서 그런 짓을 하기도 합니다마는 그들(하윤명)은 너무 했어요. 우리 인사소개소끼리는 다 알고 있습니다. 그놈의 흉측한 것은 유명합니다. 그들 때문에 우리도 영업을 못 해 먹게 되었습니다" 운운.

가련, 250원에 만주국에 전매(轉賣), 9일에 또한 각 판명

그리고 이날 또 하나 만주 쪽으로 전매된 사실이 판명되었다. 경북 대구 태생으로 작년 11월 17일에 만주국 길림성 희덕현 공주령 이기홍에게 2년 반 동안 기한으로 250원에 팔아먹은 것인데 전매한 포주에 대하여는 방금 조사 중이다.

『조선일보』, 1939. 3. 10.

여자의 입장으로 본 "하부처 유괴 사건" 광명천지에서도 법석대는 아귀들, 무지한 부녀자가 그들의 밥이다, 미끼는 '취직'과 '영화'

"아들보담 딸을 많이 낳소. 지금 세상엔 딸 삼형제면 부자요" 이것은 딸을 한 개의 물건처럼 팔아서 돈을 만들 수 있는 데서 나온 말입니다. 요즘 본보 사회면에 꼬리를 물고 게재되는 하윤명 내외의 소녀 꼬임질 사건은 그것이 너무나 범위가 크고 기술이 정교한 데 또 한번 우리는 놀라고 있는 것이 아닙니까.

본래 17, 18세 되는 소녀들을 몇 백 원 혹은 천여 원씩 받고 팔고 사고 한다는 것은 우리 동양에 많은 공공연한 죄악인 동시에 실로 말할 수 없이 추하고 악착한 현상입니다.

이번 이 하윤명이라는 내외가 협력해서 삼남 각지로 돌아다니며 가난해서 치마 하나 변변히 얻어 입지 못하고 보리밥 한 끼 변변히 못 먹는 농촌의 딸들을 꼬여다가 유곽 등에 팔아먹었습니다.

우리의 농촌이란 데가 아직도 얼마나 무지하고 또 차마 볼 수 없이 가난한다는 것이 우리 자신이 이미 잘 아는 바입니다. 이들 하윤명 내외는 이러한 것을 이용해서 영남 각지 방방곡곡에 돌아다니며 아직 세상을 모르는 가난한 처녀들께 인조견 남치마 분홍 저고리로 지어 입히며 혹은 서울 가면 호사한다는 꿈같은 말로 꼬여다가 팔았습니다.

65명 – 이외에도 얼마나 더 있는지 정확한 숫자조차 모르는 소녀들은 제 자신도 모르는 빚을 500~600원씩 걸머진 채 여러 곳 유곽에 있습니다.

이에 대한 유괴 사건에 대하여 우리 사회전반에 분개하는 것은 말할 것도 없거니와 그중에도 우리 여성의 입장으로서 우리 여성사회에 선배되시는 여러분의 말씀을 듣기로 합니다.

그릇된 심청전. 이화여전 부교장 김활란 씨 담

이것은 말이 부족한 문제입니다. 우리의 농촌이 아무리 가난하고 도회의 행랑방 사람의 딸들이 아무리 헐벗고 있기로서니 사람을 팔고 사는 것은 한 개의 죄악이고 더구나 이런 것을 이용하는 무리들이 많은 것을 볼 때에 암담한 생각을 금치 어렵습니다.

서양 사람들은 어떠냐구요? 글쎄 내가 본 바에 의하면 거기에도 이와 비슷한 죄악이 전혀 없다고는 할 수 없으나 우리의 인신매매와는 아주 다릅니다. 첫째 그들은 좀처럼 제 자신도 몰래 팔려가는 일이 없고 또는 동양 도덕의 하나로 볼까 "제 몸을 팔아서 부모를 봉양한다"는 예는 거의 하나도 없습니다.

동양 사람은 더구나 조선 사람 가운데는 심청전 이후로 제 몸을 팔아서라도 부모를 받든다는 생각이 있습니다. 서양 사람들은 부모가 아무리 가난하더라도 자식을 교육을 시킨다든지 부모로서의 의무와 애정을 충분히 다하려고 온갖 노력을 다할지언정 자식은 절대로 부모를 위해서 제 몸을 팔지는 않더군요.

어쨌든 우리에게 이와 같은 비극이 있는 것은 교육과 생활의 기회가 없이 그들이 무지한 까닭이고 또 가난한 탓입니다. 그러므로 먼저 17, 18세에 소녀면 제 자신 팔리는 것이 얼마나 무서운 일이란 것을 알아야 하고 부모나 그 밖의 사람들은 인간의 귀중성을 알아서 가난하더라도 사람을 팔겠다는 생각부터 할 줄을 몰라야 할 것입니다. 끝으로 사회교화 사업을 전문으로 하는 분들은 이 문제를 좀더 구체적으로 생각해주기를 바랍니다.

속는다는 게 무지한 탓. 여의사 허영숙 씨 담

네 신문에서 여러 번 읽었습니다. 일본 내지에선 어떠냐구요. 글쎄 자세히는 몰라도 일본 여자들은 우리와는 좀 다릅니다. 일본 내지에는 의무교육이 있으니까요. 대개 글을 아는 관계로 우리 조선 소녀들처럼 아무것도 모르고 팔려가지는 않습니다.

여기 소녀들이야 글을 모르니까 무슨 문서에 도장을 찍는지 더구나 국어 같은 것으로 수근덕거려서 팔아먹으면 판판 아무것도 모르고 어느 공장에 돈벌이라도 가는 줄 알고 따라나선단 말씀이에요. 그러나 일본 내지 여자들도 물론 팔려가는 사람이 많습니다.

그들은 대개가 자기 부모를 위해서라거나 혹은 남동생을 공부를 시킨다거나 그래서 몸이 팔려가나 봅니다. 인신매매란 우리 사회에 있어 한 개의 공정된 법으로 되어 있으니 이것은 한두 마디로 끝이 날 문제가 아닌데 더구나 이번 하윤명이 같은 악한 사람이 그런 못된 짓을 했다는 것은 참으로 통분할 일입니다.

『조선일보』, 1939. 3. 10.

내 딸도 끼었나 알아봐 주시오, 유괴마 사건 조회 사태

하윤명 부처의 유괴 사건이 세상에 알려지자 요즘 동대문서에는 "그중에 내 딸은 안 끼었소! 내 누이는 없어요?" 하고 경향 각지에서 행여나 하고 문의해 오는 부모와 친척이 많이 있어 동서에서는 그 처리에 머리를 앓고 있다. 수일 전 부산서 "내 누이를 찾아주오" 하고 올라온 오빠가 있었다 함은 기보한 바이거니와 9일 아침에도 시골서 서신으로 들어온 조회는 내놓고도 종로 6정목 육덕노(20)는 "작년 4월 8일에 빨래터에서 행방불명이 된 당시 열 살 난 누이동생 태노가 그 틈에 끼어 있나 없나를 알아봐 줍시오" 하고 동대문서에 찾아왔고 뒤를 이어 시내 미생정 정한윤 씨는 작년 10월 초순에 딸아이 정숙(12)이와 아들 재림(9)이가 행방불명되었는데 혹시나 하윤명 부처의 손에 유괴당한 것이나 아닐까 좀 알아봐줍시오 하고 애걸해 왔는데 동서에서는 즉시 유치장에서 하 부처를 끌어내어다가 문초를 해보기로 하였는데 이러다가는 언제 끝날지 알 수 없어 동서에서는 새삼스레 땀을 흘리고 있다 한다.

『조선일보』, 1939. 3. 10.

색연필

동대문경찰서에 붙잡힌 유괴마 하윤명의 죄상은 아직도 얼마나 더 나타날는지 모를 만큼 많은 모양이다. ▲시골 농군을 속여가지고 귀한 딸을 꼬여다가 헐가로 팔아먹기를 소나 돼지를 팔 듯했다. ▲제 딸을 길러 팔아먹은 부모도 아무리 무지 빈곤하다고는 해도 죄의 행동이라 안 할 수 없겠지 ▲물론 그중에는 어쩔 수 없어 그런 것도 있다 하지만 ▲하기야 갈보로 팔아먹으나 기생으로 내놓고 제 무릎 밑에서 이놈 저놈 붙어먹으러… 기생 애미 애비가 사실은 더 악하다고 하여 옳겠지. …그런데 하윤명이가 사람을 속여가지고 부당한 계약으로 팔아먹은 것이 탄로 나자 유곽의 갈보 주인 중에서는 이왕 샀던 색시를 다시 싸구려로 딴 곳에 판다든가 …절도와 악덕 고물상과의 관계가 어떻게 되는지 모르는 모양인가 ▲하여간 밝은 이 세상에 사람의 매매란 법으로 인정 안 된다면서 백주에 공공연히 이렇게 있으니 ▲문제는 이 하윤명 부처 2명이나 유곽 색시 장사의 문제만이 아닌 게 아닌가.

『조선일보』, 1939. 3. 10.

조명탄

서울에서 하윤명이란 유괴마 부처의 악랄 무도한 죄상이 세상에 드러나 세인의 이목을 놀라게 하거니와 ▲개성에서도 소위 수양녀라고 하여 빈곤 무지한 가정의 딸을 꼬여다 팔아먹는 자가 많아 개성서에서는 악덕 포주와 악질의 양부모를 철저적으로 적발 소탕시키기로 하였다. ▲이런 범죄야말로 어찌 지금이 처음이며 또 서울 개성에만 있을리는 만무할 터이니 ▲각처 경찰은 이번 실례에 본받아서 이런 방면을 철저적으로 숙청할 필요가 있음직할 일.

『동아일보』, 1939. 3. 12.

인신매매 감행하는 악덕 소개업에 철퇴, 동서(東署) 체포의 유괴마 사건을 계기로 발각되면 엄벌 방침

목하 동대문서에 체포되어 엄중한 취조를 받고 있는 희유의 유인마 하윤명 부처의 죄상은 취조에 따라서 그 전율할 죄상이 백일하에 폭로되어 취조 경관은 물론 일반까지 다시금 놀람을 주는 동시에 의분을 느끼게 하고 있다.

즉 이번 사건이 4년간이나 잠행적으로 탄로되지 않고 있었음을 그들 부처가 각 지방으로 돌아다니며 범죄를 저지르고 상경하여 주소를 자주 변경하는 동시에 유괴해 온 처녀들을 한꺼번에 모아 두지 않고 여러 인사소개업자와 결탁한 다음 그 즉시 처분하여 버려 이번과 같은 대량 유괴를 낸 것이라 한다.

그런데 현재 서울 안에 있는 인사소개업자는 단지 작부, 예기, 창기, 어멈 등을 소개하여 주고 수수료를 받는다는 본래의 취지를 떠나 처음부터 공공연하게 인신매매를 하고 있는데 발단이 있어 금번 사건을 계기로 앞으로는 이러한 취지의 인사소개업자는 단호 영업을 정지시키는 동시에 발각되는 대로 엄벌할 터이라는데 이렇게 되면 각 인사소개업자의 대부분은 철퇴를 맞을 것인 동시에 앞으로 절대로 불허할 터이라 하니 앞으로는 이러한 비인도적인 일이 다시는 발생치 않을 것으로 기대하고 있다.

이번의 유괴 사건은 중대한 사회문제, 북촌(北村) 동대문서장 담(談)

이번 사건은 사건 그 자체가 크니만큼 경찰에서도 신중히 취조를 하고 있는데 천진난만한 처녀 100여 명이 그들의 독아에 걸려있으니 일대 사회 문제라 하지 않을 수 없다. 그런데 서울의 인사소개소는 일본 내지의 그것과 전연 다른 것으로 공공연히 인신매매를 하고 있는 데는 놀라지 않을 수 없다. 앞으로는 더욱 인사소개소를 취체하는 동시에 본래의 사명을 잊은 소개소는 단연 없애는 동시에 무슨 일이 있더라도 절대로 불허가할 방침이며 인사소개는 부영 직업소개소에 의뢰시킬 터이다.

『매일신보』, 1939. 3. 12.

유괴마 반광(佯狂), 동대문서 취조에 지장

누보= 흉악하기 짝이 없는 하윤명 내외의 유괴 사건에 대한 취조는 유곽업자들이 불법계약의 무효를 겁내서 미리 북지 만주 방면으로 전매하여 버린 까닭에 한층 더 복잡하게 되고 있는데 범인 하윤명은 10일부터 갑자기 태도가 변해지며 정신병자인 척 헛소리로 중얼대고 형사의 묻는 말에는 전연 관계없는 대답을 하고 있음으로 앞으로도 얼마나 나타날지 모르는 희생자를 하루바삐 밝혀내기에 갖은 힘을 다하고 있는 취조 형사도 이 새로운 난관을 앞두고 머리를 앓고 있다. 유괴된 소녀 가운데는 호적에 실린 나이를 마음대로 고쳐서 서류 위조를 한 것과 부모에게는 단 한 푼도 주지 않고 꼬여내온 것이 반수 이상이라는 사실이 새로 드러났다.

『동아일보』, 1939. 3. 13.

휴지통

옛적에 사람을 매매하되 그 대가로 금전을 제공하였다. 마치 물건을 사고 파는 것과도 같이 ▼이 악습이 멀리 고대에 노예를 얻는 데서부터 시작된 것으로 생각되거니와 ▼시대가 밝아지고 문화가 진보됨을 따라 사람을 사고파는 것이 인도상 아름답지 못하다 하여 이 악습이 점차 없어졌을 뿐 아니라 ▼법적으로도 이를 보호하지 아니하게 됨은 물론 ▼그러나 모리를 탐하는 악당이 인사소개를 표방하고 ▼암암리에 인신을 매매하는 일이 비일비재 ▼동문서에서는 희유의 처녀 유인마 하윤명 부처 사건을 계기로 이와 같은 악당을 엄벌할 방침이라고 ▼만시지탄이 있으나 적절한 방침.

『매일신보』, 1939. 3. 14.

유괴마 하윤명 부처 행장기 ①: 취직된다 감언이설, 간 곳은 의외로 창루, "처음엔 빨래, 다음엔 화장해라"

일곱 해 동안이나 농촌으로 돌아다니며 무지한 촌맹(村氓)을 속이고 혹은 위협하다시피 하여 그들의 사랑하는 자녀 150여 명이라는 엄청나게 많은 농촌소녀와 남의 안해를 끌어내서 창기로 혹은 작부로 팔아먹은 유괴마 하윤명(40)과 그의 안해 김춘교(36) 2명에 관한 유괴 사건은 본보에 누보한 바어니와 이 흉악하기 비할 바 없는 하가의 부처가 농촌의 무지 순박한 농민들의 딸들을 꼬여내어 팔아먹기까지의 기기괴괴한 경로로부터 속아 팔려가지고 장 속의 새 같은 생활을 하는 하도 많은 피해자들의 눈물겨운 사정을 여기에 소개하여 도회지를 턱 없이 동경하는 농촌소녀들과 또는 귀여운 자녀를 둔 일반 농촌가정에 한 참고를 이바지하려 한다.

때는 지난 1월 23일 저녁 때 – 눈이 함박같이도 왔던 10시 55분쯤 부산을 떠나온 북행열차가 경성역에 들어왔으나 온다고 회답을 한 유괴마 하윤명은 오지 않았다. 동대문서 토목(土星)정 두 형사는 실망한 얼굴로 경성역을 나섰다. 이때 세 형사가 나와 있는 것을 눈치채인 하윤명의 누이 명옥(25)은 앞에서 등에 어린 아이를 업고 서 있던 어떤 젊은 여자에게 "아까 날 보던 두 사람이 암만 봐도 형사 같애!" 하고 말하자 그 젊은 여자는 시침을 딱 떼고 "형사면 뭣이 겁나요? 마나님 – 하윤명의 안해를 가리킴 – 도 죄 없으면 나오시겠지요" 대답하면서 젊은 여자는 변소 가는 척하고 밖에서 기다리고 있는 형사에게로 갔다. 그리고 형사는 "오늘밤은 그 집 – 본정 5정목 35번지 소굴 – 을 가서 자고 만약 대구서 하윤명이가 오거든 곧 알려야 한다"고 주의를 줬다. 형사 두 사람이 용산으로 이내 자동차를 달린 뒤에 젊은 여자는 명옥이와 함께 본정으로 향했다. 이 같은 여자란 누구일까? 남편도 아들도 있으면서 꼬임을 받은 가엾은 여자 즉 전남 광주군 송정리에 사는 김귀술의 안해 양판례(24)이다. 양판례의 남편으로 농군으로 농사철에는 날품을 팔아 겨우 호구를 해결했으나 겨울이 되면 일 곳이 없어서 참으로 슬하에 단 하나인 딸자식조차 옳게 입히고 먹이지 못하는 형편이었다. 그래서 남편은 늘 만주로 가느니 내지로 간다느니 하고 발버둥질을 치다시피 살길을 찾고 있는 중에 작년 섣달그믐께 어느 날 건넛마을에 사는 황 모란 노인으로부터 서울서 큰 공장 주인이 내려와서 직공을 모집하고 있는데 가기 전에 1년 치 품삯을 미리 준다는 말을 듣고 남편도 몰래 지원을 했더니 1년 치 삯을 받는다는 영수증을 써야 된다고 하면서 종잇조각에 도장을 받은 뒤에는 지금 가져온 돈이 없으니 우선 20원만 받고 그 대신 차비는 그 돈으로 쓰면 서울 가서 다시 계산해 주겠다고 함으로 그대로 받고 그 후 몇 월이 지난 뒤에 아들 동식(5)이를 업은 채 공장 주인이라는 사람을 따라 돈벌이 좋다는 서울로 오게 되어 그리운(?) 서울의 첫날밤을 지냈다 한다. 본정 5정목 빠 피존의 뒷골목을 조금 들어가면 앞뒤좌우가 감옥같이 벽들로 담장이 싸여지고 집 뒤에는 청개천의 물기가 흘러내리고 있는 이 부근에는 단 한 집뿐인 조선기와집(35번지)으로 들어가니 17, 18씩들 되어 보이는 처녀들이 어둠침침한 방안에 모여 앉아서 전라도 사투리로 전차 이야기, 빵 본 이야기를 자랑삼아 종알들 대고 있었다. 양판례는 자기도 한몫 끼어보고 싶었으나 밤은 이미 깊었다. 놀란 토끼처럼 흥분은 절정에 달하여 아버지를 부르면서 그 밤은 눈뜨고 꼴딱 새웠다. 그 후 며칠이 지난 어느 날 밤 양판례는 부내 병목정 반월루의 뒷골목 방 한구석에서 비로소 지금까지의 경로를 알게 되었으나 때는 이미 늦었다. 공장 주인인 척 교묘히 꾸며가지고 그를 속인 하윤명은 반월루 주인에게 39개월 기간으로 150원에 팔아버리고 말았다. 처음에는 밥이나 짓고 빨래를 하기도 하였는데 나중에는 "그래서는 150원을 언제 갚아 벌지 모르니 지금부터는 화장법을 배워가지고 손님을 받아야 한다"고 강제로 졸라 못 견디게 되었다. 그래서 참다못한 양판례가 반월루로부터 도망을 나온 것은 그 후 보름이 지난 어느 날 새벽이었다. 소굴로부터 벗어져 나오고 보니 그제야 하윤명이가 아이가 있어서는 취직이 곤란하니 그동안만 내가 맡아 있겠다 하고 데려가고만 동식이 얼굴이 보고 싶어 미친 사람처럼 원한이 사무쳐 다시 하윤명의 집을 향해 달려가려고 했으나 길을 몰라 헤매다가 먼 동이 트는 아침 5시쯤 부내 신당정 앞에서 동대문서원에게 붙잡힌 것이 전화위복으로 구조의 길에 들어선 인연이 되었다. (계속)

『동아일보』, 1939. 3. 15.

유괴한 100여 처녀 정조를 강제유린 하윤명 여죄는 속출

유곽업자와 악덕업자 소개업들이 만주, 북지 방면으로 유괴된 부녀들을 빼앗길까 두려워하여 방매하여 경찰의 취조가 지연케 된 희세의 유괴마 하윤명 부처의 죄상은 더욱 사람으로서는 도저히 용납치 못할 비인간적 행동을 감행하였음이 드러나고 있다. 즉 그들은 다수의 끄나풀을 두어 긴밀한 연락으로 사직의 눈을 속여 대담무쌍한 범행을 무려 6년간이나 계속하여 근 10만여 원에 100여 명의 처녀들을 사로잡았다. 그리고 전기 하윤명은 임실군 삼계면 홍곡리 김영순(16)이라는 처녀를 작년 5월에 서울 데려다가 취직시킨다 부모에게 그럴듯하게 말한 다음 50원에 사다 서사헌정 광흥루(光興樓)에 천 원에 판 것을 비롯하여 처음 유괴하는 처녀는 모두 하윤명이 강제로 금수같이 정조를 유린하여 무서운 성병까지 옮기어 주었으며 더욱 가경할 만한 것은 자기 안해와 20여 명 처녀가 한 방에 모인 데서 수욕을 채워 취사몽생의 정욕생활을 한 것이 비일비재하다고 한다.

『매일신보』, 1939. 3. 15.

유괴마 하윤명 부처 행장기 ②: 오늘은 대구, 내일 밀양, 귀신같이 출몰 암약(暗躍), 진단 빙자하고 먼저 정조유린

우연한 인연으로 경찰의 보호를 받게 된 양판례는 하윤명의 안해 김춘교를 체포하는데 중요한 역할을 하고 다시 대구에 가 있다는 하윤명이를 불러올리기 위하여 김춘교가 병으로 위독하다는 거짓 전보를 치자 가겠다는 회답을 한 하윤명의 도착을 형사대의 앞잡이가 되어 기다리던 중 그에 대한 복수를 위하여 분주히 활약하는 동안에 온다고 회답을 하고 오지를 않는 하윤명이는 대구서 무엇을 하고 있었나?

전보를 받던 그날이다. 대구부 남산정 김칠성의 딸 김학이(14)를 만주국 목단강 청산루(青山樓)에 500원에 팔기로 계약을 마치고 청산루의 주인이 묵고 있는 상서정(上西町) 한일여관으로 김학이를 데리고 갔는데 "서울 가서 월급을 받거든 그 돈은 꼭꼭 저금을 해서 빚을 갚아야 한다" 하고 여

관까지 따라와서 울며 말하는 김학이의 아버지는 자기 딸이 머나먼 타국이향에 팔려가는 것을 서울 고무공장에 취직해 간다고만 믿고, 하윤명이가 차비를 주겠다는 것도 말라고 거절하고 이웃집에 가서 10원을 꾸어다 주었다. 서울 가기만 하면 10원 돈은 곧 손에 들어올 것으로만 믿었던 것이다. 김학이의 아버지를 보낸 뒤에 하윤명은 청산루 주인이 외출하고 없는 사이에 김학이를 데리고 부외 수성지 부근에 있는 문둥이의 땅 집 빈방으로 들어가서 "공장에 가려면 몸이 튼튼해야 하는데 병원에 가면 돈이 들고 하니 내가 진단을 해 주겠다"고 하며 양복 주머니에서 정말 청진기를 꺼내었다. 김학이는 하라는 대로 저고리를 벗고 젖가슴을 내놓았다. 두근거리는 심장을 억제치 못하고 거절을 하니 가슴이 너무 파닥거리는 것은 심장이 약한 탓이라 안마를 해야 한다 하고 속옷을 벗기기 시작하자 겁을 내어 소리를 치며 도망을 하려 하였으나 문은 굳게 닫혔다. 다음 순간에는 심장을 세게 하여 준다는 전신 안마를 시작하고 하루 종일 그 방안에서 내놓치를 않았다. 그날 밤 청산루의 주인에게 김학이를 넘겨주고자 대구역으로 가서 인계를 마치고 경성으로 출발하려다가 그는 또 하나 대구 온 길에 부수입을 해보려고 경남 밀양으로 갔다. 밀양이라면 기생 많기로 유명한 곳이라 인사소개업이 성한 점에 있어서도 전선에서 유명하다. 그는 그전에서도 이곳에서 안해 김춘교를 거짓 어머니로 꾸며서 여러 사람을 꼬여 팔아먹었는데 그전 미련이 남아있는 읍내 청요릿집 광동각으로 갔다. 이 집에서는 그전부터 그가 간수로 있었음으로 법률을 잘 알고 있다는 공포를 느끼고 있는 것을 이용하여 주인을 불러 앉히고 지금 네 집에 있는 작부의 계약서를 보자 위협을 한 뒤에 조사한 결과 사실에 있어서 계약금이 잘못 계산되어 있음으로 이것은 속인 것이 분명하니 경찰에 가서 고발하겠다고 위협을 하였다. 그렇게 하고 보면 주인은 으레히 용서하시면 사례금을 드리겠습니다 할 것으로 믿었다. 그러나 하윤명은 "눈을 감을 터이니 그대로 이 작부를 나한테 팔아라" 이같이 새로운 수단을 써서 강순자(18), 이영자(18) 두 사람을 역시 언제나 가지고 다니는 백지위임장에 도장을 받은 다음에 당자에게는 서울 가면 이런 천한 노릇을 안 해도 좋다고 꼬여서 그 이튿날 서울로 향하였다. 그는 짐승과 같이 한번 욕심이 나기 시작하면 억제할 줄 모른다. 막차가 대전에 닿았을 때는 오전 1시 30분이었다. 곤하게 자고 있는 순자와 이영자를 깨워서 피로할 터이니 내려서 좀 쉬어가자 하고 대전에 내렸다. 처음에 내린 목적은 불같이 타오르는 수욕을 채우려는 데 있었으나 정거장에 내리고 본즉 3등 대합실에는 나이 17, 18세쯤 되어 보이는 처녀를 데리고 만주로 살러가는 늙은 부부를 발견하자 마음은 다시 변하였다 "노인 어디까지 갑니까. 만주 가는 차는 오늘밤에는 없습니다. 여관으로 가시려거든 같이 갑시다" 이같이 수작을 붙여 문제없이 같은 여관으로 데리고 가서 만주 가면 마적이 있어 큰 딸 자식을 버릴 터이니 서울 고무공장에 취직시키라고 꼬여서 부내 병목정 459번지 북만루에 1천 원에 팔아먹었는데 그는 전북 임실군 태생인 김영순(19)으로 그의 아버지에게는 50원을 주고 나머지 950원은 몽땅 넣어버렸다. 강순자와 이영자는 부내 서사헌정 인사소개업 최범교에게 맡겨두고 최범교와 함께 동대문서로 태연스럽게 유치당한 김춘교를 만나러 갔는데 자기는 밖에서 기다리고 최만 형사실로 들여보내서 유치시킨 까닭을 물어보는 것이었다. 이때에 하윤명의 집에서 기다리다 못해 동대문서로 오던 양판례가 하윤명을 발견하고 형사실로 전화로 알리게 되었다. (계속) (사진은 범인 부부)

『매일신보』, 1939. 3. 16.

유괴마 하윤명 부처 행장기 ③: 나는 유괴의 천재다, 간수로 재직 때부터 자부, 악(惡)의 과보(果報) 호사(豪奢)생활에서 영어(囹圄)에

조선에 있어 처음 보는 유괴마 하윤명이는 마침내 못된 운명이 다하여 잡히고 말았다. 어두침침한 암실 안에 감금당하고 있는 경북 영천군 신정면 태생인 박봉순(17) 이외에 11명의 소녀들과 함께 오랫동안 갖은 죄악을 빚어내 오던 소굴로부터 동대문서 유치장으로 옮겨왔다. 위기일발에서 구조된 12명의 소녀 가운데는 이미 몸을 더럽힌 끝에 불구자가 되고 만 것도 있으며 수양딸로 길린다는 말을 곧이듣고 그의 부모는 "참 별 사람도 다 있다" 하고 놀란 사람조차 있다. 그도 그럴 것이 시골서는 나무뿌리로 죽을 쑤어 먹던 입에 설렁탕이다, 고기다, 생선이다 잘 먹이고 게다가 화장품을 사주느니 인조견이나마 번쩍거리는 비단옷을 해 입히는 등 그야말로 꿈에도 생각치 못한 호강을 하게 되니 나중에는 인육시장에서 피와 기름을 팔 지경에 이를지언정 무지한 까닭으로 그 모든 것을 모르고 있는 그들에게는 우선 그날그날이 고마웠으리라! 또 한편으로는 요릿집으로 갈 테니 하고 깨닫고 있는 사람도 있어 이들에게는 이런 수법으로 체면을 유지한다. 즉 "지금 미리 배워두지 않으면 나중에는 손님을 받을 때 겁이 나는 법이다." 정조를 유린하는 데 있어서도 상대자를 보고 이같이 여러 가지로 수단을 쓰는 것이다. 성에 눈뜰 나이가 되고 눈치가 다르면 그 허울 좋은 풍채에다가 능청맞은 수단으로 제 몸소 첫 시험을 하기도 한다. 말 잘하고 옷 잘 입고 얼굴이 그럴 듯하게 생긴 사나이 – 얼른 보면 "이런 사나이가?" 하는 의아가 생긴다. 그러면 무엇이 그로 하여금 천하에 끔찍스러운 그런 짓을 하게 하였나? 그는 어릴 때부터 정력가이었다. 대전서 보통학교를 마치고 정한 직업이 없이 놀고먹을 때는 거리에서 이렇다는 창부들이 모두 그

의 항우 같은 힘에 항복하였다 한다. 대전형무소 간수를 사직한 동기도 역시 그의 넘치는 정력이 원인이었다. 즉 그는 간수로 있을 때 만주 방면으로 여행을 갔다 돌아오는 길에 신의주 국경루에서 월남(月南)이라는 창부를 알게 되어 400원을 주고 빼어왔다. 월남이는 국어를 잘하고 단발 미인으로 한때는 평판 높았으나 아편중독자이고 또 하윤명은 어떤 여자라도 한 달이 넘으면 싫증이 나서 다른 여자로 갈아야만 하는 버릇이 있는지라 월남 또한 버릴 결심을 하고 월남이로부터 유곽에 있는 창부가 모두 시골서 꼬임을 받아 탈주해 온 것으로부터 속은 것을 알고도 별 수 없이 10원, 20원 돈에 입막음을 당하고 만다는 내정을 잘 들어 명심하고는 자기가 상당한 그런 소질이 있다는 것을 깨달았다. 그리하여 첫 솜씨로 월남이를 사리원 오십옥이라는 일본 요릿집에 900원에 팔아버리고 자기는 그 돈을 밑천으로 월남이의 난 곳인 전라도 방면으로 시골 색시를 사러 떠돌아 다녔는데 월남이는 그 후 사리원으로부터 목포 신흥루에 전매되었다는 소식을 듣고 광주군 송정리에서 꾀여온 소녀 2명을 신흥루에 팔아먹은 것을 비롯하여 6년 후인 즉 지난 1월 24일 밀양 광한각의 강순자와 이영자를 팔아먹은 것까지 실로 150명을 팔았으니 누구나 놀라지 않을 수 없는 일이다. 그러나 실속을 알고 보면 소위 인사소개소 간판을 내붙이고 있는 소개업자들과 유곽을 경영하는 유곽업자들은 많고 적은 차이는 있을지라도 하윤명이가 팔아먹은 것과 꼭 같은 짓을 다하고 있는 것이다. 부내 창신정 인사소개업 방학진은 하윤명 내외가 붙잡혔다는 말을 듣고 곧 하윤명의 집으로 달려가서 5살 먹은 하윤명의 아들을 데리고 집을 지키는 하윤명의 누이 명옥이에게 양판례의 아들 동식(5)의 있는 곳과 팔다 말고 일을 걸쳐놓은 계집아이가 있거든 이런 때이니까 어떻게 헐값으로 제게 넘겨달라는 부탁을 하였으나 그런 것은 모르겠다고 거절을 당하였다. 아무리 돈벌이 속이라고는 하지만 참으로 상상하기 어려운 그들의 독특한 암흑세계의 배짱이다. 그뿐이랴. 유곽업자 역시 오십보백보이다. 병목정 망월루를 비롯하여 20여 군데서는 경찰당국이 힘써 피해자를 구해낼 방침이라는 것을 알고 불이야 불이야 하며 북지 만주 방면으로 전매하고 말았다. 그러나 경찰당국에서는 끝까지 가엾은 소녀들을 구하는 한편 그 같은 인정도 눈물도 없는 인사소개업자와 유곽업자에 대하여도 엄벌주의로 대하게 되었는데 하윤명 체포의 공로자인 양판례는 그 후 하윤명이가 봉래정 이천수 집에 감추어 두었던 아들을 찾아 데리고 부내 종로 6정목 육종의원에서 빨래와 소제 같은 일을 보게 되었다. (끝)

『매일신보』, 1939. 3. 18.

악덕 인사소개업자 죄상이 속속 판명, 동대문서(東門署), 청소에 노력

누보= 유괴마 하윤명 내외의 유괴 사건을 취조하는 데 따라 부내 각 인사소개소의 암흑면이 연달아 폭로되고 있는데 동대문서에서는 16일부터 서린정 159번지 인사소개업 김귀술(가명)을 데려다 취조한 결과 이 자는 작년 10월에 부내 청진정 박성득의 딸 금선(15)이를 호적등본의 나이를 19살로 위조하여 황해도 해주읍 조선 요리업 최학수의 집에 800원에 팔아먹고 또 지난 11월에는 부내 종암정 김성기의 딸 김길선(14)이도 나이를 속여서 천진 일본조계 봉래가 김세일에게 1천 원에 팔아먹은 것이 판명되어 방금 이어서 취조를 하고 있다. 그리고 이 뿐 아니라 하윤명 사건에 관계된 것만 6, 7명의 인사소개업자를 다시 호출하여 엄중한 취조를 할 터이라 하며 한편 하윤명은 취조에 따라 지금까지 몰랐던 새 사실을 순조로이 자백을 함에 의하면 아직도 몇 십 명의 피해자가 있는지 추측키 어렵다고 한다.

『매일신보』, 1939. 3. 26.

뉴스 재생판(再生版)

유괴마 하윤명의 바로 친형되는 윤오(允吾, 48)도 하윤명에게 지지 않는 유괴마란 것이 판명되어 전북 부안읍 경찰서에서 취조 중이다.

하윤오는 5년 전에 부안읍에 이사해온 것으로 지난 정월 하순에 동진면 팔왕리에 사는 김용한의 맏딸 김정순(19)을 집안이 궁한 것을 알고 수양딸이라는 이름 아래 자기 집에 데리고 가서 정조유린을 한 뒤에 북지로 팔아먹으려다가 부안 경찰서원에게 잡혔는데 이외에도 많은 농촌소녀를 꼬여대서 팔아먹은 사실이 뒤이어 폭로되고 있었다 한다.

『매일신보』, 1939. 3. 26.

뉴스 재생판(再生版)

유괴마 하윤명 내외의 유괴 사건은 그 후 동대문서에서 이어 취조를 하고 있는데 사건이 발전됨에 따라 하윤명에게 허가 없이 창기로 소개한 인사소개자가 숨어있던 것이 발각되어.

23일 동서에서는 부내 선당정 최희수(35) 외 2명을 붙들어다가 엄중한 취조를 한 결과 이 허가 없는 인사소개업자 중에는 유괴마 하윤명을 속여 먹은 자도 있어 취조를 받고 있던 하윤명도 "뛰는 놈이 있으면 나는 놈이 있다더니…" 하고 탄복을 하였다 한다. 그리고 허가 없는 인사소개업자를 취조하는 데 따라 다시 다른 소개업자의 흉측한 뱃장이 보이는 새 사실이 또 나타나고 있어 풀 넝쿨 같은 인사소개업자들의 암흑면이 뒤이어 폭로되고 있다.

『매일신보』, 1939. 3. 26.

뉴스 재생판(再生版)

동대문서에서는 하윤명 유괴 사건에 관계한 인사소개업자들을 불러서 소개업무 장부를 조사하고 있는데 부내 서린정 인사소개업자 윤성기는 취조하는 경관에게 대하여 기생어머니와 인사소개업자는 옛날부터 다 그런 것으로 인정하고 있는데 이제 그 새삼스럽게 유괴니 정조유린이니 하시니 그렇다면 기생어머니가 시골 사나이를 속여먹는 것은 어떻게 하시렵니까. 하고 반항하는 것이 더욱 걸작이었다고.

『매일신보』, 1939. 4. 2.

이역(異域)으로 매신, 오뇌(懊惱) 끝에 실진(失眞), 갈수록 저주받는 유괴마 하윤명

유괴마 하윤명의 흉악한 손에 걸려 일생을 버리게 된 농촌소녀 가운데는 낱낱이 들어 알기에 힘들리만치 가엾은 경로를 밟아온 것이 많은데 경북 대구부 남산정 황귀술의 딸 명란(18)은 작년 10월에 하윤명에게 꼬임을 받아 서울까지 끌려 와가지고 부내 본정 5정목 35번지 안방에 감금한 후 닷새 동안이나 폭행을 하고 나서 다시 만주국 공주정 양자루(陽子樓)에 250원에 팔아먹었다. 그런데 그곳에서 지나인을 상대로 무리한 창기생활을 한 나머지 그만 정신에 이상이 생겨서 미치고 말았다 한다. 그리하여 동대문서로부터 보낸 조회장을 보고 비로소 딸의 간 곳을 알게 된 부모는 곧 공주령까지 가서 우선 병이 회복될 때까지 집에 데리고 가겠다는 약속을 하고 지난 3월 21일 대구로 데리고 왔는데 지금도 때때로 옛날의 쓰라린 기억에 문득문득 일어나 하윤명을 저주하는 헛소리를 뱉는다고 한다.

『여성(女性)』[13], 1939. 5.

유괴마의 독아(毒牙)를 벗어난 열 처녀는 운다, 어서 우리집에 가고 싶으나, 눈물의 좌담회

대구 오붓들이(14), 경주 김자근아기(매화)(18), 전라북도 김두란(18), 정읍 김순례(20), 대구 김갑성(16), 전주 김애순(14), 강성 김판례(20), 전라북도 박국화(29), 부여 박금덕(15), 전라도 김정옥(17)

잃어버린 내고향

기자 : 너의 집은 어데냐? (이렇게 기자는 한 사람씩 물어갔다.)

오붓들 : 대구에요, 남산정이요.

김두란 : 저는 전라북도에서 왔어요.

김매화 : 우리 집은 경주군 서면 운대리에요.

김애순 : 우리 집이요? 우리 집은 전주골이에요. 고사정이에요.

김갑성 : 대구 신암동이에요.

김순애 : 제 집은 정읍군 태인면 박산리에요. 만경읍내에서 살다가 열 여섯 살에 그리루 이사를 해왔어요.

김판례 : 우리 집은 강성군입니다.

---

13 조선일보사가 발간하는 월간 잡지. 40-45쪽.

박국화: 그건 다 물어서 뭘해요?

김판례: 신문에 내려고 그러는데 바로 대라 얘!

박국화: 신문에? 전북인데요.

기자: 동네는?

박국화: 옥구군 대야면 산월리에요?

박금덕: 제 집도 옥구군 우전면 안행리에요.

김정옥[14]: 전라도에요.

기사: 사는 동네는?

김정옥: 그건 모르겠어요(전주군 상생정인 듯).

기자: 집에 식구들은 몇 사람이나 되니? 어머니 아버지도 다 있구?

오붓들: 어머니랑 아버지랑 다 집에 계세요. 손아래 오빠도 하나 있구요. 누이동생도 있어요.

김매화: 우리 아버지는 소경이에요. 어머니는 의붓어머니구요. 그래서 저는 어머니한테 늘 천대를 받았어요.

기자: 동생은 없어?

김매화: 손아래 오라비가 셋이 있고 언니가 하나 있어요. 그래서 저까지 일곱 식구예요.

기자: 또 너는?

김갑성: 저도 부모님이 다 계세요. 손아래로 오라비도 하나 있고 또 아우도 하나 있고 그래요.

김순애: 만경골에 있을 적에는 어머니랑 아버지랑 다 있었는데 지금은 모르겠어요. 거기 외할머니 외할아버지도 다 살고 있었는데 떠난 지가 오래서 알 수 없어요.

기자: 몇 살 때 떠났는지 몰라?

김순애: 4년 전이니까 열 여섯 적이에요.

김판례: 저는 열 여섯에 시집을 가서 남편하고 둘이 살았지요. 네 살 난 사내가 하나 있었습니다.

박국화: 식구가 퍽 많아요. 열 한 사람이 있었는데 집을 나온 지가 오래서 지금 어떻게들 다 됐는지 도무지 알 수 없어요. 스물 둘에 집을 떠났으니 6년이나 벌써 됩니다.

박금덕: 제 집은 저까지 다섯 식구에요. 어머니 아버지하고 또 동생이 둘이 있어요.

---

14 원문에는 '김정욕'으로 오기되어 있다.

기자: 직업은 뭣이 있었니. 농사를 지었니?

박금덕: 아니요. 부채를 만들어 팔았어요.

박국화: 전 농사를 했어요.

기자: 또 너의 집에선?

김순애: 제 집에서도 농사했어요.

김갑성: 제 집에서두요.

우리는 이렇게 마굴로

기자: 그럼 어떻게 돼서 이리로 오게 되었니?

박금덕: 수양딸로 왔어요.

기자: 누구의 수양딸로?

박금덕: 하윤명이라는 어른의 수양딸로요. 공부를 시켜주겠다고 수양딸이 되라고 그랬어요. 그래서 작년에 왔는데요.

기자: 그래 하윤명이가 밥도 잘 주고 고맙게 굴던?

박금덕: 그럼 뭐 딸인데 고맙게 안 그러겠어요. (하고 그것은 물을 필요도 없는 것이라는 듯이 기자의 부질없음을 어투로 비웃는다. 열 다섯이라는 나이는 들었으나 아직 세상을 모르고 농촌에서 자라난 이 천진난만한 처녀는 아직도 하윤명을 수양아버지로만 믿고 있다.)

김정옥: 저는 저를 여덟 살 때에 어떤 인력거꾼이 붙들어다 대구 어느 호떡 장사하는 중국 사람에게 팔아 넘겼어요. 그런 걸 하윤명의 부처가 남의 여자를 꾀어왔다고 그 되놈을 혼을 내고 저를 빼앗아 왔습니다. 작년에 왔어요.

박국화: 저는 스물 두 살 적에 고향을 떠났는데 남편과 살기가 싫어서 헤어져 가지고는 남의 집 고용살이를 했습니다. 그러다 부산으로 와서 동래에 있다가 하윤명이라는 어른이 좋은 자리에 소개해준다고 해서 이리로 왔지요.

기자: 좋은 자리라니 무슨 자리라고 합디까?

박국화: 처음에는 그저 좋은 자리라고만 했는데 여기 와서는 북지로 보내준다고 그래서요.

기자: 서울 오긴 언제 왔소.

박국화: 작년 10월이에요.

김판례: 저는 열 여섯 살 적에 시집을 가서 송정리라는 데서 남편하고 살았는데 남편이 의가 없어서 저를 늘 때렸어요. 그래서 어떻게 하면 남편의 마음을 돌려서 잘살꼬? 늘 기다려 왔으나 남편의 학대는 점점 더 심해가서요. 그러는 즈음에 하윤명의 안해가 와서 서울 어디 좋은 곳 식모로 보내준다고 해서 따라왔더니 110원에다 저를 창루로 팔았겠지요.

기자: 애가 있었다지요?

김판례[15]: 네, 네 살 난 애를 데리고 왔는데 하윤명의 안해가 어디 봉래정이라든가 어디 남을 주었다는데 모르겠어요.

기자: 그래, 애가 보고 싶지 않소.

김판례: 아이고 왜 보고 싶질 않겠습니까. 밤낮 그 애가 보고 싶어 못살겠어요.

기자: 남편 생각은 나지 않소.

김판례: 남편은 생각 안 나요(하고 웃는다).

김애순: 전 수양녀로 왔어요. 열 네 살 때에 왔습니다. 집에서 어렵게 지내다가 수양딸로 왔지요. 올 때에는 어머니랑 아버지랑 동생들이랑 다 떠나고 오는 것이 슬퍼서 울었어요.

기자: 하윤명이가 수양딸로 데려가 무엇을 시켜준다고 했나?

김애순: 공부를 시켜준다고 했어요.

김매화: 아까도 말씀드렸지만 전 의붓어머니가 되어 학대를 받고 살았어요. 오라비가 셋이 있는데 저만 자꾸 일을 시키고는 잘해도 못한다 못해도 못한다. 늘 매질이에요. 그래서 집에 있기가 싫어서 어디로 가기나 하면 좋겠다고 혼자 늘 생각을 하고 있는데 하루는 내지 사람이 와서 아버지와 뭐라고 수군수군하더니 저를 대구로 데리고 가요. 아마 얼마나 받았는지 아버지는 저를 팔아먹은 모양이에요. 그래 대구를 갔다가 하윤명을 또 따라서 서울로 왔어요. 그 내지인은 중개업자라는데 아마 저를 하윤명에게 그렇게 소개를 해준 모양이지요.

기자: 그래 하윤명이가 서울로는 뭣 하러 가자고 그러던?

김매화: 저를 수양딸로 삼고 인물이 예쁘니까 백화점에 취직을 시켜주겠다고 해서 좋아서 따라왔어요.

김두란: 저는 온지 얼마 안 돼요. 넉 달 전에 왔어요. 하윤명이라는 사람이 와서 수양딸을 삼겠

15 원문에는 '김판서'로 오기되어 있다.

다고 돈 10원을 부모에게 주고, 저는 과자를 주면서 가자고 그래요. 그래서 그 사람을 따라 서울로 왔어요(하고 하윤명을 수양아버지로 알고 있는 이 두란 양은 이미 하가 자기를 천 원에 팔아 중국으로 가게 되어 있다는 것도 모른다).

오붓들: 제 집은 할 수 없이 가난해서 아버지가 늘 돈벌이를 하라고 그래 오다가 하루는 찾아온 어떤 사람을 보고 이 아저씨(하윤명)를 따라 가라고 해서 작년 12월에 서울로 왔어요.

김애순: 저는 그게 바로 열 여섯 살 때에요. 군산 솜리소개소에 가서 어디든지 술집에 소개를 해달라고 부탁을 해서 200여 원에 팔리게는 되었는데 중간에 놈들이 돈은 다 먹고 우리 부모의 손에는 동전 한 푼도 쥐어드리지 못하고 애숭이 주인네(하윤명[16]을 가리킴) 집으로 왔어요. 매화랑 한 차 타고 왔는데요.

당시 심정

기자: 갑성이는?

김갑성: 저는 처음에는 술집으로 오기로 하고 205원에 팔려왔어요. 아버지가 달동병[17]이라는 병에 걸려서 앓으시는데 집에는 돈이 없고 아버지 병은 고쳐야겠고 그래서 아버지랑 어머니랑은 가지 말라고 하는 것을 제가 팔려왔어요(하고 갑성이는 지금의 제 신세보다 아버지의 병이 어떠신가를 근심하는 듯이) 자나깨나 저는 아버지 근심이에요. (이 소리에 기자는 눈가죽이 뜨거워짐을 느꼈다. 몸을 팔아서라도 아버지의 병을 고치겠다는 이 나이 어린 소녀의 효성! 그것은 소설 속에서 볼 수 있는 심청의 이야기가 아니고 버젓한 현실에서 찾아낸 이 신판 심청이가 아닌가. 아! 무심한 창천이여! 하고 그 순간 기자는 이 생지옥에서 효녀 갑성 양을 구해낼만한 물질의 여유에 궁함을 가슴을 치고 통한을 하였다.) 아버지를 위해서 떠나기는 떠나도 제 몸이 팔린다는 것과 또 팔려가면 병든 아버지의 곁에 앉아 친히 간호를 하여드릴 수 없는 것이 한스러워 집을 떠날 때에는 얼마나 울었는지 모릅니다. 제가 아버지를 위해서 떠나면서 왜 울꼬, 하고 참았다가도 생각만 하면 저도 모르게 눈물이 자꾸만 비 오듯 쏟아졌어요. 우는 것이 남 창피한 줄은 알지만 그러나 슬퍼서 나오는 눈물을 막을 길이 없었어요. 대구서 떠난 것이 낮

16 원문에는 '하명윤'으로 오기되어 있다.

17 원문대로 표기함.

12시 차인데 서울 오니까 밤 3시라더군요. 그때에 차에 내려서는 하윤명의 집으로 왔는데 와 보니까 매화랑 붓들이랑 일곱 사람이 한 방에 있습디다.

나를 망친 마수였건만

기자: 그러면 너 하윤명이를 어떻게 생각하니. 나쁜 사람으로 아니 좋은 사람으로 아니?

김순애: 아이구 좋은 사람으로 알다니요. 천하에 그런 놈이 어디 있겠어요.

김갑성: 아이 참 사람으로 그렇게 괴악한 사람이 어디 있겠습니까. 지나간 겨울 명절 목에는 어쩐지 슬픔이 더해서 날마다 밤마다 울었어요. 그리고 어느 날이나 해가 지고 밤이 오면 더 슬퍼요.

기자: 너는 하윤명이를 어떻게 아니?

김정옥: 저는 그이를 정말 아버지로 생각해요. 그 되놈의 호떡 장사네 집에서 늙을 걸 그 어른이 저를 구해주셨으니까요. 아버지보다도 낫게 압니다.

박금덕: 저두 좋은 어른으로 알아요.

김두란: 우리 아버지 – 하윤명 – 처럼 착하신 양반이 어디 있겠어요. (하고 이들은 이구동성으로 하윤명을 고맙게 알고 옹호를 하려고 한다. 여기서 우리는 아직껏 그들이 자기 처지를 깨닫지 못하는 그 좁은 협량을 안타까워하기 전에 그들은 그들이 장차 하윤명의 집으로 다시 돌아가는데 – 그들은 다시 하윤명의 집으로 가게될 것으로 알고 있는 편이 많다 – 하윤명의 부처를 대할 것을 생각하고 이렇게 미리 미움 받지 않을 말을 하는 것이라는 것과 또 하나는 하윤명이가 어떻게 하여 그들의 몸을 독수에 넣고 또 그 마음까지도 독수로 걸머잡은 '수단'을 어떻게 미워해야 할지 모른다.)

김순애, 김갑성, 김애순, 김판례, 박국화, 김정옥, 박금덕, 오붓들이, 김두란, 김매화(자근아기)

꿈에도 잊지 못하는 우리 집에

하윤명 부처

기자: 그러면 너희들 집에 가고 싶지 않으냐?

김애순: 집에야 왜 안가고 싶어요. 가고 싶은 맘이야 다해 뭐하겠습니까만 그러나 마음대로 갈 수가 있습니까. 또 저는 지금은 집이 어디 있는지도 몰라요. 전주에 있을 때는 집에서 편지도 오고 했는데 서울로 오고부터는 집 소식을 통 모릅니다. 그래서 때때로 이전 있던 전주집을 생각해 보고는 어머니는 아마 거기 앉았겠지. 아버지는 아마 저기 앉았겠지 하고 혼자 생각을 하면 정말 그 집에 어머니 아버지가 앉아있는 것같이 눈 앞에 보여서 저도 모르게 눈물을 흘리고는 해요.

오붓들: 저도 늘 집 생각이 나서 울어요. 제가 집을 떠날 때 집에서 이사를 하겠다고 했는데 아직 거기 있는지 없는지 알 수가 없어요. 그러나 놓여나기만 하면 아무 데를 가신들 집을 못 찾겠어요. 죽어도 저는 집으로 갈래요. 봄이 오니깐 바구니를 끼고 산으로 올라가서 나물을 캐는 동무들이 다 보여요. 그리고는 저도 집에 있었으면 동무들과 같이 나물을 뜯으면서 놀겠거니 하는 생각을 하면 눈물이 막 나와요.

김정옥: 집 생각이야 왜 없겠습니까. 여덟 살에 철이 없을 때 집을 떠나서 고향이 어딘지 집이 어딘지 알 수는 없습니다만 어렸을 때에 놀던 그 집 그 고향만은 눈 앞에 아직도 선히 남아 있어요. □문 앞 토방 밑에서 소꿉놀이를 하던 그 매끈한 새파란 들판이 지금도 눈 앞에 반들반들하고 비치는 것 같아요. 그리고 아버지의 얼굴도 어머니의 얼굴도 그때 그 모습대로 생각하면 떠오르지요. 10여 년이 되었으니 지금은 퍽 늙으셨을 것입니다만은 그래도 저는 보기만 하면 찾아낼 것 같아요. 그러나 집이 어딘지 알지도 못하니 쓸데없는 생각이지요. 하지만 놓여만 나면 그저 벌거벗고라도 기어코 고향은 찾아가서 어머니 아버지를 만나고야 말테야요.

김갑성: 아까도 말씀 드렸습니다만은 고향 생각을 하면 눈물이 자꾸 나와서 살 수가 없어요. 아버지의 병을 위해서 팔려온 몸이 신세가 괴롭다고 고향이 그립다고 아버지가 살아계시는 데야 내가 왜 이렇게 울까 하고 나오는 울음을 늘 참습니다만은 고향이 눈 앞에 보일 때에는 참을 수가 없어요. 고향이 생각되기만 하면 먼저 아랫목에 이불을 덮고 누우셔서 괴로워하시는 것이 눈앞에

보이구요. 그리고는 그 옆에 앉아서 시종을 드는 어머니가 보이지요. 그러다가는 그 어머니 옆에 저도 앉았는 것이 저는 여기 있는 데도 보여요. 그럴 때에는 어머니하고 담박에라도 달려가고 싶으나 빚 때문에 할 수 있습니까.

김판례: 저는 그저 애가 보고 싶어요. 못살게 울며 시달릴 적에는 역하기도 해서 더러 때리기도 했는데 지금 생각하면 내가 그것을 이렇게 잃고 보지도 못할 것을 왜 때렸던고. 하는 생각이 들 때도 있어요. 그 애가 살았을까요, 죽었을까요. 선생님, 모르십니까? (하는 반문을 받고 그의 측은한 낯빛을 바라 볼 때 기자의 마음도 알 수 없이 좋지 않아 순간 필기하던 붓끝이 저도 모르게 힘이 없어짐을 느꼈다.)

먹고 싶은 것도……

기자: 무엇 먹고 싶은 것 없나? 붓들아!

오붓들: 아이고 선생님. 먹고 싶은 것이 왜 없겠어요. 그걸 이루 어디다 다 말씀하겠어요. 설에도 못 먹고 보름에도 못 먹고 명절날에 더욱 먹고 싶었어요. 집이야 아무리 가난하더라도 이런 명절에는 먹고 싶은 것은 먹고 지냈을 거에요.

김두란: 먹고 싶은 거야 많지요.

김매화: 그럼요, 집에 있을 때는 못 먹어도 그렇게 별로 먹고 싶은 것을 모르겠더니 뭐라고 말할 수는 없어도 그저 늘 무엇이 먹고 싶어요.

김갑성: 전 먹고 싶은 것도 없습니다. 그것도 마음이 편해야 먹고 싶기도 하고 그러지 죽지 못해 사는 사람이 뭐 먹고 싶은 것이 있겠어요. 그저 집에 가고 싶은 것밖에 없어요. 그리고 아버지의 병환이 어떠신가 그게 그저 늘 알고 싶고 마음에 놓이지를 못해요. (언제나 잊지 못하고 말끝마다 외이는 아버지, 그 병, 이 갑성 양의 효성에는 실로 감탄하지 않을 수가 없었다. 더욱이 그때마다 붉어지는 것 같은 양의 눈 가장자리를 볼 때에 기자의 눈도 아니 같이 붉어질 수가 없었다. 이 귀여운 아름다운, 높은 마음을 마음껏 북돋아 살려주려는 동정의 마음은 이 세상에는 없는가. 기자는 다시 한번 좋지 않은 마음으로 가슴을 쳤다.)

김정옥: 저도 아무것도 먹고 싶지 않아요. 그저 집이 그립고 아버지 어머니가 보고 싶을 따름이에요.

김판례: 전 먹고 싶은 것이 많아요. 집에 있을 적에는 보리밥, 수수밥[18]이 그렇게 역하더니 지금은 그보다는 낫게 먹어도 도리어 그 보리밥 수수밥이 그리워요.

김애순: 그저 다 먹고 싶어요. 집에서 먹던 것은 다 생각나는데요. 그런 것이 생각날 적에는 동무들 생각도 따라서 나요. 그들은 그래도 집에서 이렇게 먹고 싶은 건 먹고 지내지 않겠습니까.

김순애: 먹고 싶은 것이 있음 뭘 사주겠어요. 떡도 고기도 다 먹고 싶은데요. 그래도 집에 있었으면 명절 때에야 떡이랑 고기랑 먹고 지냈을 것이 아니였었어요.[19]

이때 해는 저물고 바람은 쌀쌀하니 일어서 이들 그 헐벗은 목숨들이 바들바들 떤다. 몸값들만 있으면 그 꿈에도 못 잊는 고향으로 돌아갈 수 있으련만 이미 고향이 없고 고향이 있되 부모가 없고 부모가 있되 가난하다. 바람은 더욱 차고 날은 더욱 어둡고 그들은 기자의 캄캄함 마음속에서 그냥 설 얘기만 한다.

드러난 마굴

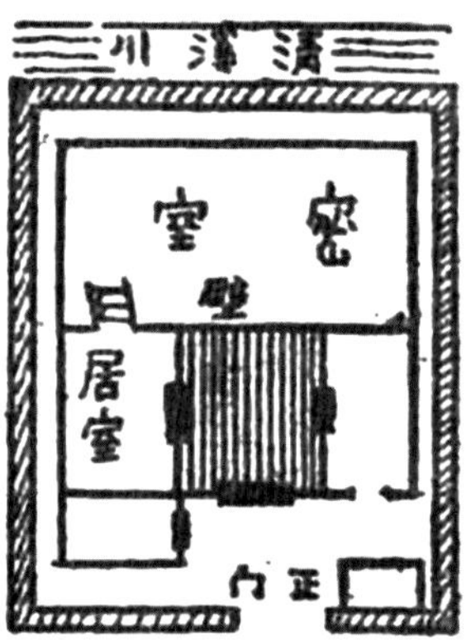

전후 7년을 두고 60여 명의 순진한 처녀의 피를 뽑아먹던 – 정조를 빼앗고 몸을 팔아먹던 – 악마 같은 하윤명 부처의 집은 어떤가.

그들 부처가 거처하는 방을 지나서 집으로 보기에는 벽처럼 꾸민 미닫이가 있고 열어 제치면 다시 다락처럼 생긴 큰 밀실로 되어 있는데 여기에는 다다미 열 조 가량의 넓이로써 촌처녀들을 데려다가는 모두 여기서 감금해 둔 것이 되었다.

이러한 밀실에는 한 번 들어가기가 무섭게 여기를 탈출하려면 범인이 거처하는 방을 지나지 않으면 안 되게 구조가 되었으며 그 집 뒤에는 공교로이 신정을 관통하는 청계천 지류가 흐르고 있으므로 시멘트 절벽을 이루어 정문 이외로는 나는 새도 날아들 수 없게 되었다.

---

18 원문에는 '보리압, 수수압'으로 표기되어 있다.

19 원문대로 표기함.

『여성(女性)』[20], 1939. 5.

김영순, 창루의 달 - 유괴의 마수를 원망하는 눈물의 신세타령

내가 왜 창루로 팔려 왔느냐구요? 하윤명이라는 놈 때문이지요. 하윤명이라는 놈 때문이에요. 세상에 그렇게도 괴악한 놈이 다시 둘이나 있겠습니까. 그런 말을 묻지 말아주세요. 생각만 하여도 소름이 끼치고 눈물이 자꾸만 용솟음을 칩니다.

왜 이리 하라고 성화입니까. 그것을 알아서는 무엇을 합니까. 저야 이제 이러다 죽고 말 몸인데 이름을 무엇에다 씁니까. 네 선생님! 무엇에다 씁니까. 오늘도 법원에를 다녀왔어요. (하고 생각을 하니 당초의 동통이 새삼스럽게 느껴지는 듯이 얼굴을 찡그려 괴롭게 몸을 비틀고 나서) 기어코 그것까지 말을 하여야 하겠습니까. 쓸데도 없는 양심이 아직도 채 말라빠지지를 않았음인지 아무리 그놈이 괴악한 놈이라 하더라도 선생님 앞에서 이런 말씀을 드리기는 차마 부끄럽습니다. 그게 바로 재작년이에요. 하루는 그놈이(하윤명) 어린 동생을 보고 있는 저더러 왜 이 촌구석에 묻혀서 빛도 없이 썩겠느냐 서울 같은 데 가서 취직을 하면 집에 있으니 보다 고생도 하지 않고 지나게 될 수 있을뿐더러 돈도 벌고 그렇게 되면 시집도 잘 갈 수가 있을 텐데 하고 이렇게 감언이설로 꾀이겠지요. 지금 왔어야 그것이 저를 꼬이는 수단이었던 줄을 알았지 그때야 그런 줄이나 알았겠어요. 생활이 구차한지라 돈을 벌고 잘 살 수 있다는 말에 이 계집애의 소견 없는 좁은 마음은 그만 솔깃하여 버렸더랍니다. 그래서 서울을 가면 어떤 월급자리에 붙여주겠느냐고 물었더니 서슴지 않고 양복점에 취직을 시켜주겠다고 하는 바람에 어머님도 모르게 그놈을 할아버지처럼 믿고 집을 뛰어나와 경성행 차를 탔던 것이에요. 생각하면 그놈만을 욕할 것도 아니라 속통이 좁아서 그놈의 말을 넘겨짚지 못한 요 좁은 소견이 이렇게 만든 것이지요. 제 목을 제 손으로 매고 늘어진 셈이에요. 그러니 그의 탓만이라고 할 수도 없기는 없습니다만 그놈이 사람입니까. 선생님! 서울에 발을 들여놓자 그는 저를 데리고 동명여관이라는 서울에서도 적지 않은 여관으로 데리고 들어가요. 그래서 저는 속으로 은근히 기쁨이 더하였어요. 이런 큰 여관이 주인을 하고 다니는 그이니 만치 그의 인격이 보다 더 돋보여져 그 인격 밑에서 소개를 받는 저는 물론 좋은 자리리라 생각되었던[21]

---

20 46-47쪽.

21 원문에는 '생각키었던'으로 표기되어 있다.

것입니다. 그래서 내일부터는 어떤 양복점에 취직을 하여 돈을 벌으리라 내 어떡해서든 일을 어떡해서든[22] 일을 가끈이[23] 보아 주인의 눈밖에 벗어나지 않으리라. 이런 아름다운 꿈을 안고 하루 종일 차 속에서 피곤하였던 몸을 자리에 눕혔어요. 그리하여 든 잠은 누가 메어가도 모를 만치 깊이 들었던 거에요. 그렇기에 얼마 동안은 그걸 통 모르고 있었지요. 그래 얼마나 내 잤는지는 몰랐으나 문뜩 몸의 자유에 구속이 오며 그 어떤 괴로움의 감각에 눈을 뜨니 선생님! 아시겠습니까. 그것이 무엇이었던 것을 선생님은 아시겠습니까. 그때에야 비로소 저는 이놈의 꼬임에 빠져서 예까지 팔려 올라오게 된 것을 알았어요. 그리고 그 유혹의 원인이 저의 정조에 탐이 났었던 것이라는 것을 짐작하게 되었습니다.

그리고 생각하니 그의 괴악한 행동과 빼앗긴 처녀의 정조가 분하기 한이 없어 있는 힘을 다하여 대항을 하려하나 계집애의 연약한 힘으로는 도저히 억세게 붙든 그의 품속에서 벗어날 수가 없었습니다. 아니 그것은 도리어 저에게 고통을 더하는 것뿐이었어요. 마구 주먹으로 사정없이 들어박거든요. 그리하여 짐승과 같은 그의 흉심이 만족하게 채워지기를 도리어 기다리며 몸을 내어 맡길 수밖에 별도리가 없었습니다. 그러니 이때의 제 마음이 어찌하였겠습니까. 선생님! 네 선생님! 그저 저는 안타까움을 참지 못하여 마음으로 마음을 잡아 뜯으며 그 노릇을 참고 견딜밖에 없었어요. 그래서 마음 놓고 실컷 울기나 하면 이런 울분이 □넌가 밖으로 뛰어나와 하느님께 이런 사정을 호소나 하려 하였으나 우는 소리가 나기만 하면 울음소리를 듣는 이로부터 그 이유를 따질 것이 염려되어 □□장으로 사정없이 매질을 하여 □□□□ 바람에 찍소리 한번 못하고 보기만 하여도 □□□한 으스스한 그 방으로 다시 □□이 들어갔습니다.

그랬다가 그 후에는 그의 집인 본정 5정목에 감금이 되어 얼마의 세월을 눈물로 보내다가 지금 있는 창루로 일금 천 원이라는 정가에 팔리어 넘겨지는 몸이 되었던 것입니다. 제가 지금 몇 살이냐구요. 열 여덟이에요. 그래 그 후부터는 날마다 밤마다 지긋지긋한 노릇으로 손님을 보아야 하는 것이 저의 지금 신세에요. 선생님 그걸 또 물으세요. 하루에 손님을 몇 분씩이나 대하느냐고요? 그야 한정이 있는 일입니까. 손님이 찾아오기에 달렸지요. 두 분도, 세 분도, 다섯 분도 내지 열 사람, 스무 사람이라도 오면 맞아야 하는 일이니까요. 이즈음은 하룻밤에 다섯이요, 보통은 세

22 원문에는 '아무케서도'로 표기되어 있다.

23 원문대로 표기함.

사람쯤 됩니다. 아이구 선생님 손님 가운데서 정붙인 사람이 있냐 구요. 그게 어떻게 하시는 말씀입니까. 손님에게 다정을 부쳐서는 무엇을 해요. 저 같은 년께 손님이 정은 무엇 하려 붙이며 또 제 편에서야 아무리 정을 붙인다면 어느 손님 하나 받아나 줄 리가 있을 것입니까. 저야 그저 이러다 썩고 말 인간이지요. 세월이 가는지도 오는지도 그 안에서는 알 수가 없어요. 선생님 봄이 왔지요? 분명히 봄이 왔지요. 제 고향인 전라북도에도 봄이 왔겠지요. 오빠가 지금 논에다 거름을 실어내며 소를 모는 광경이 눈앞에 보입니다.

그리고 집 앞 누동 밖에 개천에 얼음이 풀려 돌돌하고 흘러내려가는 실개천의 물 흐르는 소리가 귀에 들리는 듯 해요. 저도 집에 있었으면 이때쯤은 그 개천으로 동무들과 같이 나가서 채로 송사리를 건지거나 바구니를 끼고 산허리로 올라 나물을 뜯으며 즐겁게 놀 것이 아니었겠어요. 아이 참 ××이라는 애는 나보다도 두 살이나 위니까 이젠 시집을 갔을 것입니다. 걔는 참 얼마나 행복할까? 저는 이제 그런 가정은 가져볼 수 없겠지요. 선생님! 언제나 이 노릇을 면해보겠습니까. 이러한 몸이 될진대 차라리 세상에 나오지를 않았으면 족히나 좋았을 것이겠어요. 아이고 아궁 앞에 앉아서 쇠죽 가마에 불을 지피는 어머니의 얼굴이 또 보입니다. 이렇게 그리운 고향, 그리운 어머니, 그리운 오빠, 그리운 동무를 그리니 이제는 한 번도 못보고 죽어야 합니까. 썩어져야 합니까. 선생님! 응당 어머니도 오빠도 저를 그리워하겠지요. 이제는 아마 제가 이런 곳에 있는 줄을 모르지는 않을 것입니다. 그러나 제 몸에는 일금 천 원이라는 돈이 붙어 있습니다.

아무리 딸자식이 귀하다한들 아침저녁 끼니를 잇기에도 손이 돌아가지 못하는 구차한 살림에 단돈 10원이 어려울 텐데 아이고 천 원! 저는 그저 여기서 어머니를 그리며 그리며 그리다가 고향 병이 들어 죽을 것만 같아요. 처음 얼마 동안은 날마다 밤마다 원통하고 분하고 그립고 안타깝고 한 생각이 두루 뭉치어 밤이나 낮이나 눈물로 세월을 보냈습니다만 지금은 눈물도 안 나지요. 아마 속에 있는 물이 다 나오고 말았는지도 몰라요. 그러나 사무치는 괴로움은 날마다 더해가는 것 같습니다. 그러나 선생님 이런 괴로운 속에서도 웃어야 하니 제 심정이 얼마나 괴로운 것을 아시겠습니까. 손님을 대하면 나지 않는 웃음도 억지로 웃어야 해요. 선생님 유곽에 가보신 일 계세요? 그때 그 계집이 웃음으로 선생님을 맞아드리실 때의 그 웃음은 눈물보다도 슬픈 피 묻은 웃음이었던 것을 알아주세요. 정말 맘에 없는 웃음을 억지로 지어서 웃어 보일 때에는 입술 끝에 피가 맺히는 듯이 소름이 쭉쭉 끼얹는 때도 있습니다. (하고 그는 몸서리와 같이 한숨을 길게 내어 쉰다. 창 넘어 서쪽 하늘에는 한 많은 스무 날 달이 비끼었다.) (談)

『조광(朝光)』[24], 1939. 5.

구천에 한을 품고 정조유린 당한 처녀의 읍호(泣呼), 색마 유괴마 하윤명 죄상, 처와 공모하고 정조유린코 매낌

대자연 아름다운 전원의 풀 향기 속에 곱다랗게 자란 순정 무후한 처녀들을 서울 가서 취직을 시켜준다 하고 달콤한 말로써 꼬여가지고는 우선 자기가 먼저 첫날밤의 처녀를 짓밟은 뒤 술집이나 유곽에 팔아먹기를 7년 동안이나 계속하는 동안 150명이란 놀라운 숫자의 처녀 유괴를 한 희대의 유괴마 부처가 동대문서에 잡혔다.

그의 부처는 시내 본정 5정목 35번지에 마굴을 가지고 있는 하윤명(40)과 김춘교로서 이제 그자 본인인 하윤명을 알아보면 몸에 화류병까지 있어 그들 순진한 처녀들의 정조는 물론 이들에게 화류병까지 전염시켜 폐인을 만들어 가지고는 네온의 유곽거리로 팔아버리고는 자기는 백만장자 부럽지 않은 생활을 하였으니 이야말로 신인(神人)의 공노(共怒)할 일대 참극이다.

이 그림자 아래 자란 풀처럼 시드는 처녀들은 무지하기 때문에 그들에게 인종(忍從)하면서 주야 그리운 부모 형제를 못보고 다만 하염없는 눈물로 세월을 보내었으니 이들의 눈물이 하늘에 통했음인지 이 악의 화신인 하윤명 부처는 드디어 소화14년 3월 10일 경성부 동대문 경찰서원에게 체포되어 준열한 취조에 의하여 속속 그의 죄상은 백일하에 폭로되었으니 그의 진상이야말로 공포와 전율의 분화산인 것이다(편집자).

발각된 단서

찬바람이 살살 어리는 작년 12월 연말의 서울은 한창 추위 속에 바쁜 걸음이 웅크린 몸들을 이리저리로 몰아오고 몰아가는, 그 틈에 동경성역의 한 끝 쪽 신설정을 이리저리 배회하고 있는 어머니와 딸이 있었다.

시골 사람 같은 그들의 행색이 이상하여 지나가는 사람들의 눈초리가 그리로 향했으나 그러나 바쁜 사람들의 발길은 그저 멈춰 서지 않았다.

24 조선일보사가 발간하는 월간 잡지. 178-188쪽.

그런데 일방 이런 행색 수상한 여인의 그림자를 찾는 한 사람이 있으니 그가 이 범죄의 장본인 하윤명이었다.

그러면 어찌하여 이 가련한 모녀는 이 신당정 거리 찬바람 치는 노상에서 떨고 있고 또 이 하윤명은 어찌하여 이들을 찾고 있었던가?

유괴마 하윤명 부처

이야기는 전화되어 무대는 전라남도 광주군 송정면 송정리 한 시골로 돌아간다.

이 남쪽나라 겨울에도 동백꽃이 피는 이 마을엔 경성 산다는 백만장자풍의 부부가 몇 날을 와서 묵게 되었다.

그들의 행색이 점잖고 차림차림이 늠름하여 그 마을에선 일대 화제가 되었으니 누구나 그들의 호화로운 생활에 눈을 크게 뜨고 바라보지 않을 수가 없었다. 이리하여 몇 날이 가지 않아서 이들은 이 마을 사람들의 선망의 적(的)이 되었다.

이런 기회를 교묘하게 붙잡은 이들은 이 마을에서 제일 아름답다고 생각하는 처녀들의 어머니들을 찾아 가사견습부(家事見習婦)로 잘 키워 줄 터이니 딸을 서울로 보내지 않겠느냐고 감언이설로 꾀어 거기서 쌀말이나 팔라고 돈 10원씩 주고 처녀 4명을 얻기로 하였다. 그리하여 그들은 뭣도 모르고 가사견습부 계약을 맺고 계약서에 도장을 찍게 되었다. 그들은 무식하여 그 글을 몰랐거니와 그 계약이야말로 창기가 된다는 계약서인 것이다.

이리하여 서울 부잣집에 집안살이 배우리라는 처녀로서 동리 사람의 부러움 속에 이 정든 마을을 떠난 것이다.

풀숲 우거진 전라남도 시골에서 떠나온 그들에게 처음으로 타는 기차, 그리고 서울에 내려 휘황찬란한 전차, 자동차, 네온사인, 소음, 이것은 그들에게 새로운 경이의 세계요, 황홀한 무지개 같은 꿈의 나라였다.

"이제는 호사를 하누나." 이런 꿈속에 그들은 이 백만장자의 호화찬란하고 광대 화려한 저택을 한시바삐 보고 싶은 충동에 가슴을 죄이고 있었다. 그러나 찾아간 그 집은 그러한 꿈의 세계는 아니었다. 화류가의 뒷골목 햇빛조차 들지 않는 어두컴컴한 집이었으니 그중에도 작은 온돌 하나에 15, 16명의 시골 처녀가 모여 앉아 오들오들 떨고 있는 것이다. 깜짝 놀란 그들은 그래도 할 수 없어 그날은 거기서 하룻밤을 지내고 나니 이상한 사내들이 들고 나고 하면서 거기 있는 처녀들이 하나둘씩 팔려감을 보고는 그의 어머니 최성녀(44)는 이미 자기 딸도 같은 운명에 빠질 것을 예상하고 그날 밤이 깊어 엄중한 감시의 눈을 피하여 그의 딸과 같이 문을 배시시 열고 그 집을 튀어나가 대경성의 큰 거리를 정처도 없이 헤매게 되었다. 입은 그대로 한 푼의 돈도 없이 주림과 무서움 속에서 몇 번을 넘어질까 넘어질까 하며 허벙지벙 걸어간 곳이 신당정의 한 구석이었다.

육 척도 못되는 몸들을 어디다 둘 곳 없이 거리로 방황하는 그들. 그들은 우연히도 지나가는 동대문서 형사에게 발견되었으니 이것이 이 하윤명 부처의 행장을 경찰이 알게 된 동기였고 또 그들의 죄상이 발각될 단서였다. 말하자면 오비이락 격으로 이 모녀를 구조하여 취조하게 되자 그 전날에 그들을 찾는 수색원이 들어온 것과 딱 들어맞으므로 여기는 필연 그들의 중대 음모가 있는 것을 알게 되자 동대문서 형사대는 즉시 수색원을 내인 하윤명의 집을 찾아가게 되었다.

그의 생애

이야기를 잠깐 돌려 이제 그 체포되는 광경과 그의 죄악의 행장을 말하기 전에 먼저 그의 생애는 어떠했는가를 한번 알아보기로 하자!

천하의 색마요, 끔찍스러운 유괴마인 하윤명은 일찍 충남 대전에서 잡화상을 하는 집에서 산성을 내었다.

그러나 그가 세상에 났을 때는 집안은 점점 쇠운이 들기 시작하였다. 상당한 재산이 있던 것을 여러 가지 풍파로 없애버리고 집은 몰락하여 겨우 보통학교를 졸업했을 때는 남의 고용살이로 떠나가지 않을 수 없는 비참한 지경까지 이르렀다. 그리하여 부산부 초량정에 있는 산본(山本) 무역상의 점원으로 있게 되었으니 이것이 그의 유랑성을 길러준 곳이 될 줄은 자기도 몰랐을 것이다. 앞으로 푸른 바다가 굽이치는 항구 부산! 거기 드나드는 배 손님을 모시는 화류항, 나이 어린 그도 여기 출입하는 것을 배워 일찍부터 화류항에 발을 들여놓기 시작하여 주인의 돈까지 훔쳐내어 가지고 여기 발자국을 멈추었다.

그러나 그의 불근신한 행동을 안 주인은 그를 쫓아내게 되었다. 드디어 노동자들의 무리와 섞여 다니며 대구, 전주, 포항 등 남조선 지방으로 유랑의 발길을 옮기다가 3년 반이란 세월에 지났을 때는 심신이 모두 피로한 뒤에 병까지 들어 고향의 하늘 아래 고요히 정양하는 몸이 되었다. 이러는 가운데 지나간 날의 무질서한 생활에 대한 회에서 독학이라도 하여 무엇이나 되어 보겠다는 야심이 가슴 속에 불일 듯 하였다. 이리하여 그의 정력적인 두뇌는 급기야 대정14년 대전형무소 간수 채용시험에 합격하여 행형관으로서의 갱생의 제일보를 내어딛게 되었다. 그러나 방탕한 그 성질은 여전하여 엄격한 행형관으로서의 생활에 만족치 못하여 2, 3년 동안의 간수생활을 청산하려고 자신이 사표를 내고 대구 어떤 친지가 경영하는 인사소개소에 사무원으로서 지내게 되었다. 여기서 그는 이 인사소개업의 이면을 아는 동시에 대구 태생으로 신의주 유곽에 가 있던 당년 24세된 이순이란 여자와 관계가 있으면서 이 이면을 더 잘 알게 되었다.

그러나 이 여자와의 반년이란 세월의 애욕생활로 그는 무일푼이 된 그는 그의 정부 이순이를 무리하게도 사리원 어떤 요릿집에 전차금 700원에 팔아버리고 말았다. 그러나 이순이는 그대로 있지 않았다. 자기를 이런 불행한 소굴로 판 그에게 대한 복수로 그 700원이란 돈에 대한 의무를 실행치 않고 어디로인지 종적을 감추어버리고 말았다. 이리하여 그는 사기죄로서 고소를 당하게 되어 사직(司直)의 손이 자기에게로 뻗친 것을 알게 되었다. 그러자 그는 몸을 피하여 그날 밤으로 어디로인지 종적을 감추고 피하는 몸이 되어 생활고에 허덕이면서 각지로 전전하게 되었다.

이렇게 전전하던 끝에 이젠 다시 소생할 길도 없으니 그만 본격적으로 유괴업을 하자는 생각에서 그는 본격적으로 유괴업에 손을 대게 된 것이 맨 처음 광주 송정리서 꾀어온 소녀들을 목포 신흥루(新興樓)에 팔아먹은 것을 비롯하여 6년 후인 즉 지난 1월 24일 밀양 광한각(廣寒閣)의 강순자와 이영자를 팔아먹은 것까지 150명의 다수라 하니 이야말로 신인이 공노할 노릇이 아닐 수 없다.

유괴 방법의 제 양상

첫걸음을 본격적 유괴에서 출발하여 소녀들을 신흥루에 팔아버려 성공한 그는 다시 손을 뻗어 갖가지 수단으로 처녀만을 유괴하여 정조를 유린하고는 유곽에 팔았으니 인정 없는 그들 부처의 요망한 마음은 처녀성을 잃은 일백 오십 처녀의 구천에 사무친 한으로 어두워졌을 것이다.

이제 몇 가지 예를 들어보기로 하자!

제1례

전라남도 무안군이라면 조선의 남단 정열의 마을인 것을 연상할 수가 있다. 그런데 거기 가난에 쪼들린 집이 하나 있었으니 아버지 이영호는 병신이요, 형 영성은 전과자이기 때문에 동리 사람들의 지탄을 받으면서 연전에 이 마을을 떠났다. 이리하여 병과 가난과 또 이런 누명으로 이 집

만주로 팔려간 세 처녀

마굴 속에 감금당한 농촌처녀들

안은 머리를 들고 살 수 없게끔 되었다. 그런데다 부모 형제 다섯 식구는 그날그날의 양식에 쪼들려 지내기 쫓아 곤란한 중에 딸 순애는 그래도 대자연의 자비로운 빛을 따라 고이 자라게 되었다. 그렇지만 학교교육이란 엄두에도 못 내고 이 마을 저 마을 어린애를 보러 다니면서 18이란 나이가 먹게 되었다. 그러는 가운데 이 순애는 고향땅에 있는 것이 어쩐지 마음에 흡족치 않아 거기서 떠나 멀리 경상남도 밀양으로 가서 식모 노릇을 하면서 돈을 벌어 고향의 병든 아버지와 어린 동생들을 먹여 살리려는 순정에 불타고 있었다. 그러는 동안 그 마을 사람의 소개로 우연히 만난 것이 하윤명 부처였다.

전항에서도 잠깐 말했지만 그들은 백만장자처럼 호화롭게 차리고 지내니만큼 그들이 하는 말은 모두가 참말인 줄 믿게 되었다. 그리하여 서울만 가면 자기들과 같이 좋은 집에 살면서 살림을 배워 좋은 곳에 출가를 시킨다는 그 말을 그대로 듣고 순진한 이 어린 처녀의 마음엔 자기가 출세함으로써 고향의 부모들을 기쁘게 할 생각에 가슴은 벅차고 기쁨의 웃음은 그대로 소리 없이 입가에 터져 나왔다.

이리하여 그 처녀는 서울에 와서 웬 어떤 여관에서 하룻밤을 보내게 되었다. 비록 낯선 서울이라 하지만 자기 장래는 희망이 빛나지를 않느냐? 잠들어 꾸는 꿈 좇아 행복에 깃들여 고향의 하늘이 아득히 행복의 동산처럼 멀리 동경되기도 하였다. 혼자 고요히 노래라도 부를 행복과 희열에 차서 잠이 들려고 할 때 방문을 두들긴 것은 뜻밖에도 하윤명이었다.

"놓으세요, 이러면 안돼요."

달려드는 그에게 반항했으나 그러나

"가만있어 잠깐만."

하고 그는 씨근덕거리며 옷을 벗기는 것이었다.

"아아 이러면 어떻게."

그는 소리치려 했으나

"이러면 큰일 난다."

하고 위협하였다…….

수리개한테 채인 병아리처럼 그 처녀는 그가 하자는 대로 내맡기지 않을 수가 없었다.

야욕을 다 채운 그가 자기의 몸을 끌어안았던 팔을 풀었을 때 그 처녀는 18년 동안 지킨 정조는 여지없이 깨지고 말았다. 일진광풍에 떨어지는 꽃잎처럼 하염없이 처녀를 잃고 흐느껴 울었을 때는 장래의 희망도 평화도 한낱 남가일몽이 되어 버리고 닥쳐올 운명이 장차 어찌될까? 기약할 수 없는 공포와 전율 속에 흐느끼게 되었다.

이리하여 그 여자는 그에게 갖은 욕을 다보고 인천 유곽으로 팔리게 되었다.

제2례

이것도 전라남도에서 있은 이야기이다. 순천군의 남쪽 조그만 마을에도 가난의 바람은 불어와서 병든 남편과 살아갈 수 없을 만치 가난의 바람은 불어와서 병든 남편과 살아갈 수 없을 만치 가난하여 그의 안해 순례는 세 살 난 어린애를 안고 집을 떠나 경상북도 포항으로 돈벌이를 떠났다. 가난하나마 농촌에서 김이나 매고 농사를 지었으면 별 탈 없이 평온히 지냈을 것이나 그래도 병든 남편을 위해 한 푼이라도 더 벌까 하여 이 바닷가 포항으로 떠나왔던 것이 오히려 그의 전도에 큰 불행을 가져오게 한 것이다.

말하자면 그 여자도 똑같은 수단으로 하윤명에게 유혹이 되어 서울로 올라와서는 신정 유곽 반월루(半月樓)의 식모로서 전차금 150원을 받기로 하고 거기서 지내게 되었다. 그러나 돈은 받지 못하고 무슨 계약서인지 거기 도장만 누르고서 그날그날의 식모 노릇을 하고 있었다. 그러나 그 계약서는 3년 3개월간의 창기가 되는 계약서였으니 누가 이렇게 될 것을 꿈에나 생각했을 것인가?

이리하여 어린애는 어디로인지 돌려 빼버리고 그는 청루에 몸을 던져 반생을 눈물로 보내게 되었으니 이 어인 인간의 슬픈 운명인가?

이제 이 사실을 알고 경찰에서 그 여자를 찾았을 때는 그 여자는 어린애 이름을 부르면서 광란의 행동으로 어린애를 찾아달라고 소리치고 있었다. 어린애에 대한 어머니의 사랑은 조건이나 무슨 이유가 없다. 오직 사랑 두 자로만 일관된 자애가 이 광란의 어머니를 더 미치게 하는 것이다.

제3례

시골 한구석에 있으면 어느 때나 서울이 동경되는 것을 누구나 한번 느끼는 것이다. 각지로 돌아다니는 하윤명의 독아에 또 걸린 것이다. 각지로 돌아다니는 하윤명의 독아에 또 걸린 것이 전라북도 전주에서 난 17살 된 이영순이란 처녀였다. 그 여자도 역시 서울을 동경하고 있던 차에 가사 견습을 시킨다고 하고는 여비와 다른 준비로서 50원을 하윤명에게 받아가지고는 시골을 떠나 서울로 올라왔다. 올라오자 첫날 밤 지난 것이 서린정 어떤 값싼 여관이었다. 서울의 백만장자인 줄 안 그가 이런 값싼 여관에다 갖다 두는 것을 보니 그 여자는 한편 겁도 나고 불안스러웠다. 그러나 그때는 벌써 이미 시기가 늦은 때었다. 색마 하윤명은 그 여자를 그대로 둘 수가 없었다. 그리하여 그날 밤 어린 처녀 영순을 겁탈하고야 말았다. 처음으로 당한 성교는 그 여자에게 커다란 고통을 주었다. 정신적으로 불안하였거니와 생리적으로도 통증이 심하였다. 더구나 3, 4일이 지나서는 소변을 볼 수도 없었다. 벌써 그 여자는 이 부도덕한 하윤명이로부터 성병이 전염된 것이다. 이리하여 병은 들고 감금은 당하여 마음은 초조하고 몸은 불에 든 버래처럼[25] 달달 볶였다. 그만 자살이라도 하려고 결심했으나 고향의 부모 형제를 생각하면 그럴 용기도 없었다. 더구나 이런 눈치를 챈 그들의 감시는 더욱 엄중하여 자살하거나 탈출할 수는 도저히 없었다.

그러다가 팔린 것이 병목정 유곽이었다. 1천 원이란 거액에 팔린 그는 영구히 이 세계에서 벗어날 수 없는 비극적인 결과를 맺었다.

제4례

원래 제사공장의 여공으로서 일하는 자기 누이동생이 어떤 자에게 유혹이 되어 행방불명이 된 것을 반년이나 넘어 그곳 경찰의 손을 빌어 부산을 중심으로 샅샅이 찾았건만 찾을 길이 없어 주

---

25 원문대로 표기함.

야 근심하던 중에 풍편에 들어오는 말이 서울 어떤 부자라는 사람이 데려갔다는 소리를 듣고는 그는 도보로 서울을 찾아 먼 길을 떠나왔었다. 부산서 서울 특급차로 달려도 5, 6시간이 걸리는 이 먼 길을 그는 최대 완행 도보로써 이 서울을 향해 떠난 것은 오직 누이를 찾으려는 피눈물 나는 육친애의 따뜻한 정에서 나온 것이다.

피로에 지친 다리를 끌고 서울에 와서 자기 누이를 만날까 하는 생각으로 인사소개업자의 집을 매집 빼지 않고 다니면서 자기 누이의 이름 기열이란 여자를 모르느냐고 묻고 다니었다. 그러다가 서린정 인사소개소에 가성주의 집 장부에 몽매에도 잊을 수 없는 자기 누이의 이름이 써 있지를 않느냐. 그를 어쩔 줄을 몰라 그 애의 행방을 알아보니 북조선 어느 지방의 작부로 팔리었다는 것이다. 그러나 거기를 가자니 여비는 없고 다리는 아프고 서울서 돈 벌이라도 하자니 시골뜨기가 어쩔 수도 없고 하여 어쩔 줄을 모르고 있는데 이 유괴마 하윤명이가 동대문경찰서에 붙들린 것을 알고는 곧 그곳으로 달려가서 이 사정을 이야기하게 되었다. 그런데 반가울세라 자기 누이 기열의 이름이 형사 수첩에 적혀있지를 않은가?

이제 그 사정을 알고 보니 소화13년 남조선에 아카시아 꽃이 필 무렵 유괴행각을 떠난 하윤명의 손에 동네 온천서 걸렸다는 것이다. 말하자면 동네 온천에 묵고 있던 하윤명이가 우연히도 제사공장의 여직공이던 기열이를 보고는 마음이 쏠려 서로 알게 되어가지고는 감언이설로 꾀어다가 서울로 데리고 와서 동명여관에서 정조를 빼앗은 뒤 얼마 동안을 향락하다가 북조선 어느 시골 어느 요릿집에 500원의 전차금을 받고 팔아버렸다는 것이다.

체포되기 전의 광경

이야기는 본무대로 다시 돌아가 문제의 하윤명이가 체포되는 경로를 적어 보기로 하자.

광주서 데리고 간 최씨의 모녀 탈출 사건으로 동대문경찰서 수색원을 드리운 하윤명, 이것이 접수된 다음 날 바로 신당정에서 배회하는 어떤 모녀와의 우연한 부합, 이것으로써 동대문 경찰서에서는 사법주임 이하 전원이 긴장되어 하윤명의 집을 수색하였다. 마침 거기에는 아직도 팔리지 않은 소녀들이 있으므로 이상하여 그 내용을 조사한 결과 시골서 팔려온 사실이 있음을 알고 하윤명의 안해를 붙들어 가게 되었다. 이러자 벌써 그들 부하는 이 사실을 알고 시골 있는 하윤명에게 전보를 쳐 사실을 알려주었다.

하윤명은 지금 그것도 알지 못하고 대구에 묵으면서 남산정에 사는 김칠성의 딸 김학이(17)를 만주국 목단강 청산루(靑山樓)에 일금 500원을 받기로 계약을 마치고 바로 청산루 주인이 묵고 있는 상서정 한일여관으로 김학이를 데리고 가게 되었다. 그런데 이 사실을 알지도 못하고 그저 서울만 가서 사는 줄 알게 된 그의 부모는 "서울 가거든 월급 받아서 그 돈을 꼭 저금을 해서 빚을 갚아야 한다"고 울며불며 이야기하였다. 이런 눈물 속에 흐느끼는 학이 아버지를 그들이 돌려보낸 뒤 하윤명은 김학이를 데리고 부외 수정지(壽城地) 부근에 있는 문둥병의 땅 집 부인 방으로 들어가서 "공장에 가려면 몸이 튼튼해야 하는데 병원에 가면 돈이 많이 들고 하니 내가 진단을 해주겠다"고 하면서 양복 주머니에서 청진기를 꺼내 청진을 하려고 웃옷을 벗기었다. 처녀의 마음에는 웃옷을 벗고 젖가슴을 내어놓는 것이 얼마나 부끄러우랴! 그리하여 두근거리는 가슴으로 겨우 내어놓으니 "아! 가슴이 너무 두근거리는데……" 하고는 이것이 일종 병이니 안마를 해야 이것이 낫는다고 전신을 주무르기 시작하였다. 처음에는 옷 위로 주무르다가 나중에는 벗고 주물러야 한다고 하고는 속옷까지 벗기었다. 그래 여기 겁이 난 학이는 소리를 치며 달아나려고 했으나 그가 그 순간 놓아줄 리가 없었다. 그는 이미 문을 굳게 잠그고 계획적으로 한지라 그 순간 덥석 허리를 끌어안아 처녀성을 빼앗고는 하루 종일 노닥였다.

어린 살덩이의 냄새에 목을 축인 하윤명은 김학이를 그날 밤 청산루 주인에게 넘겨버리고는 자기는 경성을 향해 떠났다. 차중에서 그는 이리저리 생각하던 끝에 도중에 밀양을 내려 여기서 무엇이나 돈벌이를 해보려고 생각했다.

더구나 밀양은 기생도 많고 인사소개업자도 많을 뿐 아니라 자기 처 김신교[26]를 어머니로 꾸며 여러 여자를 팔아먹은 기억도 있고 하여 그전 다니든 지나요리점 광동루(廣東樓)로 들어갔다.

이 집에서는 그가 그전 간수로 있던 것을 알고 또 그가 법률을 잘 알고 있다는 것을 인증하므로 이를 이용하여 주인을 불러 앉히고 그 집에 있는 작부계약서를 보자고 위협한 뒤 그 계약서가 사실에 있어서 잘못되었다고 위협하고는 만일 이 사실을 경찰서에 고발하면 너희는 당장 영업정지를 당할테니 어쩌겠느냐고 하고는 "눈을 감을 터이니 그대로 이 작부를 내놓으라"고 하여 강순자(17), 이영자(18) 두 소녀를 얻어가지고 언제나 가지고 다니는 백지위임장에 도장을 받고는 당자를 감언이설로 꾀어 서울로 데리고 떠나오게 되었다.

그러나 그는 이 뜻 아닌 수확물에 대하여 그저 팔아버리기는 아까웠다. 그리하여 밤차가 대전

---

26 하윤명의 처 이름은 김춘교이지만, 원문에는 김신교로 표기되어 있다.

에 닿았을 때 곤히 자고 있는 두 여자를 깨워서 곤하니 대전서 내려 쉬어가자고 하고는 끌고서 대전역에 내렸다. 물론 여기서 그들과 교접을 할 생각에서였다. 역에 내리니 때는 오전 1시 30분 대합실로 들어가 잠깐 앉았노라니 거기 나이 열 아홉가량 되어 보이는 처녀를 데리고 만주로 살러가는 늙은 부부가 있는 것을 발견하자 또 이것을 어떻게든지 유혹하려고

"어디들을 가시는지 만주 가는 차는 이 밤엔 없는 걸요."

하고 말을 붙이고는

"여관에 가려거든 같이 갑시다."

하니 그들도 반가워서 그의 뒤를 따라가게 되었다. 그들을 여관으로 데리고 가서는 만주를 가면 마적이 무섭다느니 차마 사람 살 곳이 못 된다거니 또 저런 큰 처녀를 어떻게 그런 곳으로 데리고 가느냐고 하면서 만주행을 단념시킨 후 서울 고무공장에 취직을 시켜줄 테니 서울을 가자고 하여 그 여자를 부내 병목정 459번지 북한루(北漢樓)에 일금 1천 원에 팔아먹고는 그 부모에게는 50만원만 주고 자기가 950원은 먹어버리고 말았다.

그 여자는 전북 임실 태생인 김영순(19)으로 이런 경로로 비참하게도 청루에 들어눕는 불쌍한 신세가 되었다.

그런데 하윤명은 자기 안해가 동대문서에 갇힌 것을 알고 무슨 일로 갇혔나를 알려고 데리고 온 여자들은 서사헌정 최범교란 인사소개업자에게 맡겨두고 동대문서로 최를 보내었다.

그리고 자기는 비밀히 자기 집으로 사람의 눈을 피하여 잠복하게 되었다.

자동차에서 내린 그가 본정 5정목인 자기 집으로 들어섰을 때 벌써 동대문서의 수사선의 신경은 날카로울 대로 날카로웠다. 지방에서 온 정보로 하윤명의 경성 침입을 안 형사대는 즉시 본정 5정목 33번지[27]를 둘러싸게 되었다.

때는 정히 오전 3시, 유곽 다니는 손님조차 끊어진 새벽의 거리! 거리는 긴장된 경관대에 삼엄한 경계선이 새벽 찬 바람과 조를 맞춰 찬 기운이 휙휙 돌고 있는데 형사대에게 포위된 하윤명의 집문은 결국 열리고야 말았다. 이리하여 희대의 색마요, 유괴마인 하윤명은 그의 부하 15명과 함께 체포되고 거기 남아있는 여자 17명을 완전히 구출할 수가 있었다.

이리하여 신인이 공노할 범죄사상의 특기할 대범죄자 하윤명과 그의 부하들은 동대문서 토옥

---

27 원문대로 표기함.

(土屋), 정 양 형사의 손에 일망타진되게 되었으니 하늘을 이고 사는 양심가진 사람으로서 하지 못할 이 범죄는 과연 어떤 처단을 내릴는지 오직 금후의 판결을 기다릴밖에 없다. (끝)

『매일신보』, 1939. 5. 2.

"나의 애녀(愛女)도 하윤명의 독아에… 알아주오" 투서

유괴마 하윤명의 독아에 걸려 희생된 촌색시가 얼마나 되는가? 1일 본정서에는 내 딸도 하윤명이가 데려갔는데 소식이 없으니 찾아 달라는 호소장이 들어왔다. 대구부 남산정 오용팔(47)은 작년 봄에 자기 딸 부돌(14)이를 하윤명에게 양녀로 주었는데 그 후 편지를 하여도 답장도 없고 소식이 끊겨 궁금하던 차에 얼마 전 신문을 보고 하윤명이가 무서운 유괴마라는 것을 알았는데 다른 피해자는 발각됐건만 자기 딸의 소식은 종래 없으니 어찌된 내용을 알아 달라는 것입니다.

『매일신보』, 1939. 5. 3.

붓방아

하윤명 내외의 유괴 사건이 있은 뒤로부터 부내 각 서에서는 지금까지 으레히 그러려니 하고 알고는 있었으나 이렇다는 꼬리를 잡고 있지 못한 것과 간혹 유괴사건에 속한 사건이 있어도 그리 중대시하지 않았었는데 ▲이래서는 안 되겠다고 하여 흉측한 인사소개업자의 암흑면을 탐사한 결과 생각도 못한 여러 가지 유괴사실이 폭로되고 있어 세간의 주목을 끌고 있는 터이지만 ▲유괴사건을 취급하고 있는 형사들의 말을 들어보면 철저히 취조를 하려면 다른 일은 다 그만두고 이것만 전문으로 해도 손 비일 새가 없을 것이라고 ▲그러나 형사들에게는 유괴 사건을 맡아보는 것만치 성적능률이 나쁜 것은 없다고 한다. ▲왜 그런가?를 물어본즉 한 달에 몇 건이라는 사건의 건수가 정해 있어 그 건수에 달하지 않으면 꾸지람을 듣게 된다는 것이다. ▲결국 한 시간 동안이면 끝나는 절도 사건도 하나, 몇 달이 넘어 걸리는 이 유괴 사건도 건수로는 마찬가지로 하나이니 ▲이 때문에 사건을 보고도 열이 안 나는 것은 어찌 못할 사실이라. 유괴 사건의 전멸을 기하려면 먼저 이에 대한 개선이 필요치 않을까?

『매일신보』, 1939. 6. 24.

유괴마의 독아에서 광명의 신세계로 구조된 소녀 8명을 화광교원(和光敎園)에

아직까지 세상 사람들의 기억에 새로운 유괴마 하윤명 내외의 범행 사실은 당시 보도된 바어니와 유괴마의 독한 이빨에 걸려들어 까딱하면 유곽으로 팔려가 쓰라린 운명에 빠질 뻔한 박언년(29) 밖의 일7명의 여성이 사건 발생 당시부터 구조되어 동대문서에서 그들이 찾아갈 사람과 보호할 사람을 찾아 내려왔으나 찾지 못하고 동서에 보호하고 있었는데 23일 아침에 마침 그들을 구해줄 사람이 나타났다. 이날 아침 경찰과 부내 관수정 화광교원의 사회부 주임 조천도웅(朝川道雄) 씨와의 사이에 넘겨주는 교섭이 성립되어 그들 8명은 씨의 안내를 받아 희망교원으로 들어간 바 앞으로는 그 교원 안에 있는 수공(手工) 공장에서 앞날의 새로운 광명을 바라보며 일하리라 한다. (사진은 유괴되었던 여자들)

『매일신보』, 1940. 11. 5.

악마에 걸린 소부(少婦), 전매(轉賣) 중 구출

[보령] 남의 집 부녀를 꾀여서 몸을 더럽힌 후 경성까지 데리고 가서 소개업자에게 매각을 하고는 멀리 도주한 못된 자가 있다. 보령군 대천면 죽정리에 거주하는 김봉운은 지난 10월 20일에 동군 미산면 성주리 오종귀(20)의 처되는 전용금(18)을 감언이설로 꾀여내서 지난달 23일에 경성으

로 데리고 가서 인사소개업을 하는 경성부 입정정 하윤명(41)에게 300원에 매각하여 그 돈을 가지고 황해도 옹진 방면으로 도주하였는데 또다시 하윤명이가 그의 미모를 탐내어서 관계를 하고 다시 창기로 팔아먹으려고 제반 수속을 만들기 위하여 30일 보령 대천으로 데리고 내려왔다가 그만 보령경찰서 형사의 손에 걸리어서 엄중한 취조를 받고는 겨우 신원만은 석방이 되어 가지고 줄행랑을 불렀다는 데 마수에 걸렸던 전 씨는 자기의 친가인 부여군 익산면 삼산리로 돌려보냈다고 한다.

4. 배장언 유괴단 사건

『동아일보』, 1939. 3. 23.

유괴마 사건 확대 인사소개업자 인치(引致)

얼마 전 동대문서에 희유의 부부 유괴마가 체포되어 세인을 경악케 하고 있는 차에 부내 서대문서에서도 인사소개업이란 미명의 간판 뒤에 숨은 유괴마의 일당이 체포되었다 함은 기보한 바이거니와 그간 일당은 일체 범죄사실을 부인하여 동서에서는 증거 수집에 열중하던 중 드디어 21일에 일당의 흑막 일체가 판명되어 부내 아현정 인사소개업자 박옥동 등 3명을 체포하여다 민, 석부 양 형사가 준열한 취조를 계속 중이므로 취조 여하가 주목된다.

『동아일보』, 1939. 3. 26.

제2 하윤명 사건 확대 유인마단 일망타진, 경향의 부녀자 꾀어 인육시(人肉市)에 매끽(賣喫), 구출된 처녀 13명

얼마 전 동대문서에 희유의 부부 유인마가 적발되어 세인을 놀라게 하고 있던 차에 다시 부내 서대문서에서 인사소개업이란 미명의 간판 뒤에 숨은 경향을 무대로 한 대규모의 유인마단의 일당이 일망타진되었다 함은 기보한 바와 같거니와 그 후 동서에서는 김, 민, 석부(石部) 형사 등이 중심되어 증거 수집에 열중하는 일방, 준열한 취조를 계속한 결과 아현정 박옥동 등은 인사소개업이란 간판을 내세우고 이면에는 빈한에 울고 허명에 날뛰는 경향의 처녀부녀자를 별별 감언이설로 꼬여다가 작부와 매소부 등 인육시장에 넘겼을 뿐 아니라 그중에서도 미모의 처녀는 함부로 정조유린까지 하였다는 신인공노의 무진죄상이 판명되어 방금 동서에서는 이은순(19) 등 13명의 피해녀를 부내 각처에서 구출하여다가 문초 중인데 아직도 일당의 죄악은 더욱 속출될 것이므로

세인의 기억에 새로운 제2 하윤명이 될 것이라 한다.

『매일신보』, 1939. 3. 28.

순진한 농촌처녀, 100여 명 유인 매끽, 부자와 사촌 등 3명이 공모 후 수년을 범행, 서서(西署)에 제2「하윤명」 사건

유괴마 하윤명 부부의 사건이 아직 김도 새기 전에 하윤명이 보다도 더 교묘한 수단으로 다수한 부녀자를 유인하여다 팔아먹은 제2의 유괴마 사건이 서대문서에서 적발되었다. 수일 전부터 서대문서 사법계에서는 사법계 주임의 지휘로 극비밀리에 맹렬한 활동을 하더니 24일 오후 4시 인천부 화계정 모처로부터 부내 노고산정 배명순과 그 아들 기환(31) 사촌동생 배석순(이상 전부 가명) 등의 3명을 검거하는 동시에 봉래정 4정목 모처를 습격하고 라옥순(17, 가명) 외에 16세로부터 20세까지의 소녀 8명을 보호검속한 후 취조실 문을 굳게 닫고 엄중한 취조를 하는 중인데 탐문한 바에 의하면 전기 배명순은 4년 전부터 북선 지방 각 농촌으로 돌아다니며 17, 18세의 소녀를 전문으로 약 100여 명을 유인하여다가 북지와 만주 등지에다 팔아먹은 것이 판명되었다 한다. 그런데 그 방법이 극히 교묘하고 조직적이어서 자기는 선두에 나서지를 않고 그의 아들과 동생 혹은 일가친척을 시골로 보내어 당신의 딸을 서울로 수양딸을 주면 호강을 시켜줄 터이라고 하여 허락을 얻게 되면 1년이나 혹은 1년 반 동안 서울로 데려다 두면서 나는 잘 먹고 잘 지낸다는 편지를 부모에게 써 보내도록 하여 그들의 마음을 산 후 다시 그 부모를 찾아가 무엇에 쓸 일이 있으니 호적등본 한 벌과 아무것도 안 적은 백지에다 도장 한 개만 찍어달라고 하여 백지위임장을 받아가지고 이것을 가지고는 자기 마음대로 어디든지 팔아넘겨 버린 것이다. 그런데 배명순은 서울 시내 각 처 동리마다 셋방을 하나씩 얻어 놓고 이 집에서 사흘 저 집에서 이틀씩 묵어가면서 수많은 수양딸들을 만나 가지고 갖은 추태를 부린 후 북지와 만주로만 팔아먹었는데 수양딸의 부모는 물론이요 수양딸들도 아버지의 본집과 본성명을 몰랐다 한다. 이 때문에 그들 앞 시골 각 경찰서에서 딸 잃은 부모들의 고소를 받고 여러 차례 그를 잡으러 상경하였으나 바람과 같은 그 자취를 찾을 길이 없어 그대로 돌아갔는데 이번에도 경찰의 수사 손이 뻗치는 줄을 알자 날쌔게 이리저리 피하다가 최후에 인천으로 피신하였다가 도리어 체포된 것이라 하는데 취조에 따라 피해자의 공범자가 속속 판명되는 바 앞으로 얼마나 더 확대될는지 모른다고 한다.

『매일신보』, 1939. 3. 28.

범인은 배장언, 작석(昨夕) 그의 처자도 검거, 서대문서 제2 하윤명 사건 확대

기보= 서대문서에서 적발 중에 있는 제2의 유괴마 사건은 그 후 범인의 취조에 따라 사건은 점점 확대되고 있는데 27일 오후에는 시내 모처로부터 범인의 처 김씨와 그의 둘째 아들 홍근(40)을 검거하여 놓고 취조 중인 바 취조에 따라 유괴당한 여자의 수효가 점점 늘어가고 배후의 연루자도 속속 판명되고 있음으로 연루자를 체포하고자 27일 밤차로 석부(石部), 민 두 형사가 모처로 향하여 급행하였다. 이 제2의 하윤명이라고 할 유괴 범인의 본명은 배장언(58)으로 그의 고향은 전북 김제군 하리면 도장리인데 그는 상당히 유복하고 행세하는 집안에서 태어나 37세까지 그 곳에 있는 사립 전진 소학교에서 교원 노릇을 하였으며 교원을 그만두고는 농사를 짓다가 지금부터 10년 전에 서울로 올라와서 '콩크리트' 공장 감독 노릇을 하였었다고 한다. 범인이 이와 같이 상당한 인텔리인 만큼 범죄한 수단이 극히 교묘하여 피해자들이 조사하는 경관에게 대하여 오히려 범인은 좋은 사람이라고 변호를 하고 있었다.

『조선일보』, 1939. 3. 28.

하윤명과 동일 방법의 처녀 유괴단 또 적발, 서대문서에서 봉래정 소굴을 습격, 연루자 다수를 검거, 주범은 전 소학교 교원 배모

얼마 전 동대문경찰서에서 검거한 하윤명 부처의 농촌부녀 유괴사건을 계기로 부내 각 서에서는 관내의 인사소개업자를 중심으로 이 종류 범죄의 적발에 전력을 다하여 오던 바 부내 서대문경찰서에서는 26일 오후 4시 인천부 화평정에서 전 소학교 교원 배모(56)와 그의 사촌동생 배순만(32, 가명)을 검거하는 동시에 그들의 숨은 집 부내 봉래정 4정목 모처를 습격하고 그들이 유괴하여다 둔 남조선 지방 농촌처녀 곽순길(19) 외 8명과 집을 지키는 주범 배모의 아들로 30세 가량 된 청년을 검거하여다가 취조 중이다. 이 사건은 이상 3명 외에 아직 5, 6명의 공범이 붙잡히지 않아 동서에서는 사건을 비밀에 부치고 잔당 체포에 전력을 다하고 있는데 사건의 윤곽은 다음과 같다.

피해자 100여 명 돌파? 수출지는 만주나 북지

즉 주범 배모는 약 4년 전부터 자기 사촌동생과 아들 외 수 명의 공범을 남조선 지방으로 보내서 구차하고 무지한 농민들로부터 수양딸을 삼는다는 구실로 처녀들을 유괴하여다가 일단 서울에 달려온 후 다시 수양딸이 됨에는 부형의 위임장과 호적등본이 필요하다고 하여 그들의 부형들로부터 백지위임장과 인감증명 호적등본을 속여 받아다가 만주북지방[28]으로 팔아먹은 것인데 그 범죄의 방식은 하윤명의 수단과 비슷하다. 이같이 사람과 서류가 갖추어지면 소녀들에게 돈 많이 버는 데로 간다고 속여서 매춘부로 팔아버린 것인데 현재 주범 배 모의 소지품 중에서 백지위임장 30여 장이 나온 것으로 보아 4년 동안 그들에게 희생된 피해자 수효는 100명을 돌파하리라고 보고 있다. 또한 이들 일당은 가는 곳마다 변성명을 하고 다니며 서울로 꾀어온 소녀들은 한 군데 1개월 혹은 2개월씩 두었다가 이곳저곳으로 옮겨가며 사찰의 눈을 피하여 온 것이다.

"북지에 가면 천 원, 2천 원!" 범인의 호어(豪語)가 발각 단서

이상 전율할 유괴 사건이 발각된 단서는 다음과 같다.

즉 얼마 전 모 인사소개업자가 봉래정 숨은 집에 찾아와서 소녀들을 팔지 않겠느냐고 교섭하였는데 범인 배 모는 호기 있게 "이 애들을 조선에서는 안 판다. 만주나 북지로 데리고 가면 천 원 내지 2, 3천 원에 매매가 되니까" 하며 웃음의 말 비슷한 것이 서대문서원의 귀에 들어온 것이다.

그리고 범인 배 모는 약 20년 전 충남 모처에서 보통교 훈도로 있던 자이며 범인의 딸 배금자(20)는 현재 개성에서 기생으로 있다.

박옥동 사건과는 별개의 사건

전기 유괴마 사건을 수사하는 도중 지난 21일 부내 아현정 250번지 인사소개업 박옥동(33)을 검거하고 취조 중인데 그는 이 사건과는 별 관계로 만주 방면에 팔려가는 처녀들을 데리고 갈 때

---

28 원문대로 표기함. '만주와 북지 방면'의 의미로 보인다.

금비녀, 금반지를 끼워가지고 가서 그곳에서 팔아 금 밀수출로 400여 원의 이익을 본 것인데 인사소개업자들의 빈틈없는 취리 수단은 이런 데서도 엿볼 수 있다.

『동아일보』, 1939. 3. 28.

50여 처녀를 유인 북지(北支), 만주에 대부대를 매끽, 수양녀를 한다고 백지위임장을 받아서 범죄 감행 제2 하윤명 사건 확대

얼마 전 부내 서대문서에서 유괴마 부부 하윤명 사건 이상의 희유 대규모의 유괴마단 일당 5명을 일망타진하려다가 엄조를 계속 중이라 함은 누보한 바와 같거니와 그 후 동서의 계속 취조와 같이 정작 일당의 두목 천순동(35)과 천억만(24)의 형제가 이미 검거선을 탈출하였다는 의외의 사실이 탄로되어 26일 동서 김, 민, 석부(石部) 형사 등은 천가 형제가 탈주 잠복하였다는 인천 모 여관을 습격하여 무난히 체포하여 엄중 취조한 결과 다음과 같은 신인공노의 무진죄상이 속속 판명되어 취조경관을 경악케 하였다 한다. 즉 천순봉은 지금으로부터 4년 전에 외사촌 아우 천억만 외 원적의 친척형제들을 경향 각지로 보내어 가난에 울고 혹은 허영에 날뛰는 시골처녀들의 부형을 찾아다니며 수양녀로 데려다가 호의호식에 공부까지 시켰다가 후일 혼령(婚齡)에 달하면 서울 부모의 며느리를 시켜주겠다는 등 혹은 좋은 곳에 취직을 시켜주겠다는 등 별별 감언이설로 그럴 법 하게 꼬이는 동시에 수양녀로 한다는 백지위임장과 또한 호적초본, 인감증명 등을 맡아가지고 와서는 여급 혹은 기생 작부 등에 매끽하고 아직 연령이 어린 소녀는 하녀로 학대하다가 크면은 역시 매소부로 인육시장에 넘기었다는데 이상과 같은 교묘한 수단의 형제의 독수에 희생된 소녀 혹은 유부녀는 현재 동서에 구출하였다는 배금순(19), 이옥희(16) 등 15명의 처녀 외에 이미 북지와 만주 혹은 경성 시내에 매소부로 넘긴 부녀자는 지금까지 판명된 수만 35명으로 앞으로도 얼마나 판명될지 모르겠다 한다.

단장은 천가(千家) 형제, 서서(西署)에서 잔당 소탕

별항과 같은 일당의 두목 천순동은 전기와 같이 그의 친척형제 외에 다수 부하를 유괴편의대처럼 경향 각지에 파견하여 천순동이 아직 체포된지도 모르고 처녀 유괴에 활약하고 있는 잔당이 적어도 10여 명에 달할 것이므로 불원 동서 형사대는 천순동의 자백을 좇아 경향 각지에 흩어진 유괴편의대와 대대적 소탕전을 전개하여 포로(浦虜) 것이라 한다.

구출된 처녀

이옥순(17), 장금화(18), 손복동(16), 변순길(15), 곽순희(17), 김옥희(16), 남순동(20), 방순희(16)
(사진은 유혹당한 여자의 일부, 범인 집에서 나온 것)

처녀 유인의 부산(副産) 금 밀수까지 탄로

그리고 이번 유괴사건 전말의 부산물로 동서에서 체포 취조 중이던 아현정 박옥동은 금일 금 밀수범으로 판명되어 별항과 같은 대규모의 유괴마단 사건과 아울러 금 밀수 사건도 취조키로 되었다 하며 지금까지 판명된 밀수 금액은 500여 원 어치의 금괴에 불과하나 취조 여하에 의하여는 의외의 방편에 발전할는지도 모르겠다 한다.

마수에 걸린 내 딸 찾어주

못 믿을 손 남자의 마음= 방실방실 봉울진 꽃봉오리의 딸을 데리고 오다가 중간에서 전연 모르는 신사의 감언이설에 넘어가 자기 딸을 잃어버렸으니 찾아달라는 수색원이 용산서에 날아 들어왔다. 부내 신공덕정 길종식(47)의 처 전성녀는 자기의 딸 길연화(18)를 지금으로부터 5년 전 황해도 장연에 보내 기생 견습을 시키고 있던 중 작년에 기생허가까지 맡아 서울로 데리고 와서 같이 살려고 23일 장연으로 가서 집으로 데리고 오는 도중 찻간에서 낯모르는 사나이가 친절하게 대하여 줌으로 대단히 고맙게 생각하고 동행하여 지난 24일 밤차에 서울을 내렸던 바 여러 가지의 감언이설에 속아 넘어 황해도 조석(朝石)조합 퇴야량부(堆野量夫)라는 명함을 받고 시내 모 여관에 딸과 같이 하룻밤 지내기를 허락하여 주고 집으로 돌아와 이튿날 약속한 여관에 가보았으나 그런 여관이 없을 뿐 아니라 도무지 그 사람을 믿을 수 없으니 내 딸을 찾아달라는 것을 호소하여 온 것이다.

『조선일보』, 1939. 3. 28.
처녀들아 함정에 조심하라. 그들은 어떻게 유괴되었나. 서문서(西門署) 적발의 "유괴마 배장언 사건" 속보

작보 – 부내 서대문경찰서에서 검거에 착수한 유괴단의 주범 전 소학교 교원 배장언(裵長彦, 56)과 그의 사촌동생 배순만(32, 가명), 주범의 처 김씨(53) 또한 주범의 아들 등 네 명은 26일 밤부터 배 새워가며 취조를 받고 있다. 그 내용은 비밀에 부쳐 아직 알 수 없으나 동서에서 보호 중인 10명 처녀들의 입으로 흘러나온 그들의 유괴당한 경로는 보면 배가 일당의 죄악의 한 부분을 엿볼 수 있다. 따라서 피폐한 조선 농촌에서 사람값이 얼마나 늘 것이라는 것을 짐작할 수 있고 가난한 사람을 면하려는 그중에는 부모와 가족까지의 생활을 도우려던 현대의 심청의 발 앞에는 이렇게도 무서운 함정을 파놓고 그 속에 유괴마의 시커먼 손길이 그들을 집어삼켰다는 사실을 알 수 있다.

"손아귀에 한번 들면 기어이 매끽, 범인의 4년간 죄악상"

범인 배가 일당은 4년 전 부내 아현정에 근거를 두고 심복들과 긴밀한 연락을 취하여 가며 한 번 손아귀에 들어온 소녀들은 어떻게든지 당국의 눈을 속이어 표면상 가장 합법적으로 꾸며서 만주 북지로 수출하고 있었는데 한 군데 너무 오래 있으면 피해자의 부모들이 찾아올까 두려워 그 후 부내 입정정으로 주소를 옮겼다가 작년 연말 다시 봉래정으로 피신하였다.

봉래정 숨은 집은 서계정에서 버스를 내려 이 골목 저 골목으로 한참 돌아 들어가다가 막다른 골목 깊이 들어가 있어 이 방면 지리에 익숙한 사람도 좀처럼 찾기 어려운 곳이다.

이 집은 기와 4칸으로 안방 마루 건넌방 부엌 한 칸씩이 있고 처녀들이 감금당하였던 방은 건

넌방으로 주인 없는 방에는 트렁크 홀아비 궤짝 등이 누구의 손엔 가장 잘 정돈되어 있다.

이 집은 배가 일당의 유일한 근거로 문패조차 김 모라고 하여 배가는 경찰의 호구조사에도 오르고 있지 않았다.

밤중만 되면 매 맞는 소리, 옆집 사람들의 말

근처 사람들은 모두 경찰이 무서워 이집 모양에 대하여 입을 다물고 있었는데 이집 골목담 하나를 접한 모 내지인은 다음과 같이 말한다. "그 집 주인이 나쁜 짓을 하였다니요, 그 집은 기생을 양성하는 집인 듯 하던데요. 작년 연말부터 웬 소녀들인지 매일 7, 8명씩 뜰에 나와 놀며 밤에는 소리 공부도 하던데요. 당신께 이야기를 들으니 생각이 납니다만 밤중이면 장작개비로 소녀들을 때리는 소리가 나는가 하면 애처롭게도 숨을 죽여가며 느껴 우는 소리가 밤새워 들려옵니다. 또 한 가지 이상한 것은 무슨 손님인지는 몰라도 그 집에 오는 손님은 언제든지 오전 2시경에 와서 문을 흔들기 때문에 우리 집에서도 가끔 깰 때가 있었습니다." (사진은 복마전과 유괴마의 짐짝들)

공범 추급 맹렬, 형사대, 충남으로 급행

이들 배가 일당의 범죄가 범상치 않은 것을 간파한 서대문서에서는 27일 저녁 석부(石部), 민 양 형사를 공범들이 준동하는 충남 모처로 출장케 하는 한편 주범의 일가족을 계속하여 취조하는 중으로 사건은 앞으로 얼마나 발전할지 예측키 어렵게 확대되고 있다.

등잔불에 날아든 나비들,
공부시키고 취직시켜 준다더니 이런 변이! 경찰에 보호 중인 열 처녀의 말

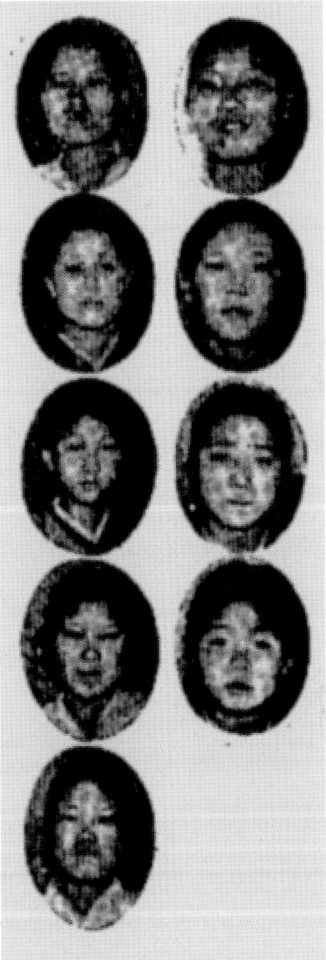

26일밤 서대문 서원이 봉래정 4정목 배가의 숨은 집에서 구하여온 10명 소녀는 공범수사 관계로 주소를 밝힐 수는 없으나 전부가 충청남북도, 전라남북도에서 유괴되어 온 것인데 그들은 돌려가며 다음과 같이 말한다.

▲ 김요준(25) 서울 가면 재봉틀로 옷 만드는 것 가르친다는 기요. 먹고 한 달에 15원을 받는다기에 서울로 왔더니 이게 웬일인기여.

▲ 서창임(20) 영감이 남에게 말하면 때리오. 난 아무 것도 몰라요.

▲ 황분임(19) 서울 가면 돈벌이가 좋다고 하여 집에서 밥 굶는 것보다는 낫지 않아요. 난 이런 데 와서 마룻바닥에서 잘 줄은 몰랐어요.

▲ 임명오(18) 수양아버지가 공부시켜 준다더니 매일 술만 자시며 새벽마다 낯선 사람이 찾아와서는 사람 얼굴을 깨워가며 보고 갔어요.

▲ 김정여(17) 아버지가 선생님께 수양딸로 가면 밥도 안 굶고 공부를 시켜준다고 하였어요.

▲ 김소순(17) 아버지가 가라고 하여서 기차 타고 왔어요.

▲ 김창분(17) 서울 왔더니 집에 편지 쓰라고 하여 손을 붙잡혀서 연필로 무슨 말인지 썼어요.

▲ 김병술(16) 서울 오더니 자꾸 사진만 찍고 소리 못한다고 매질만 해요.

▲ 김봉순(14) 봉래정 집으로 온 후 선생님이 "봉순이는 내 딸이지" 하고 달래는데 그 집 어머니가 일 잘 못한다고 매일 때려요.

▲ 김금순(14) 무서워요, 빨리 집으로 갈테야요.

사진 설명…위로부터…김요준, 김정여, 김병술, 황분임, 김소순, 서창임, 김창분, 김봉순, 김금순.

『동아일보』, 1939. 3. 28.

30명 유괴 또 탄로, 서서문(西署門) 전(前)에 울부짖는 친족 애상(哀狀), 형사대 남북에 수사 원정

한때 세인을 경악케 하던 유괴마 부부 하윤명 사건 이상으로 대규모요 또한 가장 가증스럽고도 교묘한 수단의 대대적 유괴단이 경향에 출몰하며 가난에 우는 농촌처녀를 감언이설로 꼬여다가 만주와 북지 등에 매소부로 매끽튼 배가 형제(일명 천가)등 일가족이 서대문서에 일망타진되었다 함은 누보한 바와 같거니와 그 후 동서에서 주범 등을 엄중 취조한 결과 다시 배순정(19)등 20여 명의 처녀를 전기와 같은 미끼로 꼬여다가 만주와 북지의 인육시장에 넘기었다는 것이 판명되어 계속적으로 백일하에 폭로되는 일당의 무진 죄상에 취조경관을 놀라게 하였다는데 방금 동서 유치장에는 주범 배가 일가족 등 유괴 당원과 속속 구출되는 희생녀 등으로 유치장이 모자라도록 초만원을 이룬 기현상을 연출하였다 한다. 그리고 신문지상으로 본 경향의 희생녀의 부모와 매일같이 찾아와 배가 놈의 별별 감언에 감쪽같이 속아 넘어 내 딸도 허울 좋은 수양녀로 주었는데 찾아주시오 하며 달려온 사람이 적지 않다는데 더욱 눈물겨운 현상은 현재 구출된 처녀와 동서에 찾아온 그들의 부모가 서로 붙안고 통곡하는 장면은 실로 처참한 비극적 일면으로 보는 사람으로 하여금 다시 한번 유괴마들의 죄악을 증오케 하는 동시에 일방의 발본적 소탕을 통감케 하는 바가 있다 한다. 그리하여 동서에서는 일당의 두목 배가 일가족이 적발된 지도 모르고 농촌 각지에 잠복하여 아직도 처녀 유괴에 열중하고 있는 잔당을 일망타진하는 동시에 만주와 북지 등에 팔리어 매춘부의 비참한 생활을 하고 있는 희생녀 등을 철저히 구제코자 민 형사 등이 중심되어 2부대로 나누어 1부대는 남조선 각지에 나가 잔당의 포로들 하기로 27일 오후 6시 이미 대전 방면으로 출정하였고 1부대는 만주와 북지로 출정하여 희생녀 구출에 집력키로 되었다는데 일당에 유괴된 가엾은 처녀는 기보한 바와 같이 200여 명을 □하할 것이므로 잔당 소탕과 희생녀 구출까지에는 적어도 2개월의 시일을 요하리라 한다.

『동아일보』, 1939. 3. 28.

사설: 유인마의 발호

一. 잔인무도한 저 백백교도의 죄상이 아직 법의 재단을 받기도 전에 각종 유사 종교 사건이 첩출(疊出)하는가 하면 일방에는 처녀 유인매끽 사건이 부절(不絶)하고 있으니 일작(日昨) 동대문서에서 적발한 소위 하윤명 사건과 서대문서에서 검거 중인 배장언 사건 등은 그의 가장 현저한 사례라 하겠다.

이들은 그 소행 규모가 자못 크고 내용이 극히 악질의 것이나 기타 군소사례는 일일이 지적하기에 어려우리만치 수다하게 자행되고 있어 진실로 우리 사회의 문화 수준을 의심하게 하고 구태어 이런 것을 문제로 삼는 것부터가 벌써 자신의 가책(苛責)이 크다.

二. 그러면 어째서 이 같은 비인도, 비합법의 인간악, 사회악이 연출되고 있는가? 이것은 무엇보다 첫째로 그 당사자들의 죄과를 들지 않을 수 없을 것이다. 먼저 황금의 위력에 수단을 가리지 못하고 갖은 사행(詐行)을 감행하는 인육상들의 죄악은 타매(唾罵)하고 응징하여도 오히려 부족한 바 있는 것이다. 그러므로 여기에 그 대책을 말한다면 그 유인마들로 하여금 개준(改悛)케 하고 퇴치하여 재현을 방지하는 것이 제일(第一) 의적(義的)이 된다. 그러나 이것은 절대로 근본적 퇴치책은 되지 못한다. 그 이유는 한 사람의 유인마와 한 당의 유괴단을 억압했다고 해서 그 유사 분자가 발효할만한 사회적 온상이 비치되어있고 그 함정에 사락(射落)되지 않을 수 없는 제경(濟經) 조건이 있다면 – 아니 이 지상에 무지와 비참이 존재하는 동안에 있어서는 이와 유사한 성질의 사건이 항상 계속될 것이며 오직 다만 장소와 사람을 바꾸어서 나타나고 있을는지도 모른다.

三. 그러니 먼저 유인마의 발호를 저지한다는 것은 중언한 여지가 없고, 현재의 사직(司直)이 이 점에 유의하는 바 없지 않지마는 앞으로도 일단 주력하여야 할 것이다. 그러되 우리가 일상에 있어서 유감으로 생각하는 것은 오늘 조선의 경찰행정이 한 편으로 좀 치우치지 않는가 하는 것이다.

환언하면 사회의 불안을 제거함에 있어서 종래 사상대책 등에는 만전을 기하였지마는 비근한 잡범의 조치에 다소 불철저한 감이 없지 않았다.

순진한 농촌처녀 하나를 또는 허영에 날뛰는 도시의 소녀 하나를 탈선케 한 것이 그다지 큰 문제가 아니라면 이것은 큰 잘못이다. 그것을 다만 정당치 못한 개인 간의 한 가지 계약이라고만 몰릴 수 없는 것은 물론, 성도덕을 파탄하고 사회질서를 침식하는 해독은 그 영향이 어느 것보다 결단코 적은 것이 아니다. 물론 이때까지 이런 사건을 많이 적발하였고 또 희생된 소녀들을 구출한 노고가 적지 않은 것을 기억하는 바이나 앞으로 좀 더 이 방면의 소청(掃淸)이 필요하다는 것이 또한 무리는 아닌 것이다.

四. 끝으로 거듭 말하는 것은 유인마가 발호하지 못하도록 적정한 사회적 조정책을 잊지 말아야 하겠다는 것이다. "법률과 풍습에 의하여 어떤 영겁의 사회적 처벌이 존재되고 그리하여 인위적으로 지옥을 문명 가운데 만들어 놓고 성스러운 운명을 세속적 인과에 의하여 분규시키는 동안에 있어서는 그런 성질의 사건이 계속되리라"는 '빅토르 유고'의 말을 그대로 믿지 않고 또는 유인하는 자나 혹은 유인되는 자의 책임을 곧 사회에 전가시키지 않는다고 해도 그 개인을 문책하는 동시에 사회가 또한 연대적 책임을 져야만 하게 되는 것이 잘못이 아니요 당연 또 당연한 일이다. 사람은 누구나 종교적 정서를 가졌고 경제적 조건이 생활을 지배하는 때가 많은 것인데 유인되는 동기가 모두 무지하였고 환경이 비참하였기 때문에 두 가지의 관혁(貫革)에 실패하였던 것이다. 이 점을 간취(看取)한다면 당국은 좀 더 그들을 지도하고 미연에 방지하려는 전반적 대책을 어찌 수립하지 않을 수 있으랴.

『조선일보』, 1939. 3. 29.

유괴마 단식항전! 욕설을 퍼부으며 취조에 불응

4년 동안 100여 명 처녀를 인육시장에 제물로 바치고 서대문서에 체포된 유괴마 배장언(56)의 일가족은 28일도 계속하여 취조를 받고 있는데 주범 '배 선생'은 한사코 입을 열지 않아 취조경관을 괴롭고 초조케 하고 있다. 더욱 '배 선생'은 27일 저녁부터 유치장에서 밥을 안 먹고 "내가 죽어버리면 고만이다" 하며 고함을 지르고 있는데 취조실로 끌어내면 경관에게 대들며 욕설을 퍼부어 악당의 관록을 보이고 있다. 또한 잔당 체포 차로 민, 석부(石部) 양 형사를 충남으로 보낸 동서에서는 28일 아침 지금 그 서에서 보호 중인 10명 처녀들의 본적지 경찰서로 피해자들의 가정 사항 조회를 발하였다.

『매일신보』, 1939. 3. 29.

"나 하나 죽으면 그만" 유괴마 단식 항의, 배장언 취조에 곤란

서대문서에서 검거 취조 중인 유괴마 배장언(58)은 준열한 취조에도 불구하고 28일 저녁부터 무슨 생각이 들었는지 돌연히 입을 다물고는 묻는 말에 대하여 한마디도 대답을 하지 않고 "나 하나 죽으면 그만이라"고 27일 저녁과 28일 아침 점심을 한 젓가락도 입에 대지 않고 단식으로써 도리어 항거하는 태도를 보이고 있는데 그의 집에서 증거품으로 압수한 40여 개의 백지위임장의 출처를 추궁하노라고 취조경관들도 머리를 앓고 있다. 그리고 목하 그 서에 보호검속 중에 있는 피해자 10명에 대하여는 28일 각기 원적지로 조회를 하여 그 부모들의 출두를 구하기로 하였다.

『동아일보』, 1939. 3. 29.

유인의 매체는 방물장사, 소개업자의 엄중단속을 경무국서 통첩

무지와 빈궁을 틈타는 유괴마의 발동으로 하여 명랑한 봄날에 괴로운 화제를 제공하고 있거니와 이 사회문제화된 사실에 비추어 취체당국에서는 크게 주목하여 응급대책을 강구하게 되었다. 동대문 경찰서에 적발된 하윤명 부처의 사건과 뒤를 이어 일어난 서대문서 배장언 사건은 그 규모의 크고 피해의 정도가 넓다는 데서 문제가 확대되어 가고 있는 중으로 저번 소위 극단 옥관좌(王冠座) 사건 이후 대경성 시내에서 이러한 중대 사건이 뒤를 따라 취체당국을 무시하는 듯이 일어나고 있다.

당국에서는 이 사건이 단순히 경성에만 국한된 문제가 아니고 도시를 그리워하는 심리와 빈궁한 경우를 악용하는 악덕배들이 경향을 물론하고 활동하여 가련한 여자들의 피해는 적지 않고 뿐만 아니라 여기에 한번 걸리면 평생을 그르치는 것이 있고, 더욱이 만주와 북지 중지 등에 교통이 빈번하고 신흥기분에 따라 인육시장과 화류계에 나이 어린 여성이 공공연하게 매매되는 일이 많고 이 인육시장을 목표로 교활한 상인의 갖은 흉계가 진행된다는 것을 비롯하여 여러 가지 탈법의 행동을 감행하는 것이 많다.

경무당국에서는 봄은 닥쳐왔고 또 춘궁기를 당하여 나이 어린 여성들의 마음의 공허로 하여 이러한 사건이 점차로 더 일어나게 될 것이므로 첫째로 각 도에 통첩하여 일반의 주의를 환기시키고 현재 취체의 법령을 더욱더 활용시켜서 취체의 만전을 도하게 되었고 인신매매의 점등과 무허가 주선업에 대한 위반을 엄격하게 취체하기로 되었다.

현재 이 방면의 취체법은 이미 오래된 주선 영업 취체규칙에 의한 것으로 이 벌칙은 겨우 구류나 과료에 처하는 것으로 만일에 이 점을 한 개의 젊은 여성은 잠깐의 실수로 하여 평생을 그르치게 하는 것은 극히 큰 사회적 죄악이고 뿐만 아니라 여기에 정조의 유린과 전차금의 부담으로 일생을 그르치는 일이 있고 이 방법을 실시함에는 대개는 감언이설로 꼬이고 문서의 위조 거짓 승낙서 또는 인장 위조 등을 감행하는데 특히 방물장사 필육장사 등 각 가정을 순회하는 여자들이 제1선을 담당하여 유인을 하게 되는 것인바 그 방법이 교묘하고 그 수단이 발달되어 있어 경찰의 눈을 피하여 간악한 욕망을 채우고 있는 중이다.

당국은 이 종합된 범행에 대하여 그 수단으로부터 결과에 이르기까지 세분하여 가지고 엄중한 처벌규정을 적용하려는데 문서 위조, 인장 위조, 유괴 인신매매, 사기, 외설강간 등 보통 형법의 적용과 무허가 주선업에 대한 경찰취체규칙을 적용하여 이 범행의 멸절을 기하기로 되었고 특히 국외 만주, 북지, 남지, 중지 등 취체 당국과 협력하여 이 인권의 보호와 일단 함정에 빠진 어린양들의 구제에 전력을 들기로 되었다 한다.

법규 적용 확대. 총독부 판본(坂本) 사무관 담(談)

이에 대하여 경무국 판본(坂本) 사무관은 말하되 현재 주선영업취체규칙의 위반으로는 그 벌칙이 과료와 구류에 불과하나 원래 그 범행이 여러 가지 행위의 연속으로 된 만큼 각개 행위를 당해 형법 조문을 적용하여 엄중하게 처벌시키는 태도를 취하고 싶다.

『동아일보』, 1939. 3. 29.

인사소개를 숙청, 유인사건의 무진(無盡) 죄상의 여파, 서서(西署) 수사부대 출동

한때 세인을 놀라게 한 유괴마 부부 하윤명 사건 이상으로 대규모요 또한 가장 가증스럽고도 교묘한 수단의 대대적 유괴단이 남조선 농촌에 출몰하여 가난에 우는 농촌처녀를 별별 감언이설로 유인하여다가 만주와 북지 혹은 경성 각 인육시장에 매소부로 매각튼 배가 형제 등 일가족이 서대문서에 일망타진되는 동시에 일당의 독아에 희생된 처녀가 현재 판명된 것만 80여 명에 달하였고 앞으로 적어도 희생 처녀가 100여 명은 판명되리라 함은 기보한 바와 같거니와 그 후 서대문서에서는 27일 밤 형사대가 전남과 충남 등지로 피해자 구출과 유괴편의대 소탕전에 원정으로 보내고 일방 두목 배장언 등 일가족을 엄중 취조한 결과 다시 15명의 처녀를 전기와 같은 수단 미끼로 꼬여다가 봉천 모 유곽에 매춘부대로 수출하였다는 것이 판명되어 동서에서는 방금 속속 백일하에 폭로되는 일당의 무진죄상에 경악하고 있다 한다. 그리하여 동서에서는 너무나 엄청난 일당의 신인공노의 죄상에 유괴단의 발본적 소탕을 결의하고 허가 있는 인사소개업자는 물론 특히 허가 없이 잠행하는 무허가의 인사소개업자 등을 철저히 숙청코자 허가 인사소개업자의 수색 형사부대를 조직하여 불원 시내 소개업자들의 흑막을 폭로시키기로 하였다 하며 더욱 200여 명이라는 순진한 처녀를 꼬여 추악한의 소굴에 넘겼다는 전율적 사실은 인도상 중대 사회 문제라 하여 경기도 요로당국[29]과 협의하여 금후 이러한 사회고통의 오점이 없도록 시급 적절한 대책을 협의키로 하였다 한다.

『매일신보』, 1939. 4. 1.

희생된 처녀 150, 논산 지방서 연루자 6명을 검거한 데 따라서 배장언 등의 무진죄상 판명

서대문서에서 검거 취조 중에 있는 유괴마 배장언의 사건은 지난 27일 충남 논산으로 연루자를 체포하러 갔던 민, 석부 양 형사가 31일 아침 연루자 6명을 검거하여 가지고 돌아옴에 따라 그들의 범죄 경로가 명백하게 판명되는 동시에 그들이 유괴하여 만주와 북지로 팔아먹은 아녀자의 수효도 판명되게 되었다.

즉 주범 배장언은 봉래정 4정목 292의 6번지에다 근거를 두고 김대식이라는 이름으로 행세를 하면서 그의 큰아들 배근용(30)과 사촌동생 배준승(54), 배사선

---

29 원문대로 표기함.

(49)의 3명을 지휘하여 충남 논산군 논산읍내 영정에 있는 배사선의 집을 제2 근거지로 하여 논산, 강경, 부여 일대의 처녀들을 유괴하여다 북지로 팔아먹은 것이다. 그런데 배장언의 지휘를 받은 전기 3명은 논산을 중심으로 하여 논산군 양촌면 도평리 김열준(40), 김태일(31), 서동문(44), 손문식(31) 등을 시골 각처로 보내어 사리에 밝지 못한 농군들을 보고 너의 딸을 서울 부자의 수양딸로 주라고 하며 혹은 서울 신랑(즉 배근용)의 색시로 주라고 달콤한 말로 꼬여서 허락을 얻게 되면 백지위임장과 민적등본과 함께 그들의 귀여운 딸들을 서울로 데려다가 얼굴이 얌전한 처녀들은 자기들이 마음껏 희롱한 다음 북지와 만주로 팔아먹은 것인데 지금까지 판명된 처녀만도 150명가량에 달하는 바 그리고 봉래정 4정목 배장언의 집에서 발견된 처녀들만도 다음과 같이 10명이나 된다 한다.

▲김정여(17) ▲김소순(17) ▲김창분(17) ▲김내술(16) ▲김봉순(14) ▲김금순(14) ▲임명오(18) ▲서창임(20) ▲황분임(19) ▲김점순(14)

[사진 상은 앞줄의 왼편으로부터 김형준과 주범 배장언, 그 아들 배근용, 서동문, 그 뒤는 왼편으로부터 배사선, 손문식, 배준승의 범인들 / 사진 하는 봉래정 배장언의 집에서 발견된 처녀들]

『동아일보』, 1939. 4. 1.

지방에 잠복 중인 유인 잔당을 소탕, 배장언가 일족이 두목으로 활동

한때 세인을 놀라게 한 유괴마 부부 하윤명 사건 이상으로 대규모요 또한 가장 간악하고 교묘한 수단의 대대적 유괴단이 남조선 농촌에 출몰하여 가난에 우는 농촌처녀를 별별 감언이설로 유인하여다가 만주와 북지, 경성의 각 인육시장에 매춘부로 넘기던 봉래정 4정목 292의 6 배장언(일명 천순동) 그의 안해 김대언, 장자 배근용(31) 등 일가족이 서대문서에 일망타진되는 동시에 일당의 별별 감언이설에 희생된 처녀가 현재 잠정된 것만 130여 명에 달하여 기보한 바와 같이 동서에서는 민, 석부(石部) 등 형사대가 충남 논산 등지로 지방에 산재 잠복한 두목 배장언의 부하 유괴편의대의 소탕전에 원정을 나갔다 함은 기보한 바와 같다.

그리하여 동 소탕부대는 충남 논산군 양촌면 도평리에 있는 일당의 복마굴을 습격하여 배장언의 종제와 배휴승과 친척 배사선과 배근용의 직계 부하 김열준(40), 김태일(32), 서동문(31), 손무식(31) 등 일당 6명을 포로(浦虜)하여 31일 새벽 개선(凱旋)하였는데 동 지방 유괴부대의 취조에 의하

여 사건은 더욱 확대되고 있다.

즉 일당의 취조에 의하여 판명된 바에 의하면 두목 배장언은 봉래정 복마전에 잠복하여 그의 안해와 장자 근용과 종제 휴승 친척 사성 등을 부대장으로 지방에 파견하여 다시 전기 부장 밑에 유괴편의대인 전기 김열준 등이 논산 부여 등 충남 일대 농촌을 중심으로 잠복하여 기보한 바와 같이 수양녀로 삼아 공부도 시키고 호의호식도 시킨다는 등 혹은 좋은 곳으로 취직을 시킨다는 등 별별 그럴 법한 감언이설로 꼬인다는 교묘하고 치밀한 조직하에 4년 전부터 매월 5, 6명의 처녀를 유인하여 북지 혹은 만주 경성 등지의 유곽에 넘기었다는 것이 판명되었는데 앞으로 희생된 처녀가 몇 사람이 판명될지 속속 판명되는 일당의 무진 죄상에 취조경관도 경악하고 있다 한다(사진은 범인과 유혹당한 부녀. ×가 배장언).

『조선일보』, 1939. 5. 5.

잃은 것은 정조, 남은 것은 복중아(腹中兒), 배장언 유괴 사건 여문(餘聞)

지금 서대문서에서 붙잡아다가 취조 중인 유괴마 배장언의 죄상은 본지에 누보한 바이지만 배가 일족에게 유괴되어 봉래정 4정목 숨은 집에 감금되었다가 다시 서대문서의 보호를 받고 있던 소녀들은 그간 유괴되었던 사실이 부모들에게 알려져 아슬아슬한 고비에서 구함을 받아 대부분 고향으로 돌아갔다. 그중 논산군 논산읍에서 드난살이를 하다가 침모가 된다는 말에 속아 서울로 왔던 김요준(23)은 누구의 씨인지도 모르는 태아가 점점 커가서 이달이 바로 산삭이므로 유치장 속에서 해산을 하면 가엾다고 하여 취조경관이 급급히 서둘러 4일에 그가 유괴당하였던 사실만은 확실하여졌으므로 이날 아침 고향으로 돌려보냈다.

『동아일보』, 1940. 6. 25.

농촌처녀를 유인매끽한 흡혈귀 12명 송국, 서대문서에서 적발한지 1년반 만에 신인(神人)공노, 범행 더욱 전율

가난에 우는 농촌처녀들을 서울 가서 호의호식시키고 공부시켜 주겠다는 둥 별별 감언이설로 꼬여다가 만주와 북지 경성의 각 인육시장에 매소부로 넘기는 극악극흉의 대규모 유괴 마당이 작년 3월 중순 부내 서대문서에 적발되었다 함은 당시 누보한 바와 같은데 그간 동서에서는 일당의 두목인 부내 부내정 4정목 292의 6 배장언(57) 그의 안해 김대언 장자 배건용[30] 형제 등 일가족을 위시하여 경향에 잠물한 배장언의 부하 남녀 20여 명을 일망타진하여 동서 민, 석부 형사 등이 그간 1년 반 동안 불면불휴 취조한 결과 겨우 취조가 끝나게 되어 드디어 명 26일 배장언 4부자 등 일당 16명을 경성지방법원 검사국에 송치하기로 되었다. 이에 동서(同署)에서 취조결과 판명된 당의 무진죄상을 물으면 두목 배장언은 부내 봉래정 복마전에 잠복하여 그의 아우 배휴승(53)을 부대장으로 지방에 파견하여 다시 자기 부대장 밑에 유괴편의대를 거느리고 충남북 등 각 농촌으로

30 원문대로 표기함. 다른 기사에서는 '배근용'이라고 표기됨.

잠복하여 가난에 우는 농촌가정을 찾아 미모의 처녀만 있으면 서울 가서 호의호식에 공부와 좋은 곳으로 결혼까지 시켜주겠다 그럴 법한 허구사실로 꼬여 백지위임의 수양녀를 삼아가지고 상경하여 북지와 만주 경성 등지의 유곽 혹은 매소부대로 넘기기를 4년 전부터이다. 판명된 처녀만 29명으로 이외에 북지 만주로 팔리어 조사키 어려운 피해자를 합하면 일당의 마수에 희생된 처녀는 50여 명이 넘으리라 한다. 두목 배장언 일가족은 이와 같은 신인공로의 유인수단으로 농촌에서 14, 15세로부터 18, 19세까지의 처녀를 꼬여다가 흡혈을 하여 중류 이상의 생활을 하다가 동서 민 형사에게 적발된 것인데 이번 송치될 범인은 다음과 같다.

송국될 배 가족 등. ▲봉래정 4정목 292 배장언(57) ▲충남 논산군 양촌면 배휴승(53) ▲배준승(49) (이상 3형제), 배건용(31) (배장언의 장자), ▲충남 논산군 성동면 김정보(72) ▲김열준(44) ▲김태일(34) ▲김성재(46) ▲임인규(29) ▲김상호(35) ▲한이겸(45) 부부

구출된 처녀. 이옥순(17), 장금화(18), 손홍련(16), 변순길(15), 곽순희(17), 김정희(16), 남순동(20), 방순희(16)

『매일신보』, 1940. 6. 26.

희대의 유괴마, 배장언 등 12명 1년 만에 송국

행복이라는 것은 전혀 모르고 가난에 우는 농촌처녀들을 서울로 가면 호의호식할 수 있노라고 감언이설로 꼬여서는 만주와 북지 경성 등 각처 인육시장에 매춘부란 끔찍끔찍한 굴레를 씌워 팔아 먹이를 일삼던 대규모의 유괴악당이 작년 봄에 서대문서 사범계 민(閔) 석부(石部) 두 형사의 손에 잡혀 그간 1년 반 동안 엄중한 취조를 받다가 사건의 단락을 지어 26일 일당 12명과 수천 페이지의 조서와 함께 경성지방법원으로 넘어가게 되었다. 이 유괴단은 봉래정 4정목 292번지의 6호에 사는 배장언(57)을 수괴로 그 아들 그 안해 또는 친구 등 12명으로 조직되어 3년 전부터 충남북 지방을 근거로 백지위임장에 수양 계약을 맺고 13세로부터 18, 19세의 처녀를 꼬여다가 그와 같이 각처 인육시장에 팔아왔다는 것이다.

5. 기타 인신매매 사건

『조선일보』, 1939. 3. 17.

여공 탈출 배후에 유괴단이 복재(伏在) 종로서에서 취조 중인 유괴마 범행 경로에 "힌트" 얻어 맹활동 개시

기보= 14일 밤 경성역에서 종로서원에게 체포된 유괴범 홍용석(26), 전경실(20) 부처는 계속하여 취조를 진행시키고 있는데 그들이 유인하여 북지로 데리고 가려던 김입분 등 4명의 처녀 외에 피해자는 아직 보아서는 나타나지 않았으나 그의 취조에 따라서 유괴범의 새로운 범죄 수단이 백일하에 나타나고 있다.

즉 전기 홍용석은 직업이 없이 시내를 배회하다가 북지 방면에 여자의 시세가 난다는 소문을 듣고 이 방면에 돈벌이를 할 것을 결심하고 우선 여자를 수중에 넣을 수단으로 자기는 봉산군 모 면장의 아들인데 장가를 들면 처갓집에 상당한 돈을 주겠다고 선전하고 전기 전경실이가 모 방직회사 영등포 공장에 여직공으로 있는 것을 꼬여내서 정조를 유린하고 동거한 다음 다시 이 여자를 통하여 방직공장 여직공을 전기와 같은 수단으로 꼬여내서 북지로 싣고 가려던 것인데 최근 갑자기 각 공장의 여공들의 행방불명 사건이 빈발하는 것으로 미루어서 그들이 모두 이와 같은 유괴마의 독아에 걸려서 북지로 수출된 것이나 아닌가 하고 엄중히 여죄를 추궁 중이다.

『부산일보』, 1939. 8. 11.

북지를 빌미로 부녀자를 유괴(北支を種に婦女子を誘拐), 궁핍한 농가를 속여, 악 브로커 발호

[대구] 이번 사변을 계기로 북지 각지의 치안이 확립됨에 따라 병행하여 부녀자 유괴 사건이 빈발하고 있다. 최근 도내 각 경찰서 관내에 빈번하게 "딸이 유괴되었으니까 잡아주세요"라는 신청

이 자못 많아 대구서 관내에서도 매일 평균 5, 6건의 계출(届出)이 있어 점점 격증하는 경향을 보이고 있다. 이 범죄는 악주선옥 또는 북지 방면에서 직접 부녀를 사러오는 악 브로커 등이 제한연령 만18세 미만의 소녀를 타인의 호적을 이용하거나 또는 날조해서 타인의 딸을 자기의 딸과 같이 거짓으로 속여 북지 방면에 끌고 가서 부녀유괴 공문서 위조 사기가 된다. 최근 어중이떠중이 전부 북지로, 북지로 하는 소리로 동경하여 이주하려는 민심을 교묘하게 조종하여 저들 일류의 감언으로 유괴하는 것이다. 특히 올해에는 미증유의 대가뭄이 덮쳐와 농가경제가 궁핍해져서 점점 마수를 뻗어 상당히 광범위하게 독니를 드러내고 있는 모양이다. 대구서를 비롯하여 도내 각 서에서는 그 근절을 기하려 경찰진을 총동원하여 엄중 감시의 눈으로 범죄방지에 다하는 한편 무지한 부모들을 계몽하려 하고 있다.

『매일신보』, 1939. 9. 1.

유괴 본업인 소개업, 피해 부인 100여 명, 부산서 계속 활동 중

공문서 위조의 부녀 유괴의 혐의로 관계 기밀과 부내 소개업자 수 명을 부산경찰서에서 인치하고 목하 취조 중인 바 이에 관계한 소개업자 수 명이 만주 봉천에 있음이 판명되어 류 경부보외 수 명의 형사가 만주에 급행하였다는 바 피해 부녀는 100여 명에 달함으로 사건은 점점 확대되고 있다.

『부산일보』, 1939. 9. 4.

부산 국제적인 부녀 유괴단 가까운 내면을 폭로인가 봉천에서 3명을 연행(国際的婦女誘拐団、近く内面を暴露か。奉天から三名を連行)

기보= 부산서에 앞서 검거한 부내 조선인 소개업자의 영리유괴 및 공문서 위조 사건은 공범으로 보이는 소개업자가 만주국 봉천에 있는 것이 판명된 것으로 류(柳) 경부보 외 3명의 형사는 봉천에 급행 봉천으로 개업하고 있는 소개업자 3명을 체포해 2일 밤 연행하고 부산으로 돌아와서 본격적으로 취조를 개시했는데 수년 전부터 부산, 봉천과 연락해서 공문서를 위조하고 다수의 부녀자를 만주 방면에 팔아넘긴 국제적 부녀 유괴단의 내면이 가깝게 폭로될 것으로 보여진다.

『오사카마이니치-서부판(大阪每日-西部版)』, 1939. 9. 5.

부녀유괴, 연루자 6명 봉천에서 체포(婦女誘拐, 連累者 六名 奉天で逮捕)

[부산발] 옛 부산부 고원을 중심으로한 구입(口入)소개업자[31]들이 관인공문서를 위조해서 부녀 20여 명을 유괴하여, 만주, 북지 방면에 작부로서 팔아버린 사건은 부산서에서 인치했던 용의자 3명 외에 동서 류 취조계 주임이 이, 박 양 사법형사를 인솔하고 봉천에 급행, 봉천서의 협력을 얻어 연루자 6명을 체포, 3일 아침에 부산에 돌아왔다.

『조선일보』, 1939. 9. 13.

부산 부녀 유괴 사건 확대, 100여 부녀자를 유인해 내외 각지에 매각. 호적 위조에 전 부산부청원도 관련

[경남지사발] 부산경찰서에서는 지금 부산 부내의 소개업자 10여 명을 비롯하여 봉천, 평양 등지의 소개업자 등 20여 명을 유치하고 엄중 취조 중이라 함은 누보한 바이어니와 그들의 취조에 따라 경성 방면의 소개업자도 등장하게 되어 지난 9일 밤차로 동서 복정(福井)형사부장은 백(白)형사를 대동하고 경성에 급행하였다.

그런데 전기 소개업자들은 농촌 도회 할 것 없이 각지로 돌아다니며 부녀자를 감언이설로 꼬여내인 것을 비롯하여 각 음식점 등에 있는 작부 등을 좋은 데 소개해 준다고 꼬여다 전 부산부청 호적계 서기이던 모를 통하여 무적자로 꾸며가지고 부산부청 호적계 고원 모와 공모하여 수십 명 여성의 호적을 위조케 하여 북지 만주 방면 외에 북해도, 대판, 남양 등지에 팔아먹은 것이 나타나고 있는데 그 독아에 걸린 부녀자는 100여 명에 달한다고 한다.

31 인사소개업자를 말함.

『조선일보』, 1939. 9. 18.

부녀 대유괴 사건, 근근 본격적 취조 개시

[경남지사발] 부산서에서 검거 취조 중인 부녀 유괴단 일파는 벌써 유치가 20여 명이 되며 그 연루자가 각지에 있는 모양인데 며칠 전 상경하였던 복정 부장은 경상서 소개업자 2명을 데리고 지난 16일 아침에 돌아와서 지금 예의 취조 중이다. 이 관계자는 이것으로써 일단락을 짓고 금후 본격적 취조를 개시하기로 되었으며 그 취조에 따라 악덕 소개업자의 정체가 탄로되는 동시 독아에 걸린 수많은 부녀자의 행방이 나타날 모양이다.

『동아일보』, 1939. 11. 22.

부산 중심의 대유괴단 피해 여성만 40명, 부산서 활동으로 대검거 개시

[부산] 세상에 악착한 브로커도 많은데 무지한 농촌부녀자를 감언이설로 유인하여 조선, 내지(內地)는 물론 멀리 만주 북지 남양 등지에 많은 금전을 받고 팔아먹고 안면에는 개기름이 떠돌다시피 양순한 여자를 미끼 찾아 헤매는 악덕소개업자 수십 명이 부산을 중심하고 각지와 연락을 취하여 국제적 유인단을 조성하여 조직적으로 활동하는 관계자 77명이 벌어져 있는 것을 지난 8월 중순 부산경찰서에서 탐지하고 류(柳) 경부보 이하 형사대가 팔방으로 검거의 손을 뻗고 이래 수개월을 취조하던 중 지난 20일에 취조가 끝났음으로 1건 서류 3천여 페이지나 되는 기록을 부산검사국에 송치하여 있는데 관계자 77명 중 구속 송국자 18명, 불기소 55명, 기소중지 6명, 기소유예 5명으로 죄명은 문서 위조, 목적 영리유괴, 횡령 등 많은 명목으로 근래에 없는 끔찍한 브로커의 죄상이 백일하에 폭로되게 되었다.

『매일신보』, 1939. 11. 22.

관계자 80여 명의 대규모 부녀 유괴단, 부산서서 검거 11명 구속 송국

수월 전부터 부산경찰서에서 취조 중에 있던 부녀자 대유괴단은 이즈음 취조를 마치고 20일 1건 서류와 함께 부산지방법원 검사국에 송국하였는데 이들은 시골처녀와 유부녀들을 꾀어내어 부산까지 데리고 와서는 부산부 호적계와 대서업, 소개소 등과 연락하여 호적등본을 위조해 가지고 만주, 북지, 남양 방면에 팔아먹고 있었다는 바 그 관계자들은 80여 명에 달한다 하며, 이같이 국제적으로 대규모로 활약한 유괴단은 근래에 드문 것으로 구속 송국자의 씨명은 다음과 같다.

▲ 부산부 암남리 (제도업) 원(元) 부산부청 임시고원 김동윤(27) ▲ 부산부 영주정 무직 김장환(44) ▲부산부 수정정 원 부산부청 고원 김희수(28) ▲부산부 영주정 대서업 김영택(45) ▲ 대구부 칠성정 김길문(29) ▲ 부산부 초량정 소개업 오주녀(43) 외 5명

『조선일보』, 1939. 11. 22.

부녀자의 유괴 사건, 77명을 송국, 구속 11명 불구속 66명, 20일 부산검사국에

[경남 지사발] 소개업자와 대서업자가 부산부청 호적계원과 공모해 가지고 부녀자를 60여 명을 북지, 만주, 남양, 내지, 조선 각지 등에 팔아먹었다는 세칭 부녀자 유괴 사건은 부산부 암남리 전 부산부청 호적계 임시고원이던 김동윤(27) 외 76명에 관한 문서 위조 독직 증수회(贈收賄) 영리유괴 횡령 등 죄명의 사건은 이래 부산경찰서에서 취조 중이던 바 지난 20일 구속 11명 불구속 66명(기소 11명 기소유예 5명, 기소중지 6명, 불기소 의견 55명)은 1,100여 페이지에 긍한 일건 서류와 함께 부산지방법원 검사국에 송치하였다. 구속 송국자 씨명은 다음과 같다.

▲부산부 암남리 (제도업) 원 부산부청 임시고원 김동윤(27) ▲ 부산부 영주정 무직 김장환(44) ▲ 부산부 수정정 원 부산부청 고원 김희수(28) ▲부산부 영주정 대서업 김영택(45) ▲ 대구부 칠성정 김길문(29) ▲부산부 영주정 유춘광(46) ▲부산부 곡정 2정목 조갑동(47) ▲부산부 초량정 소개업 오주안(43) ▲부산부 관수정 3정목 소개업 강무직(42) ▲부산부 영주정 무직 신윤섭(42) ▲부산부 영주정 대서업 황재연(45)

무적자로 만들어 각처에 고가 매끽. 피해 여성이 60여 명에 달해

이제 그들의 범죄 내용을 보면 요리업자 소개업자 여관업자가 중심이 되어 대서업자 부청 호적계원 등과 공모해 가지고 남의 집 고용녀 촌 처녀 젊은 부인 등을 유인해 가지고 연령과 성명을 모조리 위조하고자 무적자로 꾸며가지고 각지에 고가로 팔아먹었다는 것인데 피해 여성으로서 문서 위조에 공모했다고 피의자가 된 여성만도 27명이되 그 외에도 40명 가까이 있다고 한다. 이제 그 범죄 내용을 구체적으로 들면 이러하다.

피의자 유춘광은 대정13년 8월 11일 부산부 대창정 동아여관의 고녀로서 작부 희망하는 김순이를 자기 소개소에 데려다 피의자 김장환에게 무적자이니 호적을 위조하여 달라고 의뢰하고 돈 30원을 주어 김순이를 이순이라고 가장하여 김 모에게 230원으로 소개하였고, 수정정 김수선의 장녀 김복숙은 대정7년 9월 15일 수정정에서 사생아 이순이를 분만하였으나 호주가 입적을 승낙치 않기 때문에 부득이 일가 창립의 수속을 하는 듯이 김복숙 명의로 출생신고서 1통을 위조하여 이것을 대정13년 10월 24일 부청에 제출하여 행사한 것이다. 그들의 유괴술은 미모의 청년을 농촌으로 보내어 촌 처녀를 처로 한다고 칭하며 데려내 오기도 하고 또는 정부들을 시켜서 무지한 부녀자를 유인한 것이다.

『조선일보』, 1939. 12. 12.

부산 유괴단 사건, 8명 기소, 예심에 열거된 죄명만 15가지

[경남지사발] 미모의 남자와 첩들을 중간에 세우고 농촌으로 돌아다니며 수십 명 농촌부녀자를 꼬여내어 부산부청 호적계원과 대서업자들과 공모하여 무적자로 만들어 만주, 조선 내, 일본 내지, 남양 등 각지에 팔아먹은 유괴단 사건의 김동윤(27) 등 관계자 77명은 부산지방검사국에 송치되어 최 검사의 엄중한 취조를 받다가 지난 9월 김동윤 등 8명의 중심인물만 기소하여 그 법원 예심에 회부하였다. 그 죄명은 사문서 위조, 동 교사, 위조 사문서 행사, 공문서 위조, 동 교사, 위조 공문 행사, 공증증서 원본 부실기재, 동 행사, 공문서 변조, 동 교사, 변조 공문서 행사, 증수회 사기, 영리유괴 등 열 다섯 죄명이다.

Ⅲ. 위안소 업자의 국외 이송유괴 사건에 대한 일본법원 판결문

1. 만주 링위안 유괴 사건
2. 상하이 유괴 사건

1. 만주 링위안 유괴 사건

1935년(레)제492호(昭和十年(れ)第四九二號)

1935년 6월 6일 제2형사부 판결 기각

【상고인】 피고인 나가사와 시게오(長沢茂雄) 외 2명

원심 변호인 맛카 고로(眞下五郎), 변호인 맛카 고로

【제1심】 시즈오카(静岡)지방재판소 누마즈(沼津) 지부

【제2심】 도쿄(東京)공소원

◉ 판시 사항

미성년자 국외 유괴죄의 성립

◉ 판결 요지

국외 이송의 목적으로 미성년자를 유혹하여 자기의 지배 내로 이동하게 한 뒤 그 감독권자를 유혹하지 않아도 미성년자에 대한 국외 유괴죄가 된다.

【참조】 형법 제226조 제국 외에 이송할 목적으로 사람을 약취 또는 유괴하는 자는 2년 이상의 유기징역에 처한다.

제국 외에 이송할 목적으로 사람을 매매하거나 또는 유괴된 자 또는 팔린 자를 제국 외에 이송하는 자 역시 마찬가지다.

◉ 사실

제2심은 다음의 기록과 같이 사실 인정의 법률 적용을 위해 피고인 시게오(茂雄)와 사부로(三郎)를 각 징역 2년에, 피고인 히로키(弘樹)를 징역 1년 6월에 처한다. 단 제1심의 미결 구류 일수 중 피고인 시게오, 사부로에 대하여는 각 180일, 피고인 히로키에 대하여는 120일을 각각 위 본형에 산입한다. 그리고 피고인 3명에 대해서는 모두 3년간 위 형의 집행을 유예한다. 소송비용 중 예심증인 이시이 고로(石井五郎)에게 지급할 부분은 피고인 나가사와 시게오의 부담으로 하고, 동(同) 아오키 아이(青木アイ)(1, 2회), 동 자마사키(座間さき), 동 스기하야시 호카이(杉林壽い)(1, 2회), 동 오카다 하루요시(岡田春吉), 동 구와시마 키요시(桑島 キヨシ)(1, 2회), 동 스기야마 □이(杉山□い)에게 지급할 부분은 피고인 이구치 사부로(井口三郎)의 부담으로 한다. 동 세리자와 하츠(芹澤はつ), 동 다카하시 와사쿠(高橋和作)에게 지급하는 부분은 이를 둘로 나누어 하나를 피고인 나가사와 시게오의 부담, 다른 하나를 피고인 우에마쓰 히로키의 부담으로 하는 내용의 판결을 한다.

피고인 나가사와 시게오의 친동생 나가사와 쓰노(長沢津之)는 1933년 2월 중순 만주국 각지를 시찰하고 귀국했는데 그때 우연히 만주사변 때에 제국 군대가 그 지역에 주재하는 것을 알았다. 출정 중의 군인을 고객으로 하는 카페를 경영하면 거액의 이익을 얻을 수 있다고 하여 이를 오오누마 덴주(大沼傳重) 및 피고인 이구치 사부로 두 사람에게 말하고 이에 위 세 사람이 공동으로 그 지역에서 카페를 개업하기로 했다. 나가사와 쓰노 및 오오누마 덴주 두 사람은 같은 해 3월 17일경 위 개업 준비를 위해 먼저 만주를 향해 출발하여 곧 그 나라에 입국하였다. 당시 오오누마시(大沼市)에 머물고 있는 피고인 이구치 사부로에게 위 카페에서 사용할 만한 여급 여러 명을 고용하고 동반하여 빨리 만주로 와달라고 했다. 피고인 이구치 사부로가 피고인 나가사와 시게오와 함께 힘을 기울여 위 여급의 고용(雇入)에 분주하여 피고인 우에마쓰 히로키, 원심상 피고인 이데 후지 등에게 위의 사정을 알리고 여급 고용을 의뢰했다.

제1

피고인 우에마쓰 히로키는 같은 해 같은 달 25일경 앞의 이데 후지와 공모하고 시즈오카현 다가타군(田方郡) 나카자토촌(中郷村) 나카시마(中島)의 음식점 우메나옥(梅名屋), 곧 다카하시 와사쿠의 집에 이르러 그 집에서 작부 일(酌婦奉公)을 하고 있는, 다카타군 니라야마촌(韮山村) 세리자와 모타로(芹澤茂太郎)의 둘째 딸 세리자와 하루(芹澤はる), 당시 19세(1915년(大正4年) 1월 22일생)에게 그녀가 미성년자인 사실을 알면서 위의 이데 후지와 함께 번갈아서 나가사와 츠노 등이 만주국에서 개업한 카페에 여급으로 갈 것을 종용하였다. 또한 "만주에 가면 빚(借金)은 바로 갚을 수 있고 1년만 일하면 목돈을 짊어지고 귀국할 때에 비행기로 돌아온다" 등과 같은 감언으로 유혹하여 마침내 그녀로부터 만주에 가겠다는 것을 승낙받았다. 그 친언니인 세리자와 하쓰(芹澤はつ)를 위 우메나옥에 불러와서 하쓰에게는 피고인 우에마쓰 히로키가 고하타 사쿠타로(小畑作太郎)라고 칭하고 하루의 정부(情夫)인데 하루를 우메나옥에서 몸을 빼내어 부부가 되어 동거할 것이라고 알려 속였다. 같은 날 위 하루를 낙적(落籍) 명의하에 위 우메나옥으로부터 데리고 나와 즉일 다카타군 미시마정(三島町) 음식점 후쿠리키(福力), 곧 와타나베 이사미(渡邊伊佐三)의 방에 꾀어 데려오고 시게오에게 인도함으로써 피고인 우에마쓰 히로키는 위 이데 후지와 공동으로 위 세리자와 하루를 제국 외인 만주국에 이송할 목적으로 유괴했다.

제2

피고인 나가사와 시게오는 같은 달 26일경 누마즈시 성 안 자택에서 위 이데 후지로부터 위 세리자와 하루를 인도받았다. 당시 전후해서 위 이데 후지 및 피고인 우에마쓰 히로키 두 사람으로부터 위 하루를 앞의 우메나옥에서 데리고 나온 전말을 듣고 위 하루를 위 이데 후지 등이 앞의 쓴 바와 같은 감언으로 유혹하여 그녀가 드디어 만주행을 승낙하도록 유괴했다. 위 이데 후지 등이 위 하루를 데리고 나올 때 그 친언니 하쓰에게 피고인 우에마쓰 히로키가 하루의 정부인데 하루의 몸을 빼어낸 것이라고 속여 하쓰를 기망하고, 아울러 위 하루가 미성년자인데, 만주에 갈 때 그 친권자인 친아버지의 승낙이 없는 것을 알고 있었음에도 불구하고 같은 날 28일 위 하루를 피고인 이구치 사부로에게 인도하고 그 사정을 알지 못하는 그로 하여금 그즈음 다른 여급 여러 명과 함께 위 하루를 내지에서 만주국으로 연행하도록 해서 러허성(熱河省) 링위안(凌源)에 꾀어 놓음으로써 유괴된 자인 그녀를 제국 외로 이송했다.

제3

피고인 이데 사부로는 앞에 쓴 세리자와 하루 외 여급 여러 명을 동반하고 일단 만주로 건너갔다. 다시 당시 위 나가사와 쓰노 등이 러허성 링위안의 도요사카관(豊榮館)이라는 옥호로 개업하고 있던 요리점에 여급을 고용할 필요를 느끼고 같은 해 5월 초순 귀국 뒤 원심상 피고인 기무라 쓰네기치(木村常吉) 등에게 위의 사정을 말하고 여급 고용의 주선을 의뢰했다. 위 기무라 쓰네기치는 그 승낙에 앞서 같은 달 9일경 원심상 피고인 가지하야시 조(梶林造)와 공모하고 시즈오카현 다가타군 도이촌(土肥村) 요리점 사이겐켄(才源軒), 곧 자마사키의 집에 이르러 그 집의 작부인 요코하마시(横濱市) 쥬구(中區) 미나미오오타정(南太田町) 아오키 후쿠(青木フク)의 사생자 아오키 아이(青木アイ) 당시 16세(1917년(大正7年) 1월 1일생)에게, 그녀가 미성년자인 사실을 알면서도 만주 이송 목적을 비밀로 하고 위 가지하야시 조가 아이의 아버지가 아이를 누마즈시 가와센(川仙) 요리점에 옮기도록 의뢰했다고 속였다. 또한 위 기무라 쓰네기치 및 가지하야시 조 2명이 번갈아 가며 옮길 것을 권유하여 드디어 그녀를 기망하고 위의 옮길 것을 승낙받았다. 기무라 쓰네기치는 같은 날 그녀를 시즈오카현 쓴도군(駿東郡) 고텐바정(御殿場町) 요리점 도키와(とくわ), 곧 오카다 하루요시 측에 꾀어 유괴하고 그녀가 무지한 것을 이용해서 고베(神戸)의 조금 앞에 있는 다롄(大連)으로 간다고 속이고 러허성 링위안으로 데려간다고 말하지 않았다. 다음 날인 같은 달 10일경 같은 장소에서 그녀를 피고인 이구치 사부로에게 인도한 다음 위 기무라 쓰네기치 단독으로 같은 달 11일경 누마즈시 가뉴도(我入道) 요리점 교조(漁長), 곧 스즈키 나쓰(鈴木なつ) 측에 이르러 그 집의 작부인 후쿠시마현(福島縣) 다테군(伊達郡) 고데라촌(小寺村) 구와시마 마쓰사부로(桑島松三郎)[1]의 넷째 딸 구와시마 키요시(桑島キヨシ) 당시 27세에게 그녀가 선천적으로 약간 우둔한 것을 이용하여 만주국 이송의 목적을 비밀로 하고 고텐바의 요리점 도키와로 옮길 것을 종용하고 그녀를 속여 권유하여 드디어 그녀에게 옮길 것을 승낙받았다. 그리고 그녀를 앞의 도키와, 곧 오카다 하루요시 측에 꾀어 유괴하고 그녀가 무지하여 다롄의 소재를 자세히 알지 못하는 것을 이용하여 그리 멀지 않는 다롄으로 간다고 속이고 러허성 링위안에 데리고 간다고 말하지 않았다. 같은 날 같은 장소에서 그녀를 피고인 이구치 사부로에게 인도하였는데 피고인 이구치 사부로는 위 아오키 아이 및 구와시마 키요시 2명을 위 기무라 쓰네기치가 인도하였을 때 그들이 위 2명을 각각 고용하여 데리고 나왔다는 전말을 듣고 위 아오키 아이 및 구와시마 키요시 2명은 모두 위 기무라 쓰네기치 등이 각각 앞에 쓴 것과 같은 빈말(虛言)을 함부로 하여 기망하고 단지 앞에 쓴 각 요리점에 옮기는 것을 승낙하도록 하여 유괴하여 온 것으로 아직 만주로 가는 것을 충분히 승낙하고 있지 않은 것, 특히 위 아오키 아이는 미성년자로 만주에 가는 것에 대해 그 친권자의 승낙이 없는 것을 알고 있었음에도 불구하고 그 무렵 유괴된 위 2명을 각각 앞에 쓴 도키와로부터 앞에 쓴 후쿠리키(福力), 곧 와타나베 이사미 측에 꾀어 두고 다시 이들을 제국 외인 만주국 러허성 링위안에 이송시키고자 준비하는 중에 경찰서에 발각되어 결국 그 목적을 이루지 못했다.

따라서 위 피고인 이구치 사부로의 각 행위는 범의(犯意) 계속에 관계한다.

법률에 따라 피고인 우에마쓰 히로키의 판시 제1의 행위는 형법 제226조 제1항 제60조에, 피

---

1 원문에는 '柔島松三郎'라고 오기되어 있음.

고인 나가사와 시게오의 판시 제2의 행위는 형법 제226조 제2항 후단 제1항에, 피고인 이구치 사부로의 판시 제3의 행위는 형법 제228조 제226조 제2항 후단 제1항 제55조에 각각 해당한다. 피고인 우에마쓰 히로키는 범죄의 정상을 동정(情狀憫諒)할 바가 있으므로 형법 제66조 제71조 제68조 제3호에 따라 법정 감경을 하고 위 각 형기 범위 내에서 피고인 나가사와 시게오, 피고인 이구치 사부로를 각 징역 2년에, 피고인 우에마쓰 히로키를 징역 1년 6월에 처하고 각 형법 21조에 따라 원심의 미결 구류 일수 가운데 피고인 나가사와 시게오, 피고인 이구치 사부로 2명에게는 각 180일을, 피고인 우에마쓰 히로키에게는 120일을 각각 위 본형기에 산입한다. 피고인 3명은 범죄정황(犯情)에 따라 집행 유예가 상당하다고 인정됨으로 각 형법 제25조에 따라 모두 본 재판 확정일로부터 3년간 각각 위 형의 집행을 유예하고 소송비용은 형사소송법 제237조 제1항에 따라 주문 기록 알림과 같이 피고인 등이 부담하도록 한다.

◉ **주문**

본 건 상고는 모두 기각한다.

◉ **이유**

본 피고인의 변호인 맛카 고로의 상고 취의서 여섯 번째의 점은 원판결은 피고인 우에마쓰 히로키가 제1, 제2의 사실에서 동 이구치 사부로가, 제3의 사실에서 각 미성년자를 유괴하여 국외로 이송하거나 또는 하려고 한 사실은 판시하여 처벌했어도 미성년자 유괴죄는 그 감독자의 감독권을 침해한 벌이므로 기망유혹이 그 감독자에게 이루어지는 것을 요한다. 이를 미성년자에게 가하여 미성년자 본인이 여기에 해당된다고 하면 감독권자가 정당한 판단으로 승낙하는 것은 본인의 진의에 반하든 아니든 불문하고 죄가 되지 않는다. 따라서 감독권자의 승낙 유무와 그 기망유혹 여부는 원래 구별해야 할 것으로 승낙이 없는 것으로 바로 기망유혹이라고 할 이유가 없는 것은 물론이다. 따라서 감독권자의 승낙이 없고 그에 대한 기망유혹이 없는 것은 죄가 되지 않는다. 감독권자가 아닌 언니 또는 포주가 감독권자인 친권자로부터 위임을 받지 않아 감독권이 없는 것 역시 말할 것도 없다. 감독권자에 대한 기망유혹이 있었다는 것을 인정할 수 없음에도 불구하고 피고인 등의 행위를 죄라고 하는 것은 위법이라고 말하고 있지만,

◉ **요지**

국외 이송의 목적으로 미성년자를 유괴하는 죄는 국외 이송의 목적으로 미성년자 또는 그 감독권자를 유혹하고 그 미성년자를 자기의 지배 안에 옮김으로 인해 성립하는 것이다. 따라서 원판시 사실과 같이 국외 이송의 목적으로 미성년자를 유혹하여 자기의 지배 안으로 이동하거나 또는 그 유괴된 자를 국외에 이송하거나 또는 이송시키려고 한 이상 형법 제226조 제1항 제2항 및 제2항의 미수죄가 된다. 논한 바와 같이 더 나아가 감독권자에 대한 기망유혹의 행위가 있다는 것을 필요로 하지는 않으므로 논지는 이유 없다(기타 상고 논지 및 판결 이유는 생각한다).

위의 이유로 형사소송법 제446조에 따라 주문과 같이 판결한다.

검사 이케다 카쓰(池田克) 관여

2. 상하이 유괴 사건

나가사키재판소 판결문[2]

1936년 2월 14일 선고

판결

본적: 구마모토현(熊本縣)

주거: 나가사키시(長崎市)

후지타 미노루(藤田稔)

본적: 나가사키시

주거: 나가사키시

오카자키 야스타로(岡崎安太郎)

본적: 나가사키시

주거: 중화민국

무라카미 도미오(村上冨雄)

본적: 구마모토현

2 사건번호는 공개되지 않음.

주거: 나가사키시
후지타 미키(藤田ミキ)

본적: 나가사키시
주거: 나가사키시
오카자키 유키노(岡崎雪野)

본적: 교토부(京都府)
주거: 나가사키시
나가타 조타로(中田丈太郎)

본적: 나가사키현
주거: 나가사키시
하라다 하루키치[3](原田春吉)

본적 및 주거: 나가사키현
우에다 도라토시(上田虎壽)

본적 및 주거: 나가사키현
가와다 이치노스케(川田市野助)

본적: 나가사키현
주거: 나가사키시
마츠시마 쇼지(松島章二)

---

3 하라다 하루키치 또는 하라다 슌키치이다.

위 자들의 국외 이송유괴 피고사건에 대해 당 재판소는 검사 가와카미 이사무(川上悍)의 관여로 심리를 마치고 다음과 같이 판결한다.

주문

피고인 후지타 미노루(藤田稔), 오카자키 야스타로(岡崎安太郎), 무라카미 도미오(村上冨雄)를 각 징역 3년 6월에, 피고인 후지타 미키(藤田ミキ), 오카자키 유키노(岡崎雪野)를 각 징역 2년 6월에 처한다. 피고인 무라카미 도미오, 오카자키 유키노, 마츠시마 쇼지(松島章二)에 대해서는 미결구류 일수 중 모두 60일을 위 본형에 산입한다.

피고인 하라다 하루키치(原田春吉), 우에다 도라토시(上田虎壽), 가와다 이치노스케(川田市野助)에 대하여는 3년간 집행을 유예한다.

이유

피고인 도미오(冨雄)는 1930년 11월경부터 중화민국 상하이에서 그 고용에 관계된 부녀로 하여금 그 지역에 주둔하는 제국 해군 군인을 고객으로 삼아 추업(醜業)에 종사하도록 되어있는 자이다. 1932년 1월 이른바 상하이 사변의 발발로 인하여 다수의 제국 해군 군인의 주둔을 보기에 이르렀다. 이로써 해군 지정 위안소라는 명칭하에 종래의 영업을 확장하고자 하여 이전부터 서로 알고 지내던 고(故) 가지와라 이키치(梶原伊吉)에게 해당 의도를 말하였다. 가지와라의 소개에 의해 같은 해 3월 7일경 상하이 원로(文路) 강성여관(江星旅館)에서 피고인 미노루(稔), 야스타로(安太郎) 두 사람과 면담하고 앞에서 말한 기도를 꾀하여 찬동을 얻었다. 이에 피고인 도미오가 가옥, 기타의 설비를 제공하고 이키치 및 피고인 미노루 두 사람이 해당 영업소에서 추업에 종사할 일본 부녀를 일본 내지에서 고용해 이송하는 것을 담당하였다. 피고인 야스타로는 고용자금을 공급할 것을 약속함과 동시에 부녀를 고용할 때는 전적으로 추업에 종사하게 된다는 정보를 비밀로 하고 단순히 여급(女給) 또는 조츄(女中)로서 기망하여 권유하고 유혹해서 상하이에 이송하자는 것을 협의했다. 이키치도 즉각 이에 찬동함과 동시에 야스타로 등의 뜻을 받아 나가사키시에 있는 피고인 야스타로의 아내인 피고인 유키노에게 위의 협의 내용을 통지해 고용하도록 요구했다. 유키노는 그 내용을 미노루의 아내인 피고인 미키 및 피고인 모리타 조타로 두 사람에게 알림과 동시에 피고인 미키와는 그 실행을 두 사람이 분담한다는 내용으로 협의했다. 이어서 피고인 조타로와는 앞에서 말한 야스타로 등과 협의한 방법으로 고용한다는 것을 모의하고 다시 같은 달

14일에 피고인 야스타로가 나가사키시에 돌아오자마자 즉시 동 시내에 있는 그의 집에 고자부로(五三郎) 및 피고인 미키를 불러 고자부로 등 피고인 유키노 3명에게 앞에서 말한 상하이에서 협의한 결과를 말하면서 부녀 이송을 촉구하니 그들도 여기에 찬동했다. 이에 피고인 유키노는 같은 해 3월 하순경 피고인 하루키치, 도라토시를 개입시키고, 피고인 이치노스케의 4명에게, 고자부로 및 피고인 미키는 같은 달 14일경 피고인 쇼지에게, 각각 야스타로 등이 협의한 앞의 방법으로 부녀를 유괴하여 상하이에 있는 앞에서 말한 위안소에 이송할 것을 도모하고 그들도 여기에 찬동했다.

제1, 피고인 미노루, 야스타로, 도미오, 유키노, 미키의 5명은 이키치와 공모하여(이하 사실을 판시할 때에는 위 피고인 5명 및 이키치를 단순히 피고인 미노루 등 6명이라고 약칭함)

(一) 피고인 유키노가 같은 4월 초쯤 나가사키 시내에 있는 그의 집에서 □에게 행선지는 병대 상대의 식당이라는 내용의 허위 말을 하고 또한 팁(祀儀)에 의한 수입이 한 달에 200~300엔 정도 있다고 감언을 하여 상하이행을 권하고 그녀로 하여금 그 내용을 믿게 하여 유혹했다.

(二) 피고인 미키는 앞의 같은 날경 같은 시(市) □ 피고인 쇼지 집에서 □에게 행선지는 식당이고 일은 여급으로 손님을 대접할 필요가 없다고 속이는 말(詐言)을 하였다. 또한 150엔 정도를 미리 빌려도(前借) 2, 3개월이면 모두 갚을 수 있고 매달 50엔 정도 부모에게 송금할 수 있다는 내용의 감언으로 상하이행을 권유하여 그녀로 하여금 그 내용을 믿게 만들어 유혹했다.

제2, 피고인 미노루 등과 고자부로가 공모하고 고자부로가 같은 해 5월 초 무렵 나가사키현 기타타카키군(北高來郡)의 □의 집에서 그에게 1년 있으면 내지의 3년 내지 5년 분의 벌이가 있으니 2녀 □를 상하이에 주둔하는 제국 군대의 주보(酒保) 같은 곳의 판매원으로 일하게(奉公) 하면 어떠냐고 속이는 말 및 감언을 했다. 그로부터 이를 들어 알고 있는 나카노로 하여금 고자부로의 말이 사실이라고 믿게 하여 그를 유혹했다.

제3, 피고인 미노루 등 6명과 피고인 조타로는 공모하고 조타로는,

(一) 같은 해 3월 10일경 나가사키현 니시소노기군(西彼杵郡)의 □ 집 및 피고인 조타로의 명의로 된 집에서 □에게 상하이의 요리옥에 여급 또는 나카이(仲居)로 일하면 많은 수입이 있고 손님을 접대할 필요가 없으므로 차녀 □를 상하이에 일하게(奉公) 하면 어떠냐고 감언 및 속이는 말을 하고, 이를 들어 알고 있는 □로 하여금 그 말을 사실이라고 믿게 하여 그녀를 유혹했다.

(二) 앞의 같은 날 즈음 같은 장소에서 □, □ 두 사람에게 상하이 요리옥의 여급 또는 나카이로서 호오코오(奉公)하면 많은 수입이 있으니 상하이에 가면 어떻겠냐고 속이는 말 및 감언을 하여 그녀 등을 유인하고 그녀들로 하여금 그 내용을 믿게 하여 유혹했다.

(三) 같은 해 4월 초 즈음 나가사키시 □의 집에서 그녀에게 1개월에 70~80엔 정도의 수입이 있으니 상하이에 가서 그곳의 해군 위안소에서 카페의 여급 또는 나카이 같은 일을 하면 어떠냐고 감언 및 속이는 말을 하여 그녀로 하여금 그 내용을 믿게 하여 유혹했다.

제4, 피고인 미노루 등 6명과 피고인 하루키치는 공모하고 하루키치가 같은 해 4월 초경 같은 시(市)의 □의 집에서 그녀에게 행선지는 해군 지정 위안소이고 수병(水兵) 또는 사관 등을 상대로 하는 카페인데 수입은 팁만 해도 1개월에 7~8엔에 달해 1년 정도 있으면 집을 지은 사람도 있으니 상하이에 가면 어떠냐고 속이는 말 및 감언을 하여 유인하고 그녀로 하여금 그 내용을 믿게 하여 유혹했다.

제5, 피고인 미노루 등 6명과 피고인 도라토시, 이치노스케는 공모하고 도라토시 및 이치노스케 두 명이 앞의 같은 날 경에,

(一) 나가사키현 미나미다카키군(南高來郡)의 □ 집에서 그녀에게 많은 수입이 있는 식당의 관리인(帳場)으로 소개를 할테니 상하이에 가면 어떠냐고 속이는 말 및 감언을 하여 유인했다. 또 피고인 유키노도 그즈음 나가사키 시내의 집에서 □에 대해 도라토시 등과 마찬가지로 말하도록 시켜 그녀로 하여금 그 내용을 믿게 하여 유혹했다.

(二) □의 집에서 그녀에게 행선지는 병사를 상대하는 식당인데 하루에 팁 1~2엔의 수입이 있으니 상하이에 가면 어떠냐고 속이는 말 및 감언으로 유인하여 그녀로 하여금 그 내용을 믿게 하여 유혹했다.

제6, 피고인 미노루 등 6명과 피고인 도라토시는 공모하고 도라토시는 앞의 같은 날 즈음에,

(一) 같은 군(郡) □ 집에서 그녀에게 상하이에 있는 배달음식점의 조츄로 호오코오하면 한달에 20~30엔의 수입이 있으므로 상하이에 가면 어떠냐고 속이는 말 및 감언을 하여 유인하고 그녀로 하여금 그 내용을 믿게 하여 유혹했다.

(二) 동(同) □의 집에서 그에게 내지의 급료보다 2, 3배의 수입이 있으니 넷째 딸 □를 상하이에 있는 카페 조츄로 호오코오시키면 어떠냐고 속이는 말 및 감언을 하여 그로부터 이를 들어 알고 있는 □로 하여금 이 말이 그대로 사실이라고 믿게 하여 유혹했다.

제7, 피고인 미노루 등 6명과 피고인 쇼지는 고자부로와 공모하고 쇼지는,

(一) 같은 해 3월 말경 나가사키시 □ 피고인 쇼지 집에서 □에게 해군 위안소의 조추로 그곳에 가면 어떠한가. 급료는 월 4~5엔이지만 팁에 의한 수입은 50~60엔에 달한다는 내용의 속이는 말과 감언을 하여 유인하고 그녀로 하여금 그 내용을 믿게 하여 유혹했다.

(二) 같은 해 3월 말경 사정을 알지 못하는 □로 하여금 같은 시(市)의 □인 그의 집에서 □에게 앞에서와 마찬가지로 말하여 유인하고 그녀로 하여금 그 내용을 믿게 하여 유혹했다.

(三) 같은 해 4월 초경 전술한 피고인 쇼지는 □에게 해군 사관을 상대하는 음식점의 조추로 상하이에 가면 어떠한가. 50엔 정도의 전차금을 빌려도 1주일 사이에 즉시 갚을 수 있다는 내용의 속이는 말과 감언을 하여 유인하고 그녀로 하여금 그 내용을 믿게 하여 유혹했다.

이로 인하여 모두 상하이행을 승낙한 결과

(가) 같은 해 3월 14일, 나가사키항을 출항하는 상하이마루(上海丸)에 □, □, □ 등 3명을

(나) 같은 4월 1일 같은 항을 출항하는 나가사키마루(長崎丸)에 □을

(다) 같은 달 8일에 같은 항을 출항하는 앞에 기록한 증기선에 □, □, □, 야마구치(山口) □, □, □, □ 등 7명을

(라) 같은 달 12일에 같은 항을 출항하는 아사마마루(浅間丸)에 □, □, □ 등 3명을

(마) 같은 해 5월 6일 같은 항을 출항하는 상하이마루(上海丸)에 □을 각각 차례로 승선시켜 이를 유괴해서 각각 다음 날 그녀 등을 모두 차례로 상하이에 상륙시킴으로써 유괴당한 자(被誘拐者)를 제국 밖으로 이송했다.

따라서 피고인 하루키치를 제외하고 그 나머지 피고인 등의 판시 행위는 범의 계속에 관계하는 것이다.

증거에 따라서 판시사실 중 범의 계속의 점을 제외하고 나머지 사실 중, 피고인 등이 판시 해군 지정 위안소가 그곳에 고용한 부녀를 추업에 종사하게 하는 곳이라는 것을 알고 있었다는 것은 피고인 이치노스케를 제외한 나머지 피고인 등이 본 공정에서 그 취지로 공술한 내용에 의해, 피고인 이치노스케에 관해서는 그에 대한 예심 제1회 신문조서 공술에서 그 내용의 기재에 의해, □ 등 부녀 15명이 판시 일 나가사키항을 출항하는 판시 증기선에 승선하여 각각 그 다음 날 상하이에 상륙한 것은 피고인 미노루, 야스타로, 도미오 당 공정에서 한 같은 내용의 공술, 그

리고 당 공정에서 피고인 유키노가 □, □, □, □, □, □, □, □, □, □ 10명에 관해, 피고인 미키가 □, □, □, □, □ 5명에 관해, 피고인 조타로가 □, □, □, □ 4명에 관해 피고인 하루키치가 □에 관해, 피고인 도라토시와 이치노스케 두 사람이 □, □ 두 사람에 관해, 피고인 도라토시가 □, □ 두 사람에 관해, 피고인 쇼지가 □, □, □ 3명에 관해 각각 밝힌 판시 같은 취지의 공술에 의해,

판시 앞에서 피고인 미노루, 야스타로, 도미오 및 이키치 네 사람이 판시와 같이 도미오가 영업소를 제공하고, 미노루, 이키치가 부녀 고입을 담당하고, 야스타로가 그 자금을 제공하기로 약속하기까지의 사실은 피고인 미노루, 야스타로, 도미오 세 사람이 당 공정에서 그 내용의 공술을 한 바에 의해 모두 명백하다. 피고인 미노루, 야스타로, 도미오 및 이키치 사이에 부녀 고입에 관한 협의가 이루어짐에 따라 피고인 야스타로는 그 내용을 피고인 유키노, 미키 및 고자부로 3명에게 알렸고 이를 통해 이상의 피고인 등 5명과 이키치 사이에 판시와 같은 모의가 성립하게 될 때까지의 사실 및 피고인 유키노, 미키 및 고자부로가 각각 피고인 조타로, 하루키치, 도라토시, 이치노스케, 쇼지 등에게 판시와 같은 의뢰를 함으로 인해 그들과 피고인 미노루, 야스타로, 도미오, 미키, 유키노 및 이키치 사이에 판시 제1 내지 제7 기재와 같이 공범관계가 성립하기에 이르렀다는 사실은,

(가) 피고인 야스타로에 대한 예심 제1회 신문조서 중 그 공술로서 상하이의 강성여관(江星旅館)에서 무라카미 도미오, 가지와라 이키치, 후지타 미노루 등과 위안구락부(해군 지정 위안소를 말함)의 경영에 대해 이야기를 했을 때, 무라카미는 모두에게 여자는 조츄라고 하고 고용하는 것이 좋다고 말한 것으로 기억한다. 따라서 이키치는 자신의 처 유키노에게 미노루는 원래 자기가 출자를 승낙한다는 내용을 자택에 편지로 연락하여 여자 고입 수배를 부탁했는데, 자기가 상하이에서 귀국할 때 1932년 3월 13일경 미누로와 이키치 두 사람이 내지에서 여자를 고용해 보내주도록 의뢰했다. 그리고 나가사키에 귀가한 후 즉시 자택에 니시다 고자부로, 후지타 미키를 불러 유키노도 있는 곳에서 이번에 이키치, 미노루 두 사람이 상하이에 사는 무라카미 도미오라는 자와 해군 지정 위안소를 공동 경영하게 됐다고 말했다. 또한 해당 위안소는 내지의 조로야(女郎屋)와 마찬가지로 추업에 종사하게 되는 곳이라고 말하고, 그곳에 보낼 여자를 소개해달라고 3명에게 말했다. 그때 자기가 여자를 고용할 때에는 조츄로 고용하는 것이 좋겠다고 말한 것은 틀림없다. 그렇게 말한 이유는 음매부(淫賣婦)로서 상하이에 가는 것을 권유하기 어렵고 또 조츄로 고용하면

사람을 모으기 쉬워서 그렇게 얘기했을 따름이라는 내용의 기재,

(나) 증인 [　　　]에 대한 예심 제2회 신문조서 중 그 공술로서 상하이의 강성여관에서 무라카미 도미오, 후지타 미노루, 오카자키 야스타로 등이 해군 지정 위안소를 경영한다는 얘기를 했을 때 자신은 같은 방에 있었다. 그때 도미오는 내지에서 부녀를 고용할 때에는 부녀에게 추업에 종사한다는 것을 비밀로 하고 여급으로 고용할 수 있다는 내용의 이야기를 했다. 미노루와 야스타로 두 사람은 여기에 동의했다는 기재,

(다) 증인 [　　　]에 대한 예심 제2회 신문조서 중 공술로서, 자신이 무라카미에게 여자는 어떻게 고용해서 오느냐고 질문했더니 그는 "여급이라든가 조츄라든가 말을 하고 데려오면 문제없지 않느냐"라든가, "그런 것은 아무래도 좋지 않나"라고 말했다는 내용의 기재,

(라) 피고인 조타로에 대한 예심 제2회 신문조서 중 공술로서, 상하이에 있는 이키치가 자기 앞으로 보낸 편지에는 손님을 받는 여자를 고용해 달라는 기재 없이 반대로 여급이나 나카이로 고용해달라고 쓰여 있었지만, 자신은 여자에게 매음을 시키는 것으로 생각했다. 따라서 이 편지를 수령한 후 유키노에게 갔더니 그는 자신보다 더 상세히 사정을 알고 있어서 이키치가 유키노에게도 편지를 보낸 것으로 생각했다. 그 후 이키치로부터 전보가 와서 유키노에게 불려가 그와 면담할 때, 그는 이번 배에 탈 수 있도록 여자를 보내야 하므로 하루 빨리 여자를 고용해 주고 그 고입에 대해서는 여급 또는 나카이로서 고용하도록 명령하듯이 이야기했다. 그는 그때 매음 일은 비밀로 하여 고용하라고는 확실하게 말하지는 않았지만 그 말투를 통해 자신은 매음 일을 비밀로 하고 여급 또는 나카이로서 고용해 달라고 말한 의미로 이해했다는 내용의 기재,

(마) 피고인 유키노가 당 공정에서, 상하이의 이키치로부터 자신 앞으로 여자 고입을 의뢰하는 내용의 편지가 왔던 것은 틀림없다는 내용의 공술,

(바) 피고인 미키에 대한 예심 제1회 신문조서 중 공술로서, 1932년 3월 초경 유키노가 불러 그녀와 면담했을 때, 그녀는 상하이에서 편지가 와서 종래 무라카미라는 자가 상하이에서 해군 위안소라는 매음옥을 경영했는데, 이번에 야스타로, 가지와라 이키치 및 당신의 남편 미노루 3명이 공동으로 해당 위안소를 경영하게 되어 그곳에 여자를 보내야 한다. 자신도 힘쓰겠지만 당신도 도움을 주기를 바란다. 돈은 대신 써두겠다. 그리고 부녀를 고용할 때 매음 이야기를 하면 돈이 비싸게 드니 그 일을 말하지 말고 여급으로 고용하는 것이 좋겠다고 해서 여자는 여급으로 고용하기로 결정했다. 이에 자신은 즉시 마츠시마 쇼지 집에 가서 그에게 여급의 고용을 부탁했다는 내용의 기재,

(사) 피고인 미키에 대한 예심 제2회 신문조서 중 공술로서, 야스타로가 상하이에서 귀국한 후 자신 및 □가 야스타로에게 불려갔을 때, 그는 여자에게 매음 일을 밝히고 고용하면 100엔에 고용할 수 있는 것을 200엔이나 필요하게 될 것이므로 여급으로 고용하는 것이 좋겠다는 내용의 이야기를 했다. 따라서 자신은 "그렇게 합시다"라고 답변했지만, 이 이야기를 듣고 자신의 남편인 미노루와도 상의해야 한다고 생각했다. 그리고 그날 곧바로 쇼지에게 가서 그에게 부녀 고용을 의뢰했다는 내용의 기재,

(아) 증인 니시다 고자부로에 대한 예심 신문조서 중 공술로서, 야스타로가 상하이에서 귀국한 후 자신 및 후지타 미키 두 사람이 야스타로에게 불려갔다. 그때 야스타로는 상하이에서 제국 해군 군인을 상대로 하는 해군 위안소인 매음옥을 후지타 미노루와 공동으로 경영하기로 해서 그곳에 여자를 보내야 한다. 여자를 고용할 때에는 매음 일을 비밀로 하고 여급으로 고용하는 것이 좋겠다고 했다. 자신은 매음을 하는 작부로서 고용하면 돈도 들고 또 희망자도 적음으로 야스타로가 그렇게 이야기하는 것으로 생각했다. 또한 이 일은 야스타로 단독의 생각이 아니라 상하이에서 미노루 등과도 상의한 것이라고 알고 "그렇게 합시다"라고 답변했다. 그가 있는 곳에서 돌아와 미노루에게 들렀더니 마츠시마 쇼지가 그곳에 있었다. 그래서 그에게 야스타로가 이야기한 대로 전했다. 쇼지는 "그런 식으로 고용하지 않으면 상하이 부근에 여자가 바로 가겠다고 말하지 않는다"고 해서 자신은 쇼지도 같은 의견인 것으로 생각했다는 내용의 기재,

(자) 피고인 유키노에 대한 예심 제3회 신문조서 중 그 공술로서, 나카다 조타로와 여자 고용의 방법에 대해 상의하면서, 손님을 받는 작부로서 고용하려면 몇 천 엔이나 필요하므로 여급으로 고용하는 것이 좋고 그렇게 하면 많은 돈이 필요없다고 상의한 일은 틀림없다는 뜻의 기재,

(차) 피고인 하루키치에 대한 예심 제3회 신문조서 중 공술로서, 1932년 3월 18일경 상하이에서 오카자와 유키노를 면담했을 때, □의 이야기를 하자 유키노는 그를 고용해도 좋다고 이야기했다는 내용의 기재,

(카) 피고인 도라토시에 대한 예심 제2회 신문조서 중 공술로서, 1932년 중 오카자와 유키로부터 와달라는 전보가 와서 그녀에게 가니, 그녀는 상하이의 매음옥에 보낼 여자를 구해달라고 이야기했으나 자신은 내키지 않으니 이치노스케에게 물어보겠다고 이야기했다는 내용의 기재,

(타) 피고인 도라토시에 대한 예심 제3회 신문조서 중 공술로서, 오카자키 유키노는 자신에게 여자 고입을 부탁하면서 □, 동 □이외의 여자를 고용할 때는 상하이에 가서 조로(女郞)와 같은 일을 한다고 말하면 싫어하는 사람도 있으므로 그러한 일은 말하지 않고 상하이가

경기가 좋으니 가면 어떻겠냐고 하면서 권유해 달라고 말했다는 내용의 기재,

(파) 피고인 이치노스케에 대한 예심 제1회 신문조서 중 공술로서, 1932년 봄 즈음 우에다 도라토시가 오카자키 유키노로부터 상하이의 요리옥에서 손님을 받을 여자를 고용해 달라고 의뢰받았으므로, 함께 도와달라고 의뢰했다. □, □을 소개할 때에는 손님을 받는다는 말은 하지 않는 것이 좋겠다고 도라토시가 말했기 때문에 여기에 동의했다는 내용의 기재,

를 종합하여 이를 인정한다.

판시 제1의 (一)과 같이 파고인 유키노가 부녀를 유괴한 사실은 증인 □에 대한 예심 제1회 신문조서 중 그 공술로서, 1932년 4월 초경 오카자키 유키노 집 2층에서 그와 면담했을 때, 그는 고용하는 곳이 상하이의 커다란 식당인데 병대가 놀러오는 곳이며, 팁 외에 물건 매상금의 수수료도 받을 수 있으니 월 200~300엔을 벌 수 있다고 해서 이를 믿고 상하이행을 승낙했다. 만일 매음을 하는 것이 분명한 일이었다면 자신은 상하이에 갈 리가 없는데도 실제로 상하이에 가보니 그곳은 매음 전업의 장소였다. 따라서 자신은 완전히 속아서 상하이에 보내진 것을 알게 되었다는 내용의 기재에 따른 것이다.

판시 제1의 (二)와 같이 피고인 미키가 부녀를 유혹한 사실은 증인 □에 대한 예심 제1회 신문조서 중 그 공술로서, 1932년 4월경 나가사키시의 □ 마츠시마 쇼지의 집에서 후지타 미키와 만났을 때, 그는 상하이의 근무처는 식당의 여급이니 손님을 받을 필요가 없다. 만약 싫다면 상하이 구경만 하고 귀국해도 좋으니 상하이에 가면 어떻겠냐, 상하이는 경기가 좋아 150엔의 전차금은 두세 달이면 모두 갚고 고향에도 매달 50엔 정도 송금할 수 있다고 이야기했다. 그러나 매음 이야기는 전혀 없었고 오히려 여급이니 손님을 받을 필요가 없다고 했기 때문에 매음은 하지 않는 것으로 믿고 상하이에 갔으나 그곳은 해군을 상대로 전적으로 매음을 하는 곳이었다. 따라서 후지타 미키에게 속았다는 것을 알고 슬퍼졌다는 내용의 기재에 따른 것이다.

판시 제2와 같이 □가 부녀를 유괴한 사실은, 증인 □에 대한 예심 신문조서 중 공술로서, □는 자신의 차녀이다. 1932년 5월 초 즈음 □가 자신에게 와서 후지타의 형(후지타 미노루를 말함)이 상하이에서 군대 오락장과 같은 것을 경영하면서 술과 맥주를 팔고 있는 군대 주보 같은 곳의 판매원 일을 할 사람으로 딸 나카노를 상하이에 호오코오시키면 어떠한가, 상하이는 경기가 좋으니 1년 있으면 내지의 3년치나 5년치 벌이가 있다고 했다. 따라서 그 이야기의 내용을 딸에게 전한 바 상하이행을 승낙했지만 자신도 딸도 추업에 종사하게 될 줄은 전혀 몰랐다. 만약 이를 명백하게 알고 있었다면 불과 20엔 정도를 받고 딸을 상하이에 호오코오시

키는 일은 하지 않았을 것이다. 딸도 역시 그대로는 갈 리 없다. 1933년 2, 3월경 딸 □은 귀국했으나 그때 그녀는 상하이에서는 내지에서 들은 이야기와 달리 손님을 받게 하여 고생했다고 말했다는 내용의 기재,

그리고 증인 □에 대한 예심 신문조서 중 공술로서, 자신이 □에게 딸 □의 상하이행을 교섭했을 때, □에게 상하이에서 추업에 종사하게 된다는 것은 일절 털어놓지 않았다는 것은 틀림없다는 내용의 기재에 따른다.

판시 제3과 같이 피고인 조타로가 부녀를 유괴한 사실은

(가) 피고인 조타로에 대한 예심 제1회 신문조서 중 공술로서, 1932년 3월 10일경 나가사키 시외 □방에서 그에게 이번에 상하이에 해군 위안소인 커다란 요리옥이 생기므로 당신의 딸을 상하이에 호오코오 보내면 어떠냐고 말했다. 그는 □도 불러서 그에게도 같은 이야기를 하니 그들은 딸에게 의견을 듣겠다고 말했다. 그후 자신에게 그들의 딸 □와 □를 연행해 왔으므로 자신이 딸 둘에게 앞과 같은 이야기를 하니 그녀들은 상하이행을 승낙했다. 그리고 당시 사세보(佐世保)에 있는 요리옥에 호오코오하고 있는 여동생 □도 상하이에 보내게 되었다. 자신이 □과 □ 두 사람에게는 매음이라는 것을 털어놓지 않고 여급 또는 나카이 같은 일을 한다고 말한 것이 틀림없다는 내용의 기재,

(나) 증인 □에 대한 예심 신문조서 중 그 공술로서, □는 자신의 장녀이고, □는 차녀이다. 1932년 3월경 중에 □가 자신의 집에 와서 상하이에 좋은 일자리가 있으므로 당신의 딸과 □의 딸도 가게 하지 않겠느냐 라고 물어보아서 스게하치(助八)를 자신의 집에 불러 딸에게 물어보고 나서 대답하기로 했다. 그때 사세보시에 있는 시메(シメ)도 함께 가는 것은 어떠한가라고 조타로가 물어보았다. 그 후 자신 등 2명 □, □ 두 사람을 데리고 조타로에게 간 바 그는 딸들에게도 지난번과 마찬가지의 말을 했으므로 □도 상하이행을 승낙했다. 조타로가 말하는 좋은 일자리는 오카자키 야스타로가 경영하는 해군 구락부에서 술이나 안주를 나르는 일을 하는데 손님을 받는 곳이 아니며 수입은 월 200~300엔 정도라고 말했다. 그 뒤 오카자키 유키노와도 면담했는데 그로부터 손님을 받는다는 이야기는 전혀 듣지 않았다. 또 딸 □에게도 조타로에게서 들은 대로 이야기를 하니 그도 손님을 받지 않고 그렇게 돈벌이가 된다면 가자고 해서 상하이행을 승낙했다. 자신도 역시 세노(セノ), 시메(シメ) 두 사람도 모두 손님을 받는 것이 아니라고 믿고 상하이행을 승낙했지만, 만일 손님을 받는 것임을 알았다면 불과 400여 엔을 두 사람분의 전차금으로 빌려 상하이에 호오코오하러 갈 리가 없었다. 또 그

후 세노가 상하이로부터 귀국했을 때 그녀는 상하이에서는 내지에서의 말과 달리 손님을 받아야 했다고 이야기했다는 내용의 기재

(다) 증인 □에 대한 예심 신문조서 중 공술로서, 미시마 시게(三島シゲ)는 둘째 딸 □가 1932년 3월경 □ 집에서 나카다 조타로와 만났을 때 그는 오카자키가 상하이에서 음식점과 같은 것을 경영해서 여자가 필요한데 상하이는 경기가 좋아 돈을 벌 수 있으니 딸을 보내면 어떠하냐고 했다. 그리고 물장사하는 곳이 아니라 조츄와 같은 일을 한다고 했기 때문에 딸에게도 의견을 물어 상하이행을 승낙했다. 자신 및 □ 두 사람은 모두 물장사를 하는 곳이 아니라고 믿고 상하이행을 승낙한 것이다. 만일 매음을 해야 한다는 것이 확실했다면 자신도 □도 모두 상하이행을 승낙했을 리가 없다. □가 상하이에 간 후 자신에게 편지를 보냈는데, 그 안에는 내지에서 들은 이야기와 달리 손님을 받아야한다고 쓰여있었다는 내용의 기재,

(라) 피고인 조타로에 대한 예심 제1회 신문조서 중 공술로서, 1932년 4월 초경 □의 집에서 그에게 매음의 일은 털어놓지 않고 일할 곳은 해군 위안소인 카페의 여급 또는 나카이 같은 일을 하는 곳이다. 수입은 월 70~80엔 정도라고 말하고 상하이행을 권한 것이 틀림없다는 내용의 기재,

(마) 증인 □에 대한 예심 신문조서 중 공술로서, 자신은 이전에 □라고 칭하고 있었다. 1932년 4월 초 즈음 나카다 조타로가 자신에서 와서 상하이는 경기가 좋으니 그곳 요리옥에서 월수입 70엔 정도의 조츄를 하지 않겠냐고 말하며 상하이행을 권했다. 자신은 이를 승낙할 때까지 현지에서 추업에 종사한다는 이야기는 전혀 듣지 않았고 또한 이를 알았다면 상하이행을 승낙했을 리가 없다는 내용의 기재,

에 따른다.

판시 제4와 같이 피고인 하루키치의 부녀 유괴사실은,

(가) 피고인 하루키치에 대한 예심 제3회 신문조서 중 공술로서, 자신이 □에게 상하이행을 권유했을 때 추업에 종사해야 한다는 것은 털어놓지 않았다는 내용의 기재,

(나) 증인 □에 대한 예심 제1회 신문조서 중 공술로서, 1932년 4월 초 즈음 오카자키 하루키치(피고인 하라다 하루키치를 말함)가 자신 집에 와서 상하이에 가면 월 70~80엔의 수입이 있으니 가면 어떻겠느냐, 만일 갔다가 사정이 좋지 않다면 언제든지 귀국해도 지장이 없다고 말했다. 그리고 가는 곳은 해군 위안소인데 그곳은 카페로 수병(水兵) 및 사관 등이 먹고 마시는 곳이다. 따라서 일은 손님을 상대하여 물건을 나르는 등이며, 1년 정도 있으면서 집을 지은 사람도 있다고

했으므로 아버지도 이를 믿고 상하이행을 승낙했다. 매음을 해야 한다는 이야기는 하루키치에게도 오카자키 유키노에게도 듣지 않았고 만일 그 사실을 확실히 했더라면 상하이행을 승낙했을 리가 없다는 내용의 기재에 따른다.

판시 제5와 같이 피고인 도라토시, 이치노스케 두 사람이 판시와 같이 부녀를 유괴한 사실은,

(가) 피고인 도라토시에 대한 예심 제6회 신문조서 중 공술로서, 자신이 가와다 아치노스케와 함께, □, □에게 가서 그들에게 상하이행을 권한 것과 그때 두 사람에게 상하이에 가서 추업에 종사하게 된다는 것을 말하지 않으면서 □에게는 관리인(帳場)으로 있게 해준다고 했고, 요시에(ヨシエ)에게는 조츄를 하도록 해준다고 한 일은 틀림없다는 내용의 기재,

(나) 피고인 이치노스케에 대한 예심 제1회 신문조서 중 공술로서, 자신과 우에다 도라토시 두 사람은 □ 집에 가서 그녀 및 그 어머니에게 상하이에 가면 돈벌이가 있으므로 가는 것은 어떠한가, 행선지는 오카자키 유키노가 경영하는 요리옥으로 조츄라고 말하고 매음을 해야 한다는 것은 털어놓지 않고 말하였다. 다음으로 역시 도라토시와 함께 □집에 가서 그녀에게 앞과 같은 내용으로 말하고 그녀가 매음하는 일은 하고 싶지 않다고 말했으므로, 자신과 우에다는 그러면 관리인을 부탁한다고 말했다는 내용의 기재,

(다) 증인 □에 대한 예심 신문조서 중 공술로서, 자신은 이전에 마츠자키 하츠코(松崎初子)라고 칭했었다. 1932년 4월 초 무렵 자신의 집에 가와다 이치노스케 외 1명이 전후 세 번을 찾아와 나가사키의 오카자키가 상하이에서 식당 같은 것을 경영하고 있는데 그곳 관리인으로 상하이에 가면 어떠한가, 수입도 내지보다 많다는 내용의 말을 하였으므로 자신은 그 말을 믿고 상하이행을 승낙했다. 그 후 나가사키의 오카자키 유키노 집에 갔을 때 그녀도 역시 관리인이 부족하니 상하이에 가달라고 말을 했으나 매음을 한다는 이야기는 전혀 듣지 못하였다. 그런데 상하이에 가서 오로지 추업에 종사한다는 것을 알고 후지타 미노루로부터도 여기에 종사할 것을 권유받았지만 자신은 거절했다는 내용의 기재,

(라) 증인 □에 대한 예심 신문조서 중 공술로서, 1932년 3월 24, 25일경 가와다 이치노스케, 우에다 도라토시 외 1명이 □인 자신의 집에 와서 상하이에 가면 돈벌이가 있고 행선지는 병대 상대의 식당으로 수입은 팁이 하루에 1~2엔 정도 있다는 말을 들었으므로 자신은 단순히 병대의 급사 또는 술 따르는 정도를 하면 되는 것으로 생각하고 이를 승낙했지만 매음하는 것은 상상하지 못했다. 또한 그 일을 확실히 했다면 상하이행은 절대로 승낙했을 리가 없다. 현지에서는 매음을 해야 한다는 것을 알고 놀라서 도망쳐서 돌아오려 했지만 여비가 없어서 할 수 없이

추업에 종사했다는 내용의 기재에 따른다.

판시 제6과 같이 피고인 도라토시가 부녀를 유괴한 사실은,

(가) 피고인 도라토시에 대한 예심 제6회 신문조서 중 공술로서 자신이 □ 및 □ 등을 고용했을 때 그녀들에게 상하이에서 추업에 종사한다는 것은 말하지 않고 조츄 일을 맡긴다고 말을 한 것은 틀림없다는 내용의 기재,

(나) 증인 □에 대한 예심 신문조서 중 공술로서, 자신은 통칭 □라 하는데 호적상은 □이다. 1932년 4월 초 무렵 우에다 도라토시가 자신의 집에 와서 상하이의 배달 음식점의 조츄 호오코오(女中奉公)를 하면 월 20~30엔의 수입이 있다고 말하고 상하이행을 권하였으므로 이를 승낙하고 상하이에 갔다. 그러나 매음을 한다는 말은 전혀 듣지 않았고 또 이를 알았다면 상하이에 올 리가 없었다는 내용의 기재,

(다) 증인 □에 대한 예심 신문조서 중 공술로서, □은 자신의 넷째딸 □가 1932년 4월경 우에다 도라토시가 자신의 집에 와서 상하이 카페의 조츄로 키요카(キヨカ)를 호오코오시키면 어떠한가, 내지에서 조츄 호오코오를 하는 것보다 두세 배의 급료를 받을 수 있다고 하므로 자신은 □와 상의하고 상하이행을 승낙했다. 자신과 □는 모두 조츄가 될 것으로 믿고 상하이행을 승낙한 바이다. □가 상하이에 간 후 곧바로 편지를 자신에게 보내어 처음 이야기와 달리 매음을 해야 했는데 이러한 일이라면 왔을 리가 없었다는 내용으로 보냈다. 자신도 역시 매음하는 것을 확실히 했다면 상하이행을 승낙했을 리가 없었다는 내용의 기재에 따른다.

판시 제7과 같이 피고인 쇼지가 부녀를 유괴한 사실은,

(가) 증인 □에 대한 예심 신문조서 중 공술로서, 1932년 3월 말경 마츠시마 쇼지 집에서 그와 면담했을 때 그는 행선지가 해군 위안소로 그곳의 조츄로 고용한다고 말하고 일은 손님에게 술을 따르거나 또는 식사의 급사로 월급은 5~6엔이지만 팁 수입은 50~60엔이 된다고 하므로 이를 믿고 상하이에 갔다. 추업에 종사한다는 말은 없었고 자신이 상하이의 위안소에 도착할 때까지 그곳이 추업만 하는 곳인지 알지 못했다. 또한 여기에 종사하게 된다는 것도 알지 못했다는 내용의 기재,

(나) 증인 □에 대한 예심 신문조서 중 공술로서, 1932년 4월 초 무렵 □ 집에서 그와 면담했을 때 그는 상하이에 조츄로 가면 어떠한가, 월급은 10엔 정도이나 손님으로부터 받는 것도 있으니 월 50~60엔에 달한다고 하는 것을 듣고 자신은 이를 믿고 상하이행을 승낙했다. 그

러나 현지에서 매음을 한다는 이야기는 듣지 않았고 또 이것을 들었다면 가지 않았을 것이라는 내용의 기재,

(다) 증인 □에 대한 예심 신문조서 중 공술로서, 1932년 3월경 마츠시마 쇼지가 자신의 집에 와서 상하이에 있는 해군 위안소의 급사 여자를 소개해 달라, 급료는 불과 5~6엔이지만 팁은 50~60엔에 달한다고 말했으므로 자신은 이를 믿고 같은 달 말경 마츠시마 치요(松島千代)에게 그 내용을 말하고 상하이행을 소개해 줬지만 쇼지로부터 매음을 하게 된다는 이야기는 전혀 들은 바가 없다는 내용의 기재,

(라) 증인 □에 대한 예심 신문조서 중 공술로서, 1932년 4월경 마츠시마 쇼지의 집에서 그와 면담했을 때, 그는 상하이에 있는 해군 사관 상대의 음식점 조츄로 상하이에 가면 어떠한가. 50엔 정도의 전차금을 해도 1주일도 안 가서 바로 갚을 수 있다는 말을 했으므로 조츄로 일할 작정으로 상하이에 가기로 했다. 그러나 추업에 종사한다는 말은 듣지 못했다는 내용의 기재,

(마) 증인 □에 대한 예심 신문조서 중 공술로서, 자신은 1932년 4월 1일 나가사키를 출항하는 배로 상하이에 건너갔다. 그때 □외 4명을 상하이에 동반했는데 마츠시마 쇼지는 자신에게 이 여자들은 위안소의 여급으로 보내는 것이므로 그 생각으로 연행해 달라. 만약 여자가 질문을 할 때는 "여급이다"라고 말해 달라고 털어놓은 것은 틀림없다는 내용의 기재에 따라 모두 이를 인정한다.

범의 계속의 점은 피고인 등(단 피고인 하루키치를 제외함)이 판시 단기간 내에 동종 행위를 반복해서 여러 번 행한 것의 사적(事蹟)에 비춰볼 때 명백하다.

법률에 따라 피고인 등의 판시 행위는 형법 제226조 제2항 제1항, 제60조, 제55조(피고인 하루키치에 대해서는 제55조를 적용하지 않음)에 해당하고, 피고인 하루키치, 도라토시, 이치노스케 3명에 대해서는 범행 사정이 동정할 만하여 동법 제66조와 제68조에 따라 참작해서 감형을 하고, 각각 그 소정 형기 범위 내에서 피고인 등을 주문 제1항에 기재한 바와 같이 양형 처단하고, 동법 제21조에 따라 미결 구류 일수의 일부를 주문 제2항에서 특기한 바와 같이 본형에 산입한다. 피고인 하루키치, 도라토시, 이치노스케 3명은 범행 사정이 형의 집행유예에 상당함을 인정한다. 동법 제25조에 따라 주문 제3항에 기재된 바와 같이 형의 집행을 유예하고, 소송비용은 형사소송법 제237조와 제238조를 적용하여 주문 제4항에 기재된 바와 같이 피고인 등에게 그 부담하도록 명한다.

이에 주문과 같이 판결한다.

1936년 2월 14일

나가사키 지방재판소 형사부

재판장 판사 혼고 마사히로(本郷雅廣)

판사 나라하라 요시오(楢原義男)

판사 다카시게 히사토(高重久里)

1936년(ㅊ)제55호(昭和十一年(つ)第五五號), 나가사키공소원

판결

본적: 구마모토현(熊本縣)

주거: 나가사키시(長崎市)

후지타 미노루(藤田稔)

본적: 나가사키시

주거: 같은 시

무직, 오카자키 야스타로(岡崎安太郎)

본적 및 주거: 나가사키현

무라카미 도미오(村上富雄)

본적: 구마모토현

주거: 나가사키시

무직, 후지타 미키(藤田ミキ)

본적: 나가사키시

주거: 나가사키시

유키, 곧 오카자키 유키노(岡崎雪野)

본적: 교토부(京都府)

주거 나가사키시

나가타 조타로(中田丈太郎)

본적: 나가사키현

주거 : 나가사키시
오카자키 하루키치(岡崎春吉), 곧 하라다 하루키치(原田春吉)

본적 : 나가사키현
주거 : 나가사키시
마츠시마 쇼지(松島章二)

위 국외 이송유괴 피고사건에 대해 1936년 2월 14일 나가사키 지방재판소에서 선고한 유죄 판결에 대하여 피고인 등으로부터 항소신청이 있었으므로 당 법원은 검사 고토 에이키츠(後藤英橘) 관여로 심리하고 다음과 같이 판결한다.

주문

피고인 후지타 미노루(藤田稔), 오카자키 야스타로(岡崎安太郎), 무라카미 도미오(村上冨雄)를 각 징역 2년 6월에, 피고인 후지타 미키(藤田ミキ), 오카자키 유키노(岡崎雪野), 마츠시마 쇼지(松島章二), 나가타 조타로(中田丈太郎)를 각 징역 2년에, 피고인 하라다 하루키치(原田春吉)를 징역 1년 6월에 처한다.

피고인 무라카미 도미오, 오카자키 유키노, 마츠시마 쇼지에 대해서는 각 원심에서 미결 구류 일수 가운데 60일을 위 본형에 산입한다.

피고인 하라다 하루키치에 대해서는 본 판결 확정 날로부터 3년간 그 형의 집행을 유예한다.

이유

피고인 무라카미 도미오는 1930년 11월경부터 중화민국 상하이에서 그 고용에 관계된 부녀로 하여금 그 지역에 주둔하는 제국 해군 군인을 고객으로 삼아 추업(醜業)에 종사하도록 되어 있는 자이다. 1932년 1월 이른바 상하이 사변의 발발로 인하여 다수의 제국 해군 군인의 주둔을 보기에 이르렀다. 이로써 해군 지정 위안소라는 명칭으로 종래의 영업을 확장하고자 하여 이전부터 서로 알고 지내던 고(故) 가지와라 이키치(梶原伊吉)에게 해당 의도를 말하였다. 그의 소개에 따라 같은 해 3월 7, 8일경 상하이 원로(文路) 강성여관(江星旅館)에서 피고인 후지타 미노루, 오카자키 야스타로 두 사람과 면담하고 앞에서 말한 기도를 꾀하여 그 찬동을 얻었다. 피고인 도미오가 가옥, 기타의 설비를 제공하고 이키치 및 피고인 미노루 두 사람이 해당 영업소에서 추업에 종사할 일본 부녀를 일본 내지에서 고용해 이송하는 것을 담당하였다. 피고인 야스타로는 그 고용 자금을 공급할 것을 약속함과 동시에 부녀를 고용할 때는 오로지 추업에 종사하는 정보를 비밀로 하고 단순히 여급(女給) 또는 조츄(女中)로서 고용하는 것처럼 기망하고 권유, 유혹해서 상하이에 이송시키자는 것을 모의했다. 이키치도 바로 찬동함과 동시에 야스타로 등의 뜻을 받아 그 즈음 나가사키시에 있는 피고인 야스타로의 처인 피고인 오카자키 유키노에게 위의 협의 내용을 통지해서 부녀 고용하는 방법을 요청했다. 피고인 유키노는 그 내용을 미노루의 처인 피고인 후지타 미키 및 피고인 나가타 조타로 두 사람에게 알림과 동시에 피고인 미키와의 사이에서 그 실행을 두 사람이 분담한다는 내용으로 협의했다. 이어서 피고인 조타로와의 사이에는 야스타로 등과 협의한 앞의 방법에 기초하여 부녀를 고용한다는 것을 모의하고 다시 같은 달 14일에 피고인 야스타로가 나가사키시에 돌아오자마자 즉시 동 시내에 있는 그의 집에 니시타 고자부로(西田五三郞) 및 피고인 미키를 불렀다. 그들과 더불어 피고인 유키노에게 앞서 말한 상하이에서 협의한 결과를 알리고 부녀 이송 방법을 촉구하여 그들도 여기에 찬동했다. 피고인 유키노는 같은 해 3월 하순경 피고인 하라다 하루키치, 원심상 우에다 도라토시(上田虎壽)를 개입시키고 원심상 피고인 가와다 이치노스케(市之助)의 3명, 고자부로 및 피고인 미키는 같은 달 14일경 피고인 마츠시마 쇼지에게 각각 야스타로 등과 협의된 앞의 방법에 따라 부녀를 유괴하여 상하이에 있는 앞에서 말한 위안소에 이송할 것을 의논했다. 피고인 하루키치, 쇼지 및 원심의 피고인 도라토시, 이치노스케는 모두 여기에 찬동했다.

제1, 피고인 미노루, 야스타로, 도미오, 유키노 및 미키 5명은 이키치와 공모하고(이하 사실을 판시할 때에는 위 피고인 5명 및 이키치를 단순히 피고인 미노루 등 6명이라고 약칭함)

(一) 피고인 유키노가 같은 4월 초쯤 나가사키 시내에 있는 그의 집에서 ☐에게 행선지는 병대 상대의 식당이라는 내용의 허위의 말을 하고 또한 팁(祀儀)에 의한 수입이 한 달에 200~300엔 정도 있다는 내용으로 함부로 감언하여 상하이행을 권하고 그녀로 하여금 그 내용을 믿게 하여 유혹했다.

(二) 피고인 미키는 앞의 같은 날 즈음 같은 시(市) ☐ 피고인 쇼지 집에서 ☐에게 일은 식당으로 여급으로 손님을 대접할 필요가 없다는 내용의 속이는 말(詐言)을 하였다. 또한 150엔 정도를 미리 빌려도(前借) 2~3개월이면 모두 갚을 수 있고 매달 50엔 정도 부모에게 송금할 수 있다는 내용의 감언으로써 상하이행을 권유하여 그녀로 하여금 그 내용을 믿게 만들어 유

혹했다.

제2, 피고인 미노루 등 6명 및 고자부로는 공모하고 고자부로가 같은 해 5월 초 무렵 나가사키현 기타타카키군(北高來郡)의 □의 집에서 그에게 1년 있으면 내지의 3년 내지 5년 분의 벌이가 있으니 둘째 딸 나카노(ナカノ)를 상하이에 주둔하는 제국 군대의 주보(酒保) 같은 곳의 판매원으로 호오코오(奉公)를 하도록 하면 어떻겠냐는 속이는 말 및 감언을 하여 그가 이를 들어 알고 있는 □로 하여금 그 내용을 사실이라고 믿게 하여 그녀를 유혹했다.

제3, 피고인 미노루 등 6명과 피고인 조타로는 공모하고 조타로는,

(一) 같은 해 3월 11, 12일 경 나가사키현 니시소노기군(西彼杵郡)의 □ 집 및 피고인 조타로의 명의로 된 집에서 □에게 상하이의 요리옥에 여급 또는 조츄로 호오코오하면 많은 수입이 있고 또 손님을 접대할 필요가 없으므로 차녀 □를 상하이에서 호오코오시키면 어떻겠냐는 내용의 감언 및 속이는 말을 함부로 하고, 이를 들어 알고 있는 □ 로 하여금 그 사실을 진실이라고 믿게 하여 그녀를 유혹했다.

(二) 앞의 같은 날 즈음 같은 장소에서 □, □ 두 사람에게 앞과 같은 식으로 이야기 하여 위 2명을 잘못 믿게 하고 그를 유혹했다.

(三) 같은 해 4월 초 즈음 나가사키시 □의 집에서 그녀에게 1개월에 70엔 정도의 수입이 있으니 상하이에 가서 그곳 해군 위안소에서 카페의 여급 또는 나카이(仲居) 같은 일을 하면 어떻겠냐고 감언 및 속이는 말을 하여 그녀로 하여금 그 내용을 믿게 하여 유혹했다.

제4, 피고인 미노루 등 6명과 피고인 하루키치는 공모하고 하루키치가 같은 해 4월 초경 같은 시(市)의 □의 집에서 그녀에게 가는 곳은 해군 위안소이고 수병(水兵) 또는 사관 등을 상대로 하는 카페인데 수입은 1개월에 70~80엔에 달한다, 1년 정도 있으면서 집을 지은 사람도 있으므로 상하이에 가면 어떻겠냐고 속이는 말 및 감언을 하여 유인하고 그녀로 하여금 그 내용을 믿게 하여 유혹했다.

제5, 피고인 미노루 등 6명과 피고인 도라토시, 이치노스케는 공모하고 도라토시 및 이치노스케 두 명이 앞의 같은 날 즈음에,

(一) 나가사키현 미나미다카키군(南高來郡)의 □ 집에서 그녀에게 많은 수입이 있는 식당의 관리인(帳場)으로 소개를 할 테니 상하이에 가면 어떠냐고 속이는 말 및 감언을 하였다. 또 피고인 유키노도 그 즈음 나가사키 시내의 집에서 □에게 도라토시 등과 마찬가지의 일을 말하도록 시켜 그녀로 하여금 그 내용을 믿게 하여 유혹했다.

(二) □의 집에서 그녀에게 가는 곳은 병사를 상대하는 식당인데 하루에 팁 1~2엔의 수입이 있으므로 상하이에 가면 어떠냐고 속이는 말 및 감언을 하여 그녀로 하여금 그 내용을 믿게 하여 유혹했다.

제6, 피고인 미노루 등 6명과 피고인 도라토시는 공모하고 도라토시는 앞의 같은 날 즈음에,

(一) 같은 군(郡) □ 집에서 그녀에게 상하이에 있는 배달음식점(仕出屋)의 조추로 호오코오하면 한 달에 20~30엔의 수입이 있으므로 상하이에 가면 어떻겠냐고 속이는 말 및 감언으로써 유인하고 그녀로 하여금 그 내용을 믿게 하여 유혹했다.

(二) 동(同) □의 집에서 그에게 내지의 급료보다 2, 3배의 수입이 있으니 넷째 딸 □를 상하이에 있는 카페 조추로 호오코오시키면 어떻겠냐고 속이는 말 및 감언을 하여 그로부터 이를 들어 알고 있는 □로 하여금 이를 사실이라고 믿게 하여 유혹했다.

제7, 피고인 미노루 등 6명과 피고인 쇼지는 니시다 고자부로와 공모하고 쇼지는,

(一) 같은 해 3월 말경 나가사키시 □ 피고인 쇼지 집에서 □에게 해군 위안소의 조추로 그곳에 가면 어떠한가. 급료는 월 4~5엔이지만 팁에 따라 수입이 50~60엔에 달한다는 내용의 속이는 말과 감언을 하여 유인하고 그녀로 하여금 그 내용을 믿게 하여 유혹했다.

(二) 그즈음 사정을 알지 못하는 □로 하여금 같은 시(市)의 □인 그의 집에서 □에게 앞과 마찬가지로 말하여 유인하고 그녀로 하여금 그 내용을 믿게 하여 유혹했다.

(三) 같은 해 4월 초경 피고인 쇼지는 □에게 해군 사관을 상대하는 음식점의 조추로 상하이에 가면 어떠한가. 50엔 정도의 전차금을 빌려도 1주일 사이에 바로 갚을 수 있다는 내용의 속이는 말과 감언을 하여 유인하고 그녀로 하여금 그 내용을 믿게 하여 유혹했다.

이로 인하여 모두 상하이행을 승낙한 결과

(가) 같은 해 3월 14일, 나가사키항을 출항하는 상하이마루(上海丸)에 □, □, □ 등 3명을

(나) 같은 4월 1일 같은 항을 출항하는 나가사키마루(長崎丸)에 □을

(다) 같은 달 8일에 같은 항을 출항하는 앞에 기록한 증기선에 □, □, □, □, □, □, □ 등 7명을,

(라) 같은 달 12일에 같은 항을 출항하는 아사마마루(浅間丸)에 □, □, □ 등 3명을

(마) 같은 해 5월 6일 같은 항을 출항하는 상하이마루에 □을 각각 차례로 승선시켜 이를

유괴해서 각각 다음 날 그녀 등을 모두 차례로 상하이에 상륙시킴으로써 유괴당한 자(被誘拐者)를 제국 밖으로 이송했다.

따라서 피고인 하루키치를 제외하고 그 나머지 피고인 등의 행위는 범의 계속에 관계하는 것이다.

증거에 따라서 위 사실 중 범의 계속의 점을 제외하고 판시 앞(冒頭)에 기재한 점 및 판시 제1 내지 제7 기재와 같은 각 공모관계가 성립하고 있는 점은

一. 피고인 무라카미 도미오가 당 공정에서 나는 1930년 11월경부터 중화민국 상하이 베이스촨로(北四川路) 즈안팡(志安房) 9호에서 해군 지정 휴게소라는 명칭으로 영업소를 하며 조츄로서 고용하고 있는 부녀로 하여금 그 지역 체류 일본 해군 군인을 고객으로 하는 추업을 하고 있었다. 1932년 1월 하순 상하이 사변 발발에 따라 그 영업이 일시 중단되기도 하였으나 같은 해 3월 정전협정 성립에 따라 그 지역 물정이 평온해지면서 다시 종전의 영업에 종사하였다. 제국 군대가 다수 그 지역에 주둔하는 상태가 되어 고용할 여자가 부족하여 그 증원을 해야 했다. 영업소의 명칭을 같은 해 5월경 해군 지정 위안소라고 바꾸고 위와 같이 영업소의 부녀를 다수 고입(雇入)할 필요가 생긴 결과 같은 해 3월 5, 6일경 □집에 자금 2천~3천 엔을 차입(借入)하기 위해 갔다. 그 집에서 가지와라 이키치(梶原伊吉)를 만나 회합하고 같은 달 7, 8일경에 이키치로부터 그 백부인 오카자키 야스타로가 강성여관(江星旅館)에 있으므로 와 달라는 통지를 받고 강성여관에 가서 이키치로부터 오카자키 야스타로, 후지타 미노루를 소개받았다. 야스타로가 나의 영업 내용을 물어 나는 영업의 내부 사정, 경과 및 현상, 이익의 분배 방법 등을 이야기했다는 내용의 기재

二. 원심 제2회 공판조서 중 동 피고인의 공술로서(기록 3,206줄 이하) 1932년 3월 7, 8일경 상하이 원로(文路) 강성여관에서 나와 후지타 미노루, 가지와라 이키치, 오카자키 야스타로 등이 회합했다. 내가 영업의 내부 사정, 경과 및 현상 등을 이야기하고 또 다수 일본 군대의 주둔 기간이 1개년 정도라고 생각하므로 자신의 영업을 확장하기로 공모했다. 다수의 여자를 고용하여 반년 정도 지나면 저축할 것으로 생각한다는 내용의 나의 희망을 말하였는 바 모여 있는 사람들도 그에 찬성했다. 결국 내가 영업소를 제공하고 여자 15인을 두어 먼저 여자들의 교쿠다이(玉代)를 등분하여 여자에게 반분해 주고 나머지 반분에서 실비를 제외하고 나와 가지와라, 후지타가 평등하게 배분할 것, 그리고 여자의 고용은 후지타, 가지와라 등 쪽에서 담당하기로 이야기하고, 오카자키 야스타로는 이키치의 백부로 이키치로부터 그가 수십 만 엔의 자산가인 것을 듣고 있었기 때문에 그가 돈을 내게 되는 것을 상상하고 있었다는 내용의 기재

三. 동 조서 중 피고인 오카자키 야스타로의 공술로서(기재 3,209줄 이하) 나는 조카인 가지와라

이키치로부터 무라카미가 위안소를 내는 것 같으므로 돈을 내어 달라고 들었다. 그 후 1932년 3월 7, 8일경 강성여관에서 이키치의 소개로 무라카미 도미오, 후지타 미노루, 가지와라 이키치 등과 회견하였다. 무라카미로부터 그 영업의 내부 사정, 경과 및 현상 등의 설명을 듣고 이키치로부터 2천~3천 엔을 내어 달라고 듣고 나는 무라카미의 말하는 취지에 찬성했다. 그 정도의 돈이라면 낸다고 말했다는 내용의 기재

四. 동 조서 중 피고인 후지타 미노루의 공술로서(기재 3,215줄 이하) 판시 일경 판시 여관에서 무라카미가 이전에 그가 해군 지정 휴게소를 두고 있었는데 상하이 사변 때문에 영업이 일시 중지되었지만 휴전협정의 성립에 따라 제국 군대가 다수 상하이에 주둔하게 되었다는 일 등의 말이 있었다. 다시 그는 해군 지정 휴게소의 명칭을 해군 지정 위안소라고 바꾸고 영업을 부활하여 확장해 나갈 것이므로 찬성해 달라는 취지의 상담이 있었다. 나는 찬성하고 무라카미, 가지와라와 공동으로 경영하기로 하고 오카자키가 자금을 내는 일의 이야기가 성립했다는 내용의 기재

五. 피고인 무라카미 도미오에 대한 제2회 예심 신문조서를 통한 동 피고인의 공술로서(기록 780줄 이하) 해군 지정 위안소를 공동 경영하기로 한 약속은 나와 후지타 미노루, 가지와라 이키치 세 사람 사이에 맺었다. 오카자키 야스타로는 공동 경영자로서 위 계약에 따라 후지타, 가지와라 두 명이 얻는 이익을 다시 삼분해서 그 하나를 얻는 것으로 말한 일을 후에 들었다(기록 809줄 이하) 나는 강성여관에서 후지타, 가지와라, 오카자키 세 사람을 만났을 때 해군 지정 위안소는 군인 상대 매음(賣淫)을 하는 것을 주요 목적으로 하는 곳으로 그 곳에 고용되는 여자는 매음을 하지 않으면 안 된다는 것, 곧 이를 하지 않는 여자는 고입하지 않는다고 말한 것을 충분히 이야기해 두었다. 따라서 후지타, 오카자키, 가지와라 3명은 충분히 이해하고 있었을 것이라는 내용의 기재

六. 증인 □에 대한 제1회 예심 신문조서 중 그 공술로서(기록 1,371줄 이하) 무라카미 도미오가 강성여관에 후지타, 오카자키 등을 찾아와 위 세 사람에게 해군 지정 위안소의 공동 경영에 대한 이야기를 했다. 그 이야기의 모양으로 나는 동 위안소가 해군 군인을 상대로 부녀로 하여금 매음을 시키는 것을 영업하는 곳이라는 것을 알았다는 내용의 기재

七. 동 증인에 대한 제2회 신문조서 중 그 공술로서(기록 1,399줄 이하) 무라카미, 후지타, 오카자키 등이 강성여관에서 해군 지정 위안소의 이야기를 하고 있을 때 무라카미는 동 위안소의 여자를 내지에서 고용할 때는 여자에게는 추업에 종사해야 한다는 것은 말하지 않고 여급으로서 고입한다는 의미의 이야기를 하여 여자를 고입하고 내지의 조로(女郎) 와 같은 일을 하지 않는 것처럼 생각하도록 했다는 내용의 기재

八. 증인 □에 대한 예심 신문조서 중 공술로서(기록 843줄 이하) 나는 무라카미, 가지와라, 후지타 등과 상하이에서 해군 지정 위안소를 공동 경영하는 계약을 했다. 무라카미로부터 여자는 몇 명이라도 보내라는 이야기를 들었다. 그 때 무라카미에게 여자가 그렇게 쉽게 손에 들어옵니까, 라고 물었더니 그는 오카자키나 후지타가 하는 일이 있어 여자는 어느 정도라도 손에 들어온다고 말했다. 다시 내가 여자는 어떻게 데리고 옵니까, 라고 물었더니 그가 여급이라든가 조츄라든가 하는 일로서 데려오면 문제없지 않을까, 라고 말했다는 내용의 기재

九. 피고인 오카자키 야스타로에 대한 제1회 예심 신문조서 중 공술로서(기록 1,239줄 이하) 나는 후지타 미노루와 함께 1932년 3월 3, 4일경 상하이에 가서 그곳 강성여관에서 무라카미 도미오, 가지와라 이키치, 후지타 미노루 등과 해군 지정 위안구락부(위안소라고는 듣지 않음)의 경영에 대해 이야기했다. 내가 가지와라의 의뢰로 여자 고입에 필요한 자금으로 2천~3천 원 출자했기 때문에 그때 무라카미가 여자는 조츄로서 고용하는 것이 좋다고 말한 것으로 기억한다. 내가 출자를 승낙했기 때문에 □는 나의 처 유기노, 또 후지타는 자택에 각각 편지를 내어 내가 출자를 승낙했다는 내용을 전하고 여자 고입의 수배를 부탁했는데 내가 상하이로부터 돌아왔을 때, 바로 1932년 3월 13, 14일경 후지타, □ 2명이 나에게 내지로부터 여자를 고용해 보내도록 의뢰함에 따라 나는 나가사키에 돌아와 우리 편에 니시타 고자부로, 후지타의 처 유키를 불러 나의 처 유키노도 있는 곳에서 가지와라, 후지타 2명이 상하이에 사는 무라카미 도미오와 공동으로 해군 지정 위안구락부를 경영하기로 하여 위 위안구락부는 내지의 조로야(女郎屋)와 마찬가지의 일을 하게 된다는 일을 말하고 그곳에 보낼 여자를 부탁한다고 말했다. 그때 나는 여자를 고용하면 조츄로서 고용하는 듯이 말하든가, 우(右)는 여자를 고용할 때 매음으로서 상하이에 가는 일을 권유하는 일은 말하기 어렵다는 것을 생각했다. 또 조츄로서 고용하는 편이 사람을 모으기 쉽다고 생각했다는 내용의 기재

十. 피고인 오카자키 유키노에 대한 제2회 예심 신문조서 중 그 공술로서(기록 2,284줄 이하) 가시하라 이키치가 야스타로와 함께 상하이에 간 뒤 이키치로부터 편지로 통신이 있었다. 자신은 후지타, 무라카미와 공동으로 해군 지정 구락부를 경영하는 것이라고 하여 야스타로가 돈을 내는 것을 승낙했으므로 여자를 고용하여 보내려는 여자 고입에 대해서는 나카다 조타로에게도 의뢰의 편지를 보내둠에 따라 나카다에게 부탁한다고 말해왔다. 같은 날 다카다 조타로가 우리 쪽에 와서 이키치로부터 그에게도 편지가 와서 나에 대한 편지와 같은 내용의 기재가 있고, 해군 지정 위안구락부라고 하면 여자에게 손님을 맞도록 하는 곳이라는 내용의 기재가 있었다고 조타로가

말했다. 그 후 남편 야스타로가 상하이에서 돌아와 나에게 니시다 고자부로, 후지타 미키에게 위안소는 군인을 상대하여 오로지 매음을 하는 것이라는 내용을 상세하게 말했다. 따라서 가지와라 이키치가 나에게 편지를 보내 다음 날인가 다다음 날 즈음 이키치가 전보해 와서 15일까지 여자를 보내달라는 취지를 말해왔으므로 즉시 나타다가 조타로를 우리 쪽에 불러 여자 고입 방법에 대해 협의했다는 내용의 기재

十一. 동 피고인에 대한 제3회 예심 신문조서 중 공술로서(기록 1,611줄 이하) 나는 가지와라가 전보를 보낸 후 나카다와 여자 고입을 상담했다. 그 때 나와 나카다는 손님을 받는 작부로 고용하면 몇 천 엔도 써야 한다. 따라서 여급으로 고용하면 싸게 할 수 있다고 서로 이야기하고 여급으로 고입할 것을 결정했다는 내용의 기재

十二. 피고인 나카다 조타로에 대한 제2회 예심 신문조서 중 공술로서(기록 1,385줄 이하) 가지와라 이키치가 상하이에서 나에게 부쳐온 편지에는 여급 또는 나카이로 고용해 달라는 내용이 기재되어 있었는데 나는 매음을 시키는 것이라고 생각하고 편지를 본 뒤 즉시 오카자키 유키한테 가서 이키치가 보낸 편지의 내용을 이야기 하였다. 그녀는 나보다 상세하게 상하이의 일을 알고 있으므로 그녀도 이키치로부터 편지를 받았다고 생각했다. 그 후 이키치가 유키에게 보낸 전보가 온 일로 그녀에게 불려 갔다. 그녀는 나에게 이번 배에 태울 수 있도록 여자를 보내야 하므로 여자를 하루 빨리 고용해 주고 여자를 고용할 때에는 여급 또는 나카이로 고용해 달라고 명령하듯이 말했다. 그때 유키노는 여자에게는 매음의 일은 말하지 말고 고용해 달라고 말했지만 나는 그녀의 말투에서 여자에게 매음의 일은 확실하게 하지 않고 여급 또는 나카이로 고용해 달라는 의미로 이해했다는 내용의 기재

十三. 피고인 후지타 유키에 대한 제1회 예심 신문조서 중 공술로서(기록 1,409줄 이하) 남편 후지타 미노루가 상하이에 가기 전 그곳에서 돌아와서 가지와라 이키치가 우리 쪽에 와서 미노루와 무엇인가 이야기하고 돌아갔다. 그 후 미노루가 상하이에서 해군 위안소를 경영하면 돈을 벌 수 있다고 말했다. 미노루가 상하이를 향해 출발한 2~3일 후 나에게 편지를 보낸 후에 전보가 도착하면 즉시 마츠시마 쇼지에게 부탁한 여자를 고용해 보내도록 말하였으므로 나는 그 편지를 마츠시마 쇼지에게 알렸다. 마츠시마는 여자를 부탁하는 것을 승낙하고 그가 손님을 받는 여자라면 이라고 말했으므로 마츠시마가 편지에 있는 여자가 매음부라는 것을 알고 있었다고 생각했다. 그 후 오카자키 야스타로의 처 유키가 불러 그의 집에 가니 유키노는 상하이의 야스타로가 편지를 보내와서 상하이에서 무라카미가 경영하고 있는 해군 위안소라는 매음옥을 이번에 야스타로, 가

지와라, 이키치 및 미노루 세 사람이 공동으로 경영하게 되었으니 여자를 보내야 한다고 했다. 자신 쪽에서도 여자를 고용할 테니 당신 쪽에서도 가능한 한 소개해 달라고 하며 돈은 자신 쪽에서 대신 내겠다, 여자를 고용할 때에 손님을 받는다는 것을 말하면 돈이 많이 드니 그 일은 말하지 말고 여급으로 고용하는 것으로 여자를 고용하기로 하고 나는 즉시 마츠시마 쇼지에게 가서 그에게 여급으로 고용을 의뢰했다. 그는 당시 나가사키 매음옥의 고문과 같은 일을 하고 있어 돈을 많이 들이지 않고 고용하여 보낸다고 말했다는 내용의 기재

十四. 동 피고인에 대한 제2회 신문조서 중 공술로서(기록 1,456줄 이하) 오카자키 야스타로가 귀국 후 나와 니시다 고자부로 두 사람에게 야스타로가 여자에게 매음의 일을 확실하게 하여 고용하면 100엔의 일을 200엔 들여야 하므로 여급으로 고용하는 것처럼 하자고 말했을 때 나는 그렇게 하자고 말했지만, 이 이야기를 듣고 남편인 미노루와 상의해야 한다고 생각했다. 그리고 그날 쇼지에게 여자 고입의 방법을 의뢰했다는 내용의 기재

十五. 증인 니시다 고자부로에 대한 예심 신문조서 중 공술로서(기록 1,688줄 이하) 오카자키 야스타로가 상하이에서 귀국했을 때 나와 후지타 미키 두 사람이 불려갔다. 야스타로는 나와 미키에게 야스타로의 처 유키노가 있는 곳에서 자신은 후지타 미노루와 공동으로 제국 군인을 상대로 하여 부녀에게 매음시키는 해군 위안소를 경영하기로 하여 그곳에 여자를 보내야 하므로 부탁한다. 여자에게는 위안소의 접대 관계의 여급으로 고용한다고 말하고 매음의 일은 말하지 않는 것이 좋겠다고 했다. 나는 매음을 하는 작부로 고용하면 돈도 들도 또 희망자도 적으므로 야스타로가 그렇게 말하는 것으로 생각했다. 또 그가 매음의 일은 여자에게는 확실하게 하지 않는 것이 좋겠다고 말한 것이 좋겠다고 말한 것은 그 사람 혼자의 생각이 아니라 상하이의 후지타 등과 그렇게 상의한 것으로 알고 나는 그렇게 합시다,라고 대답했다. 그가 있는 곳에서 돌아와 후지타 집에 간 바 마츠시마 쇼지가 함께 있음에 따라 그에게 오카자키 야스타로가 이야기한 대로 전했다. 마츠시마는 그런 식으로 고용하지 않으면 상하이 부근에 여자가 바로 가겠다고 말하지 않는다고 말했다. 나도 마츠시마도 후지타가 여자를 부탁해 보내달라고 했다는 내용의 기재

十六. 피고인 오카자키(하라다) 하루키치에 대한 제1회 예심 신문조서 중 공술로서(기록 910줄 이하) 나는 오카자키 야스타로의 조카이다. 1932년 3월 중순경 후지타의 아들과 오카자키의 아들이 상하이에 구경을 갔을 때 오카자키 유키노의 의뢰에 의해 상하이의 해군 위안소에 갈 때 여자 3명을 함께 배로 데리고 상하이에 갔다는 내용의 기재

十七. 피고인 오카자키 유키노에 대한 제6회 예심 신문조서 중 피고인 오카자키(하라다) 하루키

치의 공술로서(기록 2,191줄 이하) 나는 후지타, 오카자키의 아들 두 사람을 데리고 상하이에 가서 그곳에 체재하던 중에 여관에 유키노를 방문했을 때 그 사람으로부터 해군 위안소가 손님을 받는 매음을 하는 곳이라는 사실을 알았다. 내가 □를 부탁받은 것은 그 후의 일이라는 내용의 기재

十八. 피고인 오카자키(하라다) 하루키치에 대한 제3회 예심 신문조서 중 공술로서(기록 2,781줄 이하) 내가 후지타 및 오카자키의 아들 2명을 데리고 상하이에 갔을 때 그곳의 해군 위안소는 무라카미 도미오가 영업주로서 후지타, 가지와라 2명은 그곳에서 부녀를 들여 추업부 영업을 하고 있었다. 그리고 오카자키 야스타로는 후지타, 가지와라의 부녀 고용 자금을 대고 있는 것을 알았다. 또 나는 상하이에서 오카자키 유키노를 만났을 때 자신이 □를 부탁한다는 일을 말한 바 유키노는 본인이 가기로 하면 고용하는 것도 좋다고 말했다는 내용의 기재

十九. 원심의 피고인 우에다 도라토시에 대한 제2회 및 제3회 예심 신문조서를 통해 그 공술로서(기록 953줄 이하) 나는 오카자키 유키노의 초대 전보에 의해 그 사람에게로 갔다. 그는 상해가 경기가 좋으므로 여자를 상하이에 보내 요리옥이라든가 매음옥을 해서 여자를 일하게 하려고 생각하고 있으니까 여자를 부탁한다고 말했다. 또 가와다 이치노스케의 여동생이 연을 맺을 곳에 딸이 있다는 이야기를 들었기 때문에 그에게도 이야기해 달라고 말하였다(1,647 줄 이하) 그때 유키노는 나에게 □ 및 동 □ 이외의 여자를 고용할 때는 상하이에 가서 조로(女郎)와 같은 일을 해야 한다고 말하면 싫어하는 사람도 있기 때문에 이러한 말을 하지 않고 상하이가 경기가 좋으니 가는 것이 어떠한가라고 말하라고 권유해 달라고 말했다는 내용의 기재

二十. 원심의 피고인 가와다 이치노스케에 대한 제1회 예심 신문조서 중 공술로서(기록 935줄 이하) 1932년 봄 즈음 우에다 도라토시가 나에게 오카자키 유키노로부터 상하이 요리옥에서 손님을 받는 여자를 고입하는 방법을 의뢰받았으므로 부탁한다고 말함에 따라 나는 이를 승낙했다. 도라토시는 □, □를 부탁했을 때에는 손님을 받아야 하는 것은 말하지 않는 것이 좋겠다고 말함에 따라 그 일은 이야기하지 않았다는 내용의 기재

를 종합하여 이를 인정한다.

□ 외 14명의 부녀가 판시 일 나가사키항을 출항한 판시 배에 승선하여 각각 그 다음 날 상하이에 상륙한 점은

一. 피고인 오카자키 유키노 및 동 나카다 조타로가 각 당 공정에서 □, □, □에 관해 피고인 후지타 미키가 당 공정에서 □, □, □에 관해 그 내용을 공술

二. 원심 제1회 공판조서 중 피고인 오카자키 야스타로, 무라카미 도미오, 후지타 미노루의 각 공술로서(기록 3,145줄 이하) 판시와 같은 내용의 기재에 따라 이를 인정한다.

판시 제1의 나머지 점은

一. 증인 □에 대한 제1회 예심 신문조서 중 공술로서(기록 1,197줄 이하) 나는 1932년 4월 초 즈음 상하이의 일에 대해 나카다 조타로의 처에게 물어보려고 오카자키의 집에 가는 일로 오카자키 집에 갔다. 오카자키의 처는 내가 고용되어 가는 곳은 상하이의 커다란 식당으로 병대가 놀러오는 곳이며 많은 팁 외에 물품 매상금의 수수료도 받을 수 있으므로 월 200~300엔을 벌 수 있으므로 가보자고 해서 나는 그 말을 믿고 상하이에 가기로 하였다. 그 때 상하이에서 매음 행위를 해야 한다는 말은 하지 않았고 또 돈은 벌이액으로 지불하는 등도 약속하지 않았다. 따라서 매음을 해야 하는 일이 확실했다면 상하이에 가지 않았을 것이다. 그런데 상하이에 가고 나서 그곳이 매음 전업의 장소라고 하여 나는 완전히 속아 상하이에 보내진 것을 깨달았다는 내용의 기재

二. 증인 □에 대한 제1회 예심 신문조서 중 공술로서(기록 1,176줄 이하) 1942년 4월 초즈음 나의 아버지가 나에게 후지타에게서 상하이 식당의 여급으로 너를 보내달라고 상담하고 월에 50~60엔 정도의 돈을 벌 수 있다고 말한 일을 들었다. 그 후 후지타 및 □의 마츠시마 쇼지 쪽에서 후지타의 처를 만났을 때 그녀는 상하이의 근무하는 곳은 식당으로 여급을 하니 손님을 받는 일은 필요 없다. 만약 싫으면 바로 귀국해도 좋다. 상하이는 경기가 좋아서 150엔의 전차금을 2~3개월에는 갚고 부모에게는 매월 50엔 정도 송금할 수 있으니까 가달라고 말했다. 그렇지만 매음의 일은 전혀 없이 앞에 말한 바와 같이 손님을 받을 필요가 없다고 이야기 하여 매음은 하지 않는다고 믿고 승낙했다. 상하이에 가서 그곳은 해군 군인을 상대로 하여 오로지 매음을 하는 곳이었으므로 나는 비로소 후지타 처에게 속아 상하이에 보내진 것을 알았다는 내용의 기재에 따라 이를 인정한다.

판시 제2의 나머지 점은

一. 증인 니시다 고자부로에 대한 예심 신문조서 중 공술로서(기록 1,700줄 이하) 나는 □의 아버지 □에게 이번에 후지타, 오카자키 2명이 상하이에서 해군 위안소를 경영하기로 되어 그곳에 여급이 필요하여 돈을 벌 수 있으니 딸을 보내는 것은 어떠한가라고 권하여 다음 날 □이 □을 동반하여 상하이행을 승낙했다. 나는 위 2명이 상하이에 가면 돈을 번다고는 했어도 상하이에 가서 매음을 해야 한다는 말은 한 적이 없어서 나카노는 단지 위안소의 여급이라고 생각해서 고용되어 가는 것으로 생각했다는 내용의 기재

二. 증인 □에 대한 예심 신문조서 중 공술로서(기록 3,036줄 이하) □는 나의 둘째 딸이다. 1932년 5월 즈음 니시다 고자부로가 나의 집에 와서 후지타가 상하이에서 군대의 오락장과 같은 것을 시작했다. 그곳은 술과 맥주를 파는 군대의 주보(酒保)와 같은 곳이다. 내지의 여자가 있지 않으므로 그곳의 판매원과 같은 일을 하는 자로 딸 나카노를 보내는 것은 어떠한가. 술이나 맥주가 비싸게 팔려 그 벌이의 비율을 준다. 내지의 3년치나 5년치는 1년에 벌 수 있다고 하므로 딸 나카노에게 그 이야기 내용을 전하고 딸은 상하이행을 승낙하였다. 니시다는 상하이에서 딸이 추업에 종사해야 한다는 일은 한마디도 하지 않았다. 나도 □도 그러한 일은 알지 못한다. 만약 추업을 해야 하는 것을 알았다면 불과 20엔 정도를 받고 딸을 상하이까지 보내는 일은 없었을 것이다. 또 딸도 갔을 리가 없다. 그런데 1933년 2, 3월경 딸 □는 귀국해서 상하이에서는 내지에서 말한 것과 달리 손님을 받는 일을 해야 해서 괴로웠다는 내용으로 말했다는 내용의 기재를 종합하여 이를 인정한다.

판시 제3의 나머지 점은

一. 피고인 나카다 조타로에 대한 제1회 예심 신문조서 중 공술로서(기록 888줄 이하) 나는 1932년 3월 11, 12일 즈음 나가사키시의 □(□의 오기라고 인정됨. 이하 같음) 집에 가서 그에게 이번 상하이에 해군 위안소라고 하는 커다란 요리옥이 생겼다. 따라서 딸을 상하이에 보내지 않겠는가,라고 말하고 그 사람은 □도 불러서 그에게도 앞과 같은 이야기를 하였다. 2명 모두 딸과 상담하겠다고 말하고 그 후 □, □ 2명이 딸인 □, □ 2명을 동반하여 왔으므로 나는 딸 2명에게 앞과 같은 말을 하니 2명 모두 상하이행을 승낙했다. 또 □, □도 마찬가지로 상하이에 보내는 일을 이야기가 결정됐다. 나는 □, □ 두 사람에게는 상하이에 가서 음매(淫賣)한다는 것은 말하지 않고 여급 또는 나카이와 같은 일을 하는 것이라고 말하면서 권유했다는 내용의 기재

二. 증인 □에 대한 예심 신문조서 중 공술로서(기록 1,827줄 이하) □는 나의 큰 딸이고 동(同) □는 나의 둘째 딸이다. 1932년 3월경 나카다 조타로가 나의 집에 와서 상하이에 좋은 일거리가 있으니 당신의 딸과 □의 □이 가지 않겠는가라고 말하였다. □를 나의 집에 불러 모두 딸에게 물어보고 대답을 하였다. 조타로는 사세보(佐世保)에 있는 딸 □도 함께 보내면 어떠한가라고 물어서 그 후 나와 스게하치(助八)는 나의 딸 □와 스게하치의 딸 □을 나카다 집에 동반하였다. 그가 딸들에게도 전과 같은 내용의 이야기를 하고 상하이행을 권유한 바 2명 모두 상하이행을 승낙했다. 처음 나카다는 상하

이에 좋은 일자리라는 것은 오카자키가 경영하는 해군의 구락부와 같은 곳으로 술과 안주를 갖다 주는 일이고 그곳은 손님을 받는 곳은 아니며 월에 200~300엔의 수입이 있다고 말하였다. 그 후 오카자키의 처를 만났는데 그녀도 손님을 받는다는 말은 하지 않았다. □에게는 내가 나카다로부터 들은 대로 이야기했다. 그녀는 손님을 받지 않고 돈을 벌 수 있는 곳이라면 간다고 말하고 상하이행을 승낙했다. 나도 딸 두 사람도 나카다가 손님을 받는 곳은 아니니 걱정하지 않아도 좋다고 말하며 권유해서 그 말을 믿고 딸 두 사람을 상하이에 보내기로 했다. 딸들도 이를 믿고 상하이행을 승낙한 것이다. 만약 손님을 받는 장사(商賣)를 해야 하는 것을 확실히 했다면 겨우 400여 엔을 딸 두 사람의 전차금으로 받고 상하이까지 보냈을 리가 없다. 그런데 그 후 딸 □ 귀국해서 내지의 말과 달리 상하이에서는 손님을 받는 장사를 해야 했다고 말했다는 내용의 기재

三. 증인 □에 대한 예심 신문조서 중 공술로서(기록 1,813줄 이하) □는 나의 둘째 딸이다. 1932년 4월경 □ 지에서 나카다 조타로를 만났을 때 오카자키가 상하이에 음식점과 같은 것을 경영하여 여자가 필요한데 상하이는 경기가 좋아 돈을 벌 수 있으니 딸을 보내지 않겠는가라는 내용을 말했다. 나는 물장사를 하는 곳이라면 보내지 않겠다고 답했다. 그는 물장사를 하는 곳은 아니고 조츄와 같은 일을 하는 곳이라는 내용으로 말했으므로 딸의 의견을 물어보고 상하이행을 승낙했다. 나도 딸 □도 손님을 받는 물장사를 하지 않는 곳이라고 속아서 상하이행을 승낙한 것이다. 만약 매음을 해야 한다는 것을 확실히 했다면 나도 □도 상하이행을 승낙했을 리가 없다. 그런데 □가 상하이에 간 후 나에게 보낸 편지에는 내지에서 한 말과 달리 손님을 받아야한다고 써 있었다는 내용의 기재

四. 피고인 나카다 조타로에 대한 제1회 예심 신문조서 중 공술로서(기록 903줄 이하) 나는 □ 집에서 그의 딸 □에게 상하이행을 권유하고 매음을 해야 하는 것은 말하지 않았다. 그곳은 해군의 위안소로서 카페의 여급 또는 나카이와 같은 일을 하는 곳으로 수입은 월 70~80엔 정도라고 말했다는 내용의 기재

五. 증인 □에 대한 촉탁에 의한 영사의 신문조서 중 공술로서(기록 1,516줄 이하) 나는 □와 혼인 전 □라고 칭하였다. 1932년 4월 초 즈음 나카다 조타로가 나의 집에 와서 상하이는 전쟁 후 경기가 좋아 월수입 70엔 정도이다. 그 지역의 요리옥의 조츄가 되지 않겠는가,라고 말하고 상하이행을 권유했으므로 나는 그 말을 믿고 상하이행을 승낙했다. 그 지역에서 추업에 종사해야 한다는 것을 전혀 듣지 못했다. 만약 이를 알았다면 상하이행을 승낙했을 리가

없다는 내용의 기재를 종합하여 이를 인정한다.

판시 제4의 나머지 점은

一. 피고인 오카자키(하라다) 하루키치에 대한 제3회 신문조서 중 공술로서(기록 2,784줄 이하) 나는 □의 형에게 여동생을 상하이의 위안소에 보내지 않겠는가, 월 수십 엔의 수입이 있을 것이라고 말하고 권유하여 다시 상하이에 가서 해군 위안소의 내부 사정을 알고 귀국 후 □ 및 그의 아버지를 만나 상하이행을 권한 것의 승낙을 얻었다. □ 등에게 상하이행을 권했을 때 위안소에 가면 추업을 해야 한다고는 말하지 않았다는 내용의 기재

二. 증인 □에 대한 예심 신문조서 중 공술로서(기록 1,217줄 이하) 1932년 4월 초 즈음 오카자키 하루키치가 나의 집에 와서 나나 나의 아버지에게 상하이에 가면 월 70~80엔의 수입이 있으므로 가는 것이 어떠한가. 만약 가고난 뒤 상하이 사정이 좋지 않으면 언제라도 귀국해도 지장이 없다고 얘기했다. 그리고 행선지는 상하이의 해군 위안소인데 그 곳은 카페로서 수병(水兵)이나 사관 등의 음식을 하는 곳이다. 따라서 일은 손님을 상대로 하여 물품을 나르는 등이고 1년 정도 있다가 집을 지은 사람도 있다고 말했으므로 나도 아버지도 그 말을 신용하고 상하이행을 승낙했다. 하루키치에게도 또한 오카자키 야스타로의 처에게도 매음을 해야 하는 것은 듣지 못했다. 만약 추업을 해야 하는 것을 확실히 했다면 상하이에는 가지 않았을 것이다. 그런데 상하이에 가서 매음에 종사해야 했다는 내용의 기재를 종합하여 이를 인정한다.

판시 제5의 나머지 점은

一. 원심의 피고인 우에다 도라토시에 대한 제6회 예심 신문조서 중 공술로서(기록 2,767줄 이하) 나는 가와다 이치노스케와 함께 □ 및 □집에 가서 상하이행을 권유했다. 그때 상하이에 가서 추업에 종사한다는 것은 말하지 않고 □에게는 관리인(帳場)을 부탁한다고 말하고, □에는 조츄로 부탁한다고 말했다는 내용의 기재

二. 원심의 피고인 가와다 이치노스케에 대한 제1회 예심 신문조서 중 공술로서(기록 933쪽 이하) 나는 우에다 도라토시와 함께 □집에서 그와 그의 어머니에게 상하이에 가면 돈을 벌 수 있으므로 가지 않겠는가. 행선지는 □가 경영하는 요리옥으로 조츄나 또는 여급이 된다고 말하고 상하이행을 권유했지만 음매를 해야 하는 것은 말하지 않았다. 이어서 같은 날 □에게 가서 그녀에게 앞과 같은 내용을 말하고 상하이행을 권유하여 그녀는 매음하는 것은 바라지 않는다고 말했으므로 나와 우에다는 관리인을 맡긴다고 말한 바 그녀는 상하이행을 승낙했다는 내용의 기재

三. 증인 □에 대한 예심 신문조서 중 그 공술로서(기록 2,460줄 이하) 1932년 3월 24일, 25일경 가와다 이치노스케, 우에다 도라토시 외 1명이 여러 차례 □의 나의 집에 와서 상하이에 가면 돈을 벌 수 있다. 행선지는 상하이의 병대 상대의 식당으로 수입은 하루에 팁이 2~3엔이라는 내용을 말하고 상하이행을 권유했으므로 나는 단지 병대 상대의 급사나 술을 따르는 정도라면 좋은 일이라고 생각하고 승낙했지만 매음하는 것은 상상하지 못했다. 만약 그 일을 확실히 했더라면 상하이행은 절대로 승낙하지 않았을 것이다. 상하이에 가서 매음해야 하는 것을 알고 놀라고 속았다는 것을 생각해도 달아나 돌아오는 것은 여비도 없고 방법도 없어 추업에 종사했다는 내용의 기재

四. 증인 □에 대한 예심 신문조서 중 그 공술로서(기록 1,781줄 이하) 가와다 이치노스케 및 성(姓) 불상(不詳) 도라토시라는 사람이 나의 집에 와서 나의 여동생 □은 가정여학교를 졸업하고 있으므로 상하이의 식당이라든가 카페의 관리인을 맡아서 가지 않겠는가. 매우 돈을 벌 수 있다고 말했어도 □는 여학교를 막 나왔으므로 거절했는데 그녀는 내가 집에 없을 때 무단히 상하이에 갔다는 내용의 기재

五. 증인 □에 대한 예심 신문조서 중 그 공술로서(기록 1,755줄 이하) 나는 □와 결혼하기 전에는 □성을 칭하였다. 1932년 4월 초 즈음 가와다 이치노스케외 1명이 나의 집에 세 차례 찾아와서 나가사키의 오카자키가 상하이에서 식당과 같은 것을 경영하고 있어 관리인을 할 사람이 필요하니 내지보다도 수입이 많으므로 가지 않겠는가 라고 말하고 상하이행을 권유했다. 따라서 형과 어머니의 동의를 얻지 않고 승낙했다. 그 후 오카자키 유키 집에 가서 그에게도 관리인이 부족하므로 상하이에 가달라고 들었어도 매음하는 이야기는 전혀 듣지 못했다. 그런데 상하이에 간 바 현지에서는 오로지 추업에 종사하는 것을 알고 또 후지타 미노루로부터 추업에 종사하는 것을 권유받았어도 거절했다는 내용의 기재를 종합하여 이를 인정한다.

판시 제6의 나머지 점은

一. 원심의 피고인 우에다 도라토시에 대한 제6회 신문조서 중 공술로서(기록 2,768줄 이하) 나는 □ 등을 부탁할 때 그녀들에게 상하이에 가서 손님을 받아야 한다는 것은 말하지 않고 조츄로 부탁한다고 말했다는 내용의 기재

二. 증인 □에 대한 예심 신문조서 중 공술로서(기록 2,230줄 이하) □는 나의 큰딸이다. 우에노 도라토시가 자신의 조카가 상하이의 카페에 있다. 전쟁 후에 바빠서 딸을 조츄로 보내달라고 말했으므로 조츄의 일을 하는 것으로 알고 딸도 승낙하고 상하이에 갔다. 그 후 딸이 보

낸 편지에서 상하이에 가서 음매를 하고 있다는 것을 알게 되어 나는 바로 손을 써서 딸을 내지에 불러왔다는 내용의 기재

三. 증인 □에 대한 촉탁에 의한 영사의 신문조서 중 공술로서(기록 2,641줄 이하) 나는 호적상 □라고도 □라고도 한다. 1932년 4월 초 즈음 우에다 도라토시가 나의 집에 와서 상하이의 배달음식점의 조츄 호오코오를 하면 월에 20~30엔의 수입이 있을 것이라고 말하고 상하이행을 권유했다. 나는 이를 승낙하고 상하이에 찾아갔는데 우에다도 오카자키 유키도 상하이에서 매음을 하는 것은 말하지 않았다. 만약 그 사실을 확실히 했더라면 상하이에 갔을 리가 없다는 내용의 기재

四. 증인 □에 대한 예심 신문조서 중 공술로서(기록 2,244줄 이하) □는 나의 넷째 딸로서 1935년 3월 중에 죽었다. 1932년 4월경 우에다 도라토시가 나의 집에 찾아와 딸을 상하이에서 그의 조카사위가 경영하는 카페의 여급으로 보내지 않겠는가. 내지에서 조츄 호오코오 하는 것보다 2, 3배의 급료를 받을 수 있다고 말하였으므로 나는 딸 □과 상의하고 나도 □도 조츄 호오코오가 되는 것이라고 믿고 상하이행을 승낙했다. □가 상하이에 간 후 보낸 편지에는 내지에서 했던 말과 달랐다. 매음을 해야 하는 이런 일이라면 왔을 리가 없었을 것이다,라는 내용이 있었다. 나도 음매해야 하는 것이 확실했다면 딸을 상하이에 보내지 않았을 것이다는 내용의 기재를 종합하여 이를 인정한다.

판시 제7의 나머지 점은

一. 원심 제2회 공판조서 중 피고인 마츠시마 쇼지의 공술로서(기록 1,388줄 이하) 나는 □의 부탁으로 상하이의 해군 지정 위안소에 보낸 □등을 고용한 일이 있다는 내용의 기재

二. 증인 □에 대한 예심 신문조서 중 공술로서(기록 1,860줄 이하) 1932년 3월 경 마츠시마 쇼지가 나의 집으로 와서 상하이의 해군 위안소의 급사녀를 소개해달라며 급료는 5~6엔이지만 팁의 수입이 많아 50~60엔이 될 것이라고 말하였으므로 나는 이를 믿고 □ 등에게 마츠시마 쇼지가 말한 것과 같은 일을 말하고 그녀들을 □ 편에 동반하도록 하였다. 쇼지는 그들에게 내가 말한 것과 마찬가지의 일을 말하고 또 손님을 받지 않아도 좋다,라는 내용을 말하여 그들은 상하이행을 승낙했다. 이어서 같은 달 말 즈음에 나는 □도 마찬가지의 일을 말하고 상하이행을 권유했는데 쇼지로부터 상하이에서 매음을 해야하다는 말은 전혀 듣지 않았다는 내용의 기재

三. 증인 □에게 예심 신문조서 중 공술로서(기록 2,106줄 이하) 나는 1932년 3월 중순 즈

음 조추를 지망하여 예전에 알고 있던 □에게 그 내용을 말하고 일할 곳을 주선해달라고 부탁해 두었다. 그 후 □가 상하이의 해군 위안소에 일하는 여자를 마츠시마 쇼지로부터 의뢰받았다. 그곳에서는 식사의 급사나 술을 따르는 일을 하므로 월급 80엔 정도가 되지만 손님에게 받는 것도 있어 월 50~60엔이 되기도 한다는 말을 했다. 따라서 마츠시마 쇼지 집에 갔는데 마츠시마도 □와 마찬가지의 말을 하고 조추로 고용한다고 말하였으므로 나는 상하이행을 승낙했다. 마츠시마가 상하이에서 추업을 해야 한다고는 말하지 않았으므로 상하이에 간 것이다. 해군 위안소는 내지의 이야기와는 전혀 달라서 손님을 받지 않으면 불과 35엔의 전차금이 지불되지 않으므로 어쩔 수 없이 손님을 받기에 이르렀다는 내용의 기재

四. 증인 □에 대한 예심 신문조서 중 공술로서(기록 2,127줄 이하) 1932년 4월 초 즈음 □집에서 그가 나에게 상하이에 있는 후지타의 집에 조추로서 밥을 짓거나 세탁을 하는 일이 있는데 가지 않겠는가. 월급은 10엔 정도이지만 작부 등의 세탁도 하면 15엔 정도는 된다. 또 손님으로부터 받는 것도 있어 50~60엔 정도가 된다고 하였으므로 나는 그 말을 믿고 상하이행을 승낙하였는데, 매음을 해야한다는 말을 하지 않았다. 이것을 말했다면 상하이에는 갔을 리가 없다는 내용의 기재

五. 증인 □에 대한 촉탁에 의한 영사의 신문조서 중 공술로서(기록 2,658줄 이하) 1932년 4월 초 즈음 마츠시마 쇼지 집에서 그가 나에게 상하이에 있는 음식점의 조추를 하면 현지는 경기가 좋아서 50엔 정도 전차(前借)로 가도 1주일에 지나지 않아 다 갚을 수 있다는 내용으로 말을 하여 승낙하고 상하이에 갔다. 상하이에 가서 추업을 해야 한다는 말은 전혀 없었다는 내용의 기재

六. 증인 □에 대한 예심 신문조서 중 공술로서(기록 2,274줄 이하) 나는 1932년 4월 1일 후지타 미키에게 의뢰받아 □외 4명을 데리고 나가사키항을 출범하는 배로 상하이에 건너갔다(2,298줄 이하). 그때 마츠시마 쇼지가 나에게 이 여자들은 위안소의 여급으로 보내려는 마음으로 연행하고자 한다, 만약 여자들이 물어보면 "여급이야"라고 말해달라고 토로했다는 내용의 기재를 종합하여 이를 인정한다.

범의 계속의 점은 판시 피고인 등이 단기간 내에 동종의 행위를 반복, 누행(累行)한 일의 자취(事蹟)에 비추어 보아 명백하다.

이는 위와 같은 설명에 따라 판시 범죄사실은 전부 그 증명할 수 있다.

법률에 따라 피고인 등의 행위 중 유괴의 점은 형법 제226조 제1항 제55조(단 피고인 하루키치는 제55조를 적용하지 않음)에 유괴된 자(被拐者) 제국 외 이송의 점은 동법 제226조 제2항 제1항 제

55조(단 피고인 하루키치는 제55조를 적용하지 않음)에 각각 해당하므로 수단 결과의 관계로써 동법 제54조 제1항 후단 제10조에 따라 범죄 사정이 무거운 피유괴자 제국외 이송죄의 형에 따른다. 그리고 피고인 등의 행위는 공범으로서 동법 제60조를 적용하고 피고인 하루키치에게는 범죄 사정이 동정할 만한 점이 있으므로 동법 제66조 제71조 제68조 제3호에 따라 참작하여 감형을 하여 각 그 소정 형기 범위 내에서 피고인들을 주문 제1항 기재의 형을 정하여 처단하고 동법 제21조에 따라 원심의 미결 구류 일수의 일부를 주문 제2항 기재와 같이 각 그 본형에 산입한다. 피고인 하루키치는 범죄 사정을 보아 형의 집행을 유예하기에 상당하다고 인정됨으로 동법 제25조에 따라 본 재판확정 날로부터 3년간 형의 집행을 유예한다. 소송비용의 부담에 대해 형사소송법 제237조 제238조에 따라 피고인 등에게 주문하고 기록한 바와 같이 부담하도록 한다.

이에 주문과 같이 판결한다.

1936년 9월 28일

나가사키공소원 제1형사부

재판장 판사 이와무라 류호(岩村流芳)

판사 다카다 요시오(高田喜雄)

판사 시마무라 코지(島村廣治)

위는 등본이다.

1936년 10월 5일

나가사키공소원 제1형사부

재판소 서기 한다 신(半田親)

1936년(레)제3021호(昭和十一年(れ)第三〇二一號)

1937년 3월 5일 제4형사부 판결 기각

【상고인】 피고인 후지타 미노루(藤田稔) 외 6명

【변호인】 마츠나가 히가시(松永東), 아카이 유키오(赤井幸夫), 나카야마 이사오(中山伊佐男), 가와바타 히코지로(河鰭彦治郎), 야마자키 사로쿠(山崎佐六) 외 1명

【제1심】 나가사키(長崎) 지방재판소

【제2심】 나가사키공소원

◉ 판시 사항

유괴죄의 모의와 공동정범 – 상하이로 이송하는 것과 국외 유괴죄 또는 국외 이송죄의 성립 – 사람을 유괴해서 국외로 이송하는 경우의 법률 적용(擬律)

◉ 판결 요지

一. 국외 이송의 목적으로 사람을 유괴하고 그 유괴당한 자를 국외로 이송하는 것을 모의한 자는 그 실행 행위를 분담하지 않았을 때라 해도 국외 유괴 및 국외 이송죄의 공동정범인 형사책임을 져야 하는 것으로 함【요지 제1】.

二. 상하이에 이송할 목적으로 사람을 유괴하고 이를 해당 지역에 이송했을 때에는 즉시 국외 유괴죄 및 국외 이송죄가 성립해야 한다. 그리고 해당 지역에 제국 군대의 주둔 여부나 제국 재판권의 행사 여부는 범죄의 성립에 관계없는 것으로 한다【요지 제2】.

三. 국외 이송의 목적으로 사람을 유괴한 자가 그 피유괴자를 국외에 이송했을 때에는 그 유괴의 점에 형법 제226조 제1항, 이송의 점에 같은 조 제2항을 각 적용하고 그 사이에 수단 결과의 관계가 있는 것으로 같은 법 제54조 제1항 후단에 비추어 처단해야 하는 것으로 함【요지 제3】.

【참조】 형법 제226조 제국 외로 이송할 목적으로 사람을 약취 또는 유괴한 공동정범자는 2년 이상의 유기징역에 처함.

제국 외에 이송할 목적으로 사람을 매매하고 또는 피괴취자(被拐取者) 또는 피매자(被賣子)를 제국 외에 이송하는 자 역시 같음.

같은 법 제60조 2인 이상 공동으로 범죄를 실행한 자는 모두 정범(正犯)으로 함.

같은 법 제54조 1항 한 개의 행위로 여러 개의 죄명에 해당되거나 또는 범죄의 수단 또는 결과하는 행위로 다른 죄명에 해당할 때에는 그 가장 무거운 형으로써 처벌함.

◉ **사실**

제2심은 피고인 등이 부녀를 유괴해서 상하이에 이송하고 추업에 종사시킬 것을 모의한 위의 피고인 도미오(冨雄) 외 피고인 등이 그 모의에 기초하여 나가사키 지역에서 십 수 명의 여성(婦女)을 유괴하고 그를 상하이로 이송한 사실을 인정한다. 피고인 등을 모두 공동정범으로 판정하고 그 행위 중 유괴의 점에 대해서는 형법 제226조 제1항, 이송의 점에 대해서는 같은 조 제2항을 각 적용한다. 또한 양 행위 사이에 수단 결과의 관계가 있다고 인정하고 같은 법 제54조 제1항 후단에 비추어 처단한다.

◉ **주문**

본 건의 상고는 모두 기각한다.

◉ **이유**

피고인 무라카미 도미오(村上冨雄)의 변호인 마츠나가 히가시(松永東), 아카이 유키오(赤井幸夫)의 상고 취의서 제1점 원판결은 그 사실 이유로 피고인 무라카미 도미오 1930년 11월경부터 중화민국 상하이에서 그 고용에 관계된 부녀로 하여금 해당 지역에 주둔하는 제국 해군 군인을 고객으로 삼아 추업(醜業)에 종사하도록 하고 있던 자이다. 1932년 1월 이른바 상하이 사변의 발발로 인하여 다수의 제국 해군 군인의 주둔을 보기에 이르렀다. 이로써 해군 지정 위안소라는 명칭하에 종래의 영업을 확장하고자 하여 이전부터 서로 알고 지내던 고(故) 가지와라 이키치(梶原伊吉)에게 그 의도를 말하고 가지와라의 소개에 의해 같은 해 3월 7일경 상하이 원로(文路) 강성여관(江星旅館)에서 피고인 미노루(稔), 야스타로(安太郎) 두 사람과 면담하고 앞에서 말한 기도를 꾀하여 찬동을 얻었다. 이에 피고인 도미오가 가옥, 기타의 설비를 제공하고 이키치 및 피고인 미노루 두 사람이 해당 영업소에서 추업에 종사할 일본 부녀를 일본 내지에서 고용해 이송하는 것을 담당하였다. 피고인 야스타로는 고용자금을 공급할 것을 약속함과 동시에 부녀를 고용할 때는 오로지 추업에 종사하게 된다는 정보를 비밀로 하고 단순히 여급 또는 조츄(女中)로 고용하는 것처럼 기망하여 권유하고 유혹해서 상하이에 이송하자는 것을 협의했다. 이키치도 즉각 이에 찬동함과 동시에 야스타로 등의 뜻을 받아 나가사키시에 있는 피고인 야스타로의 아내인 피고인 유키노에게 위의 협의 내용을 통지해 고용하도록 요구했다. 유키노는 그 뜻을 미노루의 아내인 피고인 후지타 미키 및 피고인 나카다 조타로 두 사람에게 알림과 동시에 피고인 미키와는 그 실행을 두 사람이 분담한다는 내용으로 협의했다. 이어서 피고인 조타로와는 앞에서 말한 야스타로 등과 협의한 방법으로 고용한다는 것을 모의하고 다시 같은 달 14일에 피고인 야스타로가 나가사키시에 돌아오자마자 즉시 동 시내에 있는 그의 집에 고자부로(五三郎) 및 피고인 미키를 불러 고자부로 등 피고인 유키노 3명에게 앞에서 말한 상하이에서 협의한 결과를 말하면서 부녀 이송을 촉구하니 그들도 여기에 찬동했다. 이에 피고인 유키노는 같은 해 3월 하순경 피고인 하루키치, 도라토시 및 피고인 이치노스케의 4명에게, 또한 고자부로 및 피고인 미키는 같은 달 14일경 피고인 마츠시마 쇼지에게, 각각 야스타로 등과 협의한 앞의 방법으로 부녀를 유괴하게 하여 상하이에 있는 앞에서 말한 위안소에 이송할 것을 도모하고 피고인 하루키치, 쇼지 및 원심의 피고인 도라토시, 이치노스케가 여기에 모두 찬동했다. 따라서 제1 및 제7과 같이 점차 야마구치 키쿠에 이하 부녀 15명을 나가사키에서 승선하도록 하여 유괴하고 모두 상하이에 상륙함으로써 그녀들을 제국 외에 이송한 것으로 판시하여 형법 제226조 제1, 2항, 제55조, 60조 등을 적용하여 유죄 언도를 하였으나 위 사실 이유에 의하면 상고인 무라카미 도미오는 상하이에 있는 판시의 영업을 하고 있고, 일본 국내에서 부녀를 고용할 것을 협의하는 데에 그치고 판시 부녀를 판시한 수속으로 상하이에 보낸 모든 사항에는 전혀 관여하지 않았는 즉, 이키치, 유키노, 미키 기타의 자들이 점차 서로 모의하여 판시와 같은 수단으로 판시 부녀를 상하이에 보낸 사실에 대해서는 전혀 그 실행에 관여하지 않았을 뿐만 아니라 이에 관해 의식이 없었다는 것으로서 그 공동정범이라고 단정할 수 없다. 이에 관한 기록을 열람할 때 상고인은 당국의 인허를 얻어 상하이에서 오랫동안 판시 영업을 경영하고 있었던 것에 관해 해당 지역의 형세와 그 확장을 요하기에 이르렀으므로 판시 이키치 등에 그 협의를 하는데 그침으로써 그때 판시와 같은 감언을 사용하여 부녀를 유괴하는 것도 모의하지 않았다는 판시와 같은 수단으로 판시 부녀를 기망하는 것은 모두 현실 나가사키현

하의 부녀의 고용에 종사하는 등이 한 일이 된다. 따라서 원판결이 앞에 보인 바와 같이 상고인 도미오도 판시 부녀 유괴 해외 이송죄의 공동정범이 되다는 앞에 보인 법조를 적용하여 유죄를 언도하는 것은 사실 오인이라는 것이 뚜렷한 이유가 되므로 이점에서 파기를 면할 수 없다고 믿어진다고 말하고 있다. 그러나 소위 판시사실은 원판결이 제시한 증거에 따라 그 인정하는 데 충분하다. 기록을 조사해도 원심의 사실 인정에 중대한 오류가 있는 것을 의심해야 할 뚜렷한 사유가 없을 뿐만 아니라 무릇 국외 이송죄 국외 유괴죄는 제국 외에 이송할 목적으로 사람을 유괴함에 따라서 성립하고 또 국외 이송죄는 피유괴자를 제국 외에 이송했을 때에 성립하는 것으로 그 피유괴자가 몇 명인지는 물을 바가 아니다. 그럼에도 불구하고 제국외에 이송할 목적으로

【요지 제1】 사람을 유괴하고 그 피유괴자를 제국 외에 이송하는 것을 모의한 이상 그 참가한 자의 일부가 그 모의에 기초하여 피유죄자를 물색하고 유괴하여 국외에 이송하고 그 나머지 자는 그 실행 행위에 전혀 관여하지 않았다 하더라도 그 실행 행위에 관여하지 않은 자도 역시 이에 따라 자기의 범의를 실현한 결과가 된다. 따라서 국외 유괴 및 국외 이송죄의 공동정범인 형책(刑責)을 부담해야 하는 것은 당연하다고 할 수 있다. 따라서 본 건의 피고인 도미오가 피고인들과 추업에 종사해야하는 부녀를 유괴해서 상하이에 이송시키는 것을 모의하고 그 결과 피고인 등이 나가사키 지방에서 야마구치 키쿠에 외 십 수 명의 부녀를 유괴하여 상하이에 이송한 것이 원판결 인정과 같은 이상 법령에 따라 피고인 도미오가 위 범죄의 실행 행위에 전연 관여하지 않아 그 공동정범으로서의 죄책을 면할 수 없는 것은 물론이다. 원심이 그 판결과 같이 의율(擬律)에 따라 피고인 등을 처단하는 것은 상당함으로 논지는 이유가 없다.

동 제3점 원판결은 상고인 등의 행위로 제국 외 이송의 목적으로 부녀를 유괴하여 또 그를 제국외에 이송시킴으로써 형법 제226조를 적용 처단했다. 그러나 당시 상하이는 우리 제국 군대가 주둔하고 우리 재판권 및 경찰권이 미치는 장소인즉 우리 주권이 미치는 장소로서 토지는 비록 중화민국에 속하고 있어도 이 장소에 사람을 이송하는 것은 형법 제226조에 소위 제국 외에 이송하는 것이라고 할 수 없다고 믿는다. 과연 그러한 것을 원판결은 부당하게 법률을 적용하여 위법인 점이 있다고 해도 유괴지에 대한 형법 제226조에 특별 규정을 둘 이유는 필경 국정이 다르고 귀환하기 쉽지 않은 다른 나라에 피유괴자를 이송하고 또는 이송할 목적인 것과 같은 것은 보통의 유괴 행위에 비해서 정상이 가볍다고 할 수 없다. 따라서 물론 그 다른 나라에 제국 군대가 주둔하든 아니든 우리 재판권 및 경찰권이 행사되든

【요지 제2】 아니든 따지지 않는다. 따라서 피고인 등이 지나 영토인 상하이에 이송할 목적으로

부녀를 유괴하고 해당 지역에 이송한 것은 원판결이 인정하는 것과 같은 이상, 전기 법조의 적용해야하는 것은 당연함으로 원판결은 논의한 바와 같이 위법이 없음으로 논지는 이유 없다.

동 제6점 원판결은 그 법률 이유 중 "피고인 등이 행위 중 유괴의 점은 형법 제226조 제1항, 제55조에 피유괴자 제국 외 이송의 점은 동법 제226조 제2항 제1항, 제55조에 각 해당하는 바 위는 수단 결과에 관계가 있으므로 동법 제54조 제1항 후단 제10조에 따라 범죄가 무거운 피유괴자 제국 외 이송죄의 형에 따라 운운 처단"한다고 말하였다. 그럼에도 제국 외에 이송할 목적으로 사람을 약취 또는 유괴한 자는 그 피유괴자를 제국 외에 이송한 경우에는 그 후단의 행위는 그 전단의 행위의 당연한 결과로서 따로 다른 죄를 구성하지 않는다. 무릇 타인의 물건을 절취한 자가 그 목적물을 처분해도 별개로 횡령죄를 구성하지 않고 그것을 다른 곳에 운반해도 장물죄를 구성하지 않는 것과 다를 바 없는 것이다. 따라서 원판결이 앞에 보인 바와 같이 형법 제226조 제2항을 모두 적용 처단하는 것은 위법으로 파기를 면할 수 없다고 믿는다고 말할 수 있어도

형법 제226조 제1항의 국외 유괴죄는 제국 외에 이송할 목적으로 사람을 유괴하는 것에 의해 성립하고 반드시 그 피유괴자를 제국 외에 이송할 것을 요하는 것은 아니다. 또 같은 조 제2항의 국외 이송죄는 단지 같은 법 제224조 내지 제226조 제1항의 피유괴자 또는 피해자를 제국 외에 이송하는 것에 의해 성립하고 이송자 스스로 사람을 유괴하거나 매매하는 것을 필요로 하지 않는다. 따라서 양자는 각각 구성 요건을 다르게 하고 있다고 말할 수 없다. 따라서 제국 외에 이송할 목적으로 사람을 유괴하는 자가 그 피유괴자를 제국 외에

【요지 제3】 이송하는 것은 그 행위 중 유괴의 점은 앞에 제시한 제226조 제1항에 이송의 점은 같은 조 제2항에 각 해당하고 무릇 이 양 행위 사이에는 수단 결과의 관계가 있음으로 같은 법 제54조 제1항 후단 제10조를 적용해야 한다고 해석한다. 원심이 그 판시한 바와 같이 의율에 따라 피고인을 처단하는 것은 상당하다고 인정되므로 논지는 이유가 없다(기타 상고 논지 및 판결 이유는 이를 생략함).

이상의 이유에 따라 형사소송법 제446조에 따라 주문과 같이 판결한다.

검사 도쿠에 하루노스케(德江治之助) 관여

Ⅳ. 원문 자료

Ⅰ. 국외 이송유괴 사건 관계 형사판결문

Ⅰ-1. 다롄 유괴 사건

Ⅰ-2. 하얼빈 유괴 사건

Ⅰ-3. 만주국 유괴 사건

Ⅰ-4. 만주 펑톈 유괴 사건(1)

Ⅰ-5. 만주 펑톈 유괴 사건(2)

Ⅰ-6. 만주 옌지 유괴 사건

Ⅰ-7. 만주 및 중국 중부 방면 유괴 사건

Ⅰ-8. 만주 펑톈, 안동 유괴 사건

Ⅰ-9. 싱가포르 유괴 사건

Ⅰ-10. 만주 아청 유괴 사건

I-1. 다렌 유괴 사건

1935년형공공제142호(昭和十年刑控公第一四二號)

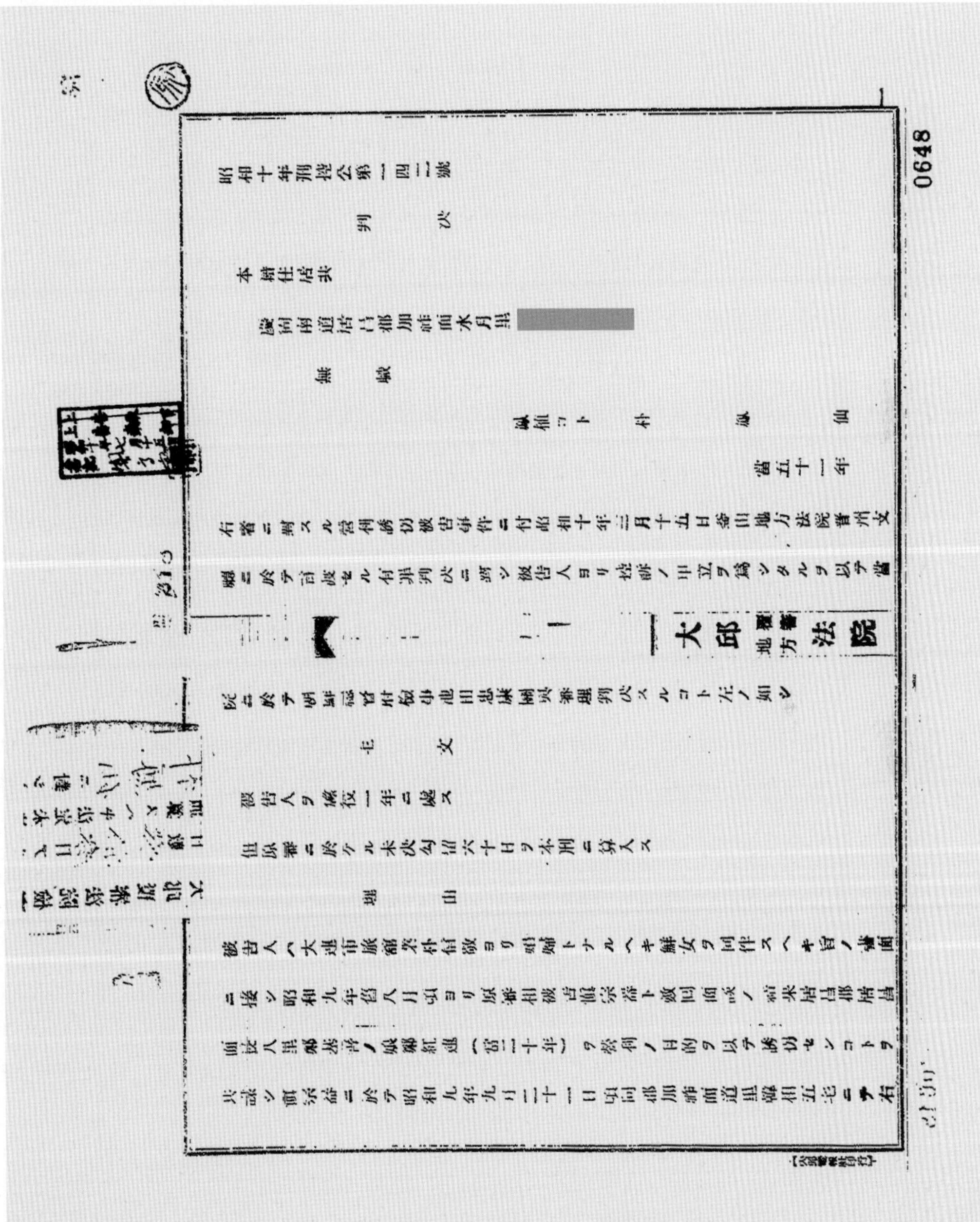

昭和十年刑控公第一四二號

判　　決

本籍住居共

慶尚南道居昌郡加北面水月里

無　職

通稱マト

朴　　仙

當五十一年

右者ニ對スル營利誘拐被告事件ニ付昭和十年三月十五日釜山地方法院晋州支廳ニ於テ言渡セル有罪判決ニ對シ被告人ヨリ控訴ノ申立ヲ爲シタルヲ以テ當院ニ於テ朝鮮總督府檢事北川忠雄關與審理判決スルコト左ノ如シ

大邱覆審法院

主　　文

被告人ヲ懲役一年ニ處ス

但原審ニ於ケル未決勾留日數六十日ヲ本刑ニ算入ス

理　　由

被告人ハ大邱府東雲町朴信敬ヨリ婚姻トナルヘキ婦女ヲ周旋スヘキ旨ノ請囑ニ接シ昭和九年陰八月頃ヨリ原審相被告人崔宗浩ト數回面談ノ結果居昌郡加北面面長八里鄭某ノ娘鄭紅連（當二十年）ヲ營利ノ目的ヲ以テ誘拐センコトヲ共謀シ直浩ニ於テ昭和九年九月二十一日頃同郡加北面道里鄭相五宅ニテ右

0648

鄭基善ニ面會ノ上紅蓮ヲ目下大阪市帽子工場ニ通勤シ相當蓄財ヲ有シ前途アル居昌郡北上面葛溪里林某ニ嫁セシムヘシト詐言誘惑シ同人ヲシテ其ノ旨誤信セシメテ其婚姻ヲ承諾セシメタル上同月二十八日居昌邑ヨリ右紅蓮ト共ニ出發シ被告朴鳳仙ハ豫テノ打合ニ從ヒ居昌郡月川面某酒幕前ニテ右鄭宗器及鄭紅蓮ノ来レル自動車ニ乗込ミ共ニ金泉驛ニ至リ同所ヨリ仁川ヲ經由シ同年十月二十五日大連市大黒町京城旅館ニ到リ鄭紅蓮ヲ誘拐シタルモノナリ

證據ニ付テハ檢事ノ被疑者朴鳳仙第二回訊問調書ニ記載第四號ハ私ノ娘瑛石ノ抱主朴信敏發ノ手紙ニシテ私カ大連ニ行キシ際大連テ娼妓稼ヲ希望スル女ニ二人居昌ニ居ル旨ヲ朴信敏ニ話シタルコトアリシニヨリ同人ヨリ其ノ娘ヲ大

大邱覆審法院
地方法院

連ニ同伴シ来ヒトノ依頼状ナル旨ノ朴鳳仙ノ供述記載右證第四號ノ記載内容被告人鄭宗器ニ對スル豫審調書ニ昭和九年舊八月頃居昌郡加祚面馬山里路上ニテ被告人朴鳳仙ヨリ大連ニ女ヲ連行スレハ相當利益アリトノ話アリ女ヲ連レ行キ利益ヲ折半スルコトニシ自分ハ大連ノ土地不案内故朴鳳仙カ同行スルコトニ數回會合ノ結果話纏マリタルカ女ヲ見出スニ付テ朴和春ニ女一人探シ吳レト頼ミ置キシ所同人カ鄭基善方ニ出戻娘ノアルコトヲ知ラセ吳レタリ故仍朴和春ヲシテ咸陽郡安義ノ林某カ大阪ノ帽子工場ニ通ヒ相當ノ蓄財アリ立派ナル人物ナルカ嫁ヲ搜シ居ルニヨリ鄭紅蓮ヲ結婚サセテハ如何ト鄭基善ニ交渉セシメタルニ果シテ自分ニ會ヒ度ヒトノ口吻ニテ鄭基善ノ親族韓相五方

0650

二

ニ昭和九年九月二十一日鄭基善カ來リ自分ト交渉シ婚姻支度料名義テ金三十
圓ヲ鄭基善ニ交付スヘク朴和春ニ交付シタリ同年九月二十六日鄭紅連ヲ家ヨ
リ連出シ居昌邑ニテ二泊シ同月二十八日同邑ヲ出發シ途中打合セノ場所則居昌
郡月川面酒幕ニテ朴鳳仙カ自動車ニ乘込ミ共ニ出發シ同月三十日大連ニ
到着シ直チニ朴信敬方ニ行キシカ鄭基善ノ娼妓稼承諾書ナカリシ爲紅連ヲ娼
妓ニ爲スコト出來サリシ旨ノ供述記載鄭基善ノ告訴補充調書ニ同人ノ供述ト
シテ昭和九年舊八月八日居昌郡加祚面道里朴和春ヲ訪ネシ所娘紅連ヲ內地居
住中ノ林某ニ嫁セシメテハ如何カ林某ノ事ハ愼宗器カ良ク知リ居ルトノ話故
酉八月九日愼宗器ノ部落ニ自分妹婿韓相五カ居住シ居ルノテ同家ニテ愼宗器

大邱地方法院 覆審

ト面會シタルニ同人ハ居昌郡北上面葛溪里ノ者テ大阪ノ帽子工場ニ勤メ蓄財
アリ立派ナル人物ナルカ自分ノ所ニ數回嫁ヲ世話シ吳レト賴ミ居ルカ姓ハ林
某タカ汝ノ娘鄭紅連ヲ妥合セテハ如何カト申セシ故承諾シタリ同月十八日自
分ハ娘ヲ居昌邑ニ同行シ愼學道旅館ニ參リシ所愼宗器ハ內地渡航ニ必要タト
テ自分ヨリ戶籍謄本印鑑證明ヲ受取リ同月二十日居昌ヨリ自動車ニテ金泉ニ
向ヒ出發セリ然ルニ舊八月末愼宗器カ突然自分方ニ來リ娘ハ無事大阪ニ着ヒ
タカト尋ネシニ釜山ニテ渡航出來ス娘ヲ飯代ノ擔保ニ釜山府草梁町京城旅館
ニ預ケアルトノ事ナリシカ最近娘カ大連ヨリ手紙ヲ寄越シ初メテ欺カレ居タ
ルコトニ氣付[illegible]ノ記載當法廷ニ於ケル被告人朴鳳仙ノ兼テノ約束ノ通リ判

三

0651

【大邱警報社印行】

示日居昌郡月川面ニテ前記宗命及鄭紅蓮ノ乘レル自動車ニ乘込ミ仁川ヨリ大連ニ向ヒ出發セシカ前記宗命ハ渡航ノ便宜上自分ノ夫金永基ヲ名乘リ居タリ大連ニ着シ先朴信敬方ニ至リ夫レヨリ大連市大黒町京城旅館ニ至リシカ同館ニテ前記宗命カ一先朝鮮ニ歸リ更ニ大連引返ス迄右鄭紅蓮ノ監視ヲ頼マレ同旅館ニ逗留シ居タル旨ノ供述ヲ綜合考覈セハ判示犯罪ノ證明十分ナリ

法ニ照スニ被告人ノ所爲ハ刑法第二百二十五條ニ該當スルヲ以テ所定刑期範圍内ニ於テ被告人ヲ懲役一年ニ處スヘク同法第二十一條ニヨリ原審未決勾留ノ一部ヲ本刑ニ算入スヘキモノトス

仍テ主文ノ如ク判決ス

被告人ノ控訴ハ理由ナシ

昭和十年五月七日

大邱覆審法院刑事第一部

裁判長朝鮮總督府判事 鏡一

朝鮮總督府判事

朝鮮總督府判事

大邱覆審法院 四

0652

昭和十年刑上第七八號

判決

本籍並住居 慶尙南道居昌郡加祚面道里

無職 朴鳳權コト 朴鳳仙

當五十一年

右ノ者ニ對スル營利誘拐被告事件ニ付昭和十年五月七日大邱覆審法院ノ言渡シタル判決ニ對シ被告人ヨリ上告ノ申立アリタルニヨリ當院ハ朝鮮總督府檢事佐々木日出男關與判決スルコト左ノ如シ

主文

本件上告及附帶上告ハ孰レモ之ヲ棄却ス

朝鮮總督府裁判所

理由

被告人上告趣意ハ被告人ハ昭和九年陰八月二十日頃滿州國錦州ニ居ル二女金妙福ノ處ヘ行クヘク居昌邑内ニ於テ乘車シタルニ愼宗益カ婦女紅蓮ヲ連レテ同車ニ乘リタル被告人ト右愼宗益トハ遠族知面ノ人ナルカ婦女紅蓮ハ初對面ナリシ故被告人ハ愼宗益ニ對シ彼女ハ誰ナリヤト問ヒタルニ愼宗益曰ク「私モ滿州國カヨイト思ヒ今度新ニ婦女紅蓮ヲ連リ二人ニテ貴殿ノ行ク處迄テ先ツ行ツテ見タシ」トノコトニテ始メテ被告人ハ愼宗益夫婦カ一緒ニ旅行同伴中ト知リタリ旅行數日後大連ニ着シ先ツ被告人ノ知人大連市以下不詳朴勝敏方ヘ行キタルカ右朴勝敏カ愼宗益ニ對シ婦女紅蓮ハ其ノ父母ノ同意ヲ得テ滿州國ニ來タリシカト問ヒ愼宗益ハ何

0653

力恐ヲ感シタル如ク朴勝敏方ヲ離レ大連市京城旅館ニ至リ被告人ニ對シ「私ハ歸鮮シテ鄭女紅蓮ノ父母ノ同意書ヲ貰來ル故其ノ間約十五日位要スルト思フカ彼女ヲ旅ニ獨リ居ラシムルコトハ危險ナルニ付貴殿カ一緒ニ居ツテ呉レ其ノ恩ハ一生忘レヌ」ト哀願シ尚ホ同日右旅館ノ主人氏名不詳及當地勤務ノ白刑事モ此ノ愼宗基ノ哀願ヲ目撃シテ被告人ニ對シ「愼宗基ハ歸鮮已ムヲ得ヌ故貴殿ハ郷里ノ人ノ事故少シク面倒ヲ見テ遣レ」ト云フ故人情上仕方ナク之レニ應シ被告人ハ鄭女紅蓮ト一緒ニ右旅館ニ居リタルノミニシテ本件ハ事實上被告人ニ何等ノ關係ナキコトハ以上ノ如クナルニモ拘ラス愼宗基ノ虚僞陳述ノミヲ信シ被告人ニ實刑ノ言渡アリタルハ實ニ冤罪ナル次第ナリサレハ鄭女紅蓮ト大連市京城旅館主人

朝鮮總督府裁判所

及當地勤務ノ白刑事ニ對シ本件ノ眞相ヲ御調査ノ上無罪ノ御判決ヲ乞フト謂フニ在リ

然レトモ原判決舉示ノ證據ニ依レハ本件犯行ハ優ニ之ヲ認メ得ヘク記錄ヲ精査スルモ原判決ニ重大ナル事實ノ誤認アルコトヲ疑フニ足ルヘキ顯著ナル事由ナキヲ以テ論旨ハ理由ナシ

高等法院檢事長笠井健太郎附帶上告趣意ハ右頭書被告事件ニ對スル原判決ハ被告人カ被害者鄭紅蓮ヲ誘拐シテ關東州大連ニ移送シタル事實ヲ認定シナカラ刑法第二百二十五條ヲ適用處斷シタリ關東州ハ帝國ノ租借地ニシテ帝國ノ主權ノ行ハルルコト帝國ノ領土ト異ルコトナシト雖之ヲ以テ直ニ帝國ノ領土ナリト論斷スルヲ得サルコト勿論ナルヲ以テ人ヲ誘拐

0654

シテ此ノ地ニ移送シタル行爲ハ刑法第二百二十六條ノ罪ヲ構成スルモノト思料ス即チ原判決ハ法律ノ適用ヲ誤リタルモノナルヲ以テ之ヲ破毀シ相當ノ判決相成度シト謂フニ在リ

然レトモ刑法第二百二十六條ニ於テ帝國外ニ移送スル目的ヲ以テスル略取、誘拐、賣買及被拐取者被賣者ノ帝國外移送ノ犯罪ヲ以テ一般略取誘拐ノ犯罪ヨリモ重シト爲シタルハ一ニ帝國外ニ於テハ我カ統治權及ハサルカ故ニ被害者ノ蒙ムルヘキ危險一層大ナリト爲シタルニ由ル而シテ租借地タル關東州ニハ現在帝國ノ統治權及ハス專ラ帝國統治權ノ行ハルルコト帝國ノ他ノ領域ト毫モ異ルコトナキヲ以テ關東州ハ右法條所謂帝國外ニ該當セサルモノト解スヘキモノトス果シテ然ラハ原審カ鄭紅蓮

朝鮮總督府裁判所

ヲ營利ノ目的ヲ以テ關東州大連ニ誘拐シタル被告人ノ行爲ニ對シ刑法第二百二十六條ヲ適用スルコトナク同法第二百二十五條ニ問擬シタルハ正當ニシテ論旨ハ理由ナシ

仍テ本件上告及附帶上告ヲ理由ナシトシ刑事訴訟法第四百四十六條ニ則リ主文ノ如ク判決ス

昭和十年七月十五日

高等法院刑事部

裁判長朝鮮總督府判事

朝鮮總督府判事

0655

朝鮮總督府判事　五井節藏

朝鮮總督府判事　阿部關一

朝鮮總督府判事　脇鐵一

右謄本也

同日於同廳

朝鮮總督府裁判所書記　秦亘

朝鮮總督府裁判所

0656

I-2. 하얼빈 유괴 사건

1936년형공합제3호(昭和十一年刑公合第三號)

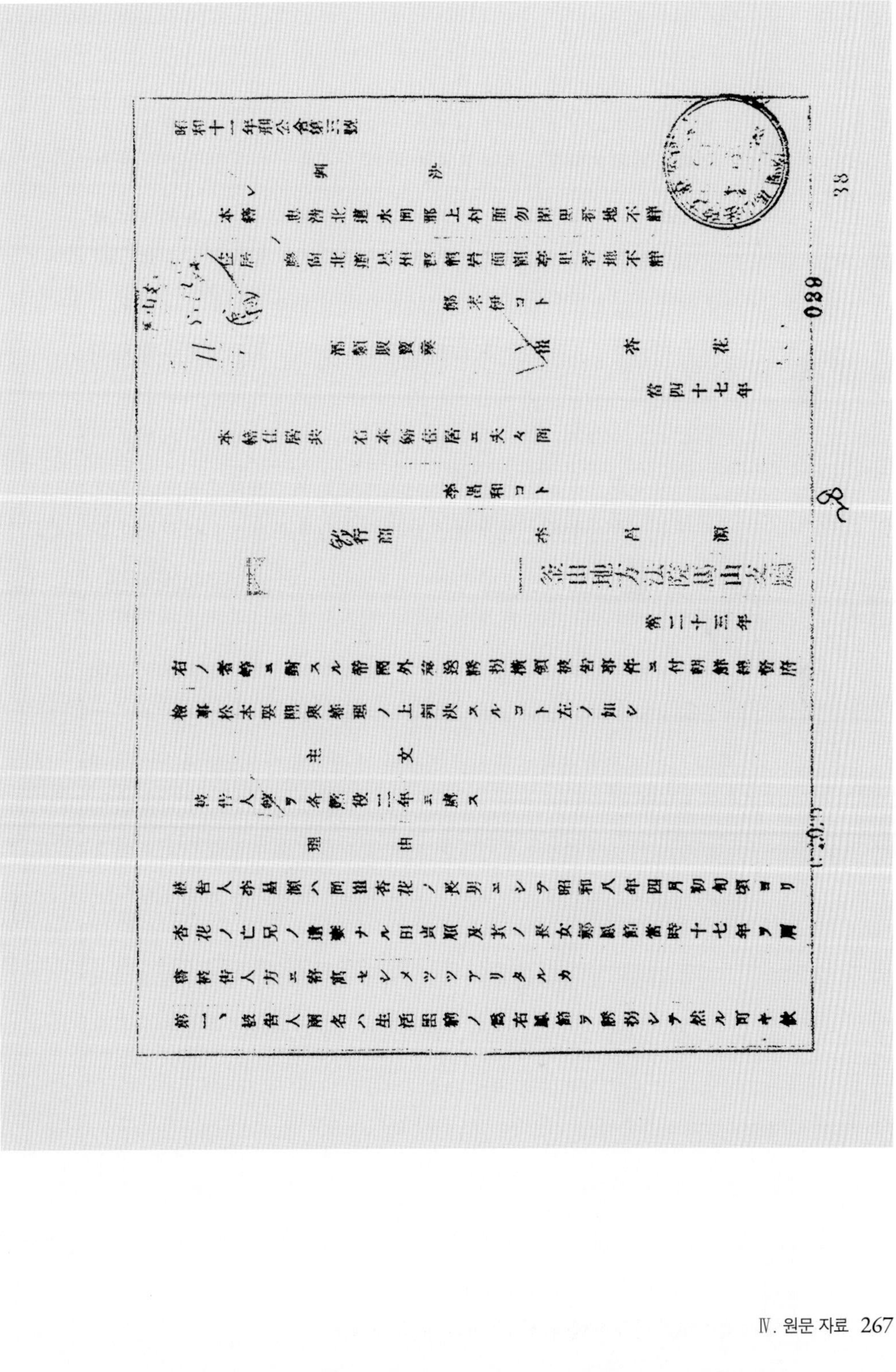

昭和十一年刑公合第三號

判決

本籍 忠清北道永同郡上村面勿閑里番地不詳

住居 慶尚北道星州郡鶴岩面鶴亭里番地不詳

酒類販賣業 鄭末伊コト 鄭杏花 當四十七年

本籍住居共 右本籍住居ニ夫々同

行商 李昌和コト 李昌源 當二十三年

釜山地方法院馬山支廳

右ノ者等ニ對スル帶國外移送誘拐横領被告事件ニ付朝鮮總督府

檢事松本要關與審理ノ上判決スルコト左ノ如シ

主文

被告人等ヲ各懲役二年ニ處ス

理由

被告人李昌源ハ同被杏花ノ長男ニシテ昭和八年四月初旬頃ヨリ

杏花ノ亡兄ノ遺妻ナル田貴順及其ノ長女鄭鳳節當時十七年ヲ用

審被告人方ニ寄寓セシメツツアリタルカ

第一、被告人兩名ハ生活困窮ノ爲右鳳節ヲ誘拐シテ然ル可キ飲食店ノ酌婦トナシ利ヲ得ムコトヲ企テ共謀ノ上同月中旬頃（日不詳）貞順及鳳節ニ對シ興旅ヲ釜山ノ紡績工場ニ女工トシテ世話シ遣ル旨甘言ヲ申向ケテ同人等ヲ右勝誘ニ應セシメ被告人昌源ニ於テ其ノ與ノ夜鳳節ヲ佐屋地帯陸ヨリ誘メ旅方ヲ依頼シアリタル咸安郡内昌四丁目同鄉知介李鎭守方ニ連行シ誘拐シタルトコロ被告人昌源守ヨリ滿洲國哈爾賓道裡一面街二十四號料理店營業朴某方ニ前借金百圓ニテ周旋シ得ル口アル旨ヲ以テ鳳節ヲ之ニ對シ同方從順ナサレタル偽飾モ之ヲ容レ同女ヲ帝國外ナル前記場所ニ移送スル目的ヲ以テ依然同女ノ誘拐ヲ繼續シ以テ同目的ニ依ル誘拐ヲ遂ケ而シテ翌日一旦同被告人ノミ密陽ニ歸來被告人杏花ニ其ノ旨報告シ同人ニ於テモ之ニ同意シ依テ直ニ右ニ要スル諸費類ヲ作成ノ上其ノ翌日被告人兩名同道再ヒ出發前記李鎭守方ニ赴キ鳳節ヲ同人ニ引渡シテ之ヲ渡滿セシメ

釜山地方法院馬山支廳

第二、(イ)同月中被告人昌源ハ右鳳節ノ前借金トシテ受領シタル金百圓中金三十圓ヲ諸費用トシテ差引キ殘額金七十圓ヲ田貞順ニ授與シタル上改メテ其ノ中ヨリ同人ノ依頼ニヨリ金三十圓ヲ保管シタルカ其ノ頃之ヲ場所不詳被告人住居方ニ於テ擅ニ自己ノ用途ニ費消横領シ

(ロ)更ニ犯意繼續ノ下ニ於テ貞順ヨリ保管ヲ托サレ同被告人ニ於テ占有中ナリシ貞順所有食器類十二點時價約四圓ヲ前同様

030 39

其ノ賣付ニ仲ニ賣却様無シ
第三、被告人李花モ亦貞順ヨリ受ケ居ル中ナリシ衣類敷蒲時價約
四圓ヲ其ノ寳管ニ自己ノ用途ニ使用消費シタルモノナリ
證據ヲ按スルニ以上ノ判示事實中判示第一田貞順及其ノ長女貞鳳
爲カ判示誘拐ニヨリ被告人方ニ寄寓スルニ到リシコトハ被告人李
花ノ當公廷ニ於ケル其ノ旨ノ供述ニヨリ明ニシテ被告人等カ共謀
ノ上營利外移送ノ目的ノ下ニ判示ノ如ク貞鳳ヲ誘拐シタル點ハ被
告人等ニ對スル各檢事第一回訊問調書中ノ判示共謀ノ點ヲ除ク其
ノ餘ノ判示同旨被告人呂淑ニ對スル司法警察官事務取扱第一回訊
問調書中ノ自分ハ當時貧困ノ餘貞鳳ヲ自分ノ母李花等ト相談ノ

釜山地方法院馬山支廳

上料理屋ノ酌婦トナシタル旨ノ各自供記載證人田貞順ニ對スル司
法警察官事務取扱又ハ訊問調書中ノ被告人兩名ハ共謀ノ上自分及長
女貞鳳ニハ貞鳳ヲ釜山鐵絲工場ニ女工トシテ世話スル旨申シ欺
キ貞鳳ヲ誘拐シテ滿洲ノ料理屋酌婦ニ前借金百圓ニテ身賣リ爲サ
シメタルモノニシテ證人ハ貞鳳モ全ク被告人等ノ言ノ如ク釜山ノ
女工トシテ貞鳳ヲ世話シ貰ヘルモノト思ヒ居タル旨ノ供述記載ヲ
綜合シテ之ヲ認メ判示第二、第三ノ各横領ノ點ハ被告人等ノ當公
廷ニ於ケル各判示同旨ノ自供證人田貞順ニ對スル前顯訊問調書中
ノ自分ハ被告人等方ニ寄寓スルニ際リ被告人等ニ預ケタル食器衣
類等ヲ同人等ノ爲ニ横領セラレ又貞鳳ノ釜山ゴム工場就職ニヨリ

031 40

稱タル金ナリト貼フ金百圓中ヨリ被告人昌源ニ保管方依頼シタル金員ヲ被告人等カ徒ニ費消シタル旨ノ供述記載ヲ綜合シテ之ヲ認ム

サレハ判示事實ハ何レモ其ノ證明アルモノトス

法律ニ照スニ被告人等ノ判示所爲中帝國外移送ノ目的ニヨル誘拐ノ點ハ各刑法第二百二十六條第一項第六十條ニ、横領ノ點ハ夫々同法第二百五十二條第一項（同被告人昌源ニ付テハ更ニ第五十五條）ニ各該當スルトコロ右兩者ハ同法第四十五條ノ併合罪ノ關係ナルヲ以テ同法第四十七條本文第十條第十四條ニ則リ夫々重キ誘拐ノ罪ニ付併合加重ヲ爲シ（但シ同法第四十七條但書ノ制限ニ從フ）タル刑期範圍内ニ於テ被告人等ヲ各懲役二年ニ處スヘキモノトス

釜山地方法院馬山支廳

本件公訴事實中被告人杏花カ田貞順ヨリ保管中ノ食器ヲ横領シタリトノ點ハ同被告人トノ關係ニ於テハ之ヲ認ムヘキ證明ナキモ右ハ前記認定ニ係ル同被告人ノ衣類横領ノ事實ト連續犯ノ關係ニ在リトシテ起訴サレタリト認ムヘキヲ以テ主文ニ於テ特ニ無罪ノ言渡ヲ爲サス

仍テ主文ノ如ク判決ス

昭和十一年五月七日

釜山地方法院馬山支廳刑事部

032 41

裁判長朝鮮總督府判事　武藤府之助

朝鮮總督府判事　三宅修一

朝鮮總督府判事　金又暻

釜山地方法院馬山支廳

右謄本也

昭和九年五月五日

釜山地方法院馬山支廳

朝鮮總督府裁判所書記　趙東紀

033

42

I-3. 만주국 유괴 사건

1939년형공제268호(昭和十四年刑公第二六八號)

昭和十四年四月十四日確定

230

裁判原本用紙 全州地方法院

昭和十四年刑公第二六八號

判決

本籍及住居 全羅北道完州郡九耳面斗峴里[ ]

農業 林日順

當三十七年

右者ニ對スル帝國外移送誘拐被告事件ニ付當院ハ朝鮮總督府檢事長谷川寬關與審理ヲ遂ケ判決ヲ爲スコト左ノ如シ

主文

被告人ヲ懲役一年六月ニ處ス

理由

被告人ハ昭和十四年一月中旬頃全州府八達町[ ]崔義奉ヨリ媒女ヲ滿洲國方面ノ娼妓若ハ酌婦ニ紹介セハ相當ノ利益アルニ付適當ノ婦女子ヲ斡旋セラレタキ旨申込マレ被告人ノ妻ノ兄タル金堤郡孔德面馬峴里[ ]朱洛煥ノ二女ニシテ一旦他ニ嫁シタルモ夫ノ死亡後實家ニ歸リ居タル朱玉禮當二十一年ニ想到シ同女ヲ誘拐シ滿洲國ニ移送セムコトヲ企テ同月二十八日右朱洛煥方ヲ訪レ同人ノ妻金德煥ニ對シ朱玉禮ヲ居里ノ獨身者ニ再嫁セシムルヤウ盡力スヘキニ付同女ヲ自己ニ一任セラレタシト申欺キ同日其ノ案内ニ依リ同女ノ當時ノ居所タル

裡里邑馬洞町金高陽方ニ赴キ同女ヲ連出シ卽時東裡里驛ヨリ汽車ニテ
全州ニ來リ同日ヨリ同月三十日迄完州郡雨田面石佛里金昌庵金善世華
方ニ宿泊セシメ置キ其ノ間ニ同女ニ對シ滿洲國ニ於テハ婦女子ト雖良
キ金儲アルニ付同國ニ出稼シテハ如何ト甘言ヲ弄シテ籠絡シ滿洲國ニ
於テ普通ノ屆女ト爲ルヘキコトヲ承諾セシメ一方同月三十日右朱洛煥
方ニ赴キ同人ニ對シ朱玉禮ハ既ニ素行不良トナリタル旨申欺キ同人ヨ
リ同女ノ措置ヲ委囑セラレタル上翌三十一日右金善世華方ニ戾リ衣類
ノ調製其ノ他滿洲國出稼ノ準備ノ爲ナリト稱シテ同女ヲ右崔巖泰方ニ
連行シ全州府內南昌旅館ニ一泊セシメ翌二月一日更ニ同府高砂町藝娼

全州地方法院

裁判原本用紙

妓紹介業築根早次ノ代理者朴泰煥方ニ誘致シ右朱玉禮ヲシテ右朴泰煥
ト身代金千圓ニテ滿洲國ニ於テ娼妓又ハ酌婦ヲ爲ス旨ノ契約ヲ締結セ
シメ依テ同女ヲ帝國外ニ移送スル目的ヲ以テ誘拐シタルモノナリ
證據ヲ案スルニ被告人ト判示朱玉禮トノ身分關係同女ノ經歷等ハ被告
人ノ當公廷ニ於ケル其ノ旨ノ供述ニ依リテ明ナリ而テ被告人カ判示目
的ヲ以テ同女ヲ誘拐シタリトノ點ハ被告人ノ當公廷ニ於ケル判示一月
二十八日判示金德煥ニ對シ判示ノ如ク申向ケ朱玉禮ノ居所タル判示金
高陽方ニ赴キ朱玉禮ニ對シ再嫁セシメ又ハ製糸工場ノ女工ニ世話スヘ
シト告ケテ同女ヲ誘出シ判示ノ如クシテ判示金善世華方ニ連レ來リ同

裁判原本用紙刑非ノ分 二

0327

月三十日迄三泊セシメタルカ同月二十九日ヨリ同女ヲ花柳界ニ賣飛シタキ悪意ヲ起シ判示崔義奉方ヲ訪レ朱玉禮ヲ滿洲方面ノ花柳界ニ世話セラレタキ旨ヲ依頼シテ歸リ同女ニ對シ滿洲方面ニ行キ飯炊キニ雇ハルレハ相當ノ收入アルヘシト告ケタル處同女ハ一應之ヲ承諾シタル上父親ノ諒解ヲ受ケテ貰ヒタシト申シタルニヨリ右朱洛煥方ニ至リ同人ニ對シ朱玉禮ハ田舍生活ヲ嫌ヒ花柳界ニ入リタキ意思ナル旨申シタルニ朱洛煥ハ斯様ナル娘ハ其ノ爲スカ儘ニ放置セヨト答ヘタルニヨリ同月三十一日朱玉禮ニ對シ判示ノ如ク申向ケテ崔義奉方ニ連レ行キ翌二月一日更ニ判示朴泰煥方ニ連レ行キ判示ノ如キ契約ヲ締結セシメタル

裁判原本用紙

全州地方法院

旨ノ供述、檢事ノ被告人ニ對スル第二回訊問調書中同人ノ供述トシテ朱玉禮ヲ連レ出ス約十五日前ニ全州府内市場附近ニ於テ崔義奉ニ邂逅シタル際同人ヨリ滿洲國ニ於テハ半月位テ朝鮮内ニ於ケル一月位ノ賃金ヲ得ルニ付適當ナル婦女ヲ斡旋セヨト依頼セラレ判示朱玉禮ヲ後日連行スヘク約束シテ歸宅シタルカ生業ニ追ハレ數日ヲ徒過シタル處崔義奉ヨリ二回ノ問合セ有リタルニヨリ其ノ數日後全州府八達町ナル同人方ヲ訪レタル處同人ヨリ同女ヲ連レ來レハ顔次第ニテ幾何テモ出金スヘキ旨言聞カサレ茲ニ於テ何トカシテ同女ヲ滿洲國ニ賣飛シ金儲セムト決意シ判示朱洛煥ニ對シ判示ノ如ク申向ケ

裁判原本用紙刑事ノ分 三

0328

朱玉禮ノ居所タル判示金高陽方ニ至リ朱玉禮ニ對シテ判示ノ如ク申向
ケ全州ニ連レ來リ更ニ判示金昌庵ニ連レ行キテ滯在セシメ滿洲國ニ行
ケハ朝鮮ニ於テハ一ケ月ニテモ得ラレサル金ヲ半月位ニテ得ラルル故
滿洲ニ行カサルヤト繰返シ繰返シ勸メタル處同女ハ遂ニ承諾シタル旨
ノ記載、檢事ノ被告人ニ對スル第三回訊問調書中同人ノ供述トシテ朱
玉禮ヲ連レテ判示朴泰煥ノ紹介所ニ行キ同人ニ朱玉禮ヲ見セ身代金千
圓ニテ同女ヲ滿洲ニ行カシムルコトニ話ヲ纏メ朴泰煥ハ女ニ仕度金ト
シテ百二十圓ヲ貸與シタル旨ノ記載、檢事ノ證人朱玉禮ニ對スル訊問
調書中同人ノ供述トシテ自分ハ判示經歷ニテ裡里ノ熊野某方ニ奉公中

昭和十三年陰十二月中旬頃ヨリ暇ヲ請ヒ判示金高陽方ニ休養シ居リシ
カ其ノ二日目ニ林日順ト實母金德煥カ參リ歸宅ヲ勸メタルヨリ三人シ
テ東裡里驛ニ向ヒ出發シタルニ其ノ途中母ハ家ニ歸リ林日順ト二人ト
ナリタルカ同人ハ自分ヲ再嫁セシメ若ハ製糸工場ノ女工ニ世話スヘキ
ニ付身上ヲ自分ニ一任セヨト申シタルヨリ同人ニ從ヒ判示ノ如クシテ
或寺ニ至リ同所ニ一泊シ其ノ翌朝九耳面ノ被告人ノ住居ニ行ク樣願ヒ
タルニ林日順ハ自宅ハ溫突カ一間ナルノミナラス妻子カ病臥中ニシテ
具合惡シキニ付當分此ノ寺ニ宿泊セヨト言ヒ殘シテ出掛ケタル爲同寺
ニ再泊シタルカ被告人ハ翌朝歸來シ滿洲國ニ行ケハ飯炊奉公ヲシテモ

 四

金儲良キニ付一緒ニ同國ニ出稼スヘシト云ヒタルヨリ之ヲ承諾シタル處同人ハ兩親ノ諒解ヲ得テ歸ルヘキニ付待チ居レト云ヒ出掛ケタルヨリ致方ナク同寺ニ三タヒ宿泊シタルカ被告人ハ翌日歸來シ「兩親モオ前ノ一身ヲ自分ニ任ストテ承諾シタレハ大丈夫ナリ就テハオ前ノ着物ヲ調製スヘシ」ト云ヒ自分ヲ連レ出シ全州府内氏名不詳者宅ニ案内シ其ノ主人ラシキ者ニ紹介シタル後同府内ノ或旅館ニ一泊セシメタリ然ルニ其ノ翌朝紹介所ノモノカ來リテ同人ノ案内ニヨリ或ル紹介所ニ行キタルニ其處ノ主人ハ先ツ衣類調製費ナリトテ金百二十圓ヲ交付シタルヲ以テ之ヲ被告人ニ渡シタルトコロ同人ハ衣類其ノ他ノ手廻品等ヲ注

文シテ呉レタル後同日正午頃手續整備ノ爲私ノ家ニ行クトテ出掛ケ自分ハ同紹介所ニ引續キ三泊シタル旨及自分ハ無智ニシテ滿洲國カ何處ヤモ知ラサル者ナルカマサカ姑母夫（被告人）カ自分ヲ金儲ニ賣飛ストハ夢ニモ想像セス同人ヲ信頼シ其ノ言ニ盲從シタルモノナル旨ノ記載及檢事ノ證人金德善ニ對スル訊問調書中同人ノ供述トシテ昭和十三年陰十二月中旬頃被告人カ自分方ヲ訪レ朱玉禮ヲ都會地ニ放置スルハ危險ナレハ早速連レ戻スヘシ若シ然ラサレハ自分カ連レ行キ適當ノ者ニ再嫁セシムヘキ旨眞面目ラシク忠告シタルニヨリ其ノ翌日同人ト二人ニテ朱玉禮ヲ連レ戻スヘク裡里ニ行キタルニ其ノ歸途被告人ハ一應

朱玉禮ヲ自分ニ任セテ歸宅セヨト云ヒシヲ以テ自分ハ其ノ好意ヲ謝シ
玉禮ニ對シ姑母夫（被告人）ニ從ヒ行キ陰ノ正月ニ歸ルヤウ命シ汽車
賃トシテ金四十錢ヲ與ヘ裡里市場附近ニ於テ同人等ト別レ獨リ歸宅シ
タルカ其ノ二、三日後被告人カ再ヒ訪レ來リ朱玉禮ハ全ク惡クナリ既
ニ普通ノ女ニハアラス致方ナキニ付連レ歸レト云ヒタル旨ノ記載ヲ綜
合シテ之ヲ認ムサレハ判示事實ハ其ノ證明十分ナリトス

法律ニ照スニ被告人ノ判示所爲ハ刑法第二百二十六條第一項ニ該當ス
ル處犯罪ノ情狀憫諒スヘキモノアルヲ以テ同法第六十六條第七十一條
第六十八條ニ則リ酌量減輕ヲ爲シタル刑期範圍內ニ於テ被告人ヲ懲役

裁判原本用紙

全州地方法院

一年六月ニ處スヘキモノトス

仍テ主文ノ如ク判決ス

昭和十四年四月十四日

全州地方法院刑事部

裁判長朝鮮總督府判事

朝鮮總督府判事

朝鮮總督府判事

裁判原本用紙刑事ノ分 六

0331

I-4. 만주 펑톈 유괴 사건(1)

1939년형공제849호(昭和十四年刑公第八四九號)

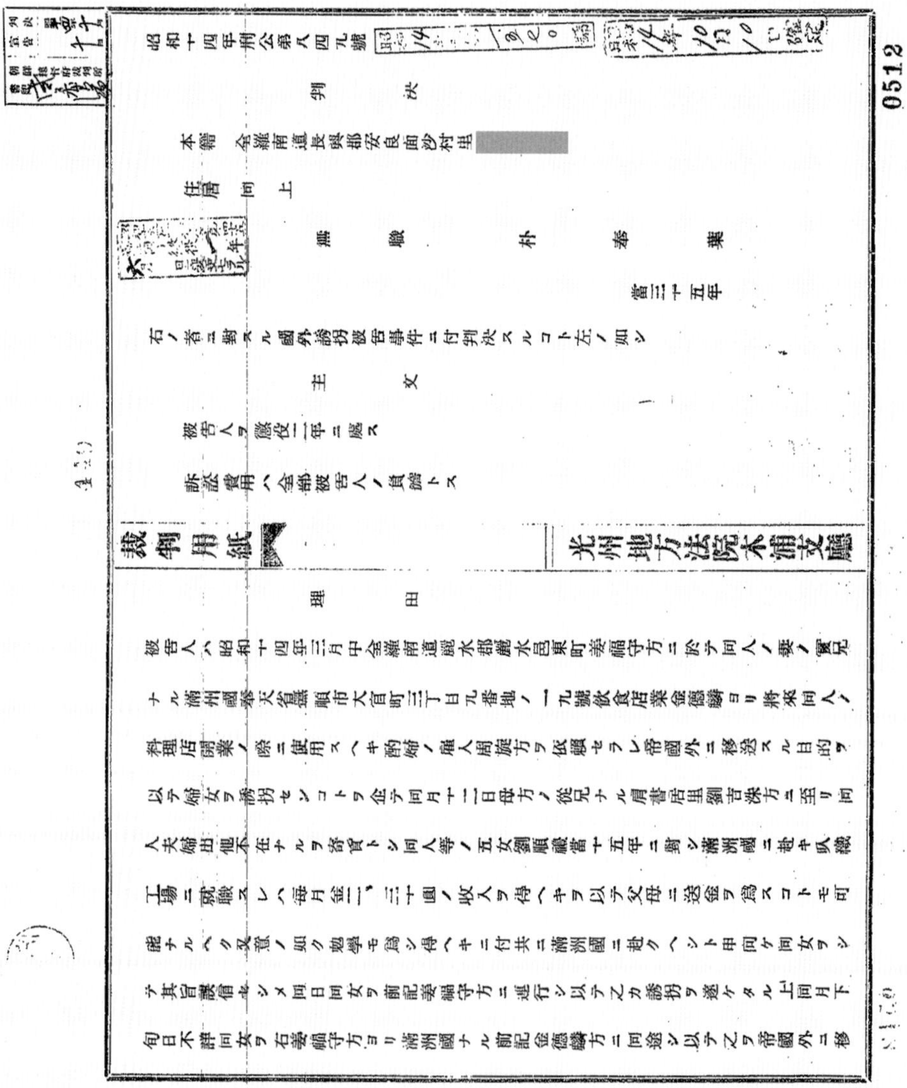

昭和十四年刑公第八四九號

判決

本籍 全羅南道長興郡安良面沙村里

住居 同上

無職 朴泰業

當三十五年

右ノ者ニ對スル國外誘拐被告事件ニ付判決スルコト左ノ如シ

主文

被告人ヲ懲役二年ニ處ス

訴訟費用ハ全部被告人ノ負擔トス

裁判用紙 光州地方法院木浦支廳

理由

被告人ハ昭和十四年三月中全羅南道麗水郡麗水邑東町姜福守方ニ於テ同人ノ妻ノ實兄ナル滿州國奉天省盤山縣市大官町三丁目九番地ノ一九號飲食店業金德麟ヨリ將來同人ノ料理店開業ノ際ニ使用スヘキ酌婦ノ雇人周旋方ヲ依賴セラレ帝國外ニ移送スル目的ヲ以テ婦女ヲ誘拐センコトヲ企テ同月十一日母方ノ從兄ナル肩書居住劉吉洙方ニ至リ同人夫婦出他不在ナルヲ奇貨トシ同人等ノ五女劉順龍當十五年ニ對シ滿洲國ニ赴キ紡織工場ニ就職スレハ毎月金二、三十圓ノ收入ヲ得ヘキヲ以テ父母ニ送金ヲ為スコトモ可能ナルヘク又意ノ如ク勉學モ為シ得ヘキニ付共ニ滿洲國ニ赴クヘシト申向ケ同女ヲシテ其旨誤信セシメ同日同女ヲ前記姜福守方ニ連行シ以テ之カ誘拐ヲ遂ケタル上同月下旬日不詳同女ヲ右姜福守方ヨリ滿洲國ナル前記金德麟方ニ同道シ以テ之ヲ帝國外ニ移

0512

150

送シタルモノナリ

右事實ハ被告人ノ當法廷ニ於ケル劉吉洙夫婦ノ承諾ヲ得サリシ點ヲ除キ判示同旨ノ自供證人劉吉洙、李連葉ニ對スル各豫審調書中判示日時同人等不在ノ際其息女劉順禮ノ所在不明ト爲リタル旨ノ各供述記載及證人劉順禮ニ對スル豫審調書中判示照應ノ被害事實ノ供述記載ニ依リ其證明アリ

法ニ照スニ被告人ノ判示所爲中帝國外ニ移送スル目的ヲ以テ人ヲ誘拐シタル點ハ刑法第二百二十六條第一項ニ同被拐取者ヲ帝國外ニ移送シタル點ハ同第二百二十六條第二項及同第一項ニ各該當シ兩者ハ手段結果ノ關係ニアルヲ以テ同第五十四條第一項後段第十條ニ則リ重キ前者ノ刑ニ從ヒ其ノ所定刑期範圍内ニ於テ被告人ヲ懲役二年ニ處シ訴訟費用ハ刑事訴訟法第二百三十七條第一項ニ依リ全部被告人ヲシテ之ヲ負擔セシムヘキモノトス

仍テ主文ノ如ク判決ス

朝鮮總督府檢事中野毅彌與

昭和十四年十月十日

光州地方法院木浦支廳刑事部

裁判長朝鮮總督府判事

朝鮮總督府判事

裁判用紙

光州地方法院木浦支廳

0513

裁判長朝鮮總督府判事

朝鮮總督府判事藤井章ハ休暇中ニテ署名捺印スルコト能ハス

0514

451

光州地方法院木浦支廳

I-5. 만주 펑톈 유괴 사건(2)

1939년예제11호(昭和十四年豫第一一號)

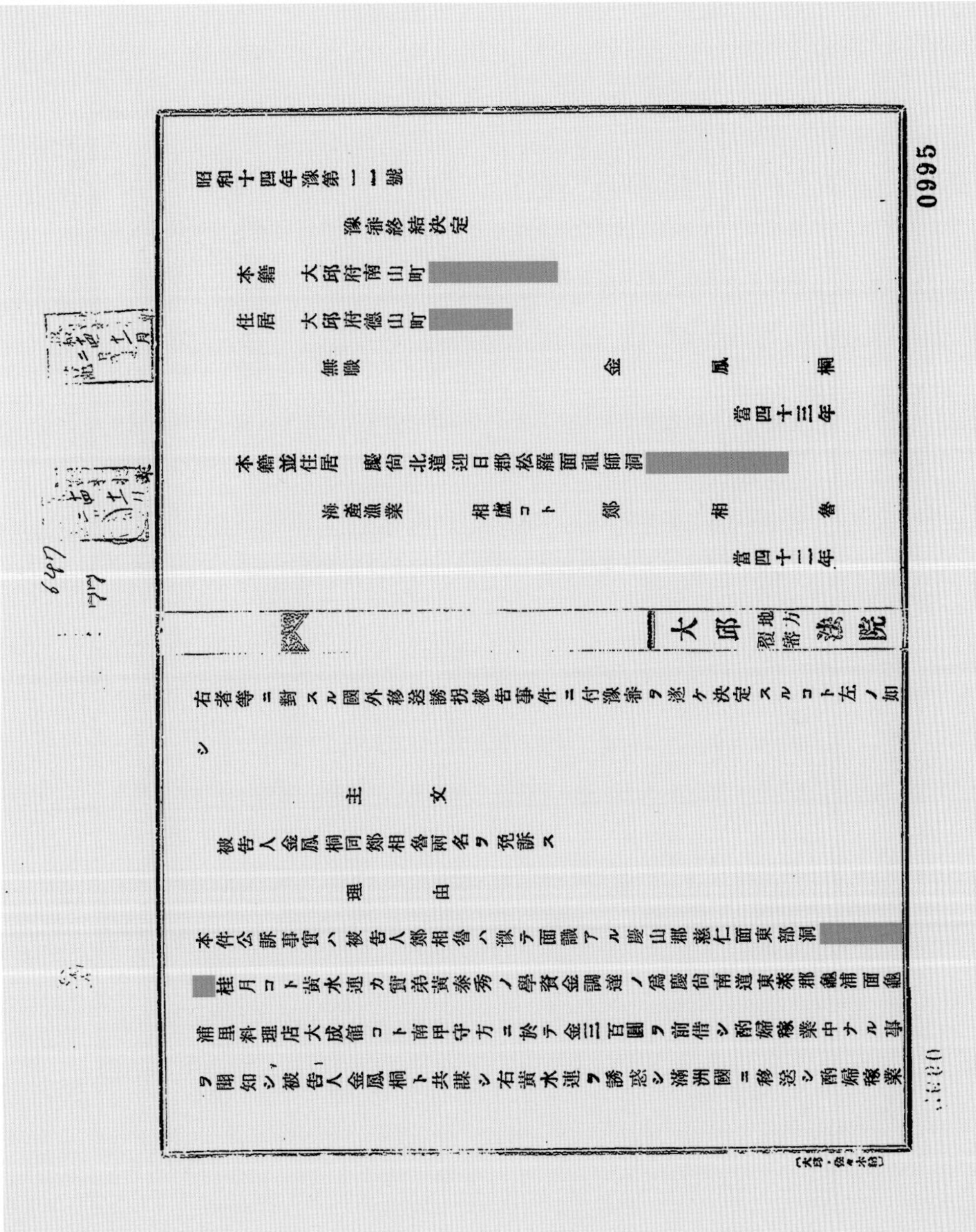

0995

昭和十四年豫第一一號

豫審終結決定

本籍 大邱府南山町[redacted]

住居 大邱府德山町[redacted]

無職 金鳳桐

當四十三年

本籍並住居 慶尙北道迎日郡松羅面祖師洞[redacted]

海產漁業 相盛コト 鄭相眷

當四十二年

大邱地方法院

右者等ニ對スル國外移送誘拐被告事件ニ付豫審ヲ遂ケ決定スルコト左ノ如シ

主文

被告人金鳳桐同鄭相眷兩名ヲ免訴ス

理由

本件公訴事實ハ被告人鄭相眷ハ豫テ面識アル慶山郡慈仁面東部洞[redacted]桂月コト黃水進カ實弟黃泰秀ノ學資金調達ノ爲慶尙南道東萊郡龜浦面龜浦里料理店大成館コト南甲守方ニ於テ金三百圓ヲ前借シ酌婦稼業中ナル事ヲ聞知シ，被告人金鳳桐ト共謀シ右黃水進ヲ誘惑シ滿洲國ニ移送シ酌婦稼業

二

ヲ爲サシメ其ノ前借金ヲ利得セムコトヲ企テ先ツ被告人鄭相[illegible]ハ昭和十四年四月十五日頃前記龜浦面ニ黄水連ヲ訪ネ龜浦驛前某旅館ニ於テ同女ニ對シ後日金策ノ上貴女ノ右前借金ヲ支拂ヒ妻トスル旨申欺キ同女ト情交關係ヲ結ヒ夫婦約束ヲ爲サシメ置キ次テ被告人金鳳桐ハ同年四月二十三日頃電話ニテ黄水連ヲ大邱府德山町百六十九番地ナル同被告人居宅ニ呼寄セ同女ニ對シ目下滿洲國奉天市木曾町十七番地料理店東洋館コト金在福カ酌婦ヲ抱ヘル爲大邱ニ來テ居リ鄭相[illegible]モ同人ト親交アル關係ニテ酌婦二、三人抱ヘ金在福ノ許ニ行キ料理店ヲ經營シ貴女ト同棲シ度キ意向アルモ鄭相[illegible]ノ所持金六、七百圓ニテハ右目的ヲ果シ得サルニ付一時金策ノ意味ニテ貴女カ金在福ヨリ金千圓ノ前借ヲ爲シ鄭相[illegible]ニ提供シ呉レナハ貴女ノ前記三百圓ノ前借金ヲ拂ヒタル上其ノ殘金ト鄭相[illegible]ノ右所持金ニテ酌婦ヲ抱ヘテ奉天ニ行キタル後鄭相[illegible]ト貴女カ夫婦ナル事ヲ金在福ニ話シ貴女ノ前借金ヲ後日辨濟スヘク諒解ヲ求メ若シ金在福ニ於テ之ヲ拒絶シタルトキハ鄭相[illegible]ノ抱ヘタル女ヲ貴女ノ身代リトシテ金在福ニ引渡スナラハ貴女ハ酌婦稼業ヲセス前借金モ無クナリ鄭相[illegible]ト夫婦生活ヲ爲シ得ヘキ旨巧ニ申欺キ因テ黄水連ヲシテ其ノ旨誤信セシメテ誘惑シ即日大邱府東千代田町湖南旅館コト孫性草方ニ至リ同家ニ滯在中ノ右金在福ニ對シ前借金千圓ニテ酌婦トシテ黄水連ヲ引渡シ同年四月三十日頃同女ヲ滿洲國奉天市木曾町十七番地金在福

大邱地方法院 罫紙

0996

3600

649
79

方ニ移送シ以テ其ノ目的ヲ遂ケタルモノナリト謂フニ在レ共公判ニ付スルニ足ル犯罪ノ嫌疑ナキヲ以テ刑事訴訟法第三百十三條ニ則リ免訴スヘキモノトス

仍テ主文ノ如ク決定ス

昭和十四年十月　一日

大邱地方法院

豫審掛朝鮮總督府判事

三

0997

大邱地方覆審法院

[大邱・佐々木納]

[illegible]

I-6. 만주 연지 유괴 사건

1940년형공제84호(昭和十五年刑控第八四號)

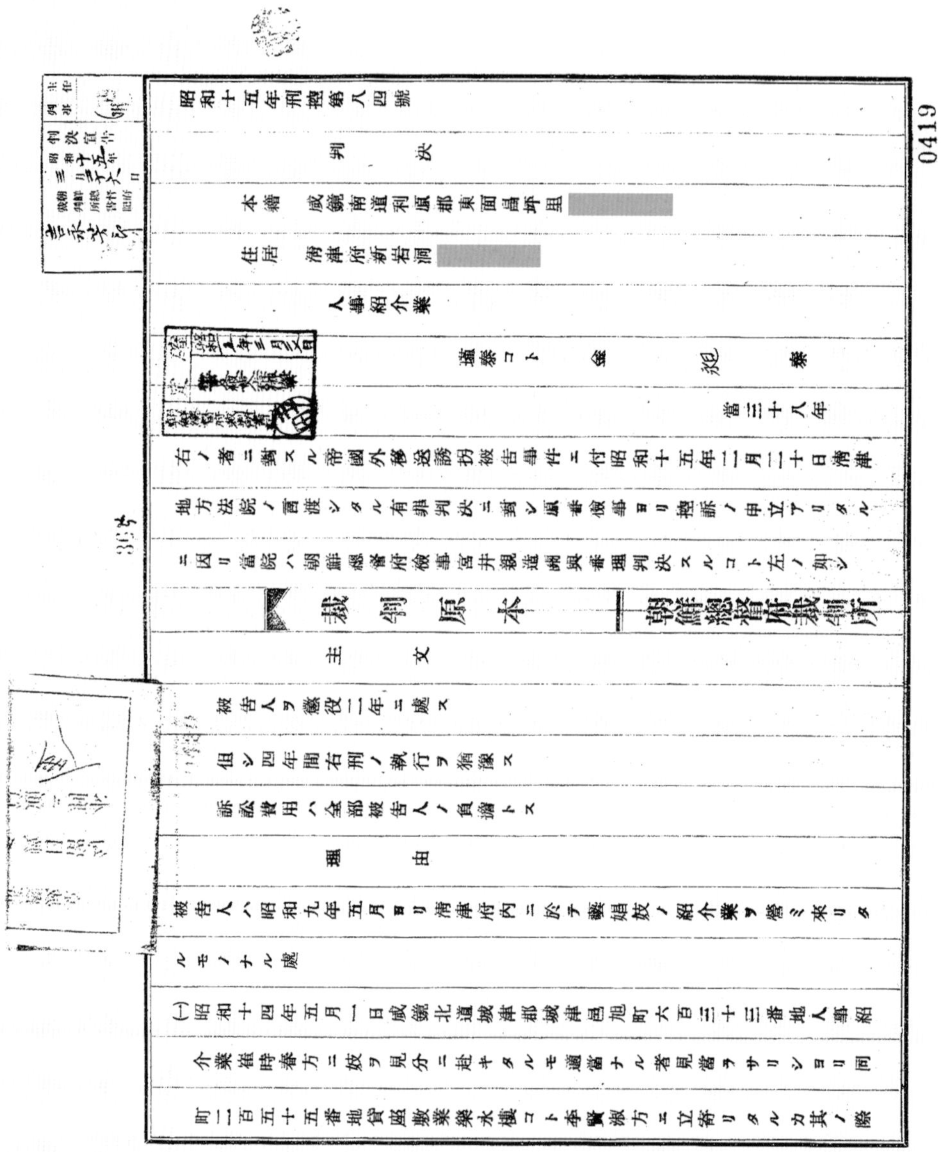

昭和十五年刑控第八四號

判決

本籍 咸鏡南道利原郡東面邑坪里

住居 清津府新岩洞

人事紹介業

遠泰コト 金昶泰

當三十八年

右ノ者ニ對スル帝國外移送誘拐被告事件ニ付昭和十五年二月二十日清津地方法院ノ言渡シタル有罪判決ニ對シ原審檢事ヨリ控訴ノ申立アリタルニ因リ當院ハ朝鮮總督府檢事宮井親造關與審理判決スルコト左ノ如シ

裁判原本 朝鮮總督府裁判所

主文

被告人ヲ懲役二年ニ處ス

但シ四年間右刑ノ執行ヲ猶豫ス

訴訟費用ハ全部被告人ノ負擔トス

理由

被告人ハ昭和九年五月ヨリ清津府内ニ於テ藝娼妓ノ紹介業ヲ營ミ來リタルモノナル處

(一)昭和十四年五月一日咸鏡北道城津郡城津邑旭町六百三十三番地人事紹介業崔時春方ニ抜ヲ見分ニ赴キタルモ適當ナル者見當ラサリシヨリ同町二百五十五番地貸座敷業樂水樓コト李賢淑方ニ立寄リタルカ其ノ際

0419

同樓ニ於テ警察署長ノ許可ナク藝娼妓稼業ヲ爲シ居リタル海州府東支
里　金伊南ノ長女朴明玉コト朴玉女（當時十九歲ニシテ
陰十一月十七日生）ニ會ヒ同女ヲ他ニ藝娼妓トシテ紹介シ手數料ヲ得
ル目的ヲ以テ同女ニ對シオ前ノコトハオ前ノ友ヨリ聞キタルカ其ノ儘
此處ニ居ルヨリハ淸津ニ赴キテ甲種料理屋ニテ藝妓稼業ヲ爲ス方良キ
旨甘言ヲ弄シテ誘惑シ同女ニ金一千三十圓ヲ融通シテ樂水樓ニ於ケル
同女ノ借金ヲ支拂ハシメタル上鞍替ニ付親權者ノ承諾ナクシテ同月二
日頃同女ヲ肩書被告人居宅ニ伴ヒ來リテ營利ノ目的ヲ以テ誘拐シ
(二)更ニ同年五月六日頃滿洲國間島省延吉縣龍井街朝日區延平路第二牌六
號料理業東洋館コト韓致玉ヨリ電話ニテ雇女ノ有無ニ付問合セアリタ

ル際妓カ居ル旨答ヘテ同人ヲ呼寄セ同月八日頃前示被告人方ニ於テ韓
致玉ト共ニ交々同女ニ對シ龍井ニ立派ナル料理屋アリ非常ニ景氣良ク
收入多キ旨竝親ノ承諾ハ龍井ニ行キタル後求ムルモ差支ナキ旨申向ケ
テ同女ヲ誘ヒ右東洋館ニ藝娼妓トシテ前借金一千二百圓ニテ住込ムコ
トヲ承諾セシメタル上紹介料五十圓ヲ受取リ韓致玉ヲシテ同日頃同女
ヲ右東洋館ニ連行セシメ以テ被拐取者タル同女ヲ帝國外タル龍井街ニ
移送シ
タルモノニシテ右營利誘拐竝被拐取者帝國外移送ノ行爲ハ繼續セル犯意
ニ出テタルモノトス
證據ヲ按スルニ

367

被告人カ昭和九年五月ヨリ清津府内ニ於テ藝娼妓ノ紹介業ヲ營ミ來リタ
ルモノナルコトハ被告人ノ當公廷ニ於ケル其ノ旨ノ供述ニ依リ明ニシテ
判示(一)ノ事實ハ原審第一回公判調書中被告人カ判示朴玉女ニ對シ判示ノ
如キ甘辭ヲ弄シタル點竝朴玉女ノ年齡竝生年月日ノ點ヲ除ク判示同旨ノ
供述記載豫審判事ノ證人朴玉女ニ對スル訊問調書中自分カ城津ヨリ清津
ニ來リタルハ判示樂永樓ニ於テ被告人ヨリオ前ノコトハ清津ニ居ルオ前
ノ友達ヨリ聞キタルカ其ノ儘此處ニ居ルヨリモ清津ニ行キテ甲種料理屋
ニ於テ働ク方カ良イカラ來イト言ハレタルカ爲ナリ而シテ清津ニ行キテ
被告人ニ友達ノコトヲ尋ネタルニ被告人ハ友達ハ居ラヌト答ヘタル旨ノ
供述記載豫審判事ノ證人金伊南ニ對スル訊問調書中判示朴玉女ハ大正十

裁判原本 朝鮮總督府裁判所

年陰十一月十七日生ノ十九歲ナル旨ノ供述記載ヲ綜合シテ之ヲ認定シ
判示(二)ノ事實ハ被告人ノ當公廷ニ於ケル判示日時頃判示韓致玉ヨリ電話
ニテ雇女ノ有無ニ付問合セアリタルヲ以テ女カ居ルト答ヘタル結果同人
カ其ノ翌日頃自分方ニ來リタル旨ノ供述豫審判事ノ證人朴玉女ニ對スル
訊問調書中自分ハ當初ハ龍井ニ行ク積リハナカリシカ清津ニ來リタル處
自分ニハ借金多ク又果シテ清津ニ於テ働キテモ景氣良ク收入多キヤ否ヤ
疑ハシカリシヨリ城津ノ樂永樓ニ戻ラムトシ居リタル旨竝清津ノ被告人
方ニ於テ被告人ハ自分ニ對シ判示韓致玉ハ自分ノ兄ニ當ル人ニテ龍井ハ
景氣モ良ク收入モ多カルヘキ故行キテハ如何ト勸メタル旨及被告人ハ自
分ニ對シ現在ノ東洋館ノ主人韓致玉ノ前ニテ歌ヲ歌ツテ見ヨト言ヒタル

0422

ヨリ自分カ欲ヒタル處東洋館ノ主人ハ欲カ上手ダト言ヒ何處カラ來タカ
ト尋ネタル故海州ヨリ來リタリト答ヘ自分カ貴殿ハ何處ヨリ來リタルヤ
ト尋ネタルニ龍井ヨリ來リタリト言ヒシ故自分ハ其ノ時始メテ韓致玉カ
龍井ヨリ來リタルコトヲ知リ龍井ノ景氣ヲ尋ネタルニ龍井ハ迚モ景氣カ
良ク收入モ半分ハ酌婦ノ方ニテ收リ借金ハ一年以內ニ完濟出來ルト言ハ
レタル爲自分ハ東洋館ニ行クコトヲ希望スルニ至リタルカ其ノ際被告人
ハオ前カ行キ度ケレハ行ツテモヨシト言ヒ居リタル旨竝當時被告人及韓
致玉ハ自分ニ對シ親ノ承諾ハ必要ナルカソレハオ前カ龍井ニ行キタル上
後ヨリ承諾ヲ得ルカソレトモ承諾ヲ得テ行クカオ前ノ自由ナリト言ヒタ
ル旨ノ供述記載原審第一回公判調書中被告人ノ朴玉女ハ保護者ノ承諾ナ

シニ東洋館ノ藝娼妓トナリ前借金一千二百圓ヲ貰ヒ受ケ自分カ同人等間
ノ雇傭契約ニ立會人トナリ紹介料五十圓ヲ貰ヒタル後韓致玉カ同女ヲ龍
井ニ連レ行キタルカ自分ハ龍井ハ帝國外ナルコトハ知リ居タル旨ノ供述
記載ヲ綜合シテ之ヲ認定シ

判示犯意繼續ノ點ハ短期間內ニ同種ノ行爲ヲ反覆累行シタル事跡ニ徵シ
之ヲ認ム

然ラハ敍上各證據資料ニ徵シ判示事實ハ其ノ證明アルモノトス

法律ニ照スニ判示行爲中營利誘拐ノ點ハ刑法第二百二十五條ニ被拐取者
帝國外移送ノ點ハ同法第二百二十六條第二項第一項ニ各該當スル處以上
ハ連續犯ナルヲ以テ同法第五十五條ヲ適用シ重キ後者ノ一罪トシ其ノ所

0423

0424

定刑期範圍內ニ於テ被告人ヲ懲役二年ニ處スヘク情狀刑ノ執行ヲ猶豫ス
ルヲ相當ト認ムルヲ以テ同法第二十五條ニ依リ四年間右刑ノ執行ヲ猶豫
スヘク訴訟費用ハ刑事訴訟法第二百三十七條第一項ニ則リ被告人ヲシテ
全部之ヲ負擔セシムヘキモノトス
仍テ主文ノ如ク判決ス
原審檢事ノ控訴理由ナシ

昭和十五年三月二十六日

京城覆審法院刑事第二部

裁判長朝鮮總督府判事

裁判原本　朝鮮總督府裁判所

朝鮮總督府判事

朝鮮總督府判事

369

I-7. 만주 및 중국 중부 방면 유괴 사건

1940년형공제365·366호(昭和十五年刑公第三六五·三六六號)

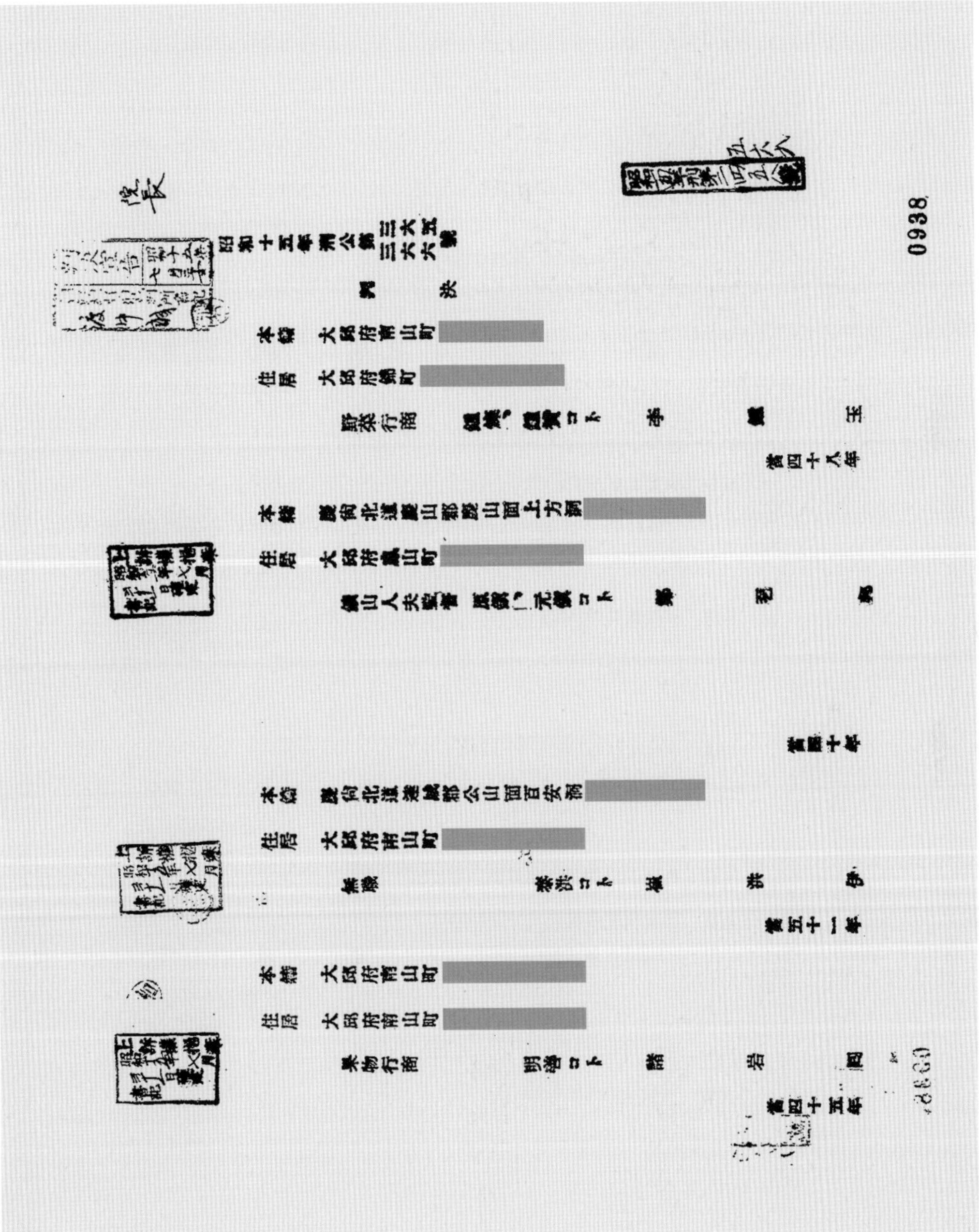

昭和十五年刑公第三六五號
三六六號

判決

本籍 大阪府南山町

住居 大阪府鶴町

野菜行商

當四十八年

本籍 慶尚北道慶山郡慶山面上方洞

住居 大阪府森山町

當四十年

本籍 慶尚北道

住居 大阪府南山町

無職

當五十一年

本籍 大阪府南山町

住居 大阪府南山町

果物行商

當四十五年

0938

二

本籍　大邱府内唐洞

住居　大邱府市場町

無職　金 [illegible] 星　當六十七年

本籍　慶尙北道永川郡北安面松浦洞

住居　大邱府南山町

紡績業　永守ヿ美守コト　[illegible] 萬 [illegible]　當四十三年

本籍　大邱府南山町

住居　大邱府南山町

無職　曾浩コト　[illegible] [illegible] 萬　當三十四年

別一加一字

本籍　慶尙北道慶山郡慶山面

住居　大邱府南山町

[illegible]製造職工　金 [illegible] [illegible]　當三十六年

本籍　大邱府錦町二丁目

住居　大邱府南山町

0939

三

無職　柳化春

當三十三年

本籍　光州府明治町

住居　大邱府東雲町

無職（元公設役場事務員）　黄用八

當三十六年

本籍　大邱府京町

住居　大邱府新岩洞

無職　順海コト　金光之

當二十八年

右李龍玉ニ對スル營利誘拐公文書僞造行使詐欺、趙乭邦、崔洪伊、諸岩同ニ對スル公文書僞造行使詐欺、金雨昌ニ對スル業務上横領詐欺、崔萬述ニ對スル營利誘拐公文書僞造行使私文書僞造行使詐欺、林壽萬ニ對スル營利誘拐國外移送誘拐詐欺、金[illegible]ニ對スル營利誘拐私文書僞造行使詐欺、柳化春ニ對スル營利誘拐詐欺、黄用八、金光之ニ對スル營利誘拐國外移送誘拐同未遂詐欺各被告事件ニ付朝鮮總督府檢事坪谷雄平關與審理ヲ遂ケ判決スルコト左ノ如シ

削一加一字

主文

0940

被告人李鐘玉ヲ懲役四年ニ、被告人鄭琶邦、同崔萬述、同林壽萬ヲ各懲役三年ニ、被告人諸岩回ヲ懲役二年六月ニ、被告人黃用八ヲ懲役一年六月ニ、被告人崔洪伊、同金雨星、同金同壽、同柳化春、同金光之ヲ各懲役一年ニ處ス

但シ被告人金雨星ニ對シテハ三年間右刑ノ執行ヲ猶豫ス

未決勾留日數中被告人李鐘玉、同鄭琶邦、同崔洪伊、同諸岩回ニ對シテハ各二百四十日ヲ被告人金雨星、同崔萬述、同林壽萬、同金同壽、同柳化春、同黃用八、同金光之ニ對シテハ各百八十日ヲ右各本刑ニ算入ス

押收ニ係ル戸籍謄本（昭和十四年押第五一五號ノ證第七號）中ノ變造部分ハ被告人諸岩回、同鄭琶邦ニ對シ、印鑑證明書一通（昭和十四年押第六四五號ノ證第三號）戸籍謄本一通（同上ノ證第七號）ハ被告人崔萬述、同鄭琶邦ニ對シ、金員貸借稼業契約書一通（同上ノ證第五號）借用金領收證（同上ノ證第四號）ハ被告人崔萬述ニ對シ、金員借用證書（同上ノ證第三七號）ハ被告人金同壽ニ對シ孰レモ之ヲ沒收ス

訴訟費用中證人朴在煥、金萬今、崔仁俊、尹岑仙ニ對スル分ハ被告人李鐘玉、證人安敬善、金今順ニ對スル分ハ被告人金雨星、證人成與石、李崟和、金澤相、姜又仙、成再先、崔鐘連、崔石夢ニ對スル分ハ被告人崔萬述、證人李在善ニ對スル分ハ被告人黃用八ノ各負擔トシ證人黃慶祚、

朴南述ニ對スル分ハ被告人李鐘玉、同鄭珍邦、證人鄭鳳錫ニ對スル分ハ被告人崔洪伊、同鄭珍邦、證人崔令學ニ對スル分ハ被告人諸岩同、同鄭珍邦、證人朴禹進ニ對スル分ハ被告人崔萬述、同柳化春、同金同爵ノ各連帶負擔トス

理由

第一、被告人李鐘玉ハ昭和十三年十一月下旬頃當時大邱府飛山洞[redacted][redacted]居住ナル朴南述カ其ノ二女李芬永（當時十六年）ヲ妓生見習李公ニ出サムトシ居レルヲ聞知シ同女ヲ誘拐シテ娼妓ト爲シ私利ヲ營マムコトヲ企テ同月二十九日頃同所實家邸方ニ於テ自己ノ妾椎澤相ヲシテ無智蒙昧ナル右朴南述、李芬永親娘ニ對シ妓生業女ニ行カハ良キ夫ヲ迎ヘ收入モ多カルヘキ旨甘言ヲ以テ誘ハシメ同日同所ヨリ右李芬永ヲ大邱府南山町ナル當時ノ被告人李鐘玉方ニ連行セシメテ誘拐シタルカ李芬永ノ年齢カ十六年ニシテ娼妓稼業ヲ爲サシムル能ハサリシヨリ同月末頃被告人鄭珍邦ト共謀ノ上李芬永カ娼妓許可年齢（滿十七年以上）ニ達シタルモノノ如ク同女ノ戸籍謄本ヲ變造行使シ他人ヲ欺罔シテ前借金名義ノ下ニ金員ヲ騙取セムコトヲ企圖シ被告人李鐘玉ハ先ツ其ノ頃前記自宅ニ於テ京城府長沙町四十五番地金壽周ニ對シ右李芬永ヲ娼妓ニ抱入レラレ度キ旨申込ミ朴南述及李芬永ヲシテ李芬永ヲ當十八年ナリト詐稱セシメ右金壽

0942

六

附ラレタ其ノ旨誤信セル同女ヲ三年半金四百圓ノ前借ニテ娼妓ニ雇入ルルコトヲ承諾セシメ同時同所ニ於テ金斡周ヨリ契約金名義ノ下ニ金五十圓ヲ朴南述ニ交付セシメタル上被告人鄭忍邦ハ右朴南述ヲシテ大邱府西部出張所ヨリ李芬永ノ戸籍謄本一通ノ下附ヲ受ケシメ之ヲ使用シテ同年十二月一日大邱府鳳山町二百三十二番地自宅通業室内ニ於テ右戸籍謄本中李芬永ノ生年月日欄ノ生年大正拾貳年四月貳拾参日ト記載シアリタル「拾貳」ヲインキ消及石油ベンジンヲ以テ巧ニ抹消シ新ニ「拾」ノ字ヲ書入レ以テ大邱府尹古宮造作成名義ノ前記戸籍謄本一通ノ變造ヲ遂ケ同日夜權錫相、朴南述、李芬永等ヲ伴ヒ同府錦山町百九十七番地慶(?)館

0943

館白宮益方ニ到リ朴南述ヲシテ金斡周ニ對シ右變造ニ係ル戸籍謄本ヲ呈付セシメテ行使シ同人ヲシテ益々其ノ誤信ヲ深カラシメタル上前時同所ニ於テ同人ヨリ前借金名義ノ下ニ金三百五十圓ヲ朴南述ニ交付セシメテ合計金四百圓ヲ騙取シ

第二、被告人鄭岩岡ハ昭和十四年一月頃慶山郡瓦村面渓田洞五百三十二番地崔合學ヨリ同人ノ二女斗業（當時十七年）ヲ娼妓ニ周旋スヘク依頼ヲ受ケタルモ同女カ未タ娼妓ノ許可年齢ニ達シ居サリシヨリ其ノ頃被告人鄭忍邦ニ其ノ情ヲ告ケ兩被告人共謀ノ上崔斗業ノ戸籍謄本ヲ變造行使シ他人ヲ欺罔シテ前借金名義ノ下ニ金員ヲ騙取セムコトヲ企テ被告人鄭忍邦

0940

ハ同月二十三日頃前記自宅溫突室内ニ於テ同月二十一日崔今學カ所轄面
村面事務所ヨリ下附ヲ受ケ來リタル同面長作成名義ノ崔斗泰ノ戸籍謄本
中同女ノ生年月日欄ノ生年大正拾貳年ト記載シ在リタル「拾貳」ヲ前同
様ノ方法ニテ巧ニ抹消シ新ニ「拾」ノ字ヲ書入レ以テ同面長作成名義ノ
右戸籍謄本一通（昭和十四年押第五一五號ノ證第七號）ヲ變造シ其ノ頃
自宅ニ於テ崔今學ノ手ヲ經テ之ヲ被告人諸岩岡ニ交付シ被告人諸岩岡ハ
同月二十九日頃大邱府南山町■■■魚泳思方ニ於テ情ヲ知ラサル
同人ノ仲介ニ依リ大邱府八重垣町三番地貸座敷業日月館コト李敬年ニ對
シ崔今學ノ手ヲ經テ前記變造ニ係ル戸籍謄本ヲ交付行使シ當十九年ノ崔

七

0944

斗泰ヲ娼妓ニ抱入ラレ度キ旨申出テ因テ右李敬年ヲシテ崔斗泰カ眞實當
十九年ニシテ娼妓許可年齢ニ達シ居ルモノト誤信セシメ同女ヲ四年間金
七百二十圓ノ前借ニテ娼妓ニ抱入ルル旨約定セシメ即時同所ニ於テ崔斗
泰ヲ李敬年ニ引渡シ李敬年ヨリ前借金名義ノ下ニ金七百二十圓ヲ崔今學
ニ交付セシメテ之ヲ騙取シ

第三、被告人崔洪伊ハ昭和十四年十二月中旬頃大邱府鳳德洞李長述及其ノ妻鄭
月香等ヨリ鄭月香ノ妹ナル漆谷郡東明面鳳岩洞■■■鄭周錫ノ
庶子女鄭福伊（當時十七年）ヲ娼妓ニ周旋スヘク依頼ヲ受ケタルモ同女
カ未タ娼妓ノ許可年齢ニ達セサリシヨリ其ノ頃被告人鄭琶郭ニ其ノ情

加一字

八

0945

ヲ告ケ兩被告人共謀ノ上鄭漢伊ノ戸籍謄本ヲ變造行使シ他人ヲ欺罔シテ前借金名義ノ下ニ金員ヲ騙取セムコトヲ企テ被告人姉罗邦ハ同月下旬頃前記自宅温突室内ニ於テ同月二十一日鄭岡錫カ漆谷郡東明面事務所ヨリ下附ヲ受ケ來リタル同面長作成名義ノ鄭漢伊ノ戸籍謄本中同女ノ生年月日欄ノ生年大正拾貳年ト記載シ在リタル「拾貳」ヲ前同様ノ方法ニテ巧ニ抹消シ新ニ「拾」ノ字ヲ書入レ以テ同面長作成名義ノ右戸籍謄本一通ヲ變造シ其ノ頃之ヲ自宅ニ於テ李長遠ノ手ヲ經テ被告人裵洪伊ニ交付シ被告人裵洪伊ハ同年三月十三日頃前記魚未羅方ニ於テ情ヲ知ラサル同人ノ仲介ニ依リ平安北道鐵山郡餘閑面西部洞 呉光澤ニ對シ右變造ニ係ル戸籍謄本ヲ交付行使シ當十九年ノ鄭漢伊ヲ娼妓ニ抱入レラレ度キ旨申詐リ因テ右呉光澤ヲシテ鄭漢伊カ眞實當十九年ニシテ娼妓許可年齡ニ達シタルモノト誤信セシメ同女ヲ四年間金七百五十圓ノ前借ニテ娼妓ニ抱入ルル旨約定セシメ即時同所ニ於テ鄭漢伊ヲ呉光澤ニ引渡シ呉光澤ヨリ前借金名義ノ下ニ金七百五十圓ヲ鄭漢伊ニ交付セシメテ之ヲ騙取シ

削一加一字

削一加一字

削一加一字

削一加一字

第四被告人李鐘玉ハ營利ノ目的ヲ以テ昭和十四年七月四日頃大阪府西城町一丁目飲食店大成館コト尹岑仙方ニ於テ同家ノ酌婦金萬千（當時十八年）ニ對シ自分ハ慶州ニ於テ飲食店ヲ經營シ居レル者ナルカ慶州ノ自分經

九

其ノ飲食店ニ入ラハ大邱ヨリ良キ待遇ヲ與フル旨申詐リ同人ヲシテ其ノ

旨誤信セシメ同日同女ヲ右尹岑仙方ヨリ大邱府大明洞[illegible]

朴在煥方ニ連出シ誘拐ヲ遂ケ

第五被告人金雨星ハ

(イ)昭和九年八月頃ヨリ昭和十二年十月頃迄大邱府内ニ於テ藝娼妓酌婦等ノ人事紹介業ヲ營ミ居リタル者ナルカ昭和十年十月八日頃大邱府飛山洞百七十三番地金今順ヨリ同女ノ長女權月先（當時十七年）ヲ前借金百二十圓ニテ酌婦ニ紹介シ前借金中二十圓ハ手數料費用等ニ充當シ殘

削一加一字

額ヲ交付セラレ度シトノ依頼ヲ受ケ同月十日頃京城府[illegible]町百七十三番地人事紹介業李在善ノ紹介ニ依リ右權月先ヲ京城府授恩町百七十五番地飲食店安敬善方ニ前借金百二十圓ニテ酌婦ニ住込マシメ該金員ヲ右李在善ヨリ受取リ業務上保管中内金二十圓ハ被告人金雨星カ手數料費用等トシテ受クヘキモノナルモ殘金百圓ハ之ヲ右權月先ニ交付スヘキモノナルニ拘ラス其ノ頃金五十圓ヲ權月先ニ交付シタルノミニテ殘金五十圓ヲ其ノ頃擅ニ大邱府内ニ於テ自己ノ用途ニ費消横領シ

削一加一字

(ロ)昭和十三年四月九日頃前審被告人金雨星方ニ於テ大邱府八重垣町三番地貸座敷業數靜芳積コト鄭在善ニ對シ眞實自己ノ庶子女金桂淡（當時二十一年）ヲシテ娼妓稼業ヲ爲サシムル意思ナカリシニ拘ラス同女ヲシ

0946

一〇

テ群芳楼ニ於テ娼妓稼業ヲ為サシムルニ付前借金ヲ貸與セラレ度キ旨申詐リ因テ鄭在善ヲシテ其ノ旨誤信セシメ同所ニ於テ金桂淡ノ娼妓稼業ヲ為ス前借金名義ノ下ニ同月九日金二百圓同月十二日金百五十圓計金三百五十圓ヲ受取リ騙取シ

削一加一字

削一加一字

第六(イ)被告人林壽萬ハ同李○玉ト共謀ノ上昭和十四年一月二日頃營利ノ目的ヲ以テ達城郡城西面○山洞金光石方ニ於テ全羅北道錦山郡珍山面○觀里尹於鎮（當時十九年）ニ對シ田舎ノ農家ニ雇ハレ居ルヨリ都會地タル大邱ニ来ラハ良キ飲食店ニ紹介シ與フヘシト同女ノ思慮淺薄ナルニ乗シ言葉巧ニ勧メ同日同所ヨリ同女ヲ酒香被告人林壽萬方ニ連行シテ誘拐ヲ遂ケ其ノ頃被告人林壽萬ハ同女ヲ大邱府新町百七十八番地飲食店李鐵替方ニ前借金二百圓ニテ一時酌婦ニ住込マシメテ該金員ヲ受取リ以テ營利ノ目的ヲ遂ケ

(ロ)被告人林壽萬ハ被告人鄭苞邦ト共謀ノ上更ニ右尹於鎮ヲ他人名義ニテ他ノ飲食店ニ住替セシメ抱主ヲ欺罔シテ前借金名義ノ下ニ金員ヲ騙取セムコトヲ企テ同年一月十日過頃被告人兩名ハ謀テ被告人鄭苞邦カ被告人金雨星ヨリ貰受ケ所持シ居リタル大邱府西内町■■尹玉峰ノ戸籍謄本（昭和十五年刑公第三六六號記録第一三三一丁）印鑑證明書（昭和十四年押第二一〇號ノ證第三號）ニ依リ前記李鐵替方ニ於

0947

一一

テ被告人金光之ニ對シ尹順德ナル女ヲ酌婦ニ抱入レラレ度キ旨申込ミ尹於鉄ヲ右尹玉峰ノ長女尹順德ト僞稱セシメ被告人金光之ヲシテ其ノ旨誤信セシメ同日同所ニ於テ其ノ前借金名義ノ下ニ金二百十圓ヲ被告人鄭芑邦ニ交付セシメテ騙取シタル上右尹於鉄ニ對シテハ爾被告人交々他ノ良キ飲食店ニ紹介シ與フヘキ旨甘言ヲ弄シテ他ニ住替スルコトヲ承諾セシメ同日同女ヲ右李偽香方ヨリ被告人鄭芑邦方ニ連出シ同所ニ於テ同女ヲ被告人金光之ニ引渡シ以テ被告人鄭芑邦ニ於テ營利ノ目的ヲ以テ同女ノ誘拐ヲ遂ケ

(ハ)其ノ數日後被告人金光之ヨリ尹於鉄ハ酌婦ニ適セストテ前借金ノ返還ヲ求メラルルヤ更ニ被告人鄭芑邦同林壽萬ハ共謀ノ上同女ヲ帝國外ニ移送スル目的ヲ以テ同年一月十四日頃右金光之方ニ於テ尹於鉄ニ對シ又他ノ良キ飲食店ニ周旋シ與フヘキ旨申許リ同女ヲシテ他ニ住替スルコトヲ承諾セシメ被告人鄭芑邦方ニ連出シ被告人鄭芑邦ハ其ノ頃大邱府德山町某代書人方ニ於テ當時中部支那方面ニ於テ料理屋業ヲ經營中ナリシ本籍大邱府南山町 崔有鍵ニ對シ尹順德ヲ崔有鍵ノ右營業所ニ於テ酌婦ニ抱入レラレ度キ旨申込ミ前同樣尹於鉄ヲ尹順德ト僞稱セシメ前記尹玉峰ノ戸籍謄本印鑑證明書等ヲ崔有鍵ニ交付シ崔有鍵ヲシテ其ノ旨誤信セシメ尹於鉄ヲ右營業所ノ酌婦ニ抱ヘル旨

0948

一二

0949

約定セシメ即時同所ニ於テ尹於徴ヲ崔有健ニ引渡シ誘拐ヲ遂ケタルト共ニ其ノ前借金名義ノ下ニ金額三百五十圓崔有健振出ノ約束手形一通ヲ受取リ騙取シ

第七被告人崔萬述同鄭茗邦等ハ李分南（目下所在不明）ト共謀シ他人ヲ欺罔シテ酌婦ノ前借金名義ノ下ニ金員ヲ騙取セムコトヲ企テ昭和十四年二月下旬頃被告人鄭茗邦ハ自宅ニ於テ其ノ頃被告人金雨星ヨリ買ヒ受ケ所持シ居タル被告人金雨星ノ戸籍抄本及印鑑證明書ニ付右各文書中金雨星ト記載シアリタル「星」ノ文字及金雨星ノ印影ヲインク消及石油ベンジンヲ以テ巧ニ抹消シ新ニ「淳」ノ文字ヲ書込ミ且戸籍抄本ノ抄ノ文字ヲモ抹消シ新ニ謄ノ文字ヲ書込ミタル上被告人崔萬述カ豫テ大阪府福島町印判業李敬榮方ニ於テ彫刻準備シ置キタル金雨淳名義ノ印章ヲ受取リ前記印鑑證明書中ノ要部ニ夫々押捺シ以テ大阪府尹古市進作成名義ノ印鑑證明書（昭和十四年押第六四五號ノ證第三號）戸籍謄本（同上證第七號）各一通ヲ偽造シ之ヲ被告人崔萬述ニ交付シ同被告人ハ同年三月二日頃大阪府東千代田町某旅館ニ於テ當時娼妓抱入ノ爲大阪ニ滯在中ノ中部支那方面ニ於テ料理屋業ヲ經營スル張命端ニ對シ金桂淡ヲ娼妓ニ抱入レラレ度キ旨申込ミ李分南亦自ラ金桂淡ト僞稱シ且其ノ場ニ於テ被告人崔萬述ハ單獨ニテ情ヲ知ラサル右張命端ヲシテ金桂淡名義ヲ冒用シ金員貸借證書

加三字

一三

契約書二通（昭和十四年押第六四五號ノ證第五號ハ其ノ一部）金五百五十圓ノ借用金領收證（同上ノ證第四號）一通ヲ作成セシメ其ノ金桂淡名下其ノ他要部ニハ夫々李分南ヲシテ捺印セシメテ順次右各書類ヲ僞造シ之等書類（但シ金員貸借兼業契約書一通ヲ除ク）ト前記僞造ノ戶籍謄本印鑑證明書等ヲ一括シテ張命述ニ交付行使シ以テ張命述ヲシテ李分南カ眞實金桂淡ニシテ娼妓稼業ヲ爲スモノト誤信セシメ卽時同所ニ於テ其ノ前借金名義ノ下ニ金五百圓ヲ李分南ニ交付セシメテ之ヲ騙取シ

第八(イ)被告人崔萬述同柳化春等ハ李分南ト共謀シ營利ノ目的ヲ以テ昭和十四年四月頃慶尙南道陜川郡三嘉面東里金洪錫妻李興順（當時二十年）ニ

0950

對シ同道昌寧郡末乾里金敬虎方ニ於テ京城ニ行キ酌婦ヲ爲サハ每月五十圓位ノ收入アルノミナラス將來ハ良キ夫ヲ迎ヘ得ヘキニ付同所ニ於テ酌婦ニ周旋シ與ヘヘシト甘言ヲ以テ勸メ其ノ頃同女ヲ京城府西界町崔貴重相方ニ連行シタル上被告人金同壽ニ其ノ情ヲ告ケ玆ニ同被告人亦該犯行ニ加擔シ京城府內ニ於テ抱主ヲ物色シタルモ適當ナル抱主ナカリシ爲又大邱府內ニ連行シ來リ當時被告人金同壽方ニ滯在セシメ置キ更ニ同被告人ニ於テ同女ニ對シ一時飮食店ノ酌婦ニ雇ハレ居レハ四五日內ニ身請シ與ヘヘシト言葉巧ニ申欺キ同年六月五日大邱府新町百十五番地飮食店李南伊方ニ前借金二百五十圓ニテ右李興順ヲ酌婦ニ住

0960

一四

込マシメ被告人金岡輝ニ於テ誑金員ヲ受取リ以テ誘拐ヲ遂ゲ

(ロ)被告人金岡輝ハ單獨ニテ同年七月十二日頃本籍慶山郡慶山面士李朔

石南伊ヨリ其ノ戸籍謄本（昭和十四年押第六四五號ノ證第二八號）印鑑證明書（同上ノ證第二七號）各一通ヲ貰ヒ受ケ同月二十一日大阪府七星町五百五十五番地飲食店崔鍋運ニ對シ姜慶順トテ近ク娼妓稼業ニ入ルヘキ女アリ娼妓ト爲リテ前借金ヲ受領セハ直ニ辨濟スヘキニ付同女ノ爲ニ金四百二十圓ヲ一時貸與セラレ度シト申向ケ右李興順ヲシテ姜慶順ト僞稱セシメ大阪府[illegible]町代書人[illegible]方ニ於テ情ヲ知ラサル同人ヲシテ右石南伊ノ二女姜慶順名義ヲ冒用シ金四百二

0951

十圓ノ金員借用證書（昭和十四年押第六四五號ノ證第三七號）一通ヲ作成セシメ同女名下其ノ他要部ニハ右李興順ヲシテ捺印セシメテ之ヲ僞造シ即時同所ニ於テ右崔鍋運ニ交付行使シ以テ崔鍋運ヲシテ眞實姜慶順カ金借スルモノト誤信セシメ李興順ヲ崔鍋運ニ引渡シ貸借名義ノ下ニ金四百二十圓ヲ李興順ニ交付セシメテ之ヲ騙取シ

(ハ)更ニ被告人金岡輝同柳化春等ハ同年七月三十一日右崔鍋運方ニ於テ情ヲ知ラサル同人ヲシテ慶尚南道東萊郡亀浦面亀浦里料理屋業金分任ニ對シ姜慶順ヲ崔鍋運方ヨリ住替セシムルニ付抱入レラレ度シト申込マシメ李興順ヲシテ姜慶順ト僞稱セシメ被告人柳化春亦李興順ヲ姜慶

1660

順ナリト僞稱シ情ヲ知ラサル崔述遷ノ手ヲ經テ前記石南伊ノ戸籍謄本
印鑑證明書等ヲ金分任ニ交付セシメ以テ金分任ヲシテ眞實崔殷順カ前
婦縁組ヲ爲スモノト誤信セシメ即時同所ニ於テ其ノ前借金名義ノ下ニ
金六百圓ヲ李與順ニ交付セシメテ之ヲ騙取シ

第九被告人崔萬述ハ營利ノ目的ヲ以テ昭和十四年六月頃慶州邑東部里紹介
業者宋燕雹方ヨリ慶尙南道昌寧郡大池面旺山里崔元伊ノ長女崔玉梅（當
時二十七年）ナル者ヲ待遇良キ飮食店ニ紹介シ與フル旨詐言ヲ弄シ同女
ノ前借金二百二十圓ヲ辨濟シテ被告人崔萬述方ニ連出シ誘拐シ來リタル
後被告人李鎭玉ニ其ノ情ヲ告ケ兩被告人共謀ノ上被告人李鎭玉ニ於テ大
邱府南山町　　李龍ノ妻崔性汝ヨリ李龍ノ戸籍謄本（昭和十四年
押第六四五號ノ證第九號）印鑑證明書（同上ノ證第八號）等ヲ貰ヒ受ケ
其ノ頃被告人崔萬述ハ自宅ニ於テ被告人黃用八ニ對シ李南順ヲ娼妓トシ
テ抱入レラレ度キ旨申込ミ崔玉梅ヲ右李龍ノ長女李南順ト僞稱セシメ右
李龍ノ戸籍謄本印鑑證明書等ヲ交付シ被告人黃用八ヲシテ其ノ旨誤信セ
シメ崔玉梅ヲ引渡シ被告人黃用八ヨリ其ノ前借金名義ノ下ニ金五百二十
圓ヲ被告人崔萬述ニ於テ受取リ騙取シ

第十(イ)被告人崔萬述ハ金漢東（目下所在不明）崔石明（馬山刑務支所服役
中）等ト共謀シ昭和十四年六月上旬頃右崔石明カ營利ノ目的ヲ以テ慶

一六

0953

加一字

尙南道昌寧郡梁山面大谷里?裝花女方ヨリ同人次女錦玉事（當時十九年
）ヲ飲食店ノ酌婦ト爲ラハ給料モ衣服モ貰ヒ乍ラ生活ヲナシテ將來良キ
夫ヲ迎ヘ得ヘシ等甘言ヲ以テ欺メ大阪府南山町?文伯方ニ連出シ誘拐
シ在リタル者ヲ利用シ他人ヲ欺罔シテ酌婦ノ前借金名義ノ下ニ金員ヲ
騙取セムコトヲ企テ同年六月頃金漢東ヲシテ慶尙南道陜川郡栗谷面瓦
里[redacted]朴??ノ戶籍謄本（昭和十四年押第六四五號ノ證第四一號
）印鑑證明書（同上ノ證第四二號）承諾書（同上ノ證第四三號）各一通
ヲ貰ヒ受ケシメ被告人賓用八ニ對シ朴??ノ三女??伊ヲ娼妓ト爲シテ雇
入レラレ度キ旨申込ミ一方錦玉事ヲ??伊ト稱セシメ右朴??ノ戶籍

謄本印鑑證明書等ヲ被告人賓用八ニ交付シ被告人賓用八ヲシテ眞實?
?伊カ娼妓稼業ヲ爲スモノト誤信セシメ翼ノ頃被告人金光之方ニ於テ
被告人賓用八ヨリ其ノ前借金名義ノ下ニ金五百八十圓ヲ被告人錦賓?
ニ於テ受取リ之ヲ騙取シ

(ハ)被告人賓用八ハ昭和十四年六月二十四日右錦玉事ヲ朝鮮平壤府?ニ
連行シ翌二十五日同人ノ紹介ニテ仁川府敷島町三十番地貸座敷業矢?
竹方ニ前借金七百二十圓ニテ娼妓ニ住込マシメタルモ其ノ後約二週間
ヲ經テ錦玉事カ??伊ト僞稱シ??伊ノ戶籍謄本等ヲ使用シ居タル事
實發覺シ矢?竹ヨリ錦玉事ノ前借金ノ返還ヲ求メラレ不得已之ヲ辨償

0960

シタルカ其ノ損害ヲ回復セムカ爲自ラ又鄭玉祚ヲ養祚伊ト僞稱セシメテ滿洲方面ニ娼妓ニ住込マシメ其ノ前借金ヲ取得セムコトヲ企テ無智ナル右鄭玉祚ニ對シ恰モ實ノ前借金カ巨額ニ及フカ如ク装ヒ同年七月下旬頃大邱府南山町李成三ヲシテ前記朴誠ノ戸籍謄本（昭和十四年押第六四五號ノ證第一一號）印鑑證明書（同上ノ證第一〇號）白紙委任狀（同上ノ證第一二號）承諾書（同上ノ證第一三號）ヲ貰ヒ受ケシメテ入手シ之ヲ前記李在齊ニ交付シ右鄭玉祚ヲ滿洲國方面ニ移送スル目的ヲ以テ前記李在齊ニ之カ周旋方依頼シ置キタルモ適當ナル稼主ナカリシ爲誘拐ノ目的ヲ遂ケス

第弐被告人崔萬述ハ盧甲石、金滿東、李分南等（何レモ目下所在不明）ト共謀シ營利ノ目的ヲ以テ昭和十四年七月上旬頃慶尚南道宜寧郡柳谷面烏木里崔東逛コト崔鐵逛（當時二十年）ヲ大邱ノ良キ工場ノ女工ニ周旋シ與フヘキ旨申詐リ慶尚南道昌寧郡大池面本稻里成友永方ヨリ大邱府南山町鄭文伯方ニ連行誘拐シ其ノ頃盧甲石ヲシテ同人ノ戸籍謄本（昭和十四年押第六四五號ノ一五號）印鑑證明書（同上ノ證第十四號）各一通ヲ入手セシメ同年七月十日過頃右鄭文伯方ニ於テ元山府榮町十八番地紹介業者金澤相ニ對シ右盧甲石ノ長女盧貴分（當時十八年）ヲ娼妓トシテ紹介方依頼スル旨申込ミ崔鐵逛ヲシテ盧貴分ト僞稱セシメ右盧甲石ノ印鑑證明督ハ承諾書（同上ノ證第一八、一九號）ヲ益澤相ニ交付シ以テ益澤相ヲシテ其ノ旨誤信セシメ即時同所ニ於テ同女ヲ三年ノ期間内外國何地ヲ問ハス娼妓酌婦トシテ紹介スヘキ旨ノ約定ヲ爲サシメ右益澤相ヨリ前借金内金立替名義ノ下ニ金三百圓ヲ崔組坐ニ交付セシメテ之ヲ騙取シ

第五 被告人崔萬述ハ前記金瑛東、盧甲石、李分南等ト共謀シ營利ノ目的ヲ以テ同年七月上旬頃慶尚南道昌寧郡高岩面雙萬里成再先（當時二十四年）ヲ大邱ノ良キ工場ノ女工ニ周旋シ與フヘキ旨申詐リ同郡桑浦面ヨリ被告人崔萬述方居宅ニ連レ出シ誘拐シ其ノ頃金瑛東ヲシテ昌寧郡桑浦面李谷里朴東守ノ戸籍謄本印鑑證明書等ヲ貰ヒ受ケシメタル上同年七月十五

日頃被告人崔萬述方ニ於テ情ヲ知ラサル被告人黄用八ヲ介シ前記益澤相ニ對シ右成再先ヲ朴東守ノ長女朴明先（當時二十四年）ト偽稱セシメ同女ヲ内外國何地ヲ問ハス娼妓酌婦トシテ紹介方依頼スル旨申込ミ益澤相ヲシテ其ノ旨誤信セシメ其ノ前借金立替名義ノ下ニ金二百圓ヲ受取リ之ヲ騙取シ

第六 被告人林壽萬、黄用八、同金光之等ハ相共謀シ被告人林壽萬カ兼テ情交關係アリテ昭和十四年六月上旬頃京城ヨリ被告人金光之方ニ連行シ來リタル本籍不詳李吉順（當時二十一年）ヲシテ他人名義ヲ以テ娼妓ニ住込マシメ抱主ヲ欺罔シテ其ノ前借金名義ノ下ニ金員ヲ騙取セムコトヲ

企テ被告人林壽萬ハ右李吉順ニ對シ自分ハ黄用八ニ金七百圓ノ債務アリ支拂ニ苦シミ居ルニ付約三月後ニハ必ス金策シテ身請スヘキ故一時娼妓ト爲リ其ノ債務ヲ辨済シ呉レ度シト申詐リ同女ヲシテ娼妓稼業ヲ爲スコトヲ承諾セシメ被告人金光之ト共ニ同年七月下旬頃李吉順ヲ帝國外ニ移送スル目的ヲ以テ前記李在善方ニ連行シ李吉順ヲ永川郡臨皐面莎川 金海錫ノ四女高光ト僞稱セシメ情ヲ知ラサル右李在善ノ仲介ニ依リ前借金千二百圓ニテ満洲國以下不詳料理屋業者某方ニ娼妓ニ住込マシメントシタルモ前借金ノ點ニ付折合付カサリシ爲誘拐竝詐欺ノ目的ヲ遂ケサリシ

0956

モノニシテ被告人李鉉玉ノ前記營利誘拐詐欺、被告人鄭宅弼ノ公文書僞造、同變造同行使詐欺、營利誘拐及帝國外移送誘拐、被告人崔萬遠ノ營利誘拐公文書僞造私文書僞造詐欺、被告人林壽萬ノ營利誘拐帝國外移送誘拐同未遂詐欺及詐欺未遂、被告人金同壽ノ詐欺、被告人黄用八ノ帝國外移送誘拐未遂ノ各所爲ハ何レモ夫々犯意継續ニ係ルモノトス

被告人李鉉玉ハ昭和十二年十一月二十五日京城地方法院ニ於テ營利誘拐罪ニ依リ懲役一年六月（未決勾留四百二十日通算）ニ處セラレ被告人鄭宅弼ハ昭和十年十二月二十日大邱地方法院ニ於テ公文書僞造行使公正證書原本不實記載行使詐欺詐欺未遂罪ニ依リ懲役一年（未決勾留百八十日通算）ニ

處セラレ被告人諸岩四ハ昭和十年一月十八日大阪地方法院ニ於テ營利誘拐罪ニ依リ懲役二年六月ニ處セラレ被告人林壽萬ハ昭和八年三月二十四日大阪地方法院ニ於テ詐欺營利誘拐罪ニ依リ懲役二年ニ處セラレ何レモ當時刑ノ執行ヲ終リタルモノナリ

證據ヲ按スルニ判示第一ノ事實ハ被告人鄭宅郎ノ當公廷ニ於ケル自分ハ昭和十三年十一月末頃外出中偶被告人李鳳玉ニ呼止メラレ同被告人方ニ行キタルニ其處ニハ同被告人ノ妾權澤相、氏名不詳ノ女兩三人居リタルカ被告人李鳳玉ハ自分ニ對シ他人ノ娘ヲ娼妓ニ紹介シ度イト思フカ娘ノ年齢カ娼妓年齢ニ達セサルヨリ其ノ戸籍ヲ訂正シテ呉レト頼ミタルヲ以テ翌日娘ノ

母親ヲ伴ヒ大阪府西部出張所ニ到リ李芬永ノ戸籍謄本一通ノ下附ヲ受ケシメテ被告人李鳳玉方ニ行キタルニ同被告人ハ抱主ヲ迎來ルヘキ旨申シタルヨリ被告人崔洪伊ト共ニ抱主金弼周ヲ迎來リタルニ同人ハ李芬永ニ對シ年ヲ訊ネタルトコロ同女ハ十八歳ト答ヘ居リタルカ結局前借金四百圓ニテ雇入ルルコトトナリ金弼周ハ先ツ契約金五十圓ヲ朴南遠ニ交付シタルモ殘金ハ契約書類ト引換ニ支拂フコトトナリタルヲ以テ自分ハ同年十二月一日自宅ニ於テ前記戸籍謄本ヲ使用シテ判示ノ如ク該戸籍謄本ヲ改竄シ之ヲ朴南遠ニ交付シ同夜權澤相、朴南遠親子等ト共ニ判示釜山旅館ニ行キタルカ自分ハ被告人等カ右戸籍謄本ヲ使用シテ李芬永ノ年齢ヲ十八歳ト詐リ抱主ヲ

欺罔シテ金ヲ受取ルコトハ承知シ居リタル旨ノ供述、豫審判事ノ問被告人ニ對スル第二回訊問調書中判示日德山旅館ニ於テ朴南述カ判示變造ノ戸籍謄本ヲ金錫周ニ交付シタル旨ノ供述記載、司法警察官事務取扱ノ被告人李鐵玉ニ對スル昭和十四年八月十四日附第一回訊問調書中判示日頃權澤相カ朴南述親娘ヲ自分方ニ連來リ朴南述カ自分ニ對シ娘ヲ何處カニ賣リ金ヲ澤山取レル樣世話シテ吳レト頼ミタルカ娘ノ年齢カ十六歳ナリシヨリ自分ハ被告人鄭宅邦ニ對シ同女ノ戸籍ヲ十八歳ニ訂正スル樣依頼シタル旨ノ供述記載、豫審判事ノ證人朴南述ニ對スル訊問調書中自分ハ昭和十三年十一月中旬頃生活困難ノ爲判示實姪許ニ對シ次女李芬永（大正十二年[illegible]月二十三日生）ヲ何處カ妓生娼女ニ世話シ吳レル樣依頼シ置キタルトコロ同月二十九日頃實姪許カ自分ヲ呼ヒタルヨリ李芬永ヲ連レ判示同女方ニ行キタルニ同家ニハ權澤相カ來リ居リ自分ニ對シ「酒屋ニ李芬永ヲ置イテモ借金カ増ス丈ケテ詰ラヌ其レヨリモ自分カ何處カ良イ所ヘ妓生娼女ニ世話シテ遣ル其處ヘ行ケハ良イ夫モ迎ヘルコトカ出來ルシ金モ澤山取レル左樣ニシテ父母ノ暮シヲ良クシテハ如何」ト云ヒ又娘李芬永ニ對シテモ「自分カ良イ所ニ妓生娼女ニ世話シテ遣ルソウスレハ良イ夫ヲ迎ヘルコトモ出來ルシ父母ノ生活モ助カル左樣ニシヨウ」ト勸メタルヨリ同女ノ云フ通リナラハ娘ノ、爲ニモ良イト思ヒ娘ノ樣子ヲ見ルト默リ居リタルカ權澤相カ度々勸メタル故漸ク娘ヲ連行クコトヲ承諾シタルニ權澤相ハ同夜同女方ニ李芬永ヲ連行キタリ然ルニ翌三十日頃黄慶祚ト共ニ權澤相方ヲ訪レタルニ一室ニ李芬永、權澤相、被告人李鐵玉等カ居リテ同被告人ハ先ツ自分カ權澤相ヨリ話ヲ聞キ世話シテ遣ル積リニテ呼ハセタモノナルカト云ヒ乍ラ娘ノ年齢ヲ訊ネタルヨリ十六歳ナリト答ヘタルニ同被告人ハ「十六歳テハイケナイ今人カ來テ訊ネタラ十八歳ト云ヘ」ト云ヒタル故其ノ譯ヲ訊ネタルニ同被告人ハ笑ヒ乍ラ「何テモヨイカラ人カ訊ネタラ十八歳タト答ヘヨ」ト云ヒタルカ其處ヘ被告人嶺洪伊、京城ノ抱主ナル男女等カ入來リタルニ被告人李鐵玉ハ京城ノ抱主ニ對シ「三年間ニテ四百五十圓ニセヨ」トカ京城ノ者モ「四

二二

0959

百五十圓テハ高イ四百圓ニセヨ」等話合フ所ヘ被告人鄭翌邦モ入來リ暫ク話シ居ル裡結局李芬永ヲ三年半前借金四百圓ニテ雇入レルトノコトニテ自分ハ契約金トシテ金五十圓ヲ抱主ヨリ受取リタルカ尚戸籍謄本カ必要トノコトナリシヨリ被告人鄭翌邦ト共ニ之カ下附ヲ受ケ該戸籍謄本ヲ同被告人ニ渡シ歸宅シタルカ翌日判示德山旅館ニ於テ被告人嶺洪伊、金在淵等カ契約書類ヲ作リ京城ノ者ニ渡シ自分ハ同人ヨリ前記契約金ヲ除キタル金三百五十圓ヲ李芬永ノ手ヲ經テ受取リタル旨ノ供述記載司法警察官事務取扱ノ被疑者權澤相ニ對スル第一回訊問調書中昭和十三年十一月頃氏名不詳ノ老婆カ被告人李鐵玉方ニ來リ飛山洞ノ者ニテ妓生見習ニ出シタルトコロ酒肝

0960

0960

リ賣ラセテ錢ヲ数ヘナイ斯樣ナ有樣ニテハ娘ノ將來ニ良クナイ故何處カ良イ所カアレハ世話シテ呉レトノコトナリシカ被告人李鐘玉ハ自分ニ對シ其ノ女ノ所ヘ行キテ見ヨト申シタルヨリ黄聖浦方ニ行キ娘ヲ連來リタル旨ノ供述記載ヲ綜合シテ之ヲ認メ判示第二ノ事實ハ被告人鄭吾郎ノ當公廷ニ於ケル判示日頃瓦村面居住崔令學ヨリ同人ノ娘ヲ娼妓ニ身賣リスルニ付年齡カ不足スル故其ノ戸籍謄本ヲ訂正シテ呉レト頼マレ判示日判示ノ如ク崔斗泰ノ戸籍謄本一通（昭和十四年押第五一五號ノ證第七號）ヲ改竄シテ崔令學ニ交付シ金十五圓ヲ受取リタルカ該戸籍謄本ヲ使用シテ崔斗泰ヲ當十九年ト詐リ抱主ヲ欺シ娼妓ニ賣込ムコトハ解リ居リタル旨ノ供述、同面戸籍事務取扱ノ被告人諸岩岡ニ對スル第二回訊問調書中昭和十四年一月二十四五日頃金漆洙カ自分ニ對シ今娼妓ニ身賣リスル十七歳ノ娘カ居ルカ娼妓許可年齡ニ達セサル故被告人鄭吾郎ニ話シ十九歳ニ戸籍ヲ訂正シ貰ヒタルヨリ他ニ紹介シテ呉レト頼マレタルヲ以テ其ノ娘ヲ連レ金漆洙方ニ到リ娘崔斗泰カ十八歳ナリト嘘ヲ云ヒ娼妓ニ紹介方ヲ依頼シ紹介料金十二圓ヲ受取リタル旨ノ供述記載、證人崔令學ニ對スル訊問調書中昭和十四年一月頃被告人諸岩岡カ自分方ニ來リ娘ヲ娼妓ニ世話シテ遣ルト申シタルヨリ同被告人ニ連レラレ娘ト共ニ大邱ニ出テタルカ同被告人ハ戸籍謄本ト印鑑證明書カ必要ナリト云ヒタル故自分ハ瓦村面事務所ヨリ之ヲ貰受ケ被

0960

告人諸岩同ニ交付シタルニ同被告人ハ其レヲ見テ「娘ノ年カ十七歳テハ高ク貸レヌカラ十八歳ニ訂正セヨ」ト云ヒ自分ヲ被告人鄭習邦方ヘ案内シタルヨリ自分ハ右戸籍謄本ヲ同被告人ニ交付シテ歸リ夕方再ヒ同被告人方ニ赴キ該戸籍謄本ヲ受取リ之ヲ被告人諸岩同ニ交付シタル旨ノ供述記載、豫審判事ノ證人李敬年ニ對スル訊問調書中判示僞造戸籍謄本ノ行使及詐欺ノ被害顛末ニ關シ判示ニ照應スル供述記載、押收ニ係ル戸籍謄本一通（昭和十四年押第五一五號ノ證第七號）ノ現存スル事實ヲ綜合シテ之ヲ認メ判示第三ノ事實ハ豫審判事ノ被告人鄭習邦ニ對スル第二、三回訊問調書中判示共謀及戸籍謄本僞造ノ點ニ付判示同旨ノ供述記載、司法警察官事務取扱ノ被告人 0961

崔洪伊ニ對スル第一回訊問調書中被告人鄭習邦ノ判示戸籍謄本僞造ノ點ヲ除クノ外判示同旨ノ供述記載、豫審判事ノ證人吳光祥ニ對スル訊問調書中自分ハ昭和十四年三月初頃大邱府南山町魚泳愚方ニ於テ同人ノ仲介ニ依リ鄭漢伊ヲ前借金七百五十圓ニテ娼妓ニ雇入ルルコトトナリ同月十三日同人方ニ於テ契約ヲ爲シ鄭漢伊ニ金七百五十圓ヲ交付シタルカ其ノ際魚泳愚、鄭漢伊ニ同女ノ年齢ヲ訊ネタルニ同人等ハ孰レモ同女ハ滿十八歳ナル旨答ヘ同席シ居リタル被告人崔洪伊モ亦鄭漢伊ハ年齢ハ充分ナル故雇入ルル樣勸メ尚戸籍謄本ヲ受取リ見タルニ矢張リ數ヘ年十九歳ニシテ滿十八歳ト爲リ居リタルヲ以テ之ナラハ娼妓ノ許可年齢ニ達シ居ルモノト信シ契約シタ 0960

ル旨ノ供述記載ヲ綜合シテ之ヲ認メ判示第四ノ事實ハ豫審判事ノ被告人李
鐵玉ニ對スル第三回訊問調書中判示同旨ノ供述記載、豫審判事ノ證人金萬
今ニ對スル訊問調書中自分ハ昭和十四年七月頃判示尹半仙方ニ於テ酌婦ヲ
爲シ居リタルトコロ判示日時頃被告人李鐵玉カ朴在鎭、徐萬錫ト共ニ來
リ自分ニ對シ「自分ハ錦州ニ於テ飲食店ヲ經營シ居レルカ其處ヘ行ケハ頭
女カモウ一人居ルシ其處テ君ト二人テ酒賣リヲスレハ良イ稼カアル錦州ノ
方カ大邱ヨリモツト良イ稼カアルカラ行カウ」ト勸メタルヨリ自分ハ之ヲ
信シ主人ノ了解ヲ得テ被告人李鐵玉カ自分ノ前借金九十圓ヲ支拂ヒ一同尹
半仙方ヲ立出テタルカ其處ヲ出ルト被告人李鐵玉ハ自分ニ對シ錦州ヘモウ

0962

加一字

一人一緒ニ行ク女カアル故其ノ者カ來ル迄二、三日朴在鎭方ニ滯在スル様申
シタルヨリ同日朴在鎭方ニ行キタルカ其ノ後錦州ニハ仲々連行カス朴在鎭
ハ既ニ前借金支拂濟ナル故何處テモ他ニ稼業セヨト申シタルヨリ已ムナク
同月十七日頃釜山ノ許一食堂崔仁俊方ニ前借金二百二十圓ニテ稼ノ[illegible]リ
タル旨ノ供述記載ヲ綜合シテ之ヲ認メ判示第五ノ事實ハ被告人金順基ノ當
公廷ニ於ケル自分ハ判示ノ頃藝妓酌婦等ノ人事紹介業ヲ營ミ居リタルカ
判示日時金今順ヨリ[illegible]先ヲ酌婦ニ紹介スル様依頼セラレ李在春ノ紹介ニ
依リ同女ヲ安敬善方ニ金百二十圓ニテ住込マシメ謝金員ヲ李在春ヨリ受取
リタル旨及判示(四)ノ事實ニ付判示同旨ノ供述、檢事ノ被告人金順基ニ對ス

0963

一同訊問調書中横領ノ點ニ付判示同旨ノ供述記載、豫審判事ノ證人金今順ニ對スル訊問調書中自分ハ昭和十年十月八日頃夫女權月先ヲ酌婦ニ紹介スル様被告人金雨星ニ依頼シ四年間金百二十圓ニテ内金二十圓ハ紹介料及衣類等ノ費用ニ充當シ殘金百圓ヲ受取ルコトニ話カ決リ内金五十圓ヲ受取リ權月先ハ京城ノ李在善方ニ連行カレ酌婦ト爲リタルカ其ノ後被告人金雨星ハ殘金ヲ支拂ハサル旨ノ供述記載、豫審判事ノ證人李在善ニ對スル第一回訊問調書中自分ハ昭和十年十月十日頃被告人金雨星カ權月先ナル女ヲ連來リ酌婦ニ紹介方ヲ依頼シタルヲ以テ判示安敎善方ニ世話シ金百二十圓ヲ受取リ之ヲ全部同被告人ニ交付シタル旨ノ供述記載、豫審判事ノ證人孫

0963

在善ニ對スル訊問調書中判示[illegible]事實ニ照應スル被害顛末ノ供述記載ヲ綜合シテ之ヲ認メ判示第六(イ)ノ事實ハ司法警察官事務取扱ノ被告人李鍾玉ニ對スル昭和十四年十月十三日附第一回訊問調書中判示同旨ノ供述記載、司法警察官事務取扱ノ被告人林萬茵ニ對スル第一回訊問調書中判示同旨ノ供述記載、豫審判事ノ證人李鍾玉ニ對スル訊問調書中昭和十四年一月頃豫テ面識アル紹介業者金在灝及被告人林萬茵カ尹於鎮ナル女ヲ自分方ニ連來リ尹於鎮ハ遠方ニ雇ハレ行クコトトナリ居ルカ目下同女ノ兄カ其ノ手續中ナルヲ以テ手續ノ出來ル迄暫ク同女ヲ自分方ニ酌婦ニ雇入レ差當リ前借金二百圓位ヲ貸與セラレ度キ旨申込ミタルヲ以テ自分ハ之ヲ承諾シ尹於鎮ヲ雇

0968

削一加一字

務者、被告人林祿萬ヲ保證人トシタル金二百圓ノ借用證書ヲ徵シ金二百圓ヲ尹於傑ノ手ヲ經テ被告人林祿萬ニ交付シタルカ、五日後同被告人カ來リ金二百五圓ヲ支拂ヒテ同女ヲ連行キタル旨ノ供述記載、司法警察官事務取扱ノ證人尹於傑ニ對スル第一回訊問調書中自分ハ昭和十三年陰十月頃夫ト離婚シ京城府鍾路□□某家ニ飯炊女トシテ雇ハレ居リタルトコロ判示日頃被告人林祿萬、同李鐘玉カ自分ヲ同面某飲食店ニ呼出シ判示ノ如キ事ヲ申シ大阪ニ行クコトヲ勸メタルヨリ益々自分ヲ助ケ呉レルモノト信シ同日同人等ニ連レラレ大阪ニ出テタル旨ノ供述記載ヲ綜合シテ之ヲ認メ判示第六(一)ノ事實ハ被告人鄭宅邦ノ當公廷ニ於ケル判示甘言ヲ弄シタル點ヲ除クノ外

0964

判示同旨ノ供述、司法警察官事務取扱ノ被告人林祿萬ニ對スル訊問調書中自分ハ被告人李鐘玉ト共ニ尹於傑ヲ誘拐シ來リ一時李鐘春方ニ住込マシメタルカ更ニ他人ノ戸籍ヲ使用シテ同女ヲ身賣リスル爲被告人金光之ニ對シ其ノ情ヲ告ケス金二百二十圓ヲ借受ケ尹於傑ニ對シテハ他ノ良イ飲食店ノ雇女ニ世話スルト詐稱シ李鐘春方ヨリ同女ヲ鄭宅邦方ニ紹介シタル旨ノ供述記載、司法警察官事務取扱ノ證人尹於傑ニ對スル第一回訊問調書中自分ハ判示日頃李鐘春方ニ約五日間滯在ヲ勸メ居タルニ被告人鄭宅邦、同金光之等カ來リ他ノ良イ料理屋ニ世話スルト勸メタルヲ以テ同人等ニ連レラレ同家ヲ立出テタル旨ノ供述記載、記錄編綴ニ係ル尹玉年ノ戸籍謄本、押收ニ

1060

係ル印鑑證明書（昭和十四年押第二一〇號ノ證第三號）ノ現存事實ヲ綜合シテ之ヲ認メ判示第六(イ)ノ事實ハ被告人裵召邦ノ當公廷ニ於ケル判示尹貴蹟ヲ欺罔シテ連出シ來リタルノ點ヲ除クノ外判示同旨ノ供述、豫審判事ノ被告人裵召邦ニ對スル第三回訊問調書中自分ハ尹於蹟ヲ崔有錢ニ賣ル際尹貴蹟ニ對シテハ支那ヘ連レ行クトモ何トモ言ハス唯良イ飲食店ニ世話シテ遣ルト申シテ連出シタル旨ノ供述記載、司法警察官事務取扱ノ被告人林靜萬ニ對スル訊問調書中判示同旨ノ供述記載、證人尹玉峰ノ戸籍謄本及印鑑證明書ノ現存事實ヲ綜合シテ之ヲ認メ判示第七ノ事實ハ被告人裵召邦ノ當公廷ニ於ケル判示戸籍謄本及印鑑證明書ノ僞造ノ點ニ付判示同旨及被告人崔萬述

0965

ハ該戸籍謄本及印鑑證明書ヲ使用シ戸籍ニ無イ女ヲ金福順ト僞名シテ娼妓ニ賣込ムコトハ承諾シ居リタル旨ノ供述、被告人崔萬述ノ當公廷ニ於ケル判示公文書僞造ノ點ヲ除クノ外判示同旨（印）司法警察官事務取扱ノ被告人崔萬述ニ對スル第四回訊問調書中判示公文書僞造ノ共謀ノ點ニ付判示同旨ノ供述記載、豫審判事ノ證人李敎榮ニ對スル訊問調書中自分ハ昭和十四年二月二十五日及三月二日ノ二回ニ亘リ崔萬述ニ金用淳名義ノ印章二個ヲ彫刻シ與ヘタルコトアル旨ノ供述記載、押收ニ係ル印鑑證明書（昭和十四年押第六四五號ノ證第三號）戸籍謄本（同上ノ證第七號）金員貸借稼業契約書（同上ノ證第五號）借用金領收證（同上ノ證第四號）ノ現存事實ヲ綜合シ

加三字 渝

0966

テ之ヲ認メ判示第八(イ)ノ事實ハ司法警察官事務取扱ノ被告人權寧達ニ對スル第三回訊問調書中判示同旨ノ供述記載、司法警察官事務取扱ノ被告人柳化春ニ對スル第一回訊問調書中判示同旨ノ供述記載、司法警察官事務取扱ノ被告人金同郁ニ對スル第一回訊問調書中昭和十四年四月頃被告人柳化春カ自分方ニ來リ同被告人及李分南事名ニテ李與順ヲ目下京城ニ誘出シ居レルカ同女ヲ何レカ娼妓ニ賣渡スヘク計劃中ニテ自分カ被告人權寧達カ京城ニ連來ル樣ニトノ話ナリシヨリ自分ハ被告人柳化春ト共ニ京城府內黃金相方ニ到リ被告人柳化春、李與順ヲ連レ樂園旅館ニ止宿中李與順ニ對シ夫婦ナル如ク裝ヒ情交關係ヲ結ヒタル上何レカ紹介人ニ依頼シテ賣渡スヘ

0966

削一加一字

ク計劃中刑事ニ檢擧セラレタル爲メ李與順ヲ連レ大邱ノ自分方ニ歸リ約一箇月位同棲シ居リタルカ其ノ間自分ハ同女ニ對シ一時飲食店ニテ酌婦ニ雇ハレ居レハ自分カ其ノ債務ヲ辨濟シ遣ル旨詐リ同年六月被告人金光之方ニ於テ李商鄕ニ對シ金二百五十圓ニテ酌婦ニ賣渡シタル旨ノ供述記載、司法警察官事務取扱ノ證人李與順ニ對スル訊問調書中判示ニ照應スル被害顚末ノ供述記載ヲ綜合シテ之ヲ認メ判示第八(ロ)ノ事實ハ豫審判事ノ被告人金同郁ニ對スル第四回訊問調書中判示同旨ノ供述記載、豫審判事ノ證人權寧達ニ對スル訊問調書中自分ハ約三年前ヨリ判示場所ニ於テ飲食店ヲ經營シ居レルカ昭和十四年七月二十日頃被告人金同郁及李載澤ナル者カ自分方ニ

三〇

来リ今満洲ニ娼妓ニ行ク女カ一人居リテ手数料モ完備シ居レルカ唯金ノ工面ニ困リ居レル故一時其ノ女ヲ雇入レラレ度キ旨申込ミタルヲ以テ自分ハ同女ヲ金四百二十円ニテ雇入ルル約束ヲ為シ翌日同人等ト共ニ李成淳方ニ行キタルニ女カ居リテ名ヲ訊ネタルニ李震順ト答ヘ側傍ニ居リタル被告人金同龍モ此ノ女ハ李震順ナリト云ヒ居リタルカ其レヨリ池長源ナル代書人方ニ行キ金額四百二十円債務者李震順保証人金同龍ナル契約書（昭和十四年押第六四五号ノ証第三七号）ヲ作リ其儘ナ金四百二十円ヲ李震順ニ渡シタルニ同女ハ之ヲ李成淳ニ渡シ被告人金同龍ト共ニ李震順ヲ自分方ニ連レ帰リタル旨ノ供述記載、押収ニ係ル金員借用証書（昭和十四年押第六四五号

0967

ノ証第三七号）ノ現存等ヲ綜合シテ之ヲ認メ判示第八（ハ）ノ事実ハ司法警察官事務取扱ノ被告人金同龍ニ対スル第一回訊問調書中判示同旨ノ供述記載、司法警察官事務取扱ノ被告人柳化春ニ対スル第一回訊問調書中判示同旨ノ供述記載、司法警察官事務取扱ノ証人李震順ニ対スル訊問調書中自分ハ判示楊達近方ニ預ケラレ居タルトコロ七月下旬頃被告人金同龍ハ紹介人帰某ヲシテ自分ニ対シ李震順ト偽名シ金分任方ニ金六百円ニテ娼妓ニ雇ハレ居レハ約一箇月内ニハ債務ヲ弁済シ身請シ与フヘシト云ヒタルモ之ニ応セサリシトコロ同被告人ハ「夫ノ云フコトヲ聞カヌカ此処ノ費用ハ如何ニスルカ才前ノ様ナ者ハ叩殺シテモ自分ハ懲役六月位テ済ム」ト数回ニ亘リ

脅迫シタル故已ムナク之ヲ承諾シタルトコロ同月三十一日松島遊廓方ニ於テ飯沼ノ金分任カ來リタルヨリ同人ニ對シ[illegible]ト偽名シ娼妓稼業スル旨契約シ同日同所ニ於テ前借金六百圓ヲ受取リタル旨ノ供述記載、豫審判事ノ證人金分任ニ對スル訊問調書中判示ニ照應スル詐欺ノ被害顛末ノ供述記載ヲ綜合シテ之ヲ認ムヘク判示第九ノ事實ハ豫審判事ノ被告人松葛遊ニ對スル第四回訊問調書中被告人李鍾玉ト共謀ノ上判示詐欺ノ所為ニ出テタル點ニ付判示同旨ノ供述記載、司法警察官事務取扱ノ被告人松葛遊ニ對スル第一回訊問調書中判示同旨ノ供述記載、司法警察官事務取扱ノ被告人李鍾玉ニ對スル昭和十四年十月十三日附第一回訊問調書中判示ノ如キ情ヲ知リ乍

三一

0968

ラ判示李龍ノ戸籍謄本及印鑑證明書ヲ被告人松葛遊ニ交付シタル旨ノ供述記載、司法警察官事務取扱ノ證人崔玉梅ニ對スル訊問調書中自分ハ昭和十四年五月頃釜山ヨリ錦州ニ飲食店ノ酌女トシテ住替ヘタルカ同年六月頃被告人松葛遊カ來リ自分ニ對シ「大邱府内ニ行ケハ今ヨリモ良イ所ノ酌女ニ世話シテ遣ル」ト申シタルヨリ之ヲ信シ同月同人ニ連レラレ大邱府内ノ同被告人方ニ來リタルカ同被告人ハ自分ヲ十日モ同人方ニ止宿セシメ置キ乍ラ執レノ酌女ニモ世話セスニ滿洲方面ナハ金儲カ良イカラ行ケト頻リニ勸メタルヨリ滿洲ノ飲食店ノ酌女ニ世話スルモノト思ヒ之ヲ承諾シタルニ同被告人ハ滿洲ニ行クニハ戸籍謄本カ必要ナル旨李龍ノ戸籍謄本ヲ以テ自分

ヲ同人ノ長女李南順ト偽名セヨト教ヘ呉レタルヨリ同月日不詳被告人趙葛
述方ニ於テ被告人黄用八ニ對シ李南順ト偽名シ金五百二十圓ニテ賣ラレ金
ハ全部被告人趙葛述ニ手交シ同夜京城ヲ出發シタル旨ノ供述記載、被
告人黄用八ノ當公廷ニ於ケル判示前段ノ事實ニ照應スル被害顛末ノ供述、
押收ニ係ル李南順ノ戸籍謄本（昭和十四年押第六四五號ノ證第九號）印鑑證
明書（同上ノ證第八號）ノ現存スル事實ヲ綜合シテ之ヲ認ム判示第十(イ)ノ事實
ハ司法警察官事務取扱ノ被告人趙葛述ニ對スル第二回訊問調書中判示同旨
ノ供述記載、豫審判事ノ證人權今述ニ對スル訊問調書中自分ハ判示日頃判
示鄭文伯方ニ於テ被告人趙葛述、金鎭東等ト鄭玉葩ノ戸籍謄本ハ

0969

削二字

金ヲ出シテ他人ノ戸籍ヲ買フト話シ居リタルヲ聞キタルカ其ノ後被告人趙
葛述、權石明ハ鄭玉葩ヲ藝妓營業ナル偽名ニテ娼妓ニ賣リタルト聞キ被告人
趙葛述ハ自分ニ金五百二十圓ヲ與レタル旨ノ供述記載、被告人黄用八ノ當
公廷ニ於ケル判示前段ノ事實ニ照應スル被害顛末ノ供述記載、押收ニ係ル
朴鳳ノ戸籍謄本（昭和十四年押第六四五號ノ證第四一號）印鑑證明書（同
上ノ證第四二號）承諾書（同上ノ證第四三號）ノ現存スル事實ヲ綜合シテ之ヲ
認メ判示第十(ロ)ノ事實ハ司法警察官事務取扱ノ被告人黄用八ニ對スル第一
回訊問調書中判示同旨ノ供述記載、豫審判事ノ證人李在營ニ對スル第二回
訊問調書中昭和十四年六月二十五日頃被告人黄用八カ李南順、裵藝妓ナル

0960

女ヲ自分方ニ迎來リ娼妓ニ紹介シテ吳レトノコトナリシヨリ翌日姜菲伊ナル女ヲ判示朱錦竹方ニ金七百二十圓ニテ紹介シタルカ二週間後朱錦竹カ同女ヲ迎來リ「此ノ女ニ關シ母ヨリ前借金モ受取ラヌ娼妓トハ話カ違フ等ノ手紙カ來リ又本名カ戶籍ト違フカラ雇ツテ置ケヌ」等ト申シタルヨリ自分ハ其ノ事情ヲ被告人賓用八ニ通知シタルニ約一週間後同被告人カ自分方ニ來リタル故同人ニ對シ「此ノ女ニ關シテハ抱主カラ色々文句カ出ル金ヲ受取タトカ取ラヌトカ母カラ云テ來ルシ戶籍モ名カ違フカラ引取テ吳レト抱主カ云テ來ルカ如何スルカ」ト云ヒタルニ被告人賓用八ハ自分モ左樣ナコトハ知ラサリシカ兎ニ角引取ル外ハアルマイト云ヒテ金七百何十圓カヲ

出シタルヨリ七月中旬頃自分ハ姜菲伊ナル女ヲ仁川ヨリ連歸リ自分方ニ於テ賓用八ニ引渡シタルトコロ同被告人ハ自分ニ對シ姜菲伊ヲ仁川ヨリ連戾スニ付キ色々費用モ掛リ借金カ金八百圓位ニナリタル故女ヲ置イテ行クカラ滿洲方面ヘ八百圓位ニテ娼妓ニ紹介シテ吳レト賴ミタルヨリ自分ハ「姜菲伊ハ戶籍カ違フトノコトテアルカラ本當ノ戶籍ヲ持ツテ來ルナラ滿洲方面ニ世話シテモヨイ間違ナイ戶籍抄本ヲ持ツテ來ルナラ世話シヨウ」ト答ヘタルニ同被告人ハ其レナラ大邱ニ行キ手續書類ヲ持テ來ルカラ女ヲ預ツテ吳レト云ヒ女ヲ自分方ニ置キテ大邱ニ歸リタルカ數日後再ヒ自分方ニ來リ仁川カラ戾タ女ノ手續書類ナリト云ヒテ何カ書類（昭和十四年押第六四

五號ノ證第一〇乃至一三號）ヲ封筒ニ入レタ儘自分方机ノ抽斗ニ入レテ置
リタルカ自分ハ抱主ヲ物色シタルモ買手カ付カス其ノ中張鉉中ナル者カ女
ヲ大邱ニ連行キタル旨ノ供述記載、被告人鄭玉作ニ對スル訊問調
書中自分ハ昭和十四年六月下旬被告人裵用八ニ連レラレ京城ノ李在善方ニ
赴キ同所ニテ仁川ノ朱錦竹方ニ娼妓稼トシテ金七百二十圓ニテ賣ラレ
タルカ右朱錦竹方ニ二十日間位居ル裡娼妓ニナルニ付父ノ承諾カ取レヌト
カノ故ニテ京城ノ李在善方ニ連戻サレ約一週間位同家ニ滞在シ居リタルト
コロ被告人裵用八カ來リ自分ニ對シ才前ハ千圓位ニテ滿洲方面ニ娼妓ニ賣
ラレテ行カネハナラヌト申置キテ大邱ニ歸リタルカ間モナク張某ナル者ニ

連レラレ大邱ニ歸リ同夜警察署ニ連行カレタル旨ノ供述記載、押收ニ係ル
朴鍼ノ戸籍謄本（昭和十四年押第六四五號ノ證第一一號）印鑑證明書（同
上ノ證第一〇號）白紙委任狀（同上ノ證第一二號）承諾書（同上ノ證第一
三號）ノ現存事實ヲ綜合シテ之ヲ認ムヘク判示第十一ノ事實ハ司法警察官
事務取扱ノ被告人崔萬逑ニ對スル第一回訊問調書中昭和十四年七月頃盧甲
石、金漢東等カ慶山郡下某家ニ雇ハレ居リタル崔東姫ヲ大邱府内ノ某工場
ノ女工ニ世話スルト詐リ大邱ニ誘拐シ來リタルヲ盧甲石カ同人ノ戸籍謄本
、印鑑證明書等ヲ所轄面長ヨリ下附ヲ受ケ同人、金漢東、自分等三名ニテ
崔東姫ニ盧甲石ノ長女盧貴分ト僞名スル様教示シタル上假着類ヲ使用シテ

金澤相ニ娼妓ニ賣渡サムトシタルコトアル旨ノ供述記載、豫審判事ノ證人崔鍾選ニ對スル第一回訊問調書中自分ハ昭和十三年陰十一月頃昌寧郡下成某方ニ約七箇月間農事手傳ニ雇ハレ居リタルトコロ昭和十四年陰五月頃盧甲石カ工場ニ良イ就職口カアルカラ行カウト云ヒ金漢東モ自分ハ工場ノ番記テアルカ一緒ニ行カウト勸メタルヨリ自分カ其ノ氣ニナルト同人等ハ李分南ハ工場ニ雇ハルルニハ他人ノ名ヲ使ハネハナラヌカ其ノ名ハ盧貴分ニテ年ハ十八歳ト云ヘ若シ此ノ事ヲ他言スレハ懲役ニ十年位行カネハナラヌ等ト申シ乍ラ自分ヲ連レテ大邱ノ鄭文伯方ニ行キタルカ同所テ被告人崔萬述、盧甲石、金漢東等ハ自分カ偽名ヲ忘レルト盧貴分カ其ノ通リ言ハネハ

オ前ハ懲役ニ行クノタト云ヒ居ル裡三、四日後金澤相カ來リ自分ノ名ヤ年ヲ訊ネタル故教ヘラレタル通リ答ヘタルニ同夜被告人黄用八、金光之モ來リ金光之ハ自分ニ三百圓ヲ渡シタルヨリ其ノ金ハ鄭文伯ニ交付シ被告人黄用八等ニ連レラレ同家ニ到リ三泊ノ後金澤相ニ連レラレ元山ニ行キタルカ自分ハ金ハ一文モ貰ハス又工場ニ行クモノト許リ思ヒ居リタル旨ノ供述記載、豫審判事ノ證人金澤相ニ對スル訊問調書中判示詐欺ノ事實ニ照應スル被害顚末ノ供述記載、押收ニ係ル戸籍謄本（昭和十四年押第六四五號ノ證第一五號）印鑑證明書（同上ノ證第一四號）承諾書（同上ノ證第一六、一九號）ノ現存事實ヲ綜合シテ之ヲ認メ判示第十二ノ事實ハ司法警察官事務取扱

三六

ノ被告人崔萬遠ニ對スル第三回訊問調書中判示詐欺ノ事實ニ付判示同旨及
自分ハ成再先ニ對シ朴明先ト僞名スル樣敎示スル際同女ニ對シ李分南ト共
ニ大邱府内ノ女工ヨリモ京城カ元山方面ノ工場ノ女工ノ方カ待遇カ良イカ
申欺キ同女ヲ被告人黄用八ニ引渡シタル旨ノ供述記載、豫審判事ノ證人成
再先ニ對スル訊問調書中自分ハ昭和十四年陰五月頃李分南カ工場ノ女工ニ
世話スルト云ヒタルヨリ李分南、崔甲石、金漢東等ニ連レラレ大邱ニ來リ
被告人崔萬遠方ニ六泊シタルカ其ノ間同被告人及李分南ハ自分ニ對シ工場
ニ行クニハ朴明先ト僞名セネハナラヌト敎ヘ居リタルトコロ六日目ニ同人
等ノ許ニ被告人黄用八、金光之カ來リ何カ話シ居ル福間モナク京城ノ工場
ニ行カウト云ヒタルヨリ同夜大邱驛ヨリ金澤相ニ連レラレ出發シタルカ自
分ハ娼妓ニ賣ラルルトハ知ラス金モ受取リ居ラサル旨ノ供述記載、豫審判
事ノ證人金澤相ニ對スル訊問調書中判示詐欺ノ事實ニ照應スル被害顛末ノ
供述記載ヲ綜合シテ之ヲ認メ判示第十三ノ事實ハ被告人林隆滿、同黄用八
ノ當公廷ニ於ケル判示同旨ノ各供述、司法警察官事務取扱ノ被告人金光之
ニ對スル第四回訊問調書中判示同旨ノ供述記載、豫審判事ノ證人李在替ニ
對スル第二回訊問調書中昭和十四年七月下旬頃被告人金光之カ自分方ニ金
萬先ナル女ヲ連來リ「此ノ女ハ金萬先ト云フ女ナ手續書類ハ全部揃ツテ居
ルカラ滿洲方面ニ金千二百圓位テ娼妓ニ世話シテ吳レ」ト依頼セタルヨリ

0973

削一加一字

之ヲ引受ケタルカ數日後被告人當用八モ亦自分方ニ來リ被告人金光之ト同樣ノ事ヲ依頼シタルヨリ自分ハ當時滿洲方面ヨリ女ヲ買ヒニ來リ居リタル者二、三名ニ交渉シタルカ前借金千二百圓ハ高過キルトテ買手カ付カサリシ旨ノ供述記載、司法警察官事務取扱ノ證人李吉順ニ對スル訊問調書中自分ハ十八歳ノ頃ヨリ京城府貫鐵町飲食店朴正植方ニ雇女トシテ被雇中昭和十[illegible]年六月頃被告人林錫萬カ來リ自分ニ父母ノ無イ事ヲ同情シ前借金百九十圓ヲ支拂ヒ吳レ大邱ヲ見物シテ故郷ニ歸ル樣申シタルヨリ自分ハ非常ニ感謝シ同人ト共ニ大邱ニ來リ被告人金光之方ニ行キタルトコロ被告人林錫萬ハ自分ニ對シ本妻ハ死亡シ現在獨身ナル故夫婦ニナラウカト云ヒ被告人金光之モ亦林錫萬ハ小學校當時ノ同窓生ニシテ相當ノ資産ヲ有スル故夫婦ニナル樣勸メタルヨリ遂ニ被告人林錫萬ト情交關係ヲ結ヒタルニ同月十五日頃被告人ハ自分ニ對シ被告人當用八ヨリ金七百圓ヲ同月二十日辨濟期限ト定メ借用スルカ連帶保證ヲ爲シ吳レト頼ミ被告人當用八モ同樣勸メタル故之ヲ承諾シタルニ被告人林錫萬ハ其ノ金ヲ期限内ニ辨濟セサリシ爲被告人當用八ヨリ其ノ辨濟方ヲ請求セラレ自分ニ對シ何レカ料理店ニ約三ヶ月間藝妓稼業ヲシテ居レハ必ス其ノ期限内ニ身受ケスルヨリ其ノ間便宜ヲ圖リ吳レト懇願シタル故同年七月初旬被告人林錫萬、金光之ニ連レラレ京城ニ到リ恩敍旅館ニ投宿シタルカ同所ニ於テ同被告人等ハ自分ニ對シ金希鎬ノ照

三七

0974

1760

三八

女金萬兆ト僞名シ約三ケ月間前借金千二百圓ニテ娼妓稼業ヲ爲シ來レルヲ其ノ期間内ニ必ス身受ケスルカラ一時便宜ヲ圖テ呉レト稱シ紹介人李在晳ヲシテ抱主ヲ數名迎來リ自分ヲ滿洲方面ニ賣飛サムトシタル旨ノ供述記載ヲ綜合シテ之ヲ認メ得ヘク判示犯意繼續ノ點ハ被告人等カ夫々短期間内ニ同種行爲ヲ反覆累行シタル事跡ニ徴シ之ヲ認メ得ヘキヲ以テ判示犯罪事實ハ總テ其ノ證明アリタルモノトス

法律ニ照スニ被告人李鍾玉ノ判示所爲中營利誘拐ノ點ハ刑法第二百二十五條第五十五條ニ公文書僞造ノ點ハ同法第百五十五條第二項第一項ニ同行使ノ點ハ同法第百五十八條第一項第百五十五條第二項第一項ニ詐欺ノ點ハ同法第二百四十六條第一項第五十五條ニ各該當スルトコロ公文書僞造ト同行使詐欺ノ間ニハ順次手段結果ノ關係アルヲ以テ同法第五十四條第一項後段第十條ヲ適用シ最モ重キ僞造公文書行使罪ノ刑ニ從ヒ之ト營利誘拐トハ同法第四十五條前段ノ併合罪ナルトコロ判示前科アルヲ以テ同法第五十六條第一項第五十七條ニ則リ各累犯加重ヲ爲シタル上更ニ同法第四十七條第十條第十四條ニ從ヒ犯情重キ營利誘拐罪ノ刑ニ付法定ノ加重ヲ爲シタル刑期範圍内ニ於テ被告人李鍾玉ヲ懲役四年ニ處スヘク被告人郭聖邦ノ判示所爲中公文書僞造ノ點ハ刑法第百五十五條第二項第一項第五十五條ニ同行使ノ點ハ同法第百五十八條第一項第百五十五條第二項第一項第五十五條ニ公文

0975

加二字

書偽造ノ點ハ同法第百五十五條第一項第五十五條ニ同行使ノ點ハ同法第百
五十八條第一項第百五十五條第一項ニ詐欺ノ點ハ同法第二百四十六條第一
項第五十五條ニ營利誘拐ノ點ハ同法第二百二十五條ニ帝國外移送誘拐ノ點
ハ同法第二百二十六條第一項ニ各該當スルトコロ公文書變造ト公文書偽造
、變造公文書行使ト偽造公文書行使トハ夫々連續ニ係リ且偽造公文書行使ハ一
箇ノ行為ニシテ數個ノ罪名ニ觸ルル場合ニ係ルト共ニ公文書變造行使詐欺
並公文書偽造行使詐欺ノ間ニハ夫々順次手段結果ノ關係アルヲ以テ同法第
五十五條第五十四條第一項前段後段第十條ヲ適用シ結局最重キ偽造公文書
行使罪ノ刑ニ從ヒ又前示營利誘拐ト帝國外移送誘拐トハ連續ニ係ルヲ以テ

三九

0976

同法第五十五條第十條ニ則リ重キ後者ノ罪ノ刑ニ從ヒ之ト前記偽造公文書
行使罪トハ同法第四十五條前段ノ併合罪ニ係ルトコロ判示前科アルヲ以テ
同法第五十六條第一項第五十七條第十四條ニ則リ各累犯加重ヲ為シタル上
更ニ同法第四十七條第十條第十四條ニ從ヒ重キ帝國外移送誘拐ノ罪ノ刑ニ
付法定ノ加重ヲ為シタル刑期範圍内ニ於テ同被告人ヲ懲役三年ニ處スヘク
被告人塩洪伊ノ判示所為中公文書變造ノ點ハ刑法第百五十五條第二項第一
項ニ同行使ノ點ハ同法第百五十八條第一項第百五十五條第二項第一項ニ詐
欺ノ點ハ同法第二百四十六條第一項ニ各該當スルトコロ以上ハ順次手段結
果ノ關係アルヲ以テ同法第五十四條第一項後段第十條ヲ適用シ最重キ變造

公文書行使罪ノ刑ニ從ヒ其ノ所定刑期範圍內ニ於テ同被告人ヲ懲役一年ニ處スヘク被告人階岩岡ノ判示所爲中公文書變造ノ點ハ刑法第百五十五條第二項第一項ニ同行使ノ點ハ同法第百五十八條第一項第百五十五條第二項第一項ニ詐欺ノ點ハ同法第二百四十六條第一項ニ各該當スルトコロ以上ハ順次手段結果ノ關係アルヲ以テ同法第五十四條第一項後段第十條ヲ適用シ最重キ變造公文書行使罪ノ刑ニ從ヒ處斷スヘキトコロ判示前科アルヲ以テ同法第五十六條第一項第五十七條ニ則リ累犯加重ヲ爲シタル刑期範圍內ニ於テ同被告人ヲ懲役二年六月ニ處スヘク被告人金甫星ノ判示所爲中業務上横領ノ點ハ刑法第二百五十三條ニ詐欺ノ點ハ同法第二百四十六條第一項ニ各

0977

該當スルトコロ右ハ同法第四十五條前段ノ併合罪ナルヲ以テ同法第四十七條第十條ニ則リ犯情重キ詐欺罪ノ刑ニ法定ノ加重ヲ爲シタル刑期範圍內ニ於テ同被告人ヲ懲役一年ニ處スヘク被告人崔高錫ノ判示所爲中公文書僞造ノ點ハ刑法第百五十五條第一項第五十五條ニ同行使ノ點ハ同法第百五十八條第一項第百五十五條第一項ニ私文書僞造ノ點ハ同法第百五十九條第一項第五十五條ニ同行使ノ點ハ同法第百六十一條第一項第百五十九條第一項ニ詐欺ノ點ハ同法第二百四十六條第一項第五十五條ニ營利誘拐ノ點ハ同法第二百二十五條第五十五條ニ各該當スルトコロ公私文書ノ一括行使ノ點ハ一箇ノ行爲ニシテ數箇ノ罪名ニ觸ルル場合ニ係リ且公私文書僞造同行使間

欺ノ間ニハ順次手段結果ノ關係アルヲ以テ同法第五十四條第一項前段後段第十條ヲ適用シテ結局最重キ僞造公文書行使罪ノ刑ニ從ヒ之ト營利誘拐トハ同法第四十五條前段ノ併合罪ニ係ルヲ以テ同法第四十七條第十條ニ則リ犯情重キ營利誘拐罪ノ刑ニ付法定ノ加重ヲ爲シタル刑期範圍內ニ於テ被告人崔萬述ヲ懲役三年ニ處スヘク被告人林鍾萬ノ判示所爲中營利誘拐ノ點ハ刑法第二百二十五條ニ帝國外移送誘拐ノ點ハ同法第二百二十六條第一項ニ同未遂ノ點ハ同法第二百二十八條第二百二十六條第一項ニ詐欺ノ點ハ同法第二百四十六條第一項第五十五條ニ同未遂ノ點ハ同法第二百五十條第二百四十六條第一項ニ各該當スルトコロ營利誘拐ト帝國外移送誘拐及同未遂ト詐欺ト詐欺未遂トハ夫々連續ニ係ルヲ以テ同法第五十五條第十條ニ則リ夫々帝國外移送誘拐及詐欺既遂ノ各一罪トシ右ハ同法第四十五條前段ノ併合罪ナルトコロ判示前科アルヲ以テ同法第五十六條第一項第五十七條第十四條ニ則リ各累犯加重ヲ爲シタル上同法第四十七條第十條第十四條ニ則リ重キ帝國外移送誘拐罪ノ刑ニ付法定ノ加重ヲ爲シタル刑期範圍內ニ於テ被告人林鍾萬ヲ懲役三年ニ處スヘク被告人金同錫ノ判示所爲中營利誘拐ノ點ハ刑法第二百二十五條ニ私文書僞造ノ點ハ同法第百五十九條第一項ニ同行使ノ點ハ同法第百六十一條第一項第百五十九條第一項ニ詐欺ノ點ハ同法第二百四十六條第一項第五十五條ニ各該當スルトコロ私文書僞造行使詐欺ハ順

四二

次手段結果ノ關係アルヲ以テ同法第五十四條第一項後段第十條ニ則リ最重キ詐欺罪ノ刑ニ從ヒ之ト營利誘拐トハ同法第四十五條前段ノ併合罪ナルヲ以テ同法第四十七條第十條ニ則リ重キ後者ノ罪ノ刑ニ付法定ノ加重ヲ為シタル刑期範圍內ニ於テ被告人金同錫ヲ懲役一年ニ處スヘク被告人裵化善ノ判示所為中營利誘拐ノ點ハ刑法第二百二十五條ニ詐欺ノ點ハ同法第二百四十六條第一項ニ各該當スルトコロ右ハ同法第四十五條前段ノ併合罪ナルヲ以テ同法第四十七條第十條ニ則リ重キ營利誘拐罪ノ刑ニ付法定ノ加重ヲ為シタル刑期範圍內ニ於テ被告人裵化善ヲ懲役一年ニ處スヘク被告人裵用八ノ判示所為中帝國外移送誘拐未遂ノ點ハ刑法第二百二十八條第二百二十六

0979

條第一項第五十五條ニ詐欺未遂ノ點ハ同法第二百五十條第二百四十六條第一項ニ各該當シ右ハ同法第四十五條前段ノ併合罪ナルトコロ未遂罪ニ係ルヲ以テ同法第四十三條本文第六十八條第三號ニ則リ各未遂減輕ヲ為シタル上同法第四十七條第十條ニ則リ重キ帝國外移送誘拐未遂罪ノ刑ニ付法定ノ加重ヲ為シタル刑期範圍內ニ於テ被告人裵用八ヲ懲役一年六月ニ處スヘク被告人金光之ノ判示所為中帝國外移送誘拐未遂ノ點ハ刑法第二百二十八條第二百二十六條第一項ニ詐欺未遂ノ點ハ同法第二百五十條第二百四十六條第一項ニ各該當シ右ハ同法第四十五條前段ノ併合罪ナルトコロ未遂罪ニ係ルヲ以テ同法第四十三條本文第六十八條第三號ニ則リ各未遂減輕ヲ為シタ

0980

0980

ル上同法第四十七條第十條ニ則リ重キ帝國外移送誘拐未遂罪ノ刑ニ付法定ノ加重ヲ爲シタル刑期範圍内ニ於テ被告人金光之ヲ懲役一年ニ處スヘク被告人金雨昱ニ對シテハ犯情刑ノ執行ヲ猶豫スルヲ相當ト認メ同法第二十五條ニ則リ三年間右刑ノ執行ヲ猶豫スヘク尚同法第二十一條ニ依リ被告人等ニ對スル未決勾留日數中被告人李鐵玉、同鄭君郁、同崔洪伊、同諸岩回ニ對シテハ各二百四十日ヲ其餘ノ被告人等ニ對シテハ各百八十日ヲ右各本刑ニ算入スヘク主文掲記ノ押收物件ハ判示公文書僞造變造行爲並私文書僞造行爲ヨリ生シタル物ニシテ何人ノ所有ニモ屬セサルヲ以テ同法第十九條第一項第三號第二項ニ則リ夫々主文掲記ノ如ク之ヲ沒收シ訴訟費用ハ刑事訴訟法

加三字

第二百三十七條第一項第二百三十八條ヲ適用シ夫々主文掲記ノ如ク被告人等ヲシテ負擔セシムヘキモノトス

本件公訴事實中被告人崔洪伊カ判示第一ノ公文書變造行使詐欺ノ犯行ニ共謀加擔シタリトノ點ハ犯罪ノ證明ナキモ判示第三ノ同罪ト連續關係アリトシテ公判ニ付セラレタルモノト認ムルヲ以テ特ニ主文ニ於テ無罪ノ言渡ヲ爲サス

仍テ主文ノ如ク判決ス

昭和十五年七月三十一日

大邱地方法院刑事部

裁判長朝鮮總督府判事 有吉正紹 ㊞

朝鮮總督府判事 橘盛行 ㊞

朝鮮總督府判事 孫東頊 ㊞

0981

1940년형공공제201호(昭和十五年刑控公第二〇一號)

判決宣告 昭和十五年九月四日 朝鮮總督府裁判所書記 李[illegible]

昭和十五年九月四日[illegible]

加一字

昭和十五年刑控公第二〇一號

判決

本籍 大邱府南山町

住居 大邱府錦町二丁目番地不詳

野菜行商

鍾淡、鍾賀コト 李 鍾 玉

當四十八年

右ノ者ニ對スル營利誘拐、公文書僞造行使詐欺被告事件ニ付昭和十五年七月三十一日大邱地方法院カ言渡シタル有罪判決ニ對シ被告人ヨリ控訴ノ申立ヲ爲シタリ因テ當院ハ朝鮮總督府檢事將永世策關與審理ヲ遂ケ判決スルコト左ノ如シ。

大邱覆審法院

主文

被告人ヲ懲役四年ニ處ス

但シ原審未決勾留日數中二百四十日ヲ右本刑ニ算入ス

訴訟費用中原審證人朴在煥、金萬今、崔仁俊、尹岑仙ニ對スル部分ハ被告人ノ單獨負擔トシ證人黃慶祚、朴南逃ニ對スル部分ハ被告人及原審相被告人鄭[illegible]邦ノ連帶負擔トス

理由

一

0982

被告人ハ

第一 昭和十三年十一月下旬頃當時大邱府飛山洞[redacted]ニ居住セル朴南逃カ其ノ二女李分永（當時十六年）ヲ妓生見習奉公ニ出サントシ居レルヲ聞知シ同女ヲ誘拐シテ娼妓ト爲シ以テ私利ヲ營マンコトヲ企テ、同月二十九日頃同所黃慶祚方ニ於テ自己ノ妾權澤相ヲシテ無智蒙昧ナル右朴南逃、李芬永親娘ニ對シ妓生養女ニ行カハ良キ夫ヲ迎ヘルコトモ出來又收入モ多カルヘキ旨甘言ヲ以テ誘ハシメ同日同所ヨリ右李芬永ヲ大邱府南山町ナル當時ノ被告人居宅ニ連行セシメテ誘拐シタルカ右李芬永ノ年齡カ十六年ニシテ娼妓稼業ヲ爲サシムルコト能ハサリ

大邱 地方覆審 法院

シヨリ同月末頃豫テ知合ナル原籍相被告人鄭萬邦ニ情ヲ告ケ右同人ト共謀シ右李芬永カ娼妓許可年齡（滿十七年以上）ニ達シタルモノノ如ク同女ノ戶籍謄本ヲ變造行使シ他人ヲ欺罔シテ前借金名義ノ下ニ金員ヲ騙取センコトヲ企圖シ先ツ被告人ニ於テ其ノ頃自宅ニ於テ京城府長沙町四十五番地金弼周ニ對シ右李芬永ヲ娼妓ニ抱入レラレ度キ旨申入ルルト同時ニ右朴南逃及李芬永ヲシテ李芬永ヲ當十八年ナリト詐稱セシメ右金弼周ヲシテ其ノ旨誤信セシメ因テ同女ヲ三年半金四百圓ノ前借ニテ娼妓ニ雇入ルルコトヲ承諾セシメ即時同所ニ於テ同人ヨリ契約金トシテ金五十圓ヲ朴南逃ニ交付セシメタル上右鄭萬邦ハ右朴南逃ヲ

〔大邱・佐々木納〕

二

0983

シテ大邱府西部出張所ヨリ李分氷ノ戸籍謄本一通ノ下附ヲ受ケシメ之
ヲ使用シテ同年十二月一日大邱府鳳山町　居宅ニ於テ右
戸籍謄本中李分氷ノ生年月日欄ノ生年大正拾貳年四月貳拾參日ト記載
シアリタル「拾貳」ヲインキ消友石油ベンジンヲ以テ巧ニ抹消シ新タ
ニ「拾」ノ字ヲ書入レ以テ大邱府尹古市進作成名義ノ前顯戸籍謄本一
通ノ變造ヲ遂ケ同日夜權澤相、朴南逃、李分氷等ヲ伴ヒ同府鳳山町百
九十七番地鳳山旅館白晋金方ニ到リ情ヲ知ラサル朴南逃ヲシテ金溺周
ニ對シ右變造ニ係ル戸籍謄本ヲ交付セシメテ之ヲ行使シ同人ヲシテ金
々信用セシメタル上即時同所ニ於テ同人ヨリ前借金名義ノ下ニ金三百

五十圓ヲ朴南逃ニ交付セシメ合計金四百圓ノ騙取ヲ遂ケ、

第二、次イテ營利ノ目的ヲ以テ昭和十四年七月四日頃大邱府西城町一丁目飲
食店大成館コト尹岑仙方ニ於テ同家ノ酌婦今萬今當時十八年）ニ對シ
目分ハ慶州ニ於テ飲食店ヲ經營シ居ル者ナルカ慶州ノ自分經營ノ飮食
店ニ來ラハ大邱ヨリ良キコトアル旨甘言ヲ弄シテ同女ヲ誤信セシメ同
日同女ヲ石尹岑仙方ヨリ大邱府大明洞二千四百十八番地朴在煥方ニ連
レ出シテ誘拐ヲ遂ケ、

第三、原審相被告人林霽萬ト共謀シ昭和十四年一月二日營利ノ目的ヲ以テ達
城郡城西面巴山洞金光石方ニ於テ同家ノ雇女金羅北道錦山郡珍山面莫

暁里井於藏（當時十九年）ニ對シ田舍ノ農家ニ雇ハレ居ルヨリ都會地タル大邱ニ來ラハ良キ飲食店ニ紹介シ與フヘシトテ言葉巧ニ同女ヲ勸誘シテ欺罔シ同日同女ヲ大邱府南山町[redacted]石林壽萬方ニ連レ出シテ誘拐シ其ノ頃同女ヲ大邱府新町百七十八番地飲食店李鍾魯方ニ前借金二百圓ニテ一時酌婦ニ住込マシメテ該金員ヲ受取リテ營利ノ目的ヲ遂ケ、

第四 豫テ知合ナル原審相被告人崔萬述ニ於テ營利ノ目的ヲ以テ昭和十四年六月頃慶州邑路東里飲食店營業李花允方ヨリ慶尚南道昌寧郡大池面旺山里崔元伊ノ長女崔玉梅（當時二十七年）ナル者ヲ待遇良キ飲食店ニ

大邱地方法院

四

0985

紹介シ與フヘキ旨甘言ヲ弄シテ大邱府南山町崔萬述居宅ニ連出[illegible]拐シ來リテ自宅ニ宿泊セシムル中被告人ニ對シ其ノ情ヲ告ケテ同女ノ賣買ニ付援助ヲ求メ被告人乙ニ應シタルヨリ玆ニ兩名共謀ノ上被告人ニ於テ大邱府南山町九十九番地李龍ノ妻崔性汝ヨリ李龍ノ戸籍謄本（昭和十四年押第[illegible]號ノ證第九號）印鑑證明書（同上ノ證第八號）等ヲ貰ヒ受ケ其ノ頃右崔萬述居宅ニ於テ大邱府東雲町三百七十番地原審相被告人黄用八ニ乙[illegible]交付シ李南順ヲ娼妓トシテ抱入レラレ度キ旨申込ムト同時ニ右崔玉梅ヲ右李龍ノ長女李南順ト僞稱セシメ因テ同人ヲシテ眞實同女カ李龍ノ長女李南順ニシテ娼妓ニ爲ルモノト誤信

削一字　訂正四字　加一字

〔大邱・佐々木納〕

0984

セシメ前借金名義ノ下ニ金五百二十圓ノ交付ヲ受ケテ之ヲ騙取シ、
タルモノナリ、
而シテ被告人ノ右ノ所爲中營利誘拐ノ所爲及詐欺ノ所爲ハ夫々犯意繼續ニ
係ルモノナリ、
尙被告人ハ昭和十二年十一月二十五日京城地方法院ニ於テ營利誘拐罪ニ因
リ懲役一年六月（未決勾留四百二十日通算）ニ處セラレ當時右刑ノ執行ヲ
終リタルモノナリ、
證據ヲ按スルニ被告人ノ右ノ所爲中判示第一ノ事實ハ司法警察官事務取
扱ノ被告人ニ對スル昭和十四年八月十四日附第一回訊問調書中判示日時頃

大邱地方法院 覆審

判示權澤相カ朴南述親娘ヲ私方ニ連レ來リ朴南述カ私ニ對シ娘ヲ何處カニ
賣リ金ヲ澤山取レル樣世話シテ吳レト賴ミタルカ娘ノ年齡カ十六歲ナリト
ノコト故私ハ年ヲ多ク言ハネハ金カ澤山取レヌト言フト朴南述モ私ノ言ニ
贊成シテ其ノ方法ヲ問フタノテ私ハソレハ戶籍ヲ訂正スルヨリ外ハナイカ
ソレハ自分カ賴ンテヤルト謂ヒテ歸シタルカ其ノ後戶籍謄本ノ變造ニ巧ナ
鄭炅邦ニ其ノ旨ヲ話シ右同女ノ戶籍謄本ヲ十八歲ニ訂正スル樣依賴シタル
旨ノ供述及原審相被告人鄭炅邦ニ對スル原審公判調書中同人ノ供述トシテ
私ハ昭和十三年十一月末頃外出中判示李鍾玉ニ呼止メラレテ同人方ニ行キ
タルトコロ其處ニハ同人ノ妾權澤相及氏名不詳ノ女四、五名居リタルカ其

（大邱・佐々木納）

五

0986

六

ノ際李鍾玉ハ私ニ對シ他人ノ娘ヲ娼妓ニ紹介シ度イト思フカ娘ノ年齢カ娼
妓年齢ニ達セサルニヨリ其ノ戸籍ヲ訂正シテ呉レト依賴シタルヲ以テ翌日
娘ノ母親ヲ伴ヒ大邱府西部出張所ニ到リ李芬永ノ戸籍謄本一通ノ下附ヲ受
ケシメテ李鍾玉方ニ行キタルトコロ同人ハ抱主ヲ連レ來ルヘキ旨申シタル
ヨリ原審相被告人崔洪伊ト共ニ抱主金弼周ヲ連レ來リ同人ハ李芬永ニ對シ
年齢ヲ訊ネタルトコロ同女ハ十八歳ト答ヘ居タルカ折衝ノ結果結局前借金
四百圓ニテ雇入ルルコトト爲リ金弼周ハ先ツ契約金トシテ五十圓ヲ朴南逑
ニ交付シタルモ殘金ハ契約書類ト引換ヘニ支拂フコトト爲リタルヲ以テ私
ハ同年十二月一日自宅ニ於テ前述戸籍謄本ヲ使用シテ判示ノ如ク該戸籍謄

大邱 地方 覆審 法院

本ヲ改竄シタル上判示ノ如キ方法ニヨリ之ヲ變造シ方之ヲ朴南逑ニ交付シ
同夜權澤相、朴南逑親娘ト共ニ判示德山旅舘ニ行キタルカ私ハ李鍾玉カ右
戸籍謄本ヲ使用シテ李芬永ノ年齢ヲ十八歳ト詐リ抱主ヲ欺罔シテ金員ヲ受
領スルヲ承知シ居タル旨ノ記載、同鄕玄邦ニ對スル第二回豫審訊問調書中
同人ノ供述トシテ判示日時判示德山旅舘ニ於テ朴南逑カ判示變造ノ戸籍謄
本ヲ金弼周ニ交付シタル旨ノ記載、證人朴南逑ニ對スル豫審訊問調書中
私ハ昭和十三年十一月中旬頃生活困難ノ爲判示黃慶祚ニ對シ二女李芬永（
大正十二年四月二十三日生）ヲ何處カ妓生養女ニ世話シ呉レル樣依賴シ置
キタルトコロ同月二十九日頃黃慶祚カ私ヲ呼ヒタルヨリ李芬永ヲ連レ同人

0987

方ニ行キタルトコロ同家ニハ判示權澤相カ來リ居リテ私ニ對シ「酒屋ニ李分永ヲ置イテモ借金カ増加スル丈ケテ詰ラヌソレヨリモ自分カ何處カ良イトコロヘ妓生養女ニ世話シテ遣ル其處ヘ行ケハ良イ夫モ迎ヘルコトカ出來ルシ金モ澤山取レル左様ニシテ父母ノ暮シヲ良クシテハ如何カト言ヒ又娘李芬永ニ對シテモ「自分カ良イ所ヘ妓生養女ニ世話シテ遣ル」ソウスレハ良イ夫ヲ迎ヘルコトモ出來ルシ父母ノ生活モ助カルカラ左様ニシヤウ」ト勧メル故同女ノ言フ通リナラハ娘ノ爲ニモ良イト思ヒ娘ノ様子ヲ見ルト娘ハ默シ居タルカ權澤相カ度々勧メタルニヨリ私ハ娘ヲ連レ行クコトヲ承諾シ權澤相ハ同夜同女方ニ李芬永ヲ連行シタリ然ルニ翌三十日頃私カ黄應祚

大邱地方覆審法院

ト共ニ權澤相方ヲ訪レタルトコロ同家ノ一室ニ權澤相、李鍾玉及娘李芬永等カ居リテ李鍾玉ト私ニ對シ先ツ自分カ權澤相ヨリ話ヲ聞キ世話シテ遣ル登リニテ呼ハセタモノナルカト言ヒナカラ娘ノ年齢ヲ訊ネタルヨリ十六歳ナリト答ヘタルニ同人ハ「十六歳テハイケナイ今人カ來テ訊ネタラ十八歳ト云ヘ」ト謂フ故其ノ譯ヲ訊ネタルニ同人ハ笑ヒナカラ「何テモヨイカラ人カ訊ネタラ十八歳ダト答ヘヨ」ト云ヒタルカ其處ヘ崔洪伊及京城ノ抱主ナル男等カ入リ來リタリ而シテ李鍾玉ハ其際京城ノ抱主ニ對シ「三年間ニテ四百五十圓ニセヨ」ト謂ヒ京城ノ者モ「四百五十圓テハ高イ四百圓ニセヨ」等話合フトコロヘ鄭亀邦モ入リ來リ暫ク話シ居ル裡結局李芬永ヲ三年

【大邱・佐々木納】

半前貰金四百圓ニテ屋入レルトノコトニテ私ハ契約金トシテ金五十圓ヲ抱
主ヨリ受取リタルカ同戸籍謄本カ必要ダト謂フノテ鄭男邦ト共ニ之カ下附
ヲ受ケ於戸籍謄本ヲ同人ニ渡シテ歸宅シタルカ翌日判示德山旅館ニ於テ右
崔洪伊、金在淵等カ契約書類ヲ作リテ京城ノ抱主ニ渉シ私ハ同人ヨリ前述
契約金ヲ除キタル殘金三百五十圓ヲ李分永ノ手ヲ經テ受取リタルカ李鐘玉
ヨリ色々立替金アリトテ差引カレ結局百四十圓ノミ入手シタルカ私ハ娘ヲ
娼妓ニ賣リタルモノニ非スシテ妓生養女ニシテ與レルモノト思ヒ承諾シタ
ル旨ノ供述記載竝司法警察官事務取扱ノ被疑者韓澤相ニ對スル第一回訊問
調書中昭和十三年十一月頃氏名不詳ノ老婆カ李鐘玉ト同居中ノ私方ニ來リ

大邱 地方 覆審 法院

飛山洞ノ者ニテ妓生見習ニ出シタルトコロ酒許リ習ラセテ藝ヲ教ヘナイ、
斯樣ナ有樣テハ娘ノ將來ニ良クナイ故何處カ良イトコロカアレハ世話シテ
與レト謂ヒ居タルカ李鐘玉ハ私ニ對シ其ノ女ノ所ヘ行キテ見ヨト申シタル
ヨリ黃學祚方ニ行キ娘ヲ連レ來リタル旨ノ供述記載及司法警察官事務取扱
ノ證人金炳周訊問調書中私ハ京城府長沙町四十五番地ニ於テ紹介業ヲ營ム
モノナルカ昭和十三年十一月末頃大邱府ニ到リ同府德山町德山旅館ニ宿泊
シ料理屋、飲食店ノ雇女ヲ求メ居タルトコロ其ノ頃住所不詳鄭某及崔泰浩
ノ兩名カ私ヲ旅館ニ訪レ花柳界ニ出身セントスル女カ居ルカ買ハヌカト勸
メルノテ連レテ來ル樣ニ言ツタトコロ同日ノ午後六時頃右兩名及他ノ男一

八

0989

名カ判示朴南遇ト同人ノ娘李分永トヲ連レテ來タノテ面談折衝ノ末結局右
娘ヲ買フ事ニ約束シ必要書類タル朴南遇ノ印鑑證明書、戸籍謄本、承諾書
及委任狀ヲ同人ヨリ受取リテ身代金ヲ支拂ヒタルカ私ハ崔秦浩及鄭某等カ
此ノ女ハ朴南遇ノ二女ニ相違ナイカラ安心シテ買ヘト勸メルノテ之ヲ信シ
テ買ヒ受ケタル旨ノ供述記載アルヲ彼此綜合シテ之ヲ認メ判示第二ノ事實
ハ被告人ニ對スル豫審第三回訊問調書中判示同旨ノ供述記載アリ且豫審判
事ノ證人金萬今訊問調書中同人ノ供述トシテ私ハ昭和十四年七月頃判示尹
岑仙方ニ於テ酌婦ヲ爲シ居タルトコロ判示日時頃被告人カ朴在煥、徐萬壽
等ト共ニ來リ私ニ對シ判示ノ通リ申向ケテ慶州行キヲ勸メルノテ私ハ之ヲ

大邱 地方 覆審 法院

眞實ト信シ主人ノ諒解ヲ得テ行クコトニシ右尹岑仙方ヲ立チ出テタルカ其
家ヲ出ルト李鍾玉ハ私ニ對シ慶州ヘモウ一人一緒ニ行ク女カアル故其ノ者
カ來ル迄二、三日朴在煥方ニ滯在スル様申シタルニヨリ同日朴在煥方ニ行
キテ滯在シタルカ其ノ後慶州ニハ仲々連レ行カス朴在煥ハ私ニ對シ既ニ前
借ノ支拂モ濟ミ居レハ何處カニ稼ギヘセネハナラヌカ今暫ク居レト謂フノ
テ泊ツテ居ルト其ノ間李鍾玉ヤ徐萬壽等カ時々來テコソコソ相談シ居タル
カ結局同月十七日頃釜山ノ飾一食堂崔仁俊方ニ賣ラレタル旨ノ記載アルヲ
綜合シテ之ヲ認メ、判示第三ノ事實ハ司法警察官事務取扱ノ被告人ニ對ス
ル昭和十四年十月十三日附第一回訊問調書中判示同旨ノ供述記載、及同司

九

0990

01.30

法警察官事務取扱ノ被疑者林蔡萬訊問調書中判示ニ照應スル供述記載並檢事判事ノ證人李鍾魯訊問調書中私ハ大邱府新町百七十八番地ニ飲食店營業ヲ爲シ居ル者ナルカ昭和十四年一月初旬頃豫テ面識アル紹介業者金在淵及林蔡萬カ尹於鎭ナル女ヲ私方ニ連レ來リ私ニ對シ尹於鎭ハ遠方ニ雇ハレ行クコトトナリ居ルカ目下同女ノ兄カ其ノ手續中ナルヲ以テ手續ノ出來ル迄暫ク同女ヲ貴宅ニ酌婦トシテ雇入レ前借金トシテ金二百圓位ヲ貸與サレ度シト申入レタルニヨリ私ハ之ヲ承諾シ尹於鎭ヲ債務者林蔡萬ヲ保證人トシタル金二百圓ノ借用證書ヲ徴シテ二百圓ヲ林蔡萬ニ交付シタルカソレヨリ四、五日後同人カ私方ニ來リ二百五圓ノ元利金ヲ支拂ヒテ尹於鎭ヲ連レ行

十

大邱地方覆審法院

キタル旨ノ供述記載並司法警察官事務取扱ノ證人尹於鎭第一回訊問調書中私ハ昭和十三年陰十月頃夫ト離別シ達城郡城西面巴山洞ノ金光石方ニ飯炊女トシテ雇ハレ居タルカ判示日時頃判示林蔡萬及李鍾玉カ私ヲ同面內ノ某飲食店ニ呼出シ判示ノ如キ事ヲ申向ケテ大邱ニ行クコトヲ勸メタルヨリ同人等カ眞實私ヲ助ケ與レルモノト信シ同日同人等ニ連レラレテ大邱ニ出テ來リタルカ私ハ何人トモ金錢ノ貸借關係ナク且前借金其ノ他ノ點ハ一切不知ナル旨ノ供述記載アルヲ綜合スルニ依リ之ヲ認メ判示第四ノ事實ハ司法警察官事務取扱ノ被告人ニ對スル昭和十四年十月十三日附第一回訊問調書中同人ノ供述トシテ判示ノ如キ情ヲ知リ乍ラ判示李龍ノ戶籍謄本及印

1660　　0991

鍮諭明書ヲ崔萬逃ニ交付シタル旨ノ記載及原審相被告人崔萬逃豫審第四回訊問調書中被告人ト共謀ノ上判示ノ如ク詐欺ヲ働キタル旨ノ供述記載並同人ニ對スル司法警察官事務取扱ノ第一回訊問調書中判示同旨ノ供述記載及司法警察官事務取扱ノ證人崔梅玉訊問調書中同人ノ供述トシテ私ハ昭和十四年五月頃尉山ヨリ陸州ノ飲食店李花允ノ雇女トシテ住ミ替ヘタルカ同年六月頃判示崔萬逃カ私ノ所ニ來リテ私ニ對シ「大邱府内ニ行ケハ今ヨリモ良イ所ノ雇女ニ世話シテ遣ル」ト申シタルニヨリ私ハ之ヲ信シ同人ニ連レラレ大邱府内ノ同人方ニ來リタルカ其ノ後同人ハ私ヲ十日間位モ自宅ニ止宿セシメ漸キ乍ラ孰レノ雇女ニモ世話セスニ滿洲方面テハ金儲カ良イカラ

大邱地方法院 覆審

行ケト頻リニ勸メタルヨリ滿洲ノ飲食店ノ雇女ニ世話スルモノト思ヒ之ヲ承諾シタルニ同人ハ滿洲ニ行クニハ戸籍謄本カ必要ナル故李龍ノ戸籍謄本ヲ以テ自分ヲ同人ノ長女李南順ト僞名セヨト言フニヨリ同月日不詳右崔萬逃方ニ於テ判示黄用八ニ對シ李南順ト僞名シ金五百二十圓ニテ賣ラレ金ハ全部崔萬逃ニ手交シ同夜直チニ京城ニ同ケ出發シタル旨ノ記載及原審公判調書中相被告人黄用八ノ供述トシテ判示ニ照應スル被害顚末ノ記載アリ且押收ニ係ル李龍ノ戸籍謄本（昭和十五年押第一〇七號ノ第九號）印鑑證明書（同上ノ第八號）ノ現存スル事實ヲ彼此綜合スルニヨリ之ヲ認メ、前科ノ點ハ被告人ノ當公廷ニ於ケル供述ニヨリ之ヲ認メ犯意繼續ノ點ハ被告人

カ短期間内ニ各同種ノ行爲ヲ反覆累行シタル事跡ニ徵シ之ヲ認メ得ルヲ以テ判示事實ハ其ノ證明アルモノトス

法律ニ照スニ被告人ノ判示所爲中營利誘拐ノ點ハ刑法第二百二十五條第五十五條ニ、公文書僞造ノ點ハ同法第百五十五條第二項第一項ニ、同行使ノ點ハ同法第百五十八條第一項第百五十五條第二項第一項ニ、詐欺ノ點ハ同法第二百四十六條第一項第五十五條ニ各該當スルトコロ右公文書僞造同行使詐欺ノ間ニハ順次手段結果ノ關係アルヲ以テ同法第五十四條第一項後段第十條ニ則リ最モ重キ僞造公文書行使ノ罪ノ刑ニ從ヒ之ト右營利誘拐罪トハ同法第四十五條前段ノ併合罪ナルトコロ被告人ニハ前示前科アルヲ以テ

大邱地方法院 覆審

同法第五十六條第五十七條ニ則リ各累犯加重ヲ爲シタル上更ニ同法第四十七條第十條ニ則リ犯情重キ營利誘拐罪ノ刑ニ法定ノ加重ヲ爲シ同法第十四條ノ制限範圍内ニ於テ被告人ヲ懲役四年ニ處シ同法第廿一條ニ則リ原審未決勾留日數中二百四十日ヲ右本刑ニ算入スヘキモノトシ訴訟費用中主文第三項掲記ノ訴訟費用ハ刑事訴訟法第二百三十七條第一項第二百三十八條ニ則リ被告人單獨及被告人並原審相被告人鄭[illegible]邦ヲシテ連帶負擔セシムヘキモノトス

仍テ主文ノ如ク判決ス

被告人ノ控訴ハ理由ナシ

昭和十五年八月三十一日

大邱覆審法院刑事第二部

裁判長朝鮮總督府判事　渡邊彌美

朝鮮總督府判事　黑川和直

朝鮮總督府判事　稗田秀雄

十三

大邱地方覆審法院

右謄本也

昭和十五年九月四日

大邱覆審法院刑事部

朝鮮總督府裁判所書記　李濯萬

0994

I-8. 만주 펑톈, 안동 유괴 사건

1940년형공제933호(昭和十五年刑公第九三三號)

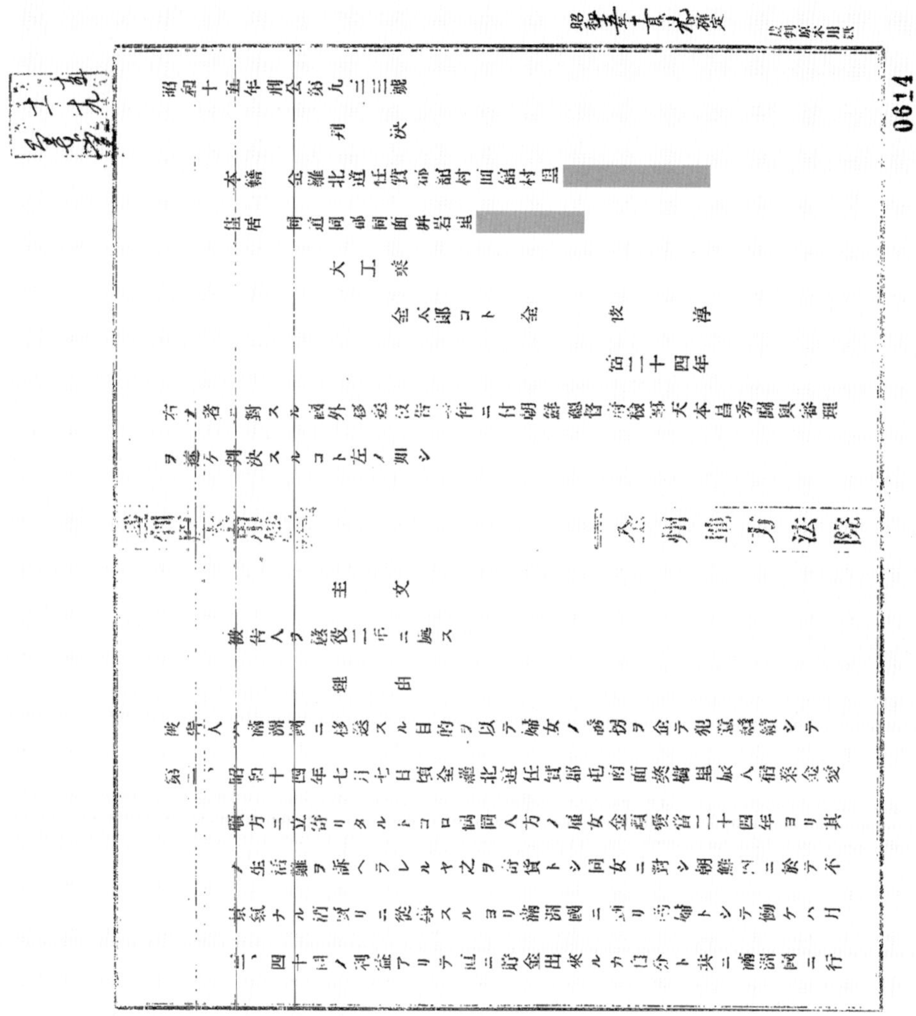

昭和十五年刑公第九三三號

判決

本籍 全羅北道任實郡話村面□□村里

住居 同道同郡同面鉄岩里

大工業

金太郎コト 金 伎 淳

當二十四年

右ノ者ニ對スル國外移送誘拐被告事件ニ付朝鮮總督府檢事天本昌秀關與審理ヲ遂ケ判決スルコト左ノ如シ

全州地方法院

主文

被告人ヲ懲役二年ニ處ス

理由

被告人ハ滿洲國ニ移送スル目的ヲ以テ婦女ノ誘拐ヲ企テ犯意繼續シテ

第一、昭和十四年七月七日頃全羅北道任實郡屯南面獒樹里居人稻葉金愛經方ニ立寄リタルトコロ同人方ノ雇女金福愛當二十四年ヨリ其ノ生活難ヲ訴ヘラレルヤ之ヲ奇貨トシ同女ニ對シ朝鮮内ニ於テ不景氣ナル酒場ニ從事スルヨリ滿洲國ニ渡リ酌婦トシテ働ケハ月二、四十圓ノ利益アリテ且ニ貯金出來ルカ自分ト共ニ滿洲國ニ行

カスカト詐言ヲ弄シ誘惑シ同女ヲシテ其ノ旨ヲ承諾セシメ同日
同女ヲ同邑錦村面錦村里ニ誘致シタル上同月十四、五日頃金羅線
細村驛ヨリ汽車ニテ滿洲國奉天市ニ連行シ以テ帝國外移送ノ
誘拐ヲ遂ケ

第二、同年八月頃同邑三溪面溪陰里韓錫ノ長女韓正淑當二十二年カ其
ノ内縁ノ夫金鎭宅ト離別シ同邑新平面天里李顧用方ニ滯在シ居ラ
嫁入先ヲ物色中ナルコトヲ聞知スルヤ之ヲ奇貨トシ情ヲ知ラサル
右李顧用ヲ介シ数回ニ亘リ同女ヲ嫂ニスル意思ナキニ拘ラス之ア
ルモノノ如ク装ヒ婚姻方ヲ申入レ其ノ承諾ヲ得同女ヲ誘出シ被告

人方ニ於テ同年十一月頃迄同棲シタル上同女ニ對シ朝鮮ニ於テ生
活ニ窮スルヨリモ氣互キ滿洲國ニ行キ共稼ヲ為ス様甘言ヲ弄シ誘
惑シ同女ヲシテ其ノ旨承諾セシメ同年十一月頃同女ヲ滿洲國
安東市ニ連行シ以テ帝國外移送ノ誘拐ヲ遂ケタルモノナリ

證據ヲ按スルニ判示事實ハ被告人ノ當公廷ニ於ケル判示同旨ノ自供、司法
警察官事務取扱ノ證人金[illegible]ニ對スル訊問調書中昭和十四年七月頃金順
愛ト云フ女ヲ雇ヒ居リタル處同女ハ眞面目ニ働キ居リタルモ或鶏行商人
ト話シテカラ俄ニ態度カ變リ解雇ノ希望ヲ申込ミタルヲ以テ其ノ理由ヲ
聞キタルニ右鶏行商人ト夫婦ニナルト答ヘルヨリ夫レハ人ニ雇ハレテ居

ルヨリ良イ事タト勸メ歸ヘシタ旨ノ供述記載、安東地方檢察官ノ證人尋
正淑ニ對スル訊問調書中自分ハ二年前最初ノ夫ト死別シ母親ノ親戚方ニ
寄食シ居リタルカ右親戚ノ世話テ昭和十四年八月カラ金俊淳ト同棲シテ
同年十二月頃別レタリ滿洲國安東市ノ京城館ニ雇ハレタ動機ハ同年十一
月頃右金俊淳カ滿洲ハ非常ニ景氣カ良イカラ滿洲テ共稼シヨウト申スノ
テ自分モ同意シ十一月頃撫順ニ二人來テ就職先ヲ方々搜シ居リタルカ適
當ナ仕事ナカリシ爲金俊淳カ十二月中安東ニ連行シ自分ヲ京城館ト云フ
酒場ニ酌婦トシテ勤メルヘク誘メ仕方ナク酌婦ニナリタルカ同人ニ欺ム
カレタル旨ノ供述記載アルニ依リ之ヲ認ム仍テ判示犯罪事實ハ其ノ證明
アリタルモノナリ

法律ニ照スニ被告人ノ判示所爲ハ刑法第二百二十六條第一項第五十五條
ニ該當スルヲ以テ其ノ刑期範圍内ニ於テ被告人ヲ懲役二年ニ處スヘキモ
ノトス

仍テ主文ノ如ク判決ス

昭和十五年十一月十九日

全州地方法院刑事部

裁判長朝鮮總督府判事

裁判所用紙　全州地方法院

裁判原本用紙　三

0616

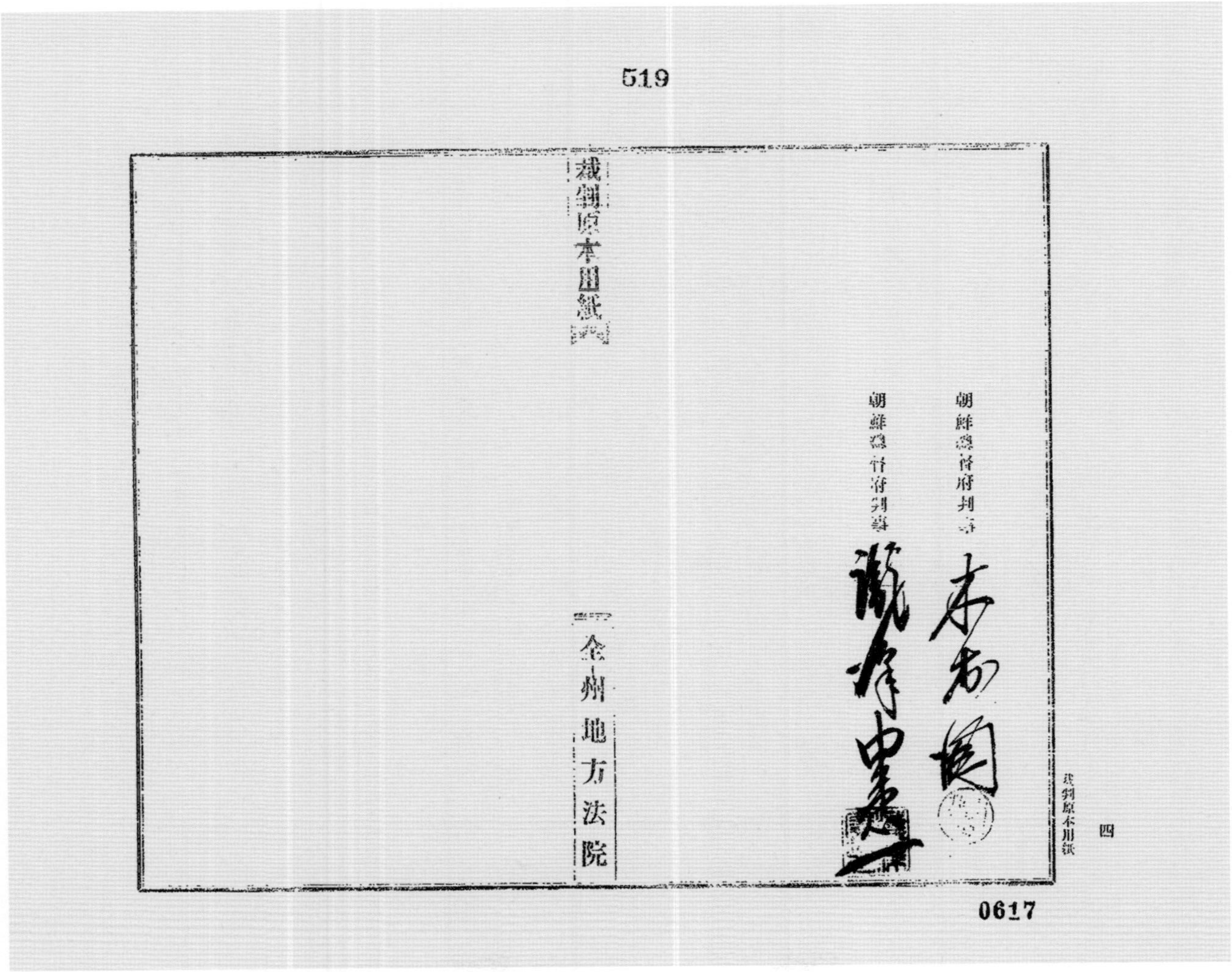

519

裁判原本用紙 四

朝鮮總督府判事

朝鮮總督府判事

全州地方法院

裁判原本用紙(四)

0617

I-9. 싱가포르 유괴 사건

1942년형공제486호(昭和十七年刑控第四八六號)

0589

昭和十七年刑控第四八六號

判　決

本籍　京畿道驪州郡北内面川松里

住居　京城府林町

無職　金埼増改ゾ　金澤廣明

當三十二年

右ノ者ニ對スル帝國外移送誘拐未遂、私文書僞造行使、詐欺被告事件ニ付昭和十七年十月二十日京城地方法院ニ於テ言渡シタル有罪判決ニ對シ被告人ヨリ控訴ノ申立アリタルヲ以テ當院ハ朝鮮總督府檢事茁内辰雄關與審理ヲ遂ケ判決スルコト左ノ如シ

裁判原本　朝鮮總督府裁判所

主　文

被告人ヲ懲役二年ニ處ス

押收ニ係ル借用金領收證一通（證第一號）承諾書二通（證第二、三號）ハ孰モ之ヲ沒收ス

理　由

第一、被告人ハ一定ノ職業ナク生活ニ窮シ居リタルトコロ他人ヲ欺罔シ金員ヲ騙取セムコトヲ企テ

(1)昭和十六年十月初頃ヨリ同年十二月二日頃迄ノ間ニ前後八回ニ亘リ京城府桂洞町　豐田秀吉方外四箇所ニ於テ同町二番地ノ一二三號崔本順德外四名ニ對シ眞實斷炭ヲ買受クヘキ日當テナ

433

加一字 加一字

多又貫與フヘキ意思ナキニ拘ラス恰モ之アルカ如ク裝ヒ自分ハ薪
炭商ト關係アリ入手容易ナルヲ以テ近日中賣與ヲヘキニ付其ノ前金
金又ハ前渡實ヲ交付セラレ度キ旨申向ケ以テ同人等ヲシテ其ノ旨
誤信セシメ因テ其ノ頃右各個所ニ於テ同人等ヨリ合計金五百十八
圓ヲ薪炭代金又ハ連貨名義ノ下ニ受取リ騙取シ
(ロ)昭和十七年四月上旬頃二回ニ亘リ同府薫井町■■茂松深
山方外一個所ニ於テ同人外一名ニ對シ眞實近親者ニ於テ反物ヲ所
持セス又之ヲ賣與フヘキ意思ナキニ拘ラス恰モ之アルカ如ク裝ヒ
自己ノ近親者ニ於テ所持シ居ル反物ヲ賣與フヘキニ付前金ヲ交付
セラレ度キ旨申向ケ以テ同人等ヲシテ夫々其ノ旨誤信セシメ因テ

裁判原本　朝鮮總督府裁判所

其ノ頃右各個所ニ於テ同人等ヨリ反物代金名義ノ下ニ合計金四百
六十圓ヲ受取リ騙取シ
第二、被告人ハ崔德基ト共謀ノ上婦女ヲ誘拐シ利益ヲ得ムコトヲ企
テ昭和十七年四月十三日當時情ヲ知ラサル原審相被告人興木相玉
ヲ介シ崔德基ノ知合ナル京城府幌底町■■李孟虎ノ實妹李
改メ平田基分（大正十一年陰三月六日生）ニ對シ豫テ依頼中ノ就
職方斡旋スヘキ旨申向ケ同日夕刻頃同女ノ雇主ナル同府館洞町■
■■劉學在方ヨリ同府桑園町所在春山旅館ニ誘ヒ出シ
翌十四日府貢鐵町八番地ノ二興昌旅館ニ連行シタル上被告人及崔
德基ハ夫々同女ニ對シ自分等ハ昭南島ニ於テカフエーヲ經營スル

0590

計畫ナレハ共ニ同所ニ赴キオ前カ女給監督ヲ爲サハ相當ノ貯蓄モ
可能ナルヘシト言葉巧ミニ勸誘シ因テ同女ヲシテ其ノ旨誤信承諾
セシメ尙興木相玉ニ對シテハ他トノ交渉ニ當リ同女ノ實兄李孟虎
ヲ裝ヘレ度キ旨依頼シ以テ前記企圖ヲ察知シタル同人ノ承諾ヲ得
同日夕刻右平田基分ヲ伴ヒテ同府長沙町百番地日華旅館ニ移リ翌
十五日午前九時頃同旅館ニ於テ同府黄金町人事紹介業永信社コト
洪川七弘ニ對シ興木相玉ニ於テ平田基分ノ實兄李孟虎ヲ裝ヒテ被
告人ノ右計畫ニ助勢シタル一方被告人ニ於テ右洪川七弘ニ對シ同
女ハ右實兄ノ承諾ヲ得昭南島遊廓ニ娼妓トシテ雇ハレ方ヲ希望シ
居ル旨虛構ノ事實ヲ申向ケ同人ヲシテ其ノ旨誤信セシメ同旅館ニ

裁判原本　朝鮮總督府裁判所

於テ右洪川七弘ヲシテ前借金名義ノ下ニ金五百圓ヲ交付セシメテ
之ヲ騙取シ直ニ相携テ同府長沙町四十二番地大成人事紹介所ニ赴
キ同所ニ於テ情ヲ知ラサル同所雇人張龍煥ヲシテ行使ノ目的ヲ以
テ李孟虎名義ヲ冒用シ同人名義ノ李基分カ娼妓又ハ酌婦ト爲ルヘ
キコトヲ條件ニ金五百圓ヲ受領シタル旨ノ借用金領收證一通（證
第一號）及同女カ前借金ヲ得テ娼妓又ハ酌婦ト爲ルヘキコトヲ承
諾スル旨ノ金額稼業期間等ノ記載ナキ承諾書二通（證第二、三號
）ヲ順次作成セシメ次テ同人名下ニハ同日情ヲ知ラサル同町四十
三番地ノ一號印判業丸山昌萬ヲシテ彫刻僞造セシメ置キタル李孟
虎名義ノ印章ヲ押捺セシメテ順次之カ僞造ヲ完成セシメタル上洪

0591

川七弘ニ對シ郎座ニ右各僞造文書ヲ眞正ニ成立シタルモノトシテ
一括交付行使シ且右平田義分ヲ洪川七弘ニ引渡シ以テ右營利誘拐
ノ目的ヲ遂ケ
タルモノニシテ以上ノ所爲中同種行爲ハ犯意繼續ニ係ルモノトス
先是被告人ハ昭和十二年三月五日京城地方法院ニ於テ業務横領罪ニ
依リ懲役六月ニ處セラレ當時其ノ刑ノ執行ヲ終リタルモノナリ
證據ヲ按スルニ判示犯意繼續ノ点ヲ除ク爾餘ノ判示事實中判示第一
ノ各事實ハ被告人ノ當公廷ニ於ケル判示同旨ノ供述並證人豊田秀吉
ニ對スル豫審判事ノ訊問證書中及證人豊田秀子、松岡幸三、國本淸
一ニ對スル各司法警察官事務取扱ノ訊問調書中夫々判示ニ照應スル

裁判原本 ━ 朝鮮總督府裁判所

各被告顚末ノ供述記載トヲ綜合シテ之ヲ認メ判示第二ノ事實ハ被告
人ノ當公廷ニ於ケル私ハ昭和十七年四月初頃崔德基及朴某ヲ、同月十
日頃原審相被告人興木相玉ヲ知リタルカ右興木カ同月十三日夕刻春
山旅館ニ李基分ヲ伴ヒ來リ其ノ晩私ト崔德基及李基分ノ三名ニテ同
旅館ニ宿泊シタルカ同旅館ニハ多數知人カ出入シ居リ具合カ惡カリ
シ爲私達三名ハ其ノ翌日判示興昌旅館ニ移リ崔德基カ同旅館ニ於テ
私ニ對シ自分ハ今李基分ニ昭南島方面ニテカフエーヲ經營シ君カ其
ノ取締役ニ自分カ支配人ト爲リ同女ヲモ一緒ニ同島ニ伴ヒ行キ女給
監督ヲシテハ如何カト云ヒタル處同女ハ之ヲ承諾シタルニ依リ適當
ナル人事紹介所ヲ紹介シ吳レト申シ居リシヲ以テ私モ人事紹介所ヲ

世話スヘキ旨申シタルコトアリ而シテ同月十四日頃右私達三名ノ外
興木等ト共ニ日華旅館ニ宿泊シ其ノ翌朝洪川七弘カ右旅館ニ来リ同
人ハ李基分ニ對シ昭南島ニ行キ女郎ニナルヤト尚ヒタル處同女ハ之
ヲ承諾シ右洪川ニ於テ現金五百圓ヲ渡シ私達ハ直ニ大成人事紹介所
ニ赴キタルカ同所ニ於テ張龍燦カ李孟化名義ノ判示書類ヲ差出シ私
カ興木ニ對シ右書類ニ押捺スヘキ李孟化ノ印章ヲ出サシメ之ヲ押捺
ノ上張龍燦カ右書類ヲ取纏メ洪川ニ渡シタリ尚私ハ其ノ場ニ於テ李
基分ヲ洪川ニ引渡シタル旨ノ供述、原審第一回公判調書中被告人ノ
供述トシテ私ハ本年（昭和十七年）四月頃雄儀基及朴某ト相談ノ上
甘言ヲ以テ李基分ヲ誘拐シ昭南島方面ニ賣飛ハシタトシ人事紹介所

裁判原本　朝鮮總督府裁判所

ヲ世話シタルコトアリ由テ興木カ同郡十三日雄儀基ノ依頼ニ依リ同
人ノ知人タル判示李孟化ノ實妹李基分ニ對シ謀テ依頼中ノ就職方ヲ
斡旋スト申シ同日夕刻當時同女ノ雇ハレ先タル判示劉學在方ヨリ判
示華山旅館ニ誘出シタルコトアリ而シテ私達カ同月十四日夕刻李基
分ヲ連レテ判示日華旅館ニ宿泊シタル翌日私ト朴某カ人事紹介所ノ
知人タル梁在德ノ紹介ニ依リ右旅館ニ来テ貰ヒタル判示洪川七弘ニ
對シテハ興木ニ於テ李基分ノ實兄李孟化ヲ裝ヒ洪川七弘ト應答シタ
リ而シテ洪川七弘カ其ノ場ニ於テ右李基分ノ前借金トシテ金五百圓
ヲ渡シタルカ同人ハ實際李基分カシンガポールニ女郎トシテ身賣シ
テ行クコトヲ承諾シ又其ノ事ハ同女ノ實兄モ承諾シ居ルモノト思ヒ

右金員ヲ渡シタルモノト思フカ其ノ後直ニ私達ハ判示人事紹介所ニ
蓮キ同所ニ於テ判示張龍煥ヲシテ行使ノ目的ヲ以テ李孟虎名義ノ判
示書類ヲ作成セシメタル上崔徳基カ與木ニ依頼シテ判示判屋ニ於テ
彫刻セシメタル李孟虎ノ印章ヲ私ニ渡シテ貰ヒ該書類完成ノ上即座
ニ眞正ナル書類トシテ一括シテ之ヲ右洪川ニ渡シタル後其處ヲ出テ
府内支那料理屋ニ於テ晝食ヲ爲シタルカ其ノ際崔徳基ハ私ニ謝禮ノ
意味ニテ七十圓ヲ吳レ尙他ニ三十圓ヲ栄在徳ニ渡シテ吳レト依頼シ
タルモ私ハ內十五圓ヲ栄ニ渡シ殘金ハ私カ胡魔化シテ仕舞ヒタル旨
ノ記載、同上公判調書中被告人與木相玉ノ供述トシテ私ハ本年（昭
和十七年）四月十日頃遽テ知合ノ崔徳基カ相被告人（金澤廣明）ヲ

裁判原本　朝鮮總督府裁判所

紹介シタルカ其ノ際金澤ハ昭南島ニ於テカフエーヲ經營シ居ル者ナ
リト聞キタリ而シテ私カ判示ノ日興昌旅館ニ居リタル際崔カ女ニ對
シ自分等ハ新嘉坡ニ於テカフエーヲ經營シ金ハ其ノ取締役ニ自分ハ
帳場ヲ見ルコトト爲リ居ルヲ以テ才前モ一緒ニ行キ女給監督ヲ爲シ
共稼ヲシヨウト話シテ居ルト金澤モ其處ニ來リ同人モ新嘉坡ハ景氣
カ良ク共稼セハ相當貯蓄ヲ爲シ得ヘシト申シ居リタリ尙其ノ夕刻日
華旅館ニ移リタルカ金澤ハ李基分ニ對シ新嘉坡ニ行クニハ渡航證明
書カ入用ナリトテ同女ヨリ其ノ兄ノ名前、本籍、年令等ヲ[illegible]紙片ニ
書取リ私ニ渡シナカラ組合員カ來リタル際ニハ君カ李基分ノ兄ニナ
ツテ吳レ若シ本籍、年令等ヲ尋ネラレタル場合ニハ右紙片ニ書キタ

0630　0594

ル如ク答ヘヨト頼ミタルニ依リ之ヲ承諾シ其ノ翌日午前九時頃右旅
館ニ於テ洪川カ李基分ニ對シ貴女ハ新嘉坡ニ行キ女郎ト爲ルモ構ハ
サルヤト訊ネタル處同女ハ只ハイト答ヘタルカ同女カ左樣ニ答ヘタ
ルハ其ノ前晩金澤カ同女ニ對シ組合長ハ面白キ人ナレハ面白キコト
ヤ惡キコトヤ良キコトヲ云フモ只ハイハイト返事シナサイト云ヒ付
ケタル爲ナリシト思フ旨ノ記載、證人李改メ平田基分ニ對スル豫審
判事ノ訊問調書中私ハ飲食店ノ雇女ナリシカ同所ニ於テ崔德基ヲ知
リタル處或夕方李（興木）カ來リ一昨日オ前ノ處ニ飲酒ニ來タ者ヨ
リオ前ヲバーニ世話シテヤルカラ連レテ來テ吳レト頼マレタルニ依
リ行カウト誘ハレ同人ニ連行サレタルカ崔ハ私ノ來ルノヲ待チ居リ

裁判原本 ─ 朝鮮總督府裁判所

タリ而シテ私カ二番目ノ宿屋ニ連行サレ部屋ニ三人居リタル際李カ
私ニ兄カ居ルカト問ヒタルニ依リ居ル旨答ヘタル處金（金澤）カバ
ーニ入ルニハ兄ノ名前カ要ルトノコトナリシヲ以テ私ハ同人ニ兄ハ
李孟虎ト云フト敎ヘテヤリタリ更ニ三番目ノ宿屋ニ移サレタ翌日金
カ或人ヨリ五百圓ヲ受取リシカ其ノ後崔ノ云フカ儘或人ニ隨テ行キ
タル處澤山女ノ居ル家ニ着キタルカ其ノ女等ヨリ身賣サレ何處カニ
行クノタト云ハレ始テ私ヲ欺シ身賣サレタルコトヲ氣付私ハ泣キ崩
レタル旨ノ供述記載、證人洪川七弘ニ對スル同上訊問調書中判示ノ
日朝大成人事紹介所ノ梁在瓛カ私方ニ來リ女カ居ル故金ヲ持參セヨ
トノコトナリシヲ以テ現金ヲ持參シ右人事紹介所前ノ旅館ニ行キタ

0595

ル處同旅舘ニハ女ト被告人二人（金澤及輿木）他ニ男一人カ居リ金
澤ハ此女ハ兄ノ爲身賣スルノタト申シ其處ニ兄等カ居ルトノコトナ
リシヲ以テ私ハ女ニ對シ新嘉坡ニ行クノタカ嫌ハヌカト訊ネタル處
其ノ女ハ嫌ハヌト申シ其ノ兄ナリト申ス男モ金カ必要タト申シ居リ
タルヲ以テ其ノ女ノ身代金トシテ五百圓ヲ渡シタル後大成人事紹介
所ニ到リタルカ同所ニハ張龍煥カ居リ同人カ右ニ關スル契約書ヲ書
キタルカ私ハ金澤カ主ニナリ若キ者ニ甘イ事ヲ云ツテ誘拐シタルモ
ノト思フカ若シ私カ當時女カ誘拐サレタル者ニシテ李相玉カ眞實女
ノ兄ニ非サリシモノナリトセハ勿論金ヲ渡ササリシモノナル旨ノ供
述記載並押收ニ係ル借用金領收證一通（證第一號）承諾書二通（證

裁判原本　朝鮮總督府裁判所

第二、三號）ノ現存ヲ綜合シテ之ヲ認メ犯意繼續ノ点ハ被告人カ同
種行爲ヲ反覆累行シタル事跡ニ徴シテ之ヲ認メ得ヘキヲ以テ判示事
實ハ其ノ證明アリタルモノトス尚判示前科ノ点ハ被告人ノ當公廷ニ
於ケル其ノ旨ノ供述ニ依リテ之ヲ認ム
法律ニ照スニ被告人ノ判示行爲中詐欺ノ点ハ刑法第二百四十六條第
一項第五十五條ニ營利誘拐ノ点ハ同法第二百二十五條ニ私文書僞造
ノ点ハ同法第百五十九條第一項第五十五條ニ同行使ノ点ハ同法第百
六十一條第一項第百五十九條第一項ニ各該當スルトコロ僞造私文書
ノ一括行使ハ一個ノ行爲ニシテ數個ノ罪名ニ觸レ私文書僞造同行使
ハ順次手段結果ノ關係ニ在ルヲ以テ同法第五十四條第一項前段後段

0596

加二字

第十條ヲ適用シ犯情重キ僞造私文書行使罪ノ刑ニ從フヘク尙前示前
科アルヲ以テ同法第五十六條第一項第五十七條ニ從ヒ詐欺、營利誘
拐及僞造私文書行使ノ各罪ニ付夫々累犯加重ヲ爲シ以上ハ同法第四
十五條前段ノ併合罪ナルヲ以テ同法第四十七條本文第十條ニ則リ重
キ營利誘拐罪ノ刑ニ付同法第十四條ノ制限ニ從ヒ法定ノ加重ヲ爲シタ
ル刑期範圍内ニ於テ被告人ヲ懲役二年ニ處スヘク押收ニ係ル主文掲
記ノ物件ハ僞造私文書行使罪ノ組成物件ニシテ孰モ何人ノ所有ヲモ
許サザルモノナルヲ以テ同法第十九條第一項第一號第二項ニ從ヒ之
ヲ沒收スヘキモノトス

仍テ主文ノ如ク判決ス

裁判原本 ― 朝鮮總督府裁判所

被告人ノ控訴理由ナシ

昭和十八年一月二十九日

京城覆審法院刑事第一部

裁判長朝鮮總督府判事 塩見米藏

朝鮮總督府判事 上坂富道

朝鮮總督府判事 山口昇

0597

1943년형상제21호(昭和十八年刑上第二一號)

0598

昭和十八年刑上第二一號

判決

本籍 京畿道驪州郡北內面川松里

住居 京城府林町

無職

金霙鍾改メ 金澤廣明

當二十二年

右ノ者ニ對スル帝國外移送誘拐未遂私文書僞造行使詐欺被告事件ニ
付昭和十八年一月二十九日京城覆審法院ノ言渡シタル判決ニ對シ被
告人ヨリ上告ノ申立アリタルニヨリ當院ハ朝鮮總督府檢事杉本覺一

朝鮮總督府裁判所

關與判決ヲ爲スコト左ノ如シ

主文

本件上告ハ之ヲ棄却ス

理由

被告人ノ上告趣意第一點ハ原判示第一ノ詐欺ノ點ハ不服ハアリマセ
ンカ第二ノ誘拐ノ點ハ事實誤認テアリマス原判決ハ證據トシテ
李[illegible]洪川七弘、興本相玉及劉命俊ノ證言ヲ援用シマシタカ此等
ノ供述ハ眞實ニ反スルモノテアリマス洪川ハ同業者ノ一人及大成人
事紹介所ノ業在德ト三人テ日華旅館ニ來テ目ヲ前借金ヲ李藤芳[illegible]渡
シ同行者ニ後事ヲ託シテ歸リマシタカラ洪川ハ本件行爲カ私ノ行爲

加一字

443

テアルトカ與木ノ行爲テアルトカ判斷スルコトハ出來ナイ筈デアリ
マス又與木カ私カ同人ニ依賴シテ李基洪川等ノ關係人ヲ欺罔セ
シメタヤウニ供述シテ居ルノモ僞リデアリマス御原判示ノ各文書モ
私カ僞造シタモノデハアリマセン張龍煥カ文書ヲ作成シ私ニ立會人
トシテ必要カアルカラト云フノデ同人ニ渡シタ處同人カ之ヲ捺印シ
タモノデアリマス此ノ事件ノ眞相ヲ知ル者ハ金學俊、梁在德、同人
ノ雇人張龍煥及劉學仕デアリマス私ハ原審デ此等ノ證人ノ喚問ヲ申
請シマシタカ原審ハ故ナク之ヲ却下シタノハ不當デアリマスト謂フ、
ニアリ
然レトモ原判示ニ係ル被告人ノ犯罪事實ハ原判決擧示ノ證據ニ依リ

朝鮮總督府裁判所

テ之ヲ認ムルニ十分ナリ所論柳命俊（飮命鍾ノ誤記ト認ム）ノ證言
ハ原判決ノ援用セサル處ナルヲ以テ其ノ當否ヲ云爲スルハ當ラス其
ノ他ノ所論各證人ノ證言カ虛僞ノモノナルコトハ記錄上之ヲ認ムル
ニ足ル證據ナキヲ以テ之ヲ斷罪ノ資料ニ供スルモ採證ノ法則ニ違背
シタリト爲スヲ得ス又記錄ヲ査閱スルモ被告人カ原審ニ於テ證據申請
請ヲ爲シタル形跡ナキヲ以テ原審カ被告人ノ證據申請ヲ却下スヘキ
謂レナシ其ノ他記錄ヲ精査檢討スルモ原審ノ事實認定ニ重大ナル誤
謬アルコトヲ疑フニ足ル顯著ナル事由アルヲ見ス論旨ハ理由ナシ
同第二點ハ假ニ左樣ナ事實カアリマシタトシテモ原審ノ量刑ハ重過
キマスカラ何卒寬大ナ御裁判ヲ御願ヒ申シマスト謂フニアレトモ記

二

0599

444

三

錄ヲ精査シ犯情其ノ他一切ノ事情ヲ斟酌スルモ原審ノ量刑ヲ目シテ
著シク失當ナリト目スヘキ顯著ナル事由アルヲ認メス論旨ハ理由ナ
シ

乃テ刑事訴訟法第四百四十六條ニ則リ主文ノ如ク判決ス

昭和十八年四月十二日

高等法院刑事部

裁判長朝鮮總督府判事　齋藤榮治

朝鮮總督府判事　山根吉三

朝鮮總督府裁判所

朝鮮總督府判事　佐々木日出男

朝鮮總督府判事　池田良之助

朝鮮總督府判事　藤井尙三

右謄本也

同日於同廳

朝鮮總督府裁判所書記　吉永芳郎

0600

I-10. 만주 아청 유괴 사건

1944년예제6호(昭和十九年豫第六號)

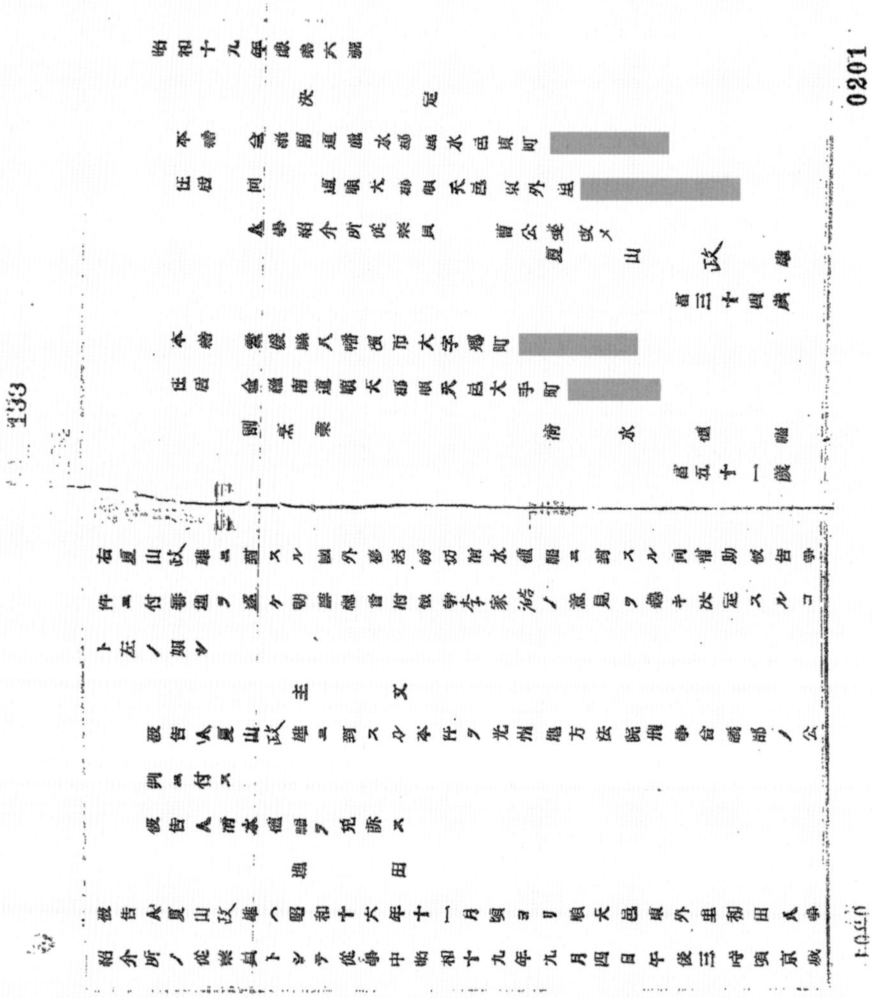

234

府鐵路二丁目遼陽紹介所ニ於テ同府大興町六九番地宮本幸平ノ
長女富本良子事李辛九（當十七歲）カ同紹介所ヲ訪レ飲食店ノ女中
其ノ他用務ヲ厭ハサルヘキ職業ニ就職周旋方ヲ依頼シ居ルヲ目撃
シ同女カ酌婦等ノ經歷ナク所謂素人女ニシテ前借金關係モ無キ者
ナルコトヲ知リ之ヲ奇貨トシ同女ヲ前借金名義ノ金員ヲ他ヨリ收
收セントスル營利ノ目的ヲ以テ誘拐セムコトヲ企テ同女ニ對シ自
己ハ順天邑喜樂別館ト稱スル料理店ノ帳場ヲ勤ムル者ナルカ貴女
ヲ同料理店ノ帳場ノ手傳トシテ月給百五十圓ニテ世話シ遣ルヘシ
ト申欺キ同女カ最初ハ疑モ疑モ勝シト虚言ヲ申シタルモ須臾ニ
シテ同女ニハ親ノ生存セルヲ知リタルニ拘ラス親ノ承諾ヲ求ムル
コトナク該局從前示喜樂別館ニ於テ酌婦トシテ住込マシメ因テ同
示利得ヲ爲サントスル目的ヲ以テ同女ヲ順天邑内ニ連行シ同邑滿
石旅館ニ投宿滯在セシメ以テ營利誘拐ヲ遂ケ同日頃同邑大手町開
業店喜樂別館コト清水福萬方ニ於テ同人ニ對シ右李辛九ヲ酌婦トシ
テ抱入方ヲ交渉シタル處同別館ハ目下休業中ナルヲ以テ同所ニ於
テハ酌婦ハ必要ナラサルモ同人カ經營スル滿洲國濱江省阿城縣阿
城ノ慰安所タル喜樂支店ニハ慰安婦（娼妓）カ入用ナル旨ヲ告ケ
タル處同女ヲ更ニ滿洲國ニ移送誘拐セムコトヲ決意シ同女ニハ前
借金無キニ拘ラス前借金三千五百圓有スルカ如ク偽稱ニ申欺キテ
提ニ石喜樂支店ニ於テ慰安婦トシテ抱入方ヲ申込ミ偽稱ノ承諾ヲ

0202

135

得テ同人ヨリ訓賃並名義ニテ金三千五百圓ヲ受取リ同女ヲ通帽ニ引渡シ以テ帝國外ニ移送スル目的ヲ以テ同女ヲ誘拐シタルモ滿洲國ニ移送ノ途中發覺シテ移送スルニ至ラサリシモノナリ

右被告人ノ所爲中營利誘拐ノ点ハ刑法第二百二十五條ニ國外移送誘拐ノ点ハ同法第二百二十六條第一項ニ各該當スル犯罪ニシテ公判ニ付スルニ足ル犯罪ノ嫌疑アルヲ以テ刑事訴訟法第三百十二條ノ規定ニ則リ決定スヘク

被告人清水通顯ニ對スル本件公訴事實ハ公判ニ付スルニ足ルヘキ犯罪ノ嫌疑ナキヲ以テ同法第三百十三條ノ規定ニ依リ決定スヘキモノトス

仍テ主文ノ如ク決定ス

昭和十九年十二月三十一日

光州地方法院

朝鮮總督府判事

0203

1945년형공합제2호(昭和二十年刑公合第二號)

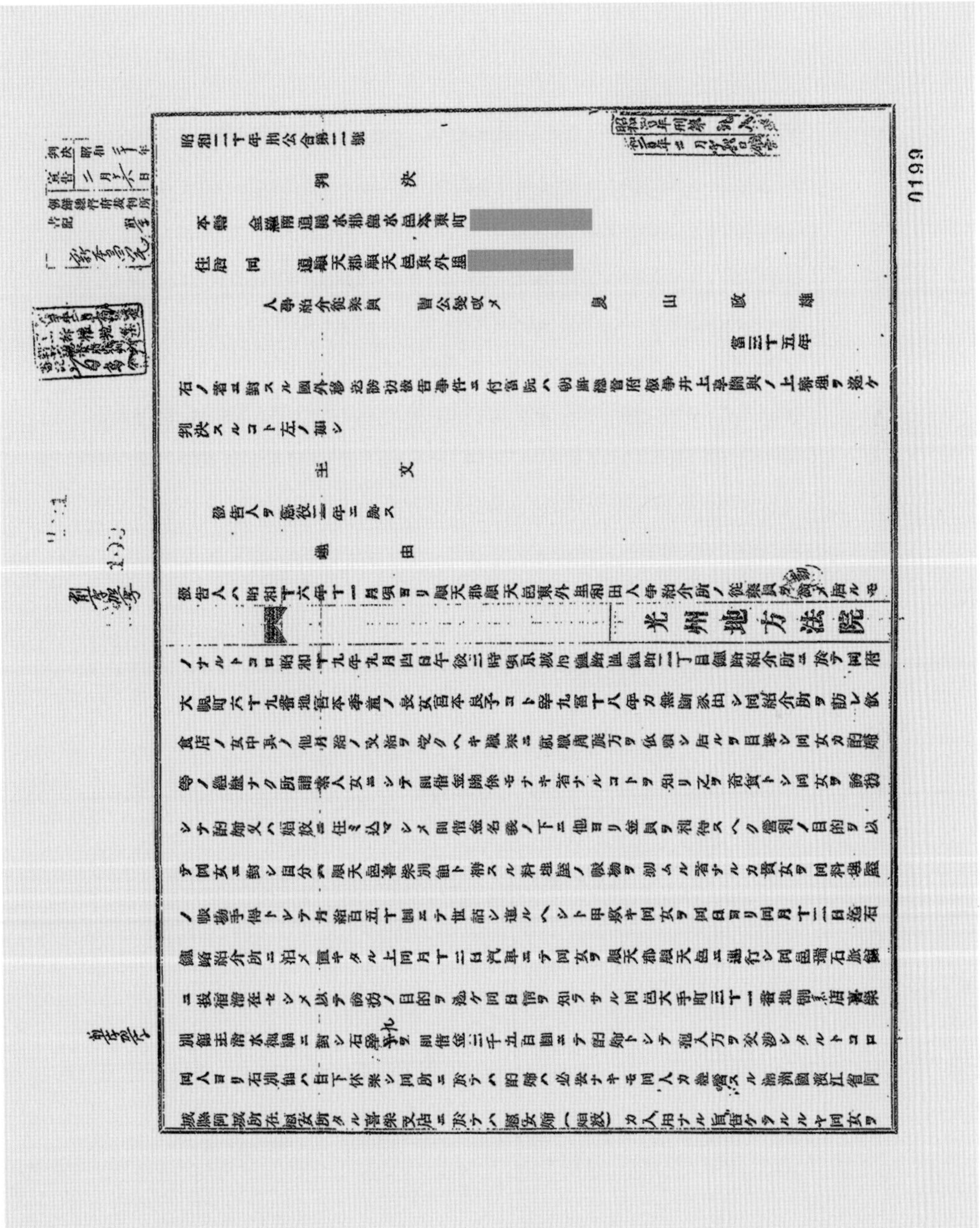

1-132

103

更ニ滿洲國ニ移送セムコトヲ決意シ右清水種輔ヲシテ同女ヲ前借金三千五百圓ニテ右喜樂支

店ニ慰安婦トシテ抱入方ヲ承諾セシメ即時同女ヲ右清水種輔ニ引渡シ以テ帝國外ニ移送スル

目的ヲ以テ同女ヲ誘拐シタルモノナリ

證據ヲ按スルニ判示事實ハ被告人ノ當公廷ニ於ケル供述豫審判事ノ宮本李九、宮本季童ニ對

スル各證人訊問調書中ノ各供述記載豫審判事ノ清水種輔ニ對スル第二回被告人訊問調書中ノ

供述記載押收ニ係ル證第一號借用證書一通ノ現存ヲ綜合シテ之ヲ認ム

法律ニ照スニ被告人ノ判示所爲中營利誘拐ノ點ハ刑法第二百二十五條ニ國外移送誘拐ノ點ハ

同法第二百二十六條第一項ニ各該當スルトコロ右ハ包括一罪ナルヲ以テ重キ後者ノ一罪ト爲

シ其ノ所定刑期範圍内ニ於テ被告人ヲ懲役二年ニ處スヘキモノトス

仍テ主文ノ如ク判決ス

昭和二十年三月十六日

光州地方法院刑事部

裁判長朝鮮總督府判事

朝鮮總督府判事

朝鮮總督府判事

光州地方法院

0200

Ⅲ. 위안소 업자의 국외 이송유괴 사건에 대한 일본법원 판결문

III-1. 만주 링위안 유괴 사건

1935년(레)제492호(昭和十年(れ)第四九二號)

大審院藏版

大審院刑事判例集 第十四卷

法曹會發行

ナルカ故ニ斯ル銘酒店ノ婦女ハ同省令及右警視廳令ニ所謂酌婦ニ類スル者ニ當ルモノト解スルヲ相當ナリトス從テ其ノ周旋ヲ業トスルニ付テハ酌婦等ノ周旋ヲ業トスル場合ト同シク右省令ニ依リ地方長官ノ許可ヲ受クルコトヲ得サルヘク又其ノ許可ヲ得スシテ右周旋ヲ爲スモ同令ノ適用ヲ受ケサルヘク同令ハ同令ニ依リ營利職業紹介ノ許可ヲ受ケタル者カ敍上ノ周旋ヲ業ト爲ス場合ニ於テ其ノ者カ酌婦等ノ周旋業ヲ營ミタル場合ト同シク適用セラルヘキモノト解セサルヘカラス斯ノ如ク銘酒店從業者カ酌婦等ニ類スル者ニ該當シ其ノ周旋業カ右警視廳令所定紹介營業ノ種目ニ屬スル以上ハ其ノ營業ニ付テハ同令ニ依リ警察官署ノ認可ヲ受クヘキモノタルヤ疑ヲ容レサル所ニシテ警察官署ニ於テハ私娼婦周旋業ヲ認可スルノ權能ナキコト敍上ノ如クナルモ銘酒店雇人タル婦女ヲ周旋紹介スル業務ヲ認可スルコトヲ得ルハ酌婦紹介業ヲ認可スルト異ナル所ナシ而シテ右警視廳令營業紹介業取締規則ニ依リ警察官署ノ認可ヲ得スシテ敍上婦女ヲ周旋紹介スルコトヲ業ト爲ス者ハ同令所定ノ制裁ヲ免レサルモ其ノ認可ヲ受ケタル者カ右行爲ヲ爲スハ何等ノ罪トナルヘキ事實ニ該當セサルコト明白ナリ然ルニ被告人ハ判示銘酒店雇人ノ周旋紹介ヲ爲シタル當時右警視廳令ニ依リ營業紹介業從業者タルノ認可ヲ受ケ居リタルモノナルコト原判決竝記錄ニ徵シ明白ナルカ故ニ本件被告人ノ行爲ハ罪ト爲ルヘキモノニ非ス原判決カ被告人ノ判示行爲ニ付敍上內務省令營利職業紹介事業取締規則第二條第十七條第一號ヲ適用シタルハ擬律ヲ誤リタルノ違法アリ破毀ヲ免レサルモノトス論旨結局理由アルニ歸ス仍テ刑事訴訟法第四百四十七條第四百四十八條ニ從ヒ主文ノ如ク判決ス

檢事秋山要關與

○國外誘拐移送同未遂國外誘拐被告事件（昭和十年（れ）第四九二號 同年六月六日第二刑事部判決 棄却）

【上告人】　被告人　長澤茂雄 外二名　辯護人　眞下五郎

原審辯護人　眞下五郎

【第一審】　靜岡地方裁判所沼津支部　【第二審】　東京控訴院

○判示事項

未成年者國外誘拐罪ノ成立

○判決要旨

國外移送ノ目的ヲ以テ未成年者ヲ誘惑シ自己ノ支配內ニ移シタル以上ハ其ノ監督權者ヲ誘惑セサルモ未成年者ニ對スル國外誘拐罪

成ス

【參照】刑法第二百二十六條 帝國外ニ移送スル目的ヲ以テ人ヲ略取又ハ誘拐シタル者ハ二年以上ノ有期懲役ニ處ス
帝國外ニ移送スル目的ヲ以テ人ヲ賣買シ又ハ被拐取者若クハ被賣者ヲ帝國外ニ移送シタル者亦同シ

○事實

第二審ハ左記ノ如ク事實ノ認定法律ノ適用ヲ爲シ被告人茂雄三郎ヲ各懲役二年ニ被告人弘樹ヲ懲役一年六月ニ處ス但シ第一審ニ於ケル未決勾留日數中被告人茂雄三郎ニ對シテハ各百八十日被告人弘樹ニ對シテハ百二十日ヲ夫々右本刑ニ算入ス尚被告人三名ニ對シテハ孰レモ三年間右刑ノ執行ヲ猶豫ス訴訟費用中豫審證人石井五郎ニ支給シタル分ハ被告人長澤茂雄ノ負擔トシ同青木アイ（一、二回）同座間さき同杉林誌い（一、二回）同岡田春吉同桑島キヨシ（一、二回）同杉山あいニ支給シタル分ハ被告人井口三郎ノ負擔トシ同芹澤はつ同高橋和作ニ支給シタル分ハ之ヲ二分シ其ノ一ヲ被告人長澤茂雄ノ負擔他ノ一ヲ被告人植松弘樹ノ負擔トスル旨ノ判決ヲ爲シタリ

被告人長澤茂雄ノ實弟長澤津之ハ昭和八年二月中旬滿洲國各地ヲ視察シテ歸國シタルカ時偶々滿州事變ニ際シ帝國軍隊ノ彼地ニ駐在スルモノアリタルヲ以テ之等出征中ノ軍人ヲ顧客トシテ「カフエー」ヲ經營セハ巨額ノ利益ヲ收得シ得ヘシト爲シ之ヲ大沼傳重及被告人井口三郎ノ兩人ニ告ケ玆ニ右三名共同ニテ彼地ニ於テ「カフエー」ヲ開業スルコトト爲リ長澤津之及大沼傳重ノ兩名ハ同年三月十七日頃右開業準備ノ爲先ツ滿洲國ニ向ケ出發シタルカ間モナク同國ニ入國シ當時沼津市ニ留リ居リタル被告人井口三郎ニ對シ右「カフエー」ニ於テ使用スヘキ女給數名ヲ雇入レ之ヲ伴ヒ急遽渡滿スヘキ旨申來リタルヲ以テ被告人井口三郎ハ被告人長澤茂雄ト共力シ同人ト共ニ右女給ノ雇入ニ奔走シ尚被告人植松弘樹原審相被告人井出ふじ等ニ對シ右ノ事情ヲ告ケテ女給雇入ノ周旋ヲ依頼シタルトコロ

第一 被告人植松弘樹ハ同年同月二十五日頃右井出ふじト共謀ノ上同人ト共ニ靜岡縣田方郡中郷村中島二百九十二番地飲食店梅名屋事高橋和作方ニ立到リ同家ニ於テ酌婦奉公ヲ爲シ居リタル同郡韮山村南條芹澤茂太郎二女芹澤はる當時十九年（大正四年一月二十二日生）ニ對シ同女カ未成年者ナルコトヲ知リナカラ右井出ふじト共ニ交々長澤津之等カ滿洲國ニ於テ開業スル「カフエー」ニ女給トシテ赴クヘキコトヲ慫慂シ且「滿洲ニ行ケハ借金ハ直ク拔ケ一年モ働ケハ札束ヲ背負ツテ歸國出來ル歸ル時ニハ飛行機テ歸レル」等種々甘言ヲ以テ同女ヲ誘惑シ遂ニ同女ヲシテ渡滿ヲ承諾セシメタル上其ノ實姉芹澤はつヲ右梅名屋ニ呼ヒ來ラシメはつニ對シテハ被告人植松弘樹カ小畑作太郎ト稱スルはるノ情夫ニシテはるヲ梅名屋ヨリ身請シ同女ト夫婦トナリテ同棲スルモノナリト申向ケテ之ヲ欺キ同日右はるヲ落籍名義ノ下ニ右梅名屋ヨリ連レ出シ即日同女ヲ同郡三島町六反田料理店福力事渡邊伊佐三方ニ誘致シ更ニ同月二十六日頃右井出ふじニ於テ同女ヲ沼津市城内字條内四百五十番地ナル被告人長澤茂雄方ニ連行シテ之ヲ茂雄ニ引渡シ以テ被告人植松弘樹ハ右井出ふじト共同シテ右芹澤はるヲ帝國外ナル滿洲國ニ移送スル目的ヲ以テ誘拐シ

第二 被告人長澤茂雄ハ同月二十六日頃沼津市城内字條内四百五十番地ノ自宅ニ於テ右井出ふじヨリ右芹澤はるヲ引取リタルカ當時前後シテ右井出ふじ及被告人植松弘樹ノ兩名ヨリ同人等カ右はるヲ前記梅名屋ヨリ連レ出シタル顛末ヲ聞キ右はるハ右井出ふじ等カ前記ノ如キ甘言ヲ用ヒテ之ヲ誘惑シ同女ヲシテ遂ニ滿洲行ヲ承諾セシメ誘拐シ來

リタルモノナルコト右井出ふじ等カ右はるヲ連レ出スニ當リはるノ實姉はつニ對シ被告人植松弘樹ハはるノ情夫ニシテ同人ニ於テはるヲ身請スルモノナリト詐リ中間ケはつヲ欺罔シタルコト並右はるハ未成年者ニシテ同女ノ渡滿ニ付テハ其ノ親權者タル實父ノ承諾ナキコトヲ知悉シ居リタルニ拘ラス同月二十八日右はるヲ被告人井口三郎ニ引渡シ右ノ事情ヲ知ラサル同人ヲシテ其ノ頃右はるヲ他ノ女給數名ト共ニ内地ヨリ滿洲國ニ連行シテ熱河省凌源ニ誘致セシメ以テ被誘拐者タル同女ヲ帝國外ニ移送シ

第三　被告人井口三郎ハ前記芹澤はる外數名ノ女給ヲ伴ヒ一旦渡滿シタルカ更ニ當時右長澤津之等カ熱河省凌源ニテ豐榮館ナル屋號ヲ以テ開業シ居リタル料理店ノ女給ヲ雇入ルル必要ヲ感シ同年五月初頃歸國ノ上原審相被告人木村常吉等ニ對シ右ノ事情ヲ告ケテ女給雇入ノ周旋ヲ依賴シタルトコロ右木村常吉ハ之ヲ承諾シ先ツ同月九日頃原審相被告人梶林造ト共謀ノ上同人ト共ニ靜岡縣田方郡土肥村料理店才源事座間さき方ニ到リ同家ノ酌婦タル橫濱市中區南太田町字庚耕地千三百六十六番地青木フク私生子青木アイ當時十六年（大正七年十一月一日生）ニ對シ孰レモ同女カ未成年者ナルコトヲ知リナカラ滿洲移送ノ目的ヲ祕シ右梶林造ニ於テアイノ實父ヨリ同女ヲ沼津市川仙料理店ニ住替セシムヘク之カ依賴ヲ受ケ來リタル旨僞リ申向ケ且右木村常吉及梶林造ノ兩名ニテ交々右住替ヲ同女ニ勸誘シ遂ニ同女ヲ欺罔シテ右住替ヲ承諾セシメタル上右木村常吉ニ於テ同日同女ヲ同縣駿東郡御殿場町料理店ときわ事岡田春吉方ニ誘致シテ之ヲ誘拐シ同女ノ無智ニ乘シ神戶ノ少シ先ノ大連ニ行クノタト詐リ申聞ケタルモ尙熱河省凌源ニ連行スヘキモノナルコトヲ告ケス翌同月十日頃同所ニ於テ同女ヲ被告人井口三郎ニ引渡シ次テ右木村常吉單獨ニテ同月十一日頃ハ沼津市我入道料理店魚長事鈴木なつ方ニ到リ同家ノ酌婦タル福島縣伊達郡小寺村大字…田字畑中四十番地桑島松三郎四女桑島キヨシ當時二十七年ニ對シ同女カ生來稍愚鈍ナルニ乘シ滿洲國移送ノ目的ヲ祕シ御殿場ノ料理店ときわニ住替スヘキコトヲ慫慂シテ同女ヲ欺キ勸誘シ遂ニ同女ヲ欺罔シテ右住替ヲ承諾セシメタル上同日同女ヲ前記ときわ事岡田春吉方ニ誘致シテ之ヲ誘拐シ同女カ無智ニシテ大連ノ所在ヲ詳知セサルニ乘シ餘リ遠クモナイ大連ニ行クノタト詐リ中聞ケタルモ尙熱河省凌源ニ連行スヘキモノナルコトヲ告ケス即日同所ニ於テ同女ヲ被告人井口三郎ニ引渡シタルカ被告人井口三郎ハ右青木アイ及桑島キヨシノ兩名ヲ右木村常吉ヨリ引取リタル際同人ヨリ同人等カ右兩名ヲ夫々其ノ雇ハレ先ヨリ連レ出シタル顚末ヲ聞キ右青木アイ及桑島キヨシノ兩名ハ孰レモ右木村常吉等カ夫々前記ノ如キ虛言ヲ弄シテ之ヲ欺罔シ單ニ前記各料理店ニ住替スヘキコトヲ承諾セシメテ誘拐シ來リタルモノニシテ未タ渡滿ニ付充分ナル承諾ヲ爲シ居ラサルコト殊ニ右青木アイハ未成年者ニシテ同女ノ渡滿ニ付テハ其ノ親權者ノ承諾ナキコトヲ知悉シ居リタルニ拘ラス其ノ頃被誘拐者タル右兩名ヲ夫々前記ときわヨリ前記幅力事渡邊伊佐三方ニ誘致シ更ニ同女等ヲ帝國外ナル滿洲國熱河省凌源ニ移送セントシ之カ準備中警察署ノ探知スルトコロトナリ遂ニ其ノ目的ヲ遂ケサリシモノナリ

而シテ右被告人井口三郎ノ各所爲ハ犯意繼續ニ係ルモノトス

法律ニ照スニ被告人植松弘樹ノ判示第一ノ所爲ハ刑法第二百二十六條第一項第六十條ニ被告人長澤茂雄ノ判示第二ノ所爲ハ同法第二百二十六條第二項後段第一項ニ被告人井口三郎ノ判示第三ノ所爲ハ同法第二百二十八條第二百二十六條第二項後段第一項第五十五條ニ夫々該當スルトコロ被告人植松弘樹ニ對シテハ犯罪ノ情狀憫諒スヘキモノアルヲ以テ同法第六十六條第七十一條第六十八條第三號ニ依リ法定ノ減輕ヲ施シ右各刑期範圍内ニ於テ被告人長澤茂雄被告人井口三郎ヲ各懲役二年ニ被告人植松弘樹ヲ懲役一年六月ニ各處シ各同法第二十一條ニ依リ原審ニ於ケル未決勾留日數中被告人長澤茂雄被告人井口三郎ノ兩名ニ對シテハ各百八十日ヲ被告人植松弘樹ニ對シテハ百二十日ヲ夫々右本刑期ニ算入スヘク尙以上被告人三名ニ對シ犯情ニ因リ刑ノ執行ヲ猶豫スルヲ相當ト認ムルヲ以テ各同法第二十五條ニ依リ

執レモ本裁判確定ノ日ヨリ三年間夫々右刑ノ執行ヲ猶豫スヘク訴訟費用ハ刑事訴訟法第二百三十七條第一項ニ則リ主文掲記ノ如ク被告人等ヲシテ之ヲ負擔セシムヘキモノトス

○主　文

本件上告ハ孰レモ之ヲ棄却ス

○理　由

各被告人辯護人眞下五郎上告趣意書第六點ハ原判決ハ被告人植松弘樹カ第一第二事實ニ於テ同井口三郎カ第三事實ニ於テ各未成年者ヲ誘拐シ之ヲ國外ニ移送ヲ爲シ又ハ爲サントシタル事實ヲ判示シテ處罰シタルモ未成年者誘拐罪ハ其ノ監督者ノ監督權ヲ侵害スル罰ナルヲ以テ欺罔誘惑ハ其ノ監督者ニ加ヘラルルヲ要シ例ヘ之ヲ未成年者ニ加ヘ未成年者本人之ニ陷ルト雖監督權者カ正當ナル判斷ヲ以テ之ヲ承諾セルニ於テハ本人ノ眞意ニ反スルト否トヲ問ハス罪トナルヘキモノニアラス而シテ監督權者ノ承諾ノ有無ト其ノ欺罔誘惑ヲ受ケタルヤ否ヤトハ固ヨリ區別スヘキコトニシテ承諾ナシトテ直ニ以テ欺罔誘惑アリト爲スヘキニアラサルハ勿論ナリ從テ監督權者ノ承諾ナキモ之ニ對スル欺罔誘惑ナクンハ罪トナラス監督權者ニアラサル姉又ハ抱主ハ監督權者タル親者權ヨリ委任ヲ受クルニアラサレハ監督權ナキコト亦言ヲ俟タス監督權者ニ對スル欺罔誘惑アリタルコトヲ認メサルニ拘ラス被告人等ノ行爲ヲ罪トシタルハ違法ナリト云フニ在レトモ

【要旨】

國外移送ノ目的ヲ以テ未成年者ヲ誘拐スル罪ハ國外移送ノ目的ヲ以テ未成年者又ハ其ノ監督權者ヲ誘惑シ其ノ未成年者ヲ自己ノ支配内ニ移スニ因リテ成立スルモノトス故ニ原判示事實ノ如ク國外移送ノ目的ヲ以テ未成年者ヲ誘惑シテ之ヲ自己ノ支配内ニ移シ又其ノ被誘拐者ヲ國外ニ移送シ又ハ移送セントシタル以上刑法第二百二十六條第一項第二項竝ニ第二項ノ未遂罪トナルヘク所論ノ如ク更ニ進ンテ監督權者ニ對スル欺罔誘惑ノ行爲アルコトヲ要スルモノニ非ス論旨理由ナシ（其ノ他ノ上告論旨及判決理由ハ之ヲ省略ス）

右ノ理由ナルヲ以テ刑事訴訟法第四百四十六條ニ則リ主文ノ如ク判決ス

檢事池田克關與

○放火被告事件（昭和十年(れ)第五〇一號 同年六月六日第二刑事部判決 棄却）

【上告人　被告人】加藤勇治　辯護人　有馬忠三郎　藤澤信一

【第一審】秋田地方裁判所【第二審】宮城控訴院

刑法第百九條第一項ノ犯罪ト公共危險ノ認識

III-2. 상하이 유괴 사건

나가사키재판소 판결문

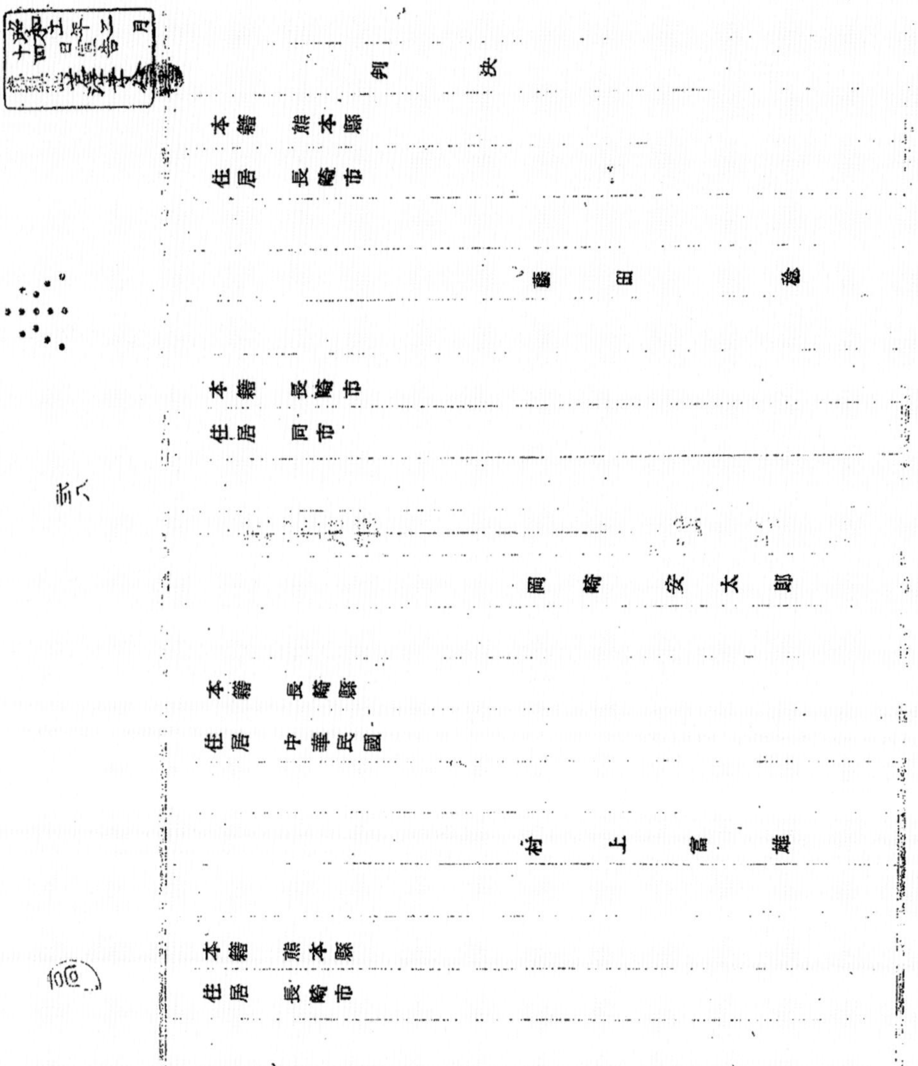

判決

本籍 熊本縣
住居 長崎市

藤田 稔

本籍 長崎市
住居 同市

岡崎 安太郎

本籍 長崎縣
住居 中華民國

村上 富雄

本籍 熊本縣
住居 長崎市

貳九

藤田ミキ

本籍 長崎市
住居 同市

岡崎雪野

本籍 京都府
住居 長崎市

中田文太郎

本籍 長崎縣
住居 長崎市

原田春吉

本籍並住居 長崎縣

上田虎壽

本籍並住居　同縣

川田市之助

本籍　長崎縣

住居　長崎市

松島章二

生

右ノ者等ニ對スル國外移送誘拐被告事件ニ付當裁判所ハ檢事川上悍關與ノ上審理ヲ遂ケ判決スルコト左ノ如シ

主文

被告人藤田稔、岡崎安太郎、村上富雄ヲ各懲役三年六月ニ被告人藤田ミキ、岡崎雪野ヲ各懲役二年六月ニ被告人松島章二、中田丈太郎ヲ各懲役二年ニ被告人原田春吉、上田虎壽、川田市之助ヲ各懲役一年六月ニ處ス

被告人村上富雄、岡崎雪野、松島章二ニ對シテハ未決勾留日數中孰レモ六十日ヲ右本刑ニ算入ス

被告人原田春吉、上田虎壽、川田市之助ニ對シテハ三

年間右刑ノ執行ヲ猶豫ス

理　由

被告人富雄ハ昭和五年十一月頃ヨリ中華民國上海ニ於テ其ノ雇入ニ係ル婦女ヲシテ同地駐屯ノ帝國海軍軍人ヲ顧客トシテ醜業ニ從事セシメ居タルトコロ昭和七年一月所謂上海

事變ノ勃發ニ因リ多數ノ帝國海軍軍人ノ駐屯ヲ見ルニ至リタルヲ以テ海軍指定慰安所ナル名稱ノ下ニ從來ノ營業ヲ擴張センコトヲ欲シ豫テ知合ノ亡梶原伊吉ニ該意圖ヲ告ケ同人ノ紹介ニ依リ同年三月七日頃上海文路江星旅館ニ於テ被告人稔丶安太郎ノ兩名ニ面談シテ右ノ企圖ヲ諮リ之カ賛同ヲ得茲ニ被告人富雄ニ於テ家屋其ノ他ノ設備ヲ提供シ伊吉及被告人稔ノ兩名ニ於テ該營業所ニ於テ醜業ニ從事スル日本婦女ヲ日本內地ニ於テ雇入レ移送スルコトヲ擔當シ被告人安太郎ニ於テ之カ雇入資金ヲ供給スルコトヲ約スルト共ニ婦女雇入ニ際シテハ其ノ專ラ醜業ニ從事スルモノナルコトノ情ヲ秘シ單ニ女給又ハ女中ト欺罔シテ勸說誘惑シテ上海ニ移送センコトヲ協議シ伊吉ニ於テモ直チニ之ニ賛同スルト共ニ安太郎等ノ旨ヲ受ケテ長崎市ナル被告人安太郎ノ妻ナル被告人雪野ニ右ノ協議內容ヲ通知シテ雇入方ヲ求メ雪野ハ其ノ旨ヲ被告人稔ノ妻ナル被告人ミキ及被告人中田丈太郎ノ兩名ニ通スルト共ニ被告人ミキトノ間ニハ之カ實行ヲ兩名ニ於テ分擔スヘキ旨ノ協議ヲ遂ケ次テ被告人丈太郎トノ間ニハ前記安太郎等ノ協議セル方法ニテ雇入ルヘキコトヲ謀議シ居タルカ更ニ同月十四日被告人安太郎ニ於テ長崎市ニ歸來スルヤ直チニ同市內ナル同人方ニ

五

三郎及被告人ミキヲ招致シ同人等並被告人喜野ノ三名ニ對
シ前記上海ニ於ケル協議ノ結果ヲ告ケテ婦女誘拐方ヲ促シ
同人等モ之ニ賛同ノ上被告人喜野ニ於テハ同年三月下旬頃
被告人春吉、虎藩、及同人ヲ介シテ被告人市之助ノ四名ニ
五三郎及被告人ミキニ於テハ同月十四日頃被告人幸二ニ夫
夫前記安太郎等ノ協議セル方法ニ依リ婦女ヲ誘拐シテ上海
ナル前記慰安所ニ移送セシコトヲ謀リ同人等モ之ニ賛同シ

第一、被告人惣、安太郎、富藩、喜野、ミキノ五名ハ伊吉
ト共謀ノ上（以下事實ヲ判示スルニ當リテハ右被告人
五名及伊吉ヲ單ニ被告人惣等六名ト略稱ス）

(一)被告人喜野ニ於テ同年正月初頃長崎市内ナル同人方ニ
於テ　　　ニ對シ行先ハ兵隊相手ノ食堂ナル旨虚
言ヲ構ヘ且祝儀等ニテ收入一ケ月二、三百圓位アリ
ト甘言ヲ弄シテ上海行キヲ勸メテ同女ヲシテ其旨信セ
シメテ之ヲ誘惑シ

(二)被告人ミキニ於テ前同日頃同市　　　被告人幸二方ニ
於テ　　　ニ對シ行先ハ食堂ノ女給ニシテ客ヲ取
ル要ナシト詐言ヲ構ヘ且百五十圓位ヲ前借スルモ二、
三ケ月ニテ完済シ得テ尚毎月五十圓位送金シ得
ル旨甘言ヲ以テ上海行ヲ勸説シテ同女ヲシテ其旨信セ

シメテ之ヲ誘惑シ
第二、被告人稔等六名並五三郎ハ共謀ノ上五三郎ニ於テ同
年五月初頃長崎縣北高來郡　　　　方ニ於
テ同人ニ對シ一年居レハ内地ノ三年乃至五年分ノ儲
アル故ニ女　　　　ヲ上海駐屯ノ帝國軍隊ノ酒保ノ如キ
所ノ賣子トシテ奉公セシメテハ如何ト詐言並甘言ヲ構
ヘ同人ヨリ之ヲ聞知セルナカノヲシテ五三郎ノ言通リ
ノ事實ナリト信セシメテ之ヲ誘惑シ
第三、被告人稔等六名並被告人丈太郎ハ共謀ノ上丈太郎ニ
於テ
(一)同年三月十日頃長崎縣西彼杵郡　　　　方
及被告人丈太郎ノ肩書居宅ニ於テ　　　　ニ對シ上海ノ
料理屋ニ女給又ハ仲居トシテ奉公スルニ於テハ多額ノ
收入アリ且客取リヲ爲スノ要ナキニ依リ次女　　ヲ上
海ニ奉公セシメテハ如何ト甘言及詐言ヲ弄シ　　ヨ
リ之ヲ聞知セルシメヲシテ其ノ言ノ通リノ事實ナリト
信セシメテ同女ヲ誘惑シ
(二)前同日頃前同所ニ於テ　　　　兩名ニ對
シ上海ノ料理屋ノ女給又ハ仲居トシテ奉公スルニ於テ
ハ多額ノ收入アルニ依リ上海ニ行キテハ如何ト詐言及

甘言ヲ以テ同女等ヲ誘ヒ同人等ヲシテ其旨信セシメテ
之ヲ惑ハシ
(三)同年四月初頃長崎市　方ニ於
テ同女ニ對シ一ヶ月七、八十圓位ノ收入アルニ依リ上
海ニ行キ同地ノ海軍慰安所ニ於テ「カフェー」ノ女給
又ハ仲居ノ如キ仕事ヲ爲シテハ如何ト甘言並詐言ヲ構
ヘテ同女ヲシテ其旨信セシメテ之ヲ誘惑シ
第四、被告人稔等六名並被告人春吉ハ共謀ノ上春吉ニ於テ
同年四月初頃同市　方ニ於テ同女ニ對
シ行先ハ海軍指定慰安所ナル水兵或ハ士官等相手ノ「
カフェー」ナルカ收入ハ祝儀ノミニテモ一ヶ月七、八
十圓ニ達シ一年[illegible]居リ家ヲ造リタル人モアル故上海ニ
行キテハ如何ト詐言及甘言ヲ以テ誘ヒ同女ヲシテ其旨
信セシメテ之ヲ惑ハシ
第五、被告人稔等六名並被告人虎壽、市之助ハ共謀ノ上虎
壽及市之助ノ兩名ニ於テ前同日頃
(一)長崎縣南高來郡　方ニ
於テ同女ニ對シ多額ノ收入アル食堂ノ帳場方トシテ世
話スル故上海ニ行キテハ如何ト詐言及甘言ヲ以テ之ヲ
誘ヒ且被告人雪野ニ於テモ其ノ頃長崎市内ナル同人方

ニ於テ　ニ對シ虎善等ト同樣ニ申向ケテ同女ヲシテ
其旨信セシメテ之ヲ誘惑シ
(二)　方ニ於テ同女ニ對シ行先ハ兵隊相手ノ
食堂ナルモ一日ニ最低一、二圓ノ收入アル故上海ニ行
キテハ如何ト詐言並甘言ヲ以テ同女ヲ誘ヒ同女ヲシテ
其旨信セシメテ之ヲ誘惑シ
第六、被告人德等六名並被告人虎善ハ共謀ノ上虎善ニ於テ
前同日頃
(一)同郡　方ニ於テ同女ニ對シ在上海
ノ仕出屋ノ女中奉公ヲ爲サハ月二、三十圓ノ收入アル
裁判用紙　裁判所
故上海ニ行キテハ如何ト詐言並甘言ヲ以テ同女ヲ誘ヒ
同女ヲシテ其旨信セシメテ之ヲ誘惑シ
(二)　方ニ於テ同人ニ對シ內地ニ於ケル給料ノ
二、三倍ノ收入アル故四女　ヲ在上海ノ「カフエ
ー」ノ女中トシテ奉公セシメテハ如何ト詐言並甘言ヲ
構ヘ同人ヨリ之ヲ聞知セルキヨカヲシテ右言ノ通リノ
事實ナリト信セシメテ同女ヲ誘惑シ
第七、被告人德等六名並被告人章二ハ五三郎ト共謀ノ上章
二ニ於テ
(一)同年三月末頃長崎市　被告人章二方ニ於テ

加一字
削一字

参七

ニ對シ海軍慰安所ノ女中トシテ上海ニ行キテハ如何
給料ハ月四、五圓ナルモ祝儀ニ依ル收入ハ五、六十圓
ニ達スル旨詐言並甘言ヲ以テ同女ヲ誘ヒ同女ヲシテ其
旨信セシメテ之ヲ惑ハシ
(二)同年三月末頃情ヲ知ラサル　　ヲシテ同市
ナル同人方ニ於テ　　ニ對シ前同樣申向ケシメ
テ同女ヲ誘ヒ同女ヲシテ其旨信セシメテ之ヲ惑ハシ
(三)同年四月初頃前記被告人章二方ニ於テ　　ニ對シ
海軍士官相手ノ飲食店ノ女中トシテ上海ニ行キテハ如
何五十圓位ノ前借ヲ爲スモ一週間ニテ直チニ返濟シ得

裁判用紙　　裁判所

ヘキ旨詐言及甘言ヲ以テ同女ヲ誘ヒ同女ヲシテ其旨信セ
シメテ之ヲ惑ハシ
因テ孰レモ上海行ヲ承諾セシメタル結果
(イ)同年三月十四日長崎港出帆ノ上海丸ニ
　　、　　等三名ヲ
(ロ)同年四月一日同港出帆ノ長崎丸ニ　　ヲ
(ハ)同月八日同港出帆ノ前記汽船ニ　　、
　　、山口　　、　　、
等七名ヲ
(ニ)同月十二日同港出帆ノ淺間丸ニ　　、

等三名ヲ

(ﾊ)同年五月六日同港出帆ノ上海丸ニ　ヲ

夫々順次ニ乗船セシメテ之ヲ誘拐シ各其ノ翌日同女等ヲ執

レモ順次上海ニ上陸セシメ以テ誘拐者ヲ帝國外ニ移送シ

タルモノナリ

而シテ被告人春吉ヲ除ク其ノ餘ノ被告人等ノ判示所爲ハ犯

意繼續ニ係ルモノトス

證據ヲ按スルニ判示事實中犯意繼續ノ點ヲ除ク爾餘ノ事實

中被告人等カ判示海軍指定慰安所ハ同所雇人ノ婦女ヲシテ

醜業ニ從事セシムルモノナルコトヲ了知シ居タルコトハ被

裁判用紙　裁判所

告人市之助ヲ除ク其ノ餘ノ被告人等ノ當公廷ニ於ケル其ノ

旨ノ供述ニ依リ被告人市之助ニ關シテハ同人ニ對スル豫審

第一回訊問調書中其ノ供述トシテ其ノ旨ノ記載ニ依リ

等十五名ノ婦女カ判示ノ日長崎港出帆ノ判示汽船

ニ乘船シ各其ノ翌日上海ニ上陸シタルコトハ被告人恣、安

太郎、富雄ノ當公廷ニ於ケル其ノ旨ノ供述竝當公廷ニ於ケ

ル被告人等野ノ

ノ十名ニ關シ被告人ミキノ

ノ五名ニ關シ被告人丈

弐九

太郎ノ　　　　　　ノ四名ニ關
シ被告人春吉ノ　　ニ關シ被告人虎壽、市之助ノ兩
名ノ　　ノ兩名ニ關シ被告人虎壽ノ
ノ兩名ニ關シ被告人章二ノ
ノ三名ニ關シ夫々判示同旨ノ供述ニ依リ
判示冒頭ヨリ被告人稔、安太郎、富雄及伊吉ノ四名カ判示
ノ如ク富雄ニ於テ營業所ヲ供シ稔、伊吉ニ於テ婦女雇入ヲ
擔當シ安太郎ニ於テ之カ資金ヲ提供スルコトヲ約シタル迄
ノ事實ハ被告人稔、安太郎、富雄ノ三名ノ當公廷ニ於ケル
其ノ旨ノ供述ニ依リ孰レモ明白ニシテ被告人稔、安太郎、

裁判用紙　裁判所

富雄及伊吉間ニ婦女雇入ニ關シ判示ノ如キ協議ヲ爲シタル
點ヨリ被告人安太郎ニ於テ其ノ旨ヲ被告人雪野、ミキ及五
三郎ノ三名ニ通シ以テ以上被告人等五名及伊吉間ニ判示ノ
如キ謀議カ成立スルニ至リタル迄ノ事實及被告人雪野、ミ
キ及五三郎カ夫々被告人丈太郎、春吉、虎壽、市之助、章
二等ニ判示ノ如キ依賴ヲ爲シ因テ同人等ト被告人稔、安太
郎、富雄、ミキ、雪野及伊吉間ニ判示第一乃至第七記載ノ
如キ共謀關係カ成立スルニ至リタル事實ハ
(イ)被告人安太郎ニ對スル豫審第一回訊問調書中其ノ供述
トシテ上海ノ江星旅館ニ於テ村上富雄、梶原伊吉、藤

田稔等ト慰安倶楽部（海軍指定慰安所ノ事）經營ニ付
話ヲ爲シタル際村上ハ一同ニ對シ女ハ女中ト言フ事ニ
シテ雇フカ良イト申シタル様ニ記憶ス而シテ伊吉ハ自
分ノ妻雪野ニ稔ハ自宅ニ夫々自分カ出資ヲ承諾シタル
旨ヲ手紙ニテ通シ女雇入ノ手配ヲ願ミタルカ自分カ上
海ヨリ歸ル際昭和七年三月十三日頃稔、伊吉ノ兩名ハ
自分ニ内地ヨリ女ヲ雇ヒ送ル様依頼シタル故長崎ニ歸
宅後直チニ自宅ニ西田五三郎、藤田ミキヲ招キ雪野モ
居ル所ニテ此度伊吉、稔ノ兩名カ上海在住ノ村上富雄
ナル者ト海軍指定慰安所ヲ共同經營スルニ至リタルコ

裁判用紙　裁判所

ト及該慰安所ハ内地ノ女郎屋ト同様醜業ニ従事スルモ
ノナルコトヲ話シ同所ニ送ル女ヲ世話シテ呉レト三名
ニ申シタルカ其ノ際自分カ女ヲ雇フニハ女中トシテ雇
フ様ニスルカ良イト申シタルコトハ相違ナキモ斯様ニ
申シタル理由ハ淫賣婦トシテ上海行ヲ勧誘スルコトハ
言ヒ難キ事ナルト且女中トシテ雇ヘハ人ヲ集メ易キ故
左様ニ申シタル次第ナル旨ノ記載

(ロ)證人　ニ對スル豫審第二回訊問調書中其ノ供述
トシテ上海ノ江星旅館ニ於テ村上富雄、藤田稔、岡崎
安太郎等カ海軍指定慰安所經營ノ話ヲ爲シタル時自分

ハ同室ニ居リタルカ其ノ際富雄ハ内地ニ於テ婦女ヲ雇
フ際ハ婦女ニハ醜業ニ從事スルコトヲ秘シ女給トシテ
雇フカ可ナル旨ノ話ヲ爲シ惢、安太郎ノ兩名ハ之ニ同
意シタル旨ノ記載
(ヘ)證人　　　　ニ對スル豫審第一回訊問調書中其ノ供述
トシテ自分ハ村上ニ對シ女ハ如何ニシテ雇ヒ來ルカト
質問シタルトコロ同人ハ「女給トカ女中トカ言フ事ニ
シテ連レテ來レハ譯ハ無イジヤナイカ」トカ「ソンナ
事ハ何フテモ良イジヤナイカ」ト申シタル旨ノ記載
(ニ)被告人丈太郎ニ對スル豫審第二回訊問調書中其ノ供述

裁判用紙　　裁判所

トシテ在上海ノ伊吉ヨリ自分宛ノ手紙ニハ客取[illegible]
女ヲ雇ヒ呉レトノ記載ナク反對ニ女給又ハ仲居トシテ
雇ヒ呉レト書キアリタルモ自分ハ女ニハ賣淫ヲ爲サシ
メルモノト思ヒタリ而シテ此ノ手紙受領後雪野方ニ行
キタルトコロ同人ハ自分以上ニ詳細ニ事情ヲ知リ居リ
タルヲ以テ伊吉ヨリ雪野ニ對シテモ手紙カ來テ居ルモ
ノト思ヒタリ其ノ後伊吉ヨリ電報カ參リ雪野方ニ招致
サレ同人ニ面談シタル時同人ハ今度ノ船ニ間ニ合フ樣
女ヲ送ラネハナラヌ故早目ニ女ヲ雇ヒ呉レ而シテ其ノ
雇入ニ付テハ女給又ハ仲居トシテ雇フ樣命令的ニ申シ

タリ同人ハ其ノ際賣淫ノ事ヲ秘シテ雇ヘト判然トハ申サザリシモ其ノ口吻ヨリシテ自分ハ賣淫ノ事ヲ秘シ女給又ハ仲居トシテ雇ヒ呉レト言フ意味ニ解シタル旨ノ記載

(ホ)被告人雪野ノ當公廷ニ於ケル在上海ノ伊吉ヨリ自分宛ニ女雇入ヲ依頼スル旨ノ手紙カ參リタルコトハ相違ナキ旨ノ供述

(ヘ)被告人ミキニ對スル豫審第一回訊問調書中其ノ供述トシテ昭和七年三月初頃雪野方ニ招致サレ同人ニ面談シタル時同人ハ上海ヨリ手紙カ參リ從來村上ナル者カ上

裁判用紙　裁判所

海ニ於テ海軍慰安所ナル淫賣屋ヲ經營シ居リタルカ今度安太郎、梶原伊吉及貴殿ノ主人磋ノ三名カ共同ニテ該慰安所ヲ經營スルコトニナリ同所ニ女ヲ送ラネハナラヌ故當方ニ於テモ盡力スル故貴殿ニ於テモ世話ヲ爲シ呉レ金ハ立替ヘ置タ尚婦女雇入ニ付賣淫ノ事ヲ話セハ金カ高ク掛ル故其ノ事ハ言ハス女給トシテ雇フカ良イト申シタル故女ハ女給トシテ雇フ事ニ一決シタリ仍テ自分ハ直チニ松島章二方ニ行キ同人ニ女給ノ雇入方ヲ頼ミタル旨ノ記載

(ト)被告人ミキニ對スル豫審第二回訊問調書中其ノ供述ト

加一字 削一字

削一字

シテ安太郎カ上海ヨリ歸國後自分及　　　　カ安太
郎方ニ招致サレタル時同人ハ女ニ賣淫ノ事ヲ打明ケテ
雇ヘハ百圓ノトコロハ二百圓モ要スル故女給トシテ雇
フカ可ナル旨申シタルヲ以テ自分ハ「左樣ニシマセウ
」ト返事ヲ爲シタルカ右ノ話ヲ聞キ之ハ自分ノ主人
トモ相談ノ事ナラント思ヒタリ而シテ其ノ日直チニ章
二方ニ行キ同人ニ婦女雇入方ヲ依頼シタル旨ノ記載
(チ) 證人西田五三郎ニ對スル豫審訊問調書中其ノ供述トシ
テ安太郎カ上海ヨリ歸國後自分及藤田モキノ兩名ハ安
太郎方ニ招致サレタルカ其ノ際安太郎ハ上海ニ於テ帝國

裁判所用紙　　裁判所

海軍軍人ヲ相手トスル海軍慰安所ナル淫賣屋ヲ藤田稔
ト共同ニテ經營スルコトニ爲シ同所ニ女ヲ送ラネハナ
ラヌカ女ヲ雇フニ付テハ賣淫ノ事ヲ秘シ女給トシテ
雇フカ良イト申シタリ自分ハ賣淫ヲ爲ス酌婦トシテ雇
ヘハ金モ掛リ且希望者モ少キ故安太郎カ右ノ樣ニ申シ
タルモノト考ヘ又此ノ事ハ安太郎單獨ノ考ニ非スシテ
上海ニ於テ稔等トモ相談ノ事ナルヘシト察シ「左樣シ
マセウ」ト返事シ同人方ヲ辭シ稔方ニ立寄リタルトコ
ロ松島章二カ居合セタル故同人ニ安太郎ノ申シタル通
リヲ傳ヘタルトコロ章二ハ「ソンナ風テ雇ハネハ上海

邊ニハ女カ直ク行カフト言ハヌ」ト申シタル故自分ハ
章ニモ同意見ト思ヒタル旨ノ記載
(リ)被告人雪野ニ對スル豫審第三回訊問調書中其ノ供述ト
シテ中田丈太郎ト女雇入ノ方法ニ付客ヲ取ル酌婦トシ
テ雇ヘハ何千圓モ要スル故女給トシテ雇フカ良イ左ス
レハ多額ノ金員ヲ要セヌト相談シタルコトハ相違ナキ
旨ノ記載
(ヌ)被告人春吉ニ對スル豫審第三回訊問調書中其ノ供述ト
シテ昭和七年三月十八日頃上海ニ行キタル時同地ニ於
テ岡崎雪野ニ面會シタル際　ノ話ヲ爲シタル

裁判用紙　裁判所

トコロ雪野ハ同人ヲ雇フテモ良イト申シタル旨ノ記載
(ル)被告人虎壽ニ對スル豫審第二回訊問調書中其ノ供述ト
シテ昭和七年中岡崎雪野ヨリノ招電ニ依リ同人方ニ行
キタルニ同人ハ上海ノ淫賣屋ニ送ル女ヲ世話シテ呉レ
ト申シタルモ自分ハ氣乘リセサリシトコロ市之助ニ尋
ネサセテ呉レト申シタル旨ノ記載
(ヲ)被告人虎壽ニ對スル豫審第三回訊問調書中其ノ供述ト
シテ岡崎雪野ハ自分ニ女雇入ノ世話ヲ頼ミタル際
同　以外ノ女ヲ雇フ際ハ上海ニ行キ女郎ノ
如キ仕事ヲスルト言ヘハ嫌フ者モアル故左樣ナ事ハ言

加四字 削二字 加一字 削二字 加一字

四五

削一字

加一字 削一字

ハスニ上海カ景氣ナル故行キテハ如何ト申向ケテ勸誘シ吳レト申シタル旨ノ記載

(ワ)被告人市之助ニ對スル豫審第一回訊問調書中其ノ供述トシテ昭和七年春頃上田虎壽カ岡崎雪野ヨリ上海ノ料理屋ニテ客取スル女ノ雇入方ヲ頼マレタルヲ以テ共ニ世話シ吳レト依頼尚

ヱヲ世話スル際ニハ客取スルコトハ言ハヌカ良イト虎壽カ申シタル故之ニ同意シタル旨ノ記載

ヲ綜合スルコトニ依リ之ヲ認メ

判示第一ノ(一)ノ如ク被告人雪野ニ於テ婦女ヲ誘拐シタル事

裁判用紙　裁判所

實ハ證人　ニ對スル豫審第一回訊問調書中其ノ供述トシテ昭和七年四月初頃岡崎雪野方二階ニ於テ同人ト面會シタル時同人ハ雇先ハ上海ノ大キナ食堂ニシテ兵隊ノ遊ビニ來ル所テアリ「チップ」ノ外ニ品物ノ賣上金ノ歩合モ貰ヘル故月ニ三百圓位儲カルト申シタル故自分ハ何レ客ニ飲食物ヲ運フノカ仕事ナラント思ヘ同人ノ言ヲ信用シテ上海行ヲ承諾シタルモ若シ淫賣ヲスルトノ事カ判明シ居タリトセハ自分ハ上海ニ行ク筈ニハ非ラサリシモ實際上海ニ行キタルトコロ其處ハ賣淫專業ノ所ナリシ故自分ハ全ク欺カレテ上海ニ送ラレタルコトカ判明シタル旨ノ記載ニ依

判示第一ノ(一)ノ如ク被告人ミキニ於テ婦女ヲ誘惑シタル事
實ハ證人ニ對スル豫審第一回訊問調書中其ノ供
述トシテ昭和七年四月初頃長崎市松島寮二方ニ於テ
藤田ミキニ會ヒタル際同人ハ上海ノ勤先ハ食堂ノ女給ナル
故客ヲ取ル要モナク又若シ嫌ナラハ上海見物ノモシテ歸
國シテモ宜キ故上海ニ行キテハ如何上海ハ好景氣ナル故百
五十圓ノ前借金ハ二、三ケ月ニテ完濟シ得ヘクモ毎月
五十圓位送金出來ルト申シタルモ實證ノ話ハ全然ナク專ロ
女給ナル故客ヲ取ル要ナシトノ事ナリシ故實證セヌモノト
信シテ上海ニ行キタルトコロ同所ハ海軍軍人相手ニ專ラ賣
淫ヲナス所ナリシ故藤田ミキニ欺サレタル事カ判リ悲シ
クナリタル旨ノ記載ニ依リ
判示第二ノ如ク　ニ於テ婦女ヲ誘惑シタル事實ハ
證人　ニ對スル豫審訊問調書中　ハ自分
ノ夫女ナルモ昭和七年五月初頃　カ自分方ニ參リ
藤田ノ兄貴（藤田孫ノ事）カ上海ニ於テ軍隊ノ娛樂場ノ如
キモノヲ經營シ酒ヤビールヲ賣リ居ル軍隊ノ酒保ノ如キ所
ノ賣子ノ仕事ヲ爲ス者トシテ娘ナカノヲ上海ニ奉公セシメ
テハ如何、上海ハ好景氣ナル故一年居レハ內地ノ三年分ヤ

五年分ノ儲カアルト申シタル故其ノ話ノ趣旨ヲ娼ニ傳ヘタ
ルトコロ上海行ヲ承諾シタリ自分モ娼モ醜業ニ從事スルモ
ノナルコトハ全然知ラス若シ之ヲ明白ニ知リ居リタリトセ
ハ僅カ二十圓位ヲ貰ヒ娼ヲ上海ニ奉公セシムル事ハセス亦
娼ニ於テモ其ノ儲ニテハ行カサリシ筈ナリ昭和八年二、三
月頃娼　　ハ歸國シタルカ其ノ時同人ハ上海ニ於テハ内
地ニ於ケル話ト異リ客取リヲサセラレ辛苦シタト申シタル
旨ノ記載及證人　　ニ對スル豫審訊問調書中其ノ供
述トシテ自分カ　　ニ對シ娼　　ノ上海行ヲ交渉
シタル時　　ニ上海ニ於テ醜業ニ從事スルモノナリトノ
事ハ一切打明ケサリシコトハ相違ナキ旨ノ記載ニ依リ
判示第三ノ如ク被告人丈太郎ニ於テ婦女ヲ誘拐シタル事實
ハ

(イ)被告人丈太郎ニ對スル豫審第一回訊問調書中其ノ供述
トシテ昭和七年三月十日頃長崎市外
方ニ於テ同人ニ對シ今度上海ニ海軍慰安所ナル大キ
ナ料理屋カ出來ル故貴殿ノ娼ヲ上海ニ奉公ニ出シテハ
如何ト申向ケタルトコロ同人ハ　　ヲモ招致シタ
ル故同人ニモ前同樣申シタルニ同人等ハ娼ニ意見ヲ聞
クト言ヒ其ノ後自分方ニ同人等ノ娼　　、

四八

ヲ連行シ來リタル故自分ハ娘兩名ニ前同樣申シタル
ニ同人等ハ上海行ヲ承諾シ尚當時佐世保ノ料理屋ニ奉
公シ居タルセノノ妹　ヲモ上海ニ出スコトニナリタ
リ自分カ　及　兩名ニ對シテハ淫賣ト
言フ事ハ打明ケスニ女給又ハ仲居ノ如キ仕事ヲスルト
申シタル事ハ相違ナキ旨ノ記載

(ロ)證人　ニ對スル豫審訊問調書中其ノ供述トシ
テ　ハ自分ノ長女ニシテ　ハ次女　カ昭和
七年三月頃中　カ自分方ニ來リ上海ニ良キ働キ
ロアル故貴殿ノ娘及　ノ娘モ行カヌカト申向ケ

裁判用紙　裁判所

タル故助八ヲ自分方ニ招キ執レモ娘ニ聞キタル上返事
スルコトニナシタルカ其ノ際佐世保市ニ居リタルシメ
モ一緒ニ行キテハ如何ト丈太郎カ申シタリ、其ノ後自
分等兩名　兩名ヲ伴ヒ丈太郎方ニ參リタ
ルトコロ同人ハ娘等ニモ前同樣ノ事ヲ申シタル故セノ
シゲモ上海行ヲ承諾シタリ丈太郎カ申シタル良キ働キ
ロトハ岡崎安太郎經營ノ海軍倶樂部ニシテ酒ヤ肴ヲ運
フ仕事ヲナシ客ヲ取ル所ニ非スシテ收入ハ月二、三百
圓位アルト申シタリ其ノ後岡崎雪野ニモ面談シタルカ
同人ヨリ客取リヲ爲ストノ話ハ全然聞カス又娘　ニ

モ丈太郎ヨリ聞キタル通リヲ話シタルニ同人モ客取リ
ヲ為サスシテ左様ニ金儲カアレハ行カウト申シ上海行
ヲ承諾シタリ自分モ承セノ、シメ両名モ共ニ客取リセ
ヌモノト信シテ上海行ヲ承諾シ若シ客取リスル事ヲ知
リ居リタリセハ僅カ四百圓餘ヲ二人分ノ前借金トシテ
借受ケ上海ニ奉公セシムル筈ナク又其ノ後モノカ上海
ヨリ歸國シタル際同人ハ上海ニ於テハ内地ノ話ト異リ
客取リヲサセラレタト語リタル旨ノ記載

(ハ)證人　ニ對スル豫審訊問調書中其ノ供述トシテ
三島シヅハ自分ノ次女　カ昭和七年三月頃
[illegible]
カニ於テ中田丈太郎ニ面會シタル時同人ハ岡崎カ上
海ニテ飲食店ノ如キモノヲ經營シ女カ必要ナルカ上海
ハ好景氣ニシテ金儲カ出來ル故娘ヲ出シテハ如何ト申
シ尚水商賣スル所ニ非スシテ女中ノ如キ仕事ヲセネハ
ナラヌト申シタル故娘ノ意見ヲ聞キタル上ニテ上海行
ヲ承諾シタルカ自分及　両名ハ共ニ水商賣ヲスル
所ニ非スト信シテ上海行ヲ承諾シタルモノニシテ若シ
賣淫ヲセネハナラヌ事カ判明シタランニハ自分モ
モ共ニ上海行ヲ承諾スル筈ニハ非ス、　カ上海ニ行
キタル後自分ニ手紙ヲ送リタルカ其ノ中ニハ内地ノ話

四九

五〇

ト異リ客取リヲ爲サネハナラヌト書キアリタル旨ノ記
載
(ニ)被告人丈太郎ニ對スル豫審第一回訊問調書中昭和七年
四月初頃　　　方ニ於テ同人ニ對シ實
淫ノ事ハ打明ケスニ働キ先ハ海軍ノ慰安所ニシテ「カ
フエー」ノ女給又ハ仲居ノ如キ仕事ヲ爲ス所ニシテ收
入ハ月七、八十圓位ト申シ上海行ヲ勸メタル事ハ相違
ナキ旨ノ記載
(ホ)證人　　　ニ對スル豫審訊問調書中其ノ供述トシテ自
分ハ以前　　　ト稱シ居タルカ昭和七年四月初頃

豫審用紙　　　裁判所

中田丈太郎カ自分方ニ參リ上海ハ好景氣ニシテ同地ノ
料理屋ノ月收七十圓位ノ女中ニナラヌカト申シテ上海
行ヲ勸メタル故自分ハ之ヲ承諾シタル迄ニシテ同地ニ
於テ醜業ニ從事スルトノ話ハ全然聞カス又之ヲ知リ居
リタリセハ上海行ヲ承諾セサル筈ナリシ旨ノ記載。
ニ依リ
判示第四ノ如ク被告人春吉ニ於テ婦女ヲ誘拐シタル事實ハ
(イ)被告人春吉ニ對スル豫審第三回訊問調書中其ノ供述ト
シテ自分カ　　　ニ上海行ヲ勸誘シタル時同人ニ
醜業ニ從事セネハナラヌ事ハ打明ケサリシ旨ノ記載

五三

(ロ)證人　ニ對スル豫審第一回訊問調書中其ノ供
述トシテ昭和七年四月初頃岡崎春吉（被告人原田春吉
ノ事）カ自分方ニ來リ上海ニ行ケハ月七、八十圓ノ收
入アル故行キテハ如何若シ行キタル上都合惡ケレハ何
時ニテモ歸國シテ支障ナシト申シ尚行先ハ海軍慰安所
ニシテ其處ハ「カフエー」ニシテ水兵及士官等ノ飲食
スル場所ナリ而シテ仕事ハ客ノ相手ヲ爲シ品物ヲ運フ
等ナリ、一年位居リ家ヲ造リタル人モアルト申シタル
故自分モ父モ之ヲ信シ上海行ヲ承諾シタルカ賣淫ヲ爲
サネハナラヌトノ事ハ春吉ヨリモ亦岡崎雪野ヨリモ聞

裁判用紙

裁判所

カス若シ其ノ事カ判明シ居タランニハ上海行ヲ承諾ス
ル筈ニハアラサリシ旨ノ記載
ニ依リ
判示第五ノ如ク被告人虎壽、市之助ノ兩名ニ於テ判示ノ如
ク婦女ヲ誘拐シタル事實ハ
(イ)被告人虎壽ニ對スル豫審第六回訊問調書中其ノ供述ト
シテ自分カ川田市之助ト共ニ
方ニ行キ同人等ニ上海行ヲ勸メタル事及其
ノ際兩名ニ上海ニ行キ醜業ニ從事スルモノナルコトハ
告ケスシテ　ニ對シテハ帳場ニ世話スルト申シヨシ

ヱニハ女中ニ世話スルト申シタル事ハ相違ナキ旨ノ記
載
(ロ) 被告人市之助ニ對スル豫審第一回訊問調書中其ノ供述
トシテ自分ト上田虎壽ノ兩名ハ　　方ニ行キ同
人及其ノ母ニ上海ニ行クニ於テハ金儲カアル故行キテ
ハ如何、行先ハ岡崎雪野經營ノ料理屋ニシテ女中ナリ
ト申シ賣淫ヲ爲スヘキコトハ打明ケスニ話シタリ
次ニ同ク虎壽ト共ニ　　方ニ行キ
同人ニ前同樣申シ尙同人カ淫賣スルコトハ欲セスト申
シタル故自分ト上田ハ然ラハ帳場ニ世話スルト申シタ

裁判用紙　裁判所

ル旨ノ記載
(ハ) 證人　　ニ對スル豫審訊問調書中其ノ供述トシテ自
分ハ以前松崎初子ト稱シ居タルカ昭和七年四月初頃自
分方ニ川田市之助外一名カ前後三回參リ長崎ノ岡崎カ
上海ニ於テ食堂ノ如キモノヲ經營シ居リ同所ノ帳場方
トシテ上海ニ行キテハ如何、收入モ內地ヨリ多額ナル
旨申向ケタル故自分ハ之ヲ信シ上海行ヲ承諾シ其ノ後
長崎ノ岡崎雪野方ニ行キタル際同人モ帳場カ不足シ
居ル故上海ニ行キ呉レト申シタルモ賣淫スルトノ話ハ
全然聞カス然ルニ上海ニ於テハ專ラ醜業ニ從事スルコ

トヲ知リ尚藤田稔ヨリモ之ニ從事スルコトヲ勸メラレ
タルモ自分ハ拒絶シタル旨ノ記載

(二)證人　ニ對スル豫審訊問調書中其ノ供述トシ
テ昭和七年三月二十四、五日頃川田市之助、上田虎壽
外一名カ　ナル自分方ニ參リ上海ニ行クニ於テハ
金儲カアリ行先ハ兵隊相手ノ食堂ニシテ收入ハ「チツ
プ」一日一、二圓位アルト申シタル故自分ハ單ニ兵隊
ノ給仕或ハ酒ノ酌位ヲ爲セハ足ルモノト思ヒ之ヲ承諾
シタルカ賣淫スルトノコトハ想像タニセス且其ノ事カ
判明シ居タランニハ上海行ハ絶對ニ承諾セヌ筈ナリシ

裁判用紙　　裁判所

トコロ同地ニ於テハ賣淫ヲ爲サネハナラヌコトヲ知リ
驚キタルモ逃ケ歸ルニシテモ旅費無カリシ故仕方ナク
醜業ニ從事シタル旨ノ記載

ニ依リ

判示第六ノ如ク被告人虎壽ニ於テ婦女ヲ誘拐シタル事實ハ

(イ)被告人虎壽ニ對スル豫審第六回訊問調書中其ノ供述ト
シテ自分カ　及　等
ヲ雇入ルルニ際シ同人等ニ上海ニ於テ醜業ニ從事スル
モノナルコトハ告ケスシテ女中ニ世話スルト申向ケタ
ルコトハ相違ナキ旨ノ記載

(ロ)證人　　ニ對スル豫審訊問調書中自分ハ通稱
ナルモ戸籍面上ハ　　ナリ昭和七年四月初頃
上田虎壽カ自分方ニ參リ上海ノ仕出屋ノ女中奉公ヲ爲
サハ月ニ、三十圓ノ收入アリト申シ上海行ヲ勸メタル
故之ヲ承諾シ上海ニ參リタルモ賣淫ヲ爲ストノ話ハ全
然聞カス又之ヲ知リタリセハ上海ニ來ル筈ニアラサリ
シ旨記載
(ハ)證人　　ニ對スル豫審訊問調書中其ノ供述トシテ
ハ自分ノ四女　　カ昭和七年四月頃上田虎
壽カ自分方ニ參リ上海ノ「カフエー」ノ女中トシテキ

裁判用紙　　裁判所

ヨカタ奉公セシメテハ如何内地ニ於テ女中奉公爲スヨ
リニ、三倍ノ給料ヲ受ケ得ヘシト申シタル故自分ハ
ト相談ノ上ニテ上海行ヲ承諾シタルカ自分達
ハ孰レモ女中ナルコトヲ信シテ上海行ヲ承諾シタル
トコロ　　カ上海ニ行キテ後直チニ手紙ヲ自分宛ニ
出シ最初ノ話ト異リ淫賣ヲセシメラレ斯樣ナ事ナレハ
來ル筈ニハアラサリシ旨言ヒ送リタルモ自分モ亦賣淫
スルコトカ判明シ居タランニハ上海行ヲ承諾セサリシ
筈ナリシ旨ノ記載
ニ依リ

加一字
削一字
五五
加七字

判示第七ノ如ク被告人章二ニ於テ婦女ヲ誘拐シタル事實ハ
(イ)證人　ニ對スル豫審訊問調書中其ノ供述トシテ
昭和七年三月末頃松島章二方ニ於テ同人ニ面談シタル
時同人ハ行先ハ海軍慰安所ニシテ同所ノ女中トシテ雇
フト申シ尚仕事ハ客ノ酌或ハ食事ノ給仕ニシテ月給ハ
五、六圓ナルモチツプ收入ハ五、六十圓ナリト申シタ
ル故之ヲ信シテ上海ニ行キタルカ醜業ニ從事スル事ノ
話ハナク自分ハ上海ノ慰安所ニ着ク迄同所カ醜業專門
ノ所ナルコトハ知ラス且又之ニ從事スルモノナルコト
モ知ラサリシ旨ノ記載

裁判用紙　　裁判所

(ロ)證人　ニ對スル豫審訊問調書中昭和七年四月初
頃　方ニ於テ同人ト面談シタル際同人ハ上海
ニ女中トシテ行キテハ如何月給ハ十圓位ナルモ客ヨリ
ノ貰物モアル故月五、六十圓ニ達スルト申シタルヲ以
テ自分ハ之ヲ信シ上海行ヲ承諾シタルモ同地ニ於テ賣
淫ヲ爲スト ノ話ハ聞カス又之ヲ聞キ居リタリトセハ行
カサリシ筈ナル旨ノ記載
(ハ)證人　ニ對スル豫審訊問調書中其ノ供述トシ
テ昭和七年三月頃松島章二カ自分方ニ來リ在上海ノ海
軍慰安所ノ給仕女ヲ世話シ吳レ給料ハ僅カ五、六圓ナ

ルモチツグハ五、六十圓ニ達スルト申シタル故自分ハ
之ヲ信シ同月末頃松島千代ニ其ノ旨ヲ告ケ上海行ヲ世
話シタルカ章二ヨリハ賣淫ヲ爲スモノナリトノ話ハ全
然聞カサリシ旨ノ記載

(三)證人　ニ對スル豫審訊問調書中其ノ供述トシテ
昭和七年四月初頃松島章二方ニ於テ同人ト面談シタル
際同人ハ在上海ノ海軍士官相手ノ飲食店ノ女中トシテ
上海ニ行キテハ如何五十圓位ノ前借ヲ爲スモ一週間
還モ又間ニ直チニ返却シ得ル旨申シタルヲ以テ女中ト
シテ働ク積リニテ上海ニ行キタルモノニシテ醜業ニ從

豫審調書用紙

事スルトノ話ハ聞カサリシ旨ノ記載

(四)證人　ニ對スル豫審訊問調書中自分ハ昭和七年四
月一日長崎出帆ノ船ニテ上海ニ渡リタルカ其ノ際
外四名ヲ上海ニ同伴シタルモ松島章二ハ自分ニ此
ノ女等ハ慰安所ノ女給トシテ從ルモノナル故其ノ渡リ
ニテ連行シ呉レ若シ女カ質問シタル時ハ「女給ジャ」
ト申シ呉レト耳打シタルコトハ相違ナキ旨ノ記載

ニ依リ孰レモ之ヲ認ム

犯意繼續ノ點ハ被告人等（但被告人春吉ヲ除ク）カ判示短
期間内ニ同種行爲ヲ反覆累行シタル事跡ニ照シ明白ナリ

五七

仍テ判示犯罪事實ハ以上各證據ヲ綜合スルコトニ依リ其ノ證明十分ナリ

法律ニ照スニ

被告人等ノ判示所爲ハ刑法第二百二十六條第二項第一項第六十條第五十五條（被告人春吉ニ對シテハ第五十五條ヲ適用セス）ニ該當シ被告人春吉、虎壽、市之助ノ三名ニ對シテハ犯情憫諒スヘキヲ以テ同法第六十六條第六十八條ニ則リ酌量減輕ヲ爲シ各其ノ所定刑期範圍內ニ於テ被告人等ヲ主文第一項記載ノ如ク量刑處斷シ同法第二十一條ニ則リ未決勾留日數ノ一部ヲ主文第二項特記ノ如ク本刑ニ算入シ被告人春吉、虎壽、市之助ノ三名ニ對シテハ犯情刑ノ執行ヲ猶豫スルヲ相當ト認メ同法第二十五條ニ依リ主文第三項掲記ノ如ク刑ノ執行ヲ猶豫スヘク訴訟費用ニ付テハ刑事訴訟法第二百三十七條第二百三十八條ヲ適用シ主文第四項記載ノ如ク被告人等ニ其ノ負擔ヲ命スヘキモノトス

仍テ主文ノ如ク判決ス

昭和十一年二月十四日

長崎地方裁判所刑事部

裁判長判事

廿八

判事 榊原巖男

判事 高重久作

裁判所

裁判用紙

1936년(ㄷ)제55호(昭和十一年(つ)第五五號), 나가사키공소원

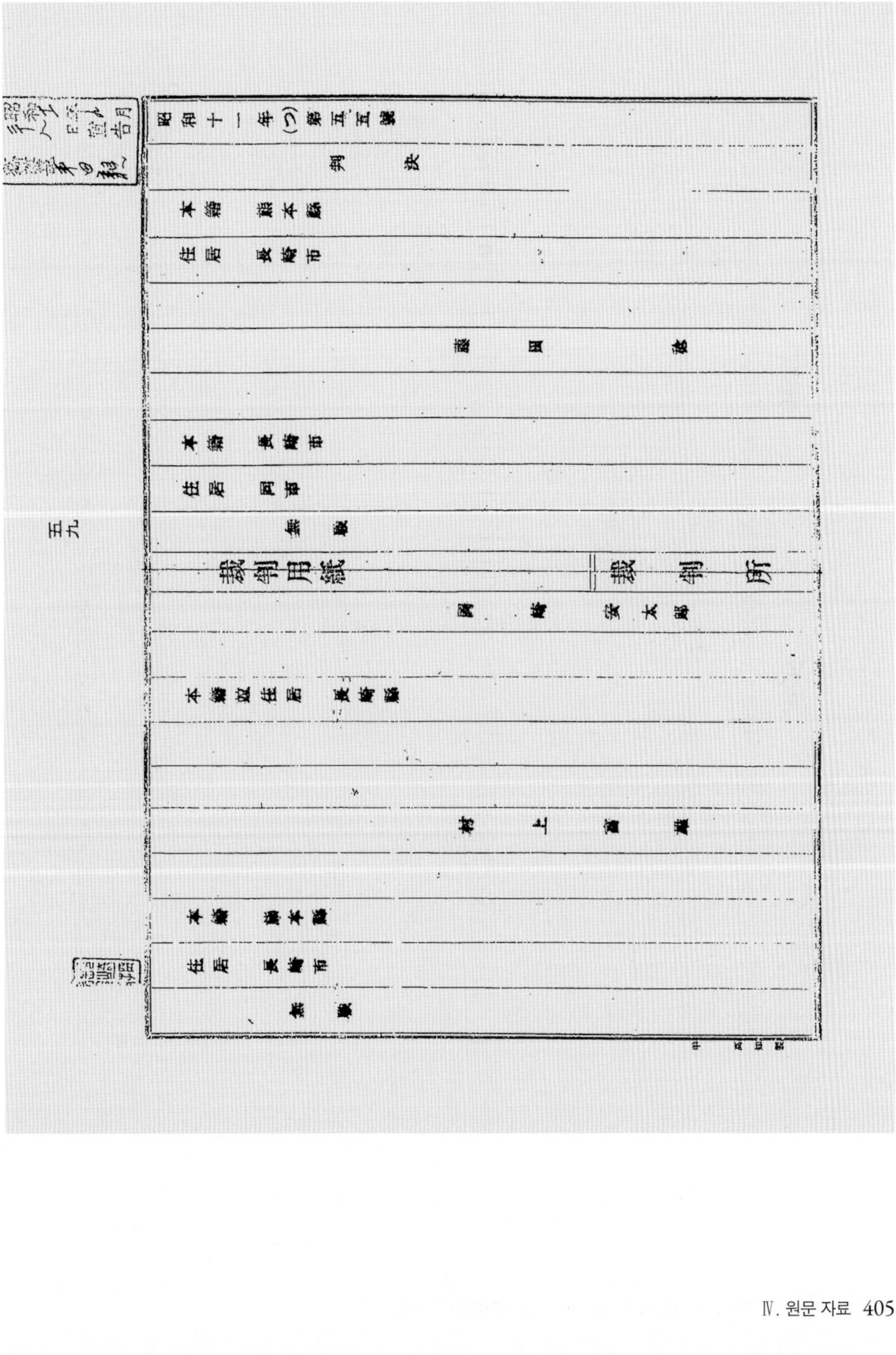

昭和十一年(つ)第五五號

判決

本籍 熊本縣

住居 長崎市

藤田 稔

本籍 長崎市

住居 同市

無職

五九

裁判用紙 裁判所

岡崎 安太郎

本籍並住居 長崎縣

村上 富雄

本籍 熊本縣

住居 長崎市

無職

藤田 [illegible] 幸

本籍 長崎市

住居 長崎市

エキノ事

岡崎 善 野

本籍 京都府

住居 長崎市

裁判用紙 ＝裁判所

中田 文太郎

本籍 長崎縣

住居 長崎市

岡崎善吉事

原田 善吉

本籍 長崎縣

住居　長崎市

森島幸二

右國外移送誘拐被告事件ニ付昭和十一年二月十四日長崎地方裁判所ニ於テ宣告シタル有罪判決ニ對シ被告人等ヨリ控訴ノ申立アリタルヲ以テ當院ハ檢事後藤英雄關與審理ノ上判決スルコト左ノ如シ

主　文

被告人藤田稔、同國井安太郎、村上富雄ヲ各懲役二年六月ニ

裁判用紙　裁判所

被告人藤田[illegible]吉、同國[illegible]、森島幸二、中田文太郎ヲ各懲役二年ニ、被告人[illegible]ヲ懲役一年六月ニ處ス

被告人村上富雄、同國[illegible]、森島幸二ニ對シテハ夫々原審ニ於ケル未決勾留日數中六十日ヲ右本刑ニ算入ス

被告人[illegible]ニ對シテハ本裁判確定ノ日ヨリ三年間右刑ノ執行ヲ猶豫ス

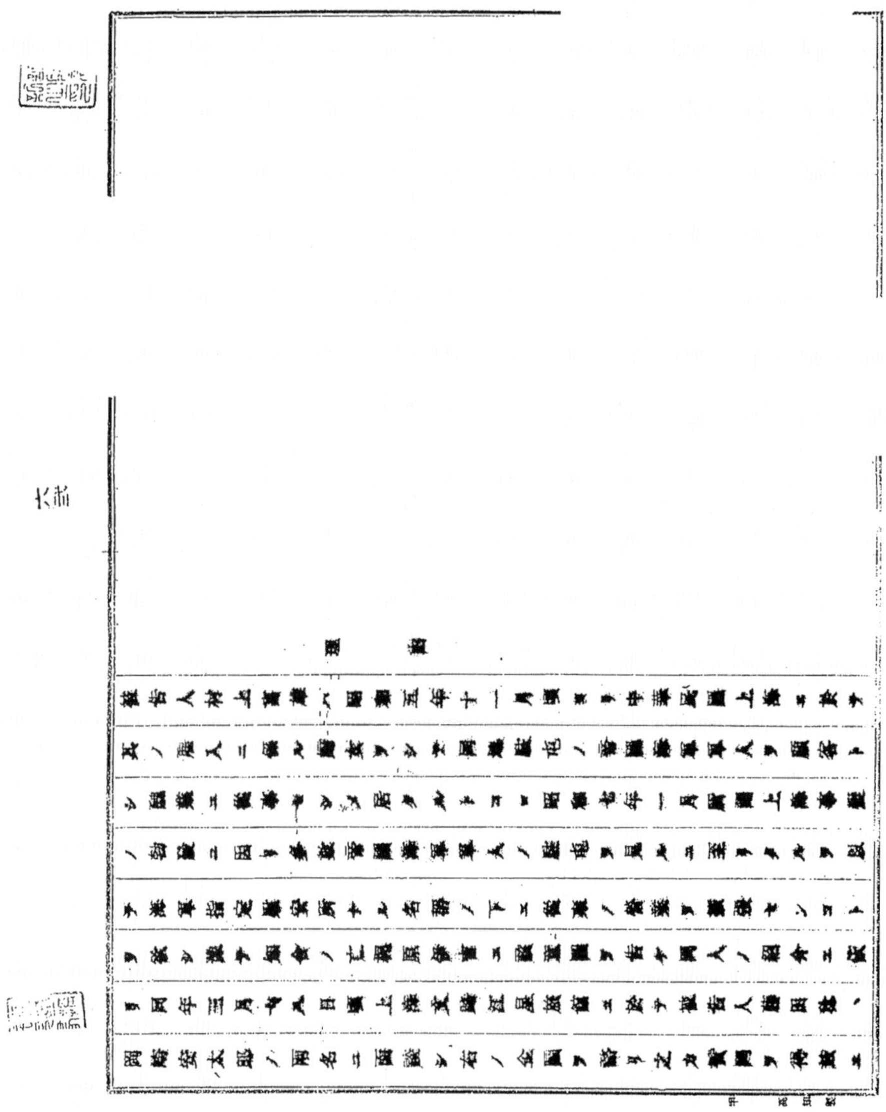

六

被告人宮崎ニ於テ家屋其ノ他ノ設備ヲ提供シ伊吉及被告人藤
ノ兩名ニ於テ該營業所ニ於テ醜業ニ從事スヘキ日本婦女ヲ日
本内地ニ於テ雇入レ移送スルコトヲ擔當シ被告人安太郎ニ於
テ之カ雇入資金ヲ提供スルコトヲ約スルト共ニ婦女雇入ニ際
シテハ其ノ專ラ醜業ニ從事スルモノナルコトノ情ヲ秘シ單ニ
女給又ハ女中トシテ雇フモノノ如ク欺罔シ勸誘誘惑シテ上海
ニ移送セムコトヲ謀議シ伊吉ニ於テモ直ニ之ニ賛同スルト共
ニ安太郎等ノ旨ヲ受ケテ其ノ頃長崎市ニ於ケル被告人安太郎
ノ妻ナル被告人岡崎雪野ニ右ノ協議内容ヲ通知シテ婦女ノ雇
入方ヲ求メ被告人雪野ハ其ノ頃又被告人藤ノ妻ナル被告人藤

裁判用紙　　裁判所

田ミキ及被告人中園丈太郎ノ兩名ニ通スルト共ニ被告人ミキ
トノ間ニハ之カ實行ヲ兩名ニ於テ分擔スヘキ旨ノ協議ヲ遂ケ
次テ被告人丈太郎トノ間ニハ安太郎等ノ協議セル前記方法ニ
基キ婦女ヲ雇入ルヘキコトヲ謀議シ居タルカ更ニ同月十四日
被告人安太郎ニ於テ長崎市ニ歸來スルヤ直ニ同市内ナル同人
方ニ西田五三郎及被告人ミキヲ招致シ同人等並ニ被告人雪野
ニ對シ前敍上海ニ於ケル協議ノ結果ヲ告ケテ婦女移送方ヲ促
シ同人等モ之ニ賛同ノ上被告人雪野ニ於テハ同年三月下旬頃
被告人原田春吉、原審相被告人上田虎藏及虎藏ヲ介シテ原審
相被告人川田市之助ノ三名ニ、五三郎及被告人ミキニ於テハ

六四

同月十四日頃被告人松島章二ニ夫々安太郎等ノ協議セル前記
方法ニ依リ婦女ヲ誘拐シテ上海ナル前示慰安所ニ移送セムコ
トヲ諮リタルトコロ被告人春吉、章二及原審相被告人虎蔵、
市之助ハ孰レモ之ニ賛同シ

第一、被告人稔、安太郎、富雄、雪野及ミキノ五名ハ伊吉ト
共謀ノ上（以下事実ヲ判示スルニ当リテ右被告人五名及
伊吉ヲ単ニ被告人稔等六名ト略称ス）

(一) 被告人雪野ニ於テ同年四月初頃長崎市内ナル同人方ニ
於テ　　　　ニ対シ行先ハ兵隊相手ノ食堂ナル旨虚言
ヲ構ヘ且前借等ニ依ル收入一ケ月二、三百圓位アル旨甘言

裁判用紙　　　　裁判所

ヲ弄シテ上海行ヲ勧メ同女ヲシテ其ノ旨誤信セシメテ之
ヲ誘惑シ

(二) 被告人ミキニ於テ前同日頃同市　　　　ナル被告人章二
方ニ於テ　　　　ニ対シ勤口ハ食堂ノ女給ニシテ客ヲ
取ル要ナキ旨詐言ヲ構ヘ且百五十圓位ヲ前借スルモ二、三
ケ月ニテ完済シ得尚每月五十圓位親許ニ送金シ得ヘキ旨
甘言ヲ以テ上海行ヲ勧誘シ同女ヲシテ其ノ旨誤信セシメ
テ誘惑シ

第二、被告人稔等六名及西田五三郎ハ共謀ノ上五三郎ニ於テ
同年五月初頃長崎縣北高來郡　　　　方ニ於

六五

削　一字

テ同人ニ對シ一年居レハ内地ノ三年乃至五年分ノ儲アル
故ニ女ナカノヲ上海駐屯帝國軍隊ノ酒保ノ如キ所ノ賣子
トシテ奉公セシメテハ如何トノ趣旨ノ詐言並ニ甘言ヲ構
ヘ同人ヨリ之ヲ聞知セル　　　ヲシテ其ノ旨誤信セ
シメテ同女ヲ誘惑シ
第三　被告人等六名並ニ被告人文太郎ハ共謀ノ上文太郎ニ
於テ
(一)　同年三月十三日頃長崎縣西彼杵郡
當該被告人　　　ノ肩書居宅ニ於テ　　　ニ對シ上海
ノ料理屋ニ女給又ハ女中トシテ奉公スルニ於テハ多額ノ

裁判用紙　　裁判所

收入アリ且容易ニ取リ得ル旨ナルノ要ナキニ依リ某女　　ヲ上海
ニ奉公ニ出ヅルナラバ如何トノ旨ノ甘言並詐言ヲ弄シ
ヨリ之ヲ聞知セル　　　ヲシテ其ノ旨ヲ眞實ナリト
信セシメテ同女ヲ誘惑シ
(二)　前同日頃前同所ニ於テ　　　、　　　兩名ニ對
シ前同様申向ケテ右兩名ヲ誤信セシメ之ヲ誘惑シ
(三)　同年四月初頃長崎市　　　方ニ於
テ同女ニ對シ一ケ月七十圓位ノ收入アルニ依リ上海ニ行
キ同地ノ海軍慰安所ニ於テ「カフエー」ノ女給又ハ仲居
ノ如キ仕事ヲ爲シテハ如何ト甘言並ニ詐言ヲ構ヘ同女ヲ

シテ其ノ旨誤信セシメ之ヲ誘惑シ

第四　被告人等六名並ニ被告人春吉ハ共謀ノ上春吉ニ於テ

同年四月初頃同市　　　　方ニ於テ同女ニ對シ

行先ハ海軍慰安所ニシテ水兵或ハ士官等相手ノ「カフエ

ー」ナルカ收入ハ一ケ月七八十圓ニ達シ一年位居リ家ヲ

造リタル人モアル故上海ニ行キテハ如何ト詐言並甘言ヲ

以テ説キ同女ヲシテ其ノ旨誤信セシメテ之ヲ惑ハシ

第五　被告人等六名並ニ原審相被告人上田虎藤、岡田甫之

助ハ共謀ノ上虎藤及甫之助ノ兩名ニ於テ前同日頃

(一)　長崎縣南高來郡　　　　方ニ於テ同女ニ對

裁判用紙　　裁判所

シ多額ノ收入アル食堂ノ帳場方トシテ世話スルニ依リ上

海ニ行キテハ如何ト詐言並ニ甘言ヲ構ヘ且被告人豐原ニ

於テモ其ノ頃長崎市南ナル同被告人方ニ於テ　　ニ對シ

虎藤等ト同樣ノ事ヲ申向ケ同女ヲ誤信セシメテ之ヲ誘惑

シ

(二)　同　　　　方ニ於テ同女ニ對シ行先ハ兵隊相手ノ

食堂ナルモ一日ニ最低二十圓ノ收入アル故上海ニ行キテ

ハ如何ト詐言並ニ甘言ヲ構ヘ同女ヲシテ其ノ旨誤信セシ

メテ之ヲ誘惑シ

第六　被告人等六名並ニ原審相被告人虎藤ハ共謀ノ上虎藤

六七

ニ於テ前同日頃

(一) 同郡　方ニ於テ同女ニ對シ上海ノ
仕出屋ノ女中奉公ヲ爲サハ月二、三十圓ノ收入アル故上海
ニ行キテハ如何ト詐言竝ニ甘言ヲ以テ同女ヲ誘ヒ同女ヲ
シテ其ノ旨誤信セシメテ之ヲ惑ハシ

(二) 同　方ニ於テ同人ニ對シ內地ニ於ケル給料ノ
二、三倍ノ收入アル故同女　ヲ上海ノ「カフエー」ノ
女中トシテ奉公セシメテハ如何ト詐言竝ニ甘言ヲ構ヘ同
人ニ於テ之ヲ聞知セル　ヲシテ之ヲ眞實ナリト信セシ
メ同女ヲ誘惑シ

裁判用紙　　裁判所

第七 被告人森本大吉竝ニ被告人李二八西岡五三郎ト共謀ノ
上李二ニ於テ

(一) 同年三月末頃慶尚道　ナル被告人李二方ニ於テ
　ニ對シ上海ニ於ケル海軍慰安所ノ女中トシテ同地
ニ行キテハ如何、給料ハ月額數百圓ナルモ酒保ニ依ル收入
ハ五、六十圓ニ達スル旨詐言竝ニ甘言ヲ構ヘ同女ヲシテ其
ノ旨誤信セシメ之ヲ誘惑シ

(二) 其ノ頃情ヲ知ラサル　ヲシテ同市　ナル
同人方ニ於テ　ニ對シ前同樣申向ケシメ同女ヲシ
テ其ノ旨誤信セシメテ之ヲ誘惑シ

六八

削一字

(四) 同年四月初頃被告人宰二方ニ於テ　　　ニ對シ海軍
士官相手ノ飲食店ノ女中トシテ上海ニ行キテハ如何五十
圓位ノ前借ヲ爲スモ一週間ニテ直ニ返濟シ得ヘキ旨詐言
及甘言ヲ以テ同女ヲ誘ヒ同女ヲシテ其ノ旨誤信セシメテ
之ヲ肯ハシ
因テ孰レモ上海行ヲ承諾セシメタル結果
(イ) 同年三月十四日長崎出帆ノ上海丸ニ　　　、
　　等三名ヲ
(ロ) 同年四月一日同港出帆ノ長崎丸ニ　　　ヲ
(ハ) 同月八日同港出帆ノ[illegible]汽船ニ　　　、

裁判用紙　　裁判所

、　　、　　、　　、
　　等七名ヲ
(ニ) 同月十二日同港出帆ノ淺間丸ニ　　　、
、　　等三名ヲ
(ホ) 同年五月六日同港出帆ノ上海丸ニ　　　ヲ
順次乘船セシメテ之ヲ誘拐シタル上各其ノ翌日同女等ヲ孰
レモ順次上海ニ上陸セシメ以テ同女等ヲ帝國外ニ移送シ
タルモノナリ
而シテ被告人春吉ヲ除ク其ノ餘ノ被告人等ノ所爲ハ犯意繼續
ニ係ルモノトス。

改　一字

六九

證據ヲ案スルニ右事實[illegible]竝繼續ノ點ヲ除キ
判示冒頭記載ノ點竝ニ判示第一乃至第七記載ノ如ク各共謀關
係ノ成立シタル點ハ
一、被告人村上富雄ノ當公廷ニ於ケル私ハ昭和五年十一月頃
ヨリ中華民國上海北四川路志安坊九號ニ於テ海軍指定慰
安所ナル名稱ノ下ニ營業所ヲ構ヘ女中トシテ雇ヒタル婦
女ヲシテ同地滯留ノ日本海軍軍人ヲ顧客トシ醜業ヲ爲サ
シメ居リシカ昭和七年一月下旬上海事變ノ勃發ニ依リ其
ノ營業ハ一時中絶ノ姿ト爲リタリ然ルニ同年三月停戰協
定ノ成立ニ依リ同地ノ物情平穩ト爲リ再從前ノ營業ニ從

裁判用紙　　裁判所

事シ居タルトコロ當國軍隊カ多數同地ニ駐屯スル關係ト
爲リシ爲雇女ニ不足ヲ生シ之ヲ增員セネハナラヌト考へ
右營業所ノ名稱ヲ同年五月頃海軍指定慰安所ト改メタリ
右ノ如ク營業所ノ婦女ヲ多數雇入ルル必要ヲ生シタル結
果同年三月末頃[illegible]　方ニ資金弐五千圓ヲ借入ル
ル爲赴キタルトコロ同家ニ於テ梶原伊吉ニ會ヒ知合ト爲
リタルカ同月廿八日頃伊吉ヨリ同人ノ伯父岡崎安太郎カ
江星旅館ニ居ル故來テ吳レトノ通知ヲ受ケ江星旅館ニ行
キ伊吉ヨリ岡崎安太郎、藤田稔ヲ紹介セラレ安太郎ヨリ私
ノ營業ノ內容ヲ訊ネラレタルニ依リ私ハ營業ノ內情、經

七〇

過般ニ現状、利益ノ分配方法等ヲ話シタル旨ノ記載

二、原審第二回公判調書中同被告人ノ供述トシテ（記録三二〇六丁裏以下）昭和七年三月七八日頃上海文路江星旅館ニ於テ私ト藤田稔、梶原伊吉、岡崎安太郎等カ會合シ私カ營業ノ内情、經過並ニ現状等ヲ話シ且多數日本軍隊ノ駐屯期間カ向フ一ヶ年位ト思ハルル故自分ノ營業ヲ擴張シ共同ニテ多數ノ女ヲ雇ヒ半年位遣レハ儲カルト思フ旨私ノ希望ヲ申シタルトコロ集リ居タル人々モ其レニ賛成シ結局私カ營業所ヲ提供シテ女十五人頭リ其ノ女達ノ玉代ヲ等分シテ女ニ半分與ヘ殘リ半分ヨリ實費ヲ差引キタ

裁判用紙　裁判所

ルモノヲ私ト梶原、藤田ニテ平等ニ分配スルコト而シテ女ノ雇入ハ藤田、梶原等ノ方ニテ受持ツト言フ事ニ爲リタリ岡崎安太郎ハ伊吉ノ伯父ニシテ伊吉ヨリ同人ハ數十万圓ノ資産家ナルコトヲ聞キ居タル爲同人カ金ヲ出スモノナリト想像シ居リタル旨ノ記載

三、同調書中被告人岡崎安太郎ノ供述トシテ（記録三二〇九丁裏以下）私ハ甥ノ梶原伊吉ヨリ村上カ慰安所ヲ出ス様ニ爲ル故金ヲ出シテ呉レト申サレ其ノ後昭和七年三月七八日頃江星旅館ニ於テ伊吉ノ紹介ニテ村上富雄、藤田稔梶原伊吉等ト會見シ村上ヨリ同人ノ營業ノ内情、經過並

加削 二字 二字

七言

ニ現狀等ノ説明ヲ聞キ伊吉ヨリ二三千圓出シテ呉レト言
ハレ私ハ村上ノ申ス趣旨ニ賛成シ其ノ位ノ金ナラハ出サ
ウト申シタル旨ノ記載

四、同調書中被告人藤田稔ノ供述トシテ（記録二一五丁以
下）判示ノ日頃判示[illegible]ニ於テ村上ヨリ以前同人カ海軍
指定休憩所ヲ設ケ居タルカ上海事變ノ爲營業カ一時中止
ト爲リタルモ停戰協定ノ成立ニ依リ帝國軍隊ノ多數上海
ニ駐屯スルナラント言フ事等ノ話カ有リ更ニ同人ハ海軍
指定休憩所ノ名稱ヲ海軍指定慰安所ト改メ營業ヲ復活シ
擴張シテ遣リ度キ故賛成シテ呉レトノ趣旨ノ相談カアリ

裁判用紙　裁判所

私ハ賛成シ村上、梶原ト共同シテ經營スルコトニシ岡崎
カ資金ヲ出ス事ニ話カ成立シタル旨ノ記載

五、被告人村上富雄ニ對スル第二回及第三回豫審訊問調書ヲ
通シ同被告人ノ供述トシテ（記録七八〇丁以下）海軍指
定慰安所ヲ共同經營ニスルト言フ契約ハ私ト藤田稔、梶
原伊吉ノ三名間ニ結ハレタルモノナルカ岡崎安太郎ハ共
同經營者トシテ右契約ニ依リ藤田、梶原ノ兩名カ得ヘキ
利益ヲ更ニ三分シテ其ノ一ヲ得ルコトニ爲リ居ルト言フ
事ヲ後ニ爲リ聞知シタリ（記録八〇九丁以下）私ハ江灣
鎭ニ於テ藤田、梶原、岡崎ノ三名ニ會ヒタルトキ海軍

指定慰安所ハ軍人相手ニ賣淫ヲ爲ス事ヲ主タル目的トス
ル所ニテ其處ニ雇ハルル女ハ賣淫ヲセネバナラヌ事ヲ知テ
居レリヤモ又女ハ雇入レスト言フ事ハ充分認識シ居キタル故
藤田、岡崎、堀原ノ三名ハ充分承知シ居タル筈ナリシ旨
ノ記載

六 證人　　　　ニ對スル第一回豫審訊問調書中其ノ供述ト
シテ（記録一、三七一丁裏以下）村上富藏カ江島旅館ニ藤
田、岡崎等ヲ誘ヒ右三名ニ於テ海軍指定慰安所ノ共同經
營ニ付テノ話ヲ爲シ居タルカ其ノ話ノ樣子ニテ其ハ同慰
安所カ海軍軍人ヲ相手ニ醜業ヲシテ賣淫ヲ爲サシムル事

裁判用紙　‖　裁判所

ヲ營業トスル所ナルコトヲ知リタル旨ノ記載

七 同證人ニ對スル第二回豫審訊問調書中其ノ供述トシテ（
記録一、三九九丁裏以下）村上、藤田、岡崎等カ江島旅館
ニ於テ海軍指定慰安所ノ話ヲ爲シ居タル時村上ハ同慰安
所ノ女ヲ内地ニ於テ雇フ時ハ女ニハ醜業ニ從事セネバナ
ラヌ事ハ言ハズニ女給トシテ雇入レナイト言フ意味ノ話
ヲ爲シ藤田、岡崎カ其レニ同意シテ居リタリ私ハ女給ト
シテ女ヲ雇入レ内地ノ女郎同樣ノ事ヲサセルノダナト
思ヒタル旨ノ記載

八 證人　　　　ニ對スル豫審訊問調書中其ノ供述トシテ（

記錄八四三丁以下）私ハ村上、梶原、藤岡等ト上海ニテ
海軍指定慰安所ヲ共同經營スル契約ヲ爲シタルカ村上ヨ
リ女ハ幾ラテモ送リ還ルトノ話ヲ聞キ居タル故其ノ際村
上ニ女カ左樣ニ易々ト手ニ入ルカト訊ネタルニ同人ハ岡
崎ヤ藤田カスル事テアリ女ハ何程テモ手ニ入ルト申シタ
リ更ニ私カ女ハ如何樣ニシテ連レテ來ルカト訊ネタルト
コロ同人ハ女給トカ女中トカ言フ事ニシテ連レテ來レハ
譯ハナイテハナイカト申シタル旨ノ記載

九、被告人岡崎安太郎ニ對スル第一回豫審訊問調書中其ノ供
述トシテ（記錄一〇二三九丁裏以下）私ハ藤岡等ト共ニ昭

裁判用紙　　裁判所

和七年三月二四日頃上海ニ行キ同所ノ江屋旅館ニ於テ村
上富雄、梶原伊吉、藤田稔等ト海軍指定慰安俱樂部（慰
安所トハ聞カス）ノ經營ニ付テノ話カアリ私カ梶原ノ依
頼ニ依リ女雇入レニ必要ナル資金トシテ二五千圓出資ス
ルコトニ爲リタリ其ノ際村上カ女ハ女中トシテ雇フカ良
イト申シタル樣記憶ス、私カ出資ヲ承諾シタル爲一　ハ
私ノ妻ユキノニ又藤田ハ自宅ニ夫々手紙ヲ出シ私カ出資
ヲ承諾シタル旨ヲ通シ女雇入ノ手配ヲ頼ミタルカ私カ上
海ヨリ歸ル際聞テ昭和七年三月十二四日頃藤田、　ノ
兩名カ私ニ內地ヨリ女ヲ雇ヒ送ル樣依頼シタルニ依リ私

七四

加削 二字 一字

ハ長崎ニ歸リ私方ニ西田五三郎、藤田ノ妻ミキヲ呼ヒ私
ノ妻ユキノモ居ル所ニテ此度梶原、藤田ノ兩名カ上海在
住ノ村上富雄ト共同ニテ海軍指定慰安倶樂部ヲ經營スル
コトニ爲リ右慰安倶樂部ハ内地ノ女郎屋ト同樣ノ事ヲス
ルモノナル事ヲ話シ同所ニ送ル女ヲ世話シテ呉レト申シ
タリ其ノ際私ハ女ヲ雇フニハ女中トシテ雇フ樣ニト申シ
タルカ右ハ女ヲ雇フ際淫賣トシテ上海ニ行ク事ヲ勸メル
事ハ言ヒ難キ事ト考ヘ且女中トシテ雇フ方カ人ヲ集メ易
シト考ヘタル爲ナル旨ノ記載

七 被告人岡崎喜野ニ對スル第二回豫審訊問調書中其ノ供述
トシテ（記録第二八四丁以下）梶原伊吉カ安太郎ト共
ニ上海ニ行キテ後伊吉ヨリ手紙ニテ通信カアリ自分ハ藤
田、村上ト共同ニテ海軍指定倶樂部ヲ經營スルコトニ爲
リ安太郎カ金ヲ出スコトヲ承諾シタル故女ヲ雇フテ送ラ
レ度タ女雇入ニ付テハ中國文太郎ニモ依頼ノ手紙ヲ出シ
置タニ依リ中國ニ世話サセテ呉レト申來リタリ同日中國
文太郎カ私方ニ來テ伊吉ヨリ同人ニモ手紙カ來テ私ニ對
スル手紙ト同趣旨ノ記載アリ海軍指定慰安倶樂部ト言フ
ハ女ニ客ヲ取ラセル所ナル旨記載アリタリト文太郎カ申
シ居タリ其ノ後主人安太郎カ上海ヨリ歸リ私方ニ於テ西

裁判所用紙　裁判所

國五三郎、藤田ミキニ對シ慰安所ハ軍人ヲ相手ニ春ヲ賣
淫ヲ爲ス所ナル旨詳シク話シタリ而シテ梶原伊吉ヨリ私
ニ手紙カ來タ翌日カ翌々日頃伊吉ヨリ電報ニテ來ル十五
日迄ニ女ヲ送リ呉レトノ趣旨ヲ申シ來リタル故直ニ中國
丈太郎ヲ私方ニ呼ヒ同人ト女雇入レノ方法ニ就キ協議シ
タル旨ノ記載

十七、同被告人ニ對スル第三回豫審訊問調書中其ノ供述トシテ
（記錄一、六一一丁裏以下）私ハ梶原ヨリ電報ノ來リタル
後中國ト女雇入ノ相談シタルカ其ノ際私ト中田ハ客ヲ取
ル酌婦トシテ雇入ハ何千圓モ出サネハナラヌ故女給トシ
テ雇ヘハ安ク濟ムト話合ヒ女給トシテ雇入ルル事ニ決メ
タル旨ノ記載

十八、被告人中國丈太郎ニ對スル第二回豫審訊問調書中其ノ供
述トシテ（記錄一、五八五丁裏以下）梶原伊吉カ上海ヨリ
私ニ寄越シタル手紙ニハ女給又ハ仲居トシテ雇フテ呉レ
トノ趣旨カ記載シアリタルカ私ハ女ニハ淫賣セシムルモ
ノト思ヒ手紙ヲ見テ直ニ岡崎ユキノ方ニ行キ伊吉ヨリノ
手紙ノ趣旨ヲ話シタルトコロ同女ハ私ヨリ詳シク上海ノ
事ヲ知リ居リタル故同女ニモ伊吉ヨリ手紙カ來テ居ルモ
ノト思ヒタリ其ノ後伊吉ヨリユキノニ宛テ電報カ來タト

裁判用紙　裁判所

改　一字

七六

改　一字

ノ事ニテ同女ニ招カレ同女方ニ行キタル本同女ハ私ニ對シ今度ノ船ニ間ニ合フ樣女ヲ送ラネハナラヌ故女ヲ早急ニ雇フテ呉レ女ヲ雇フニハ女給又ハ仲居トシテ雇フテ呉レト命令的ニ申シタリ其ノ際ユキノハ女ニハ賣淫ノ事ハ言ハスニ雇フテ呉レトハ申サヌリシモ私ハ同人ノ口吻ヨリシテ女ニハ賣淫ノ事ハ打明ケスニ女給又ハ仲居トシテ雇フテ呉レト言フ意味ニ解シタル旨ノ記載

被告人藤田ミキニ對スル第一回豫審訊問調書中其ノ供述トシテ（記錄[illegible]冊〇九丁裏以下）主人藤田稔カ上海ヘ行ク前同[illegible]ヨリ歸リタル藤原伊吉カ私方ニ來テ稔ト何カ話シテ歸リ其ノ後ニテ稔カ上海ニ於テ海軍慰安所ヲ經營スレハ儲カルソウナト申シ居タルカ稔カ上海ニ向ケ出發二三日後私ニ宛テ手紙ヲ寄越シ後ニ電報カ着イタナラハ直ニ松島寧二ニ世話ヲサセ女ヲ雇フテ送ル樣申來リタルニ依リ私ハ其ノ手紙ヲ松島寧二ニ示シタルトコロ松島ハ女ヲ世話スルコトヲ承諾シ同人ハ客ヲ取ル女ナラント申シタル故松島ハ手紙ニ在ル女カ淫賣婦ナルコトハ承知シ居タルモノト思ヒタリ其ノ後岡崎安太郎ノ妻ユキニ招カレ同人方ニ行キタルトコロユキノハ上海ノ安太郎ヨリ手紙カ來テ上海ニ於テ村上カ經營シ居タル海軍慰安所ト

裁判用紙　　裁判所

改 一字

七七

言フ淫賣屋ヲ此度安太郎、梶原伊吉及私ノ三名カ共同シ
テ經營スルコトニ爲リタル由故女ヲ送ラネハナラヌニ依
リ自分ノ方ニテモ女ヲ雇フ故貴殿ノ方モ出來ルダケ世話
シテ呉レ金ハ自分ノ方ニテ立替ヘ置ク旨女ヲ雇フニ寄ヲ
取ラセル事ヲ斷セハ金カ高ク掛ル故其ノ事ハ言ハスニ女
給トシテ雇フコトニ仕様ト話シタルヲ以テ其ノ様ニシテ
女ヲ雇入ルル事ニシ私ハ直ニ松島寧二方ニ行キ同人ニ女
給トシテ雇入ヲ頼ミタリ同人ハ[illegible]ノ淫賣屋ノ願聞
ノ如キ事ヲ爲シ居リ金ヲ高ク掛ケスニ雇フテ遣ルト申シ
居タル旨ノ記載

裁判用紙　　裁判所

十四　同被告人ニ對スル第三回豫審訊問調書中其ノ供述トシテ
（記錄一、四五丁裏以下）岡崎安太郎カ[illegible]後藤某ト西園
五三郎トカ兩人方ニ招カレ安太郎ヨリ女ニ賣淫ノ事ヲ打
明ケテ雇ヘハ百圓ノ所ハ二百圓掛ル故女給トシテ雇入レ
様ト言ハレタル際私ハ左様ニシマセウト答ヘタルカ右ノ
話ヲ聞キ其ノ事ハ私ノ主人松ト相談シテ來リタルモノト
思ヒタリ而シテ其ノ日松島寧二ニ女雇入レ方ヲ頼ミタル
旨ノ記載

十五　證人西園五三郎ニ對スル豫審訊問調書中其ノ供述トシテ
（記錄一、六八八丁裏以下）岡崎安太郎カ上海ヨリ歸リタ

ル時私ト藤田ミキトカ呼ハレテ行キ安太郎ハ私トミキト
ニ對シ安太郎ノ妻ユキノノ居ル所ニ於テ自分ハ藤田ミキト
共同ニテ帝國軍人ヲ相手トシ婦女ニ賣淫セシムル海軍慰
安所ヲ經營スルコトニ爲リ同所ニ女ヲ送ラネハナラヌ故
世話シテ呉レ女ニハ慰安所ノ接待婦ノ女給トシテ雇フト
言ヒ賣淫ノ事ハ言ハヌカ良イト申シタリ私ハ賣淫ヲ爲ス
酌婦トシテ雇ヘハ金モ掛リ又希望者モ少キ故安太郎カ右
ノ樣ニ申シタルモノト考ヘ且同人カ賣淫ノ事ハ女ニハ打
明ケヌカ良イト申シタルハ同人獨リノ考ニテハ無ク上海
ニ於テ藤田等ト左樣ニ相談シタル事ナルヘシト察シ私ハ

左樣ニスルト返事シテ同人方ヲ辭シ藤田方ニ行キタルト
コロ松島事三カ居合セタルニ依リ同人ニ岡崎安太郎ノ申
シタル通リ傳ヘタルトコロ松島ハソンナ風ニテ雇ハネハ上
海邊ニハ女カ直ク行クト言ハヌト申シ私モ松島モ藤田ノ
婦女ヲ世話シテ遣ルコトニシタル旨ノ記載

六 被告人岡崎（原田）春吉ニ對スル第一回豫審訊問調書中
其ノ供述トシテ（記錄九一〇丁以下）私ハ岡崎安太郎ノ
甥ナルカ昭和七年三月半頃藤田ノ息子ト岡崎ノ息子トカ
上海見物ニ行ク際岡崎ユキノノ依頼ニ依リ上海ノ海軍慰
安所ニ行ク女三人ヲ一緒ノ船ニテ連レテ上海ニ行キタル

旨ノ記載

七七 被告人岡崎ユキノニ對スル第六回豫審訊問調書中被告人
岡崎（原田）春吉ノ供述トシテ（記錄二一九一丁以下）
私ハ藤田、岡崎ノ息子二人ヲ連レ上海ニ行キ同地ニ滯在
中岡崎ユキノヲ旅館ニ訪レタル際同人ヨリ海軍慰安所カ
客取リ賣淫ヲ爲サシムル所ナル事ヲ知リタリ私カ
ヲ世話シタルハ其ノ後ノ事ナル旨ノ記載

七八 被告人岡崎（原田）春吉ニ對スル第三回豫審訊問調書中
其ノ供述トシテ（記錄二七八一丁以下）私ハ藤田及岡
崎ノ息子二人ヲ連レ上海ニ行キタル時同地ノ海軍慰安所

裁判用紙　裁判所

ハ村上富雄カ營業主ニシテ藤田、梶原兩名ハ同所ニ婦女
ヲ入レテ醜業婦營業ヲ爲ス所ナルコト及岡崎安太郎ハ藤
田、梶原ノ婦女雇入ノ資金ヲ出シ居ルモノナルコトヲ知
リタリ又私ハ上海ニテ岡崎ユキノニ會ヒタル際自分カ
一ヲ世話シツツアル事ヲ話シタルトコロユキノハ
本人カ行ケト言ヘハ雇アテモ良イト申シタル旨ノ記載

七九 原審相被告人上田虎藏ニ對スル第二回及第三回豫審訊問
調書ヲ通シ其ノ供述トシテ（記錄九五三丁以下）私ハ
岡崎ユキノノ招電ニ依リ同人方ニ行キタルトコロ同人ハ
上海カ中々ノ景氣故女ヲ上海ニ遣リ料理屋カ淫賣屋ヲシ

テ女ヲ勧カセ様ト思ヒ故女ヲ世話シテ呉レト申シ又同国
市之助ノ妹ノ嫁付先ニ娘カ居ルト言フ話ヲ聞キ居ル故同国
人ニモ話シテ呉レト申シタリ（一六四七丁以下）其ノ際
ユキノハ私ニ　　　及同　　以外ノ女ヲ雇フ際ハ上
海ニ行キ女郎ノ如キ事ヲセネハナラヌト言ヘハ誰モ[illegible]モ
アル故左様ナ事ハ言ハスニ上海カ景気故行キテハ如何ト
申向ケテ勧誘シ呉レト申シタル旨ノ記載
三　原審相被告人川田市之助ニ對スル第一回豫審訊問調書中
其ノ供述トシテ（記録九三五丁以下）昭和七年春頃上海
陸戦隊カ[illegible]ニ當[illegible]関係ユキノヨリ上海ノ[illegible]ニテ客取リ

八〇

裁判用紙　　　　裁判所

[illegible]ルニ其ノ雇入方ヲ頼マレタル[illegible]ト[illegible]タル
[illegible]ヲ[illegible]ハ之ヲ承諾シタリ[illegible]
ヲ世話スル際ニハ客取リヲセネハナラヌ事ハ言ハス女給
イト申シタルニ[illegible]ヲ其ノ事ハ話サザリシ旨ノ記載
ヲ綜合シテ之ヲ認ム
外十四名ノ[illegible]カ[illegible]ノ日[illegible]ノ判示[illegible]ニ
乗船シ各其ノ翌日上海ニ上陸シタル點ハ
一、被告人岡崎ニキノ[illegible]同中國[illegible]ノ各當公廷ニ於ケル
、　　　、　　　ニ照シ被告人藤田ミキノ當
公廷ニ於ケル　　、　　、　　、ニ照シ其

ノ旨ノ供述

三、原審第一回公判調書中被告人岡崎安太郎、村上富雄、藤田稔ノ各供述トシテ（記録三一四五丁以下）判示同趣旨ノ記載

ニ依リテ之ヲ認メ

判示第一ノ爾余ノ點ハ

一、證人　　ニ對スル第一回豫審訊問調書中其ノ供述トシテ（記録一、一九七丁以下）私ハ昭和七年四月初頃上海ノ事ニ付中田英太郎ノ妻ニ訊キタルトコロ岡崎ノ家へ行ケトノ事ニテ岡崎方ニ行キタル二岡崎ノ妻ハ私ノ履ハ

レ行ク先ハ上海ノ大キナ食堂ニテ兵隊ノ遊ビニ來ル所テアリ「チヤブ」モ多ク外ニ品物ノ賣上金ノ歩合モ貰ヘル故月三三百圓儲カルニ依リ行ツテ見ヨト申シタルヲ以テ私ハ其レヲ信シ上海へ行ク氣ニ爲リタリ其ノ時上海ニテ賣淫行爲ヲセネハナラヌト言フ話ハナク又借金ハ淫賣ノ稼高ニテ支拂フ等約束シタルコトナシ從テ淫賣ヲセネハナラヌ事カ判レハ上海ニ行カヌ筈ナリ然ルニ上海ニ行キタルトコロ其處ハ賣淫專業ノ所ナリシ爲私ハ金ヲ欺サレテ上海ニ送ラレタルコトヲ覺知シタル旨ノ記載

二、證人　　ニ對スル第一回豫審訊問調書中其ノ供述

トシテ（記録一、一七六丁裏以下）昭和七年四月初頃私ノ
父カ私ニ對シ藤田方ヨリ上海ノ食堂ノ女給ニオ前ヲ遣ツ
テ呉レトノ相談カアリ月ニ五、六十圓位ノ金儲カアルト言
ヲ勸メタト申シタリ其ノ後藤田方長崎市　　　ノ松島章
二方ニ於テ藤田ノ妻ニ會ヒタルトキ同女ハ上海ノ勤先ハ
食堂ニテ女給ヲ爲シ客取リスル必要ナク若シ嫌ナレハ直
ニ歸國シテモ良イ上海ハ好景氣ニテ百五十圓ノ前借金ハ
二、三ケ月ニテ拂ヘ殘ニハ毎月五十圓位宛ノ送金カ出來ル
故行ツテ呉レト申シタルカ賣淫ノ斷ハ全然無ク前述ノ如
ク客取ル要ナシトノ話ナリシ爲賣淫ハセヌモノト信シテ

裁判用紙　裁判所

承諾シ上海ニ行キタルトコロ其處ハ海軍軍人ヲ相手ニ專
ラ賣淫ヲ爲ス所ナリシ故私ハ初メテ藤田ノ策ニ欺カレテ
上海ニ送ラレタルコトヲ知リタル旨ノ記載
ニ依リテ之ヲ認メ
判示第二ノ爾餘ノ點ハ
一、證人西田五三郎ニ對スル豫審訊問調書中其ノ供述トシテ
（記録一、七〇〇丁裏以下）私ハ　　　　ノ父　ニ
對シ今度藤田、岡崎ノ兩名カ上海ニ於テ海軍慰安所ヲ經
營スルコトニ爲リ其所ニ女給カ必要ニテ儲カル由故娘ヲ
遣リテハ如何ト申シテ勸メタル二翌日　　カ　　ヲ

甲 高知製

同伴シ上海行ヲ承諾シタリ私ハ右両名ニ上海ニ行ケハ儲
カルト話シタルモ上海ニ行ケハ賣淫セネハナラヌ事ハ言
ハサリシヲ以テナカノハ單ニ慰安所ノ女給ト考ヘテ雇ハ
レ行キタルモノト思フ旨ノ記載

二、證人　　　ニ對スル豫審訊問調書中其ノ供述トシテ
（記録弐〇三六丁裏以下）　　　ハ私ノ次女ナルカ
昭和七年五月頃西田五三郎カ私方ニ來テ藤田カ上海ニ於
テ軍隊ノ娯楽場ノ如キモノヲ始メ其處ハ酒ヤビールヲ賣
ル軍隊ノ酒保ノ如キ所ニテ内地ノ女カ居ラヌ故其處ノ賣
子ノ如キ仕事ヲ爲ス者トシテ娘ナカノヲ遣リテハ如何、

裁判用紙　裁判所

酒ヤビールカ高ク賣レ其ノ儲ノ割合ヲ與レ内地ノ三年分
ヤ五年分ハ一年テ儲カルト申シタル故娘ナカノニ其ノ話
ノ趣旨ヲ傳ヘタルトコロ娘ハ上海行ヲ承諾シタリ西田ハ
上海ニ於テ娘カ醜業ニ從事セネハナラヌ事ヲ一言モ言ハ
サリシタメ私モ　　　モ左樣ナ事ハ知ラス若シ醜業セシ
メラルル事ヲ知ラハ僅カ二十圓位ヲ貰ヒ娘ヲ上海迄遣ル
樣ナ事ハ爲サス又娘モ行カサリシ筈ナリ然ルニ昭和八年
二、三月頃娘　　　ハ歸國シ上海ニ於テハ内地ニテノ話ト
異リ客取リヲセシメラレ辛カリシ旨申シタル旨ノ記載
ヲ綜合シテ之ヲ認メ

八四

改 一字

判示第三ノ事實ノ點ハ

一、被告人中田丈太郎ニ對スル第一回豫審訊問調書中其ノ供
述トシテ（記錄八八八丁以下）、私ハ昭和七年三月十一、二
日頃長崎市外　　（　　ノ誤記ト認ム
以下同シ）方ニ行キ同人ニ對シ今度上海ニ海軍慰安所ト
稱スル大キナ料理屋カ出來ル故娘ヲ上海ニ遣ラヌカト申
シタルトコロ同人ハ　　ヲモ招致シタル故兩人ニモ
前同樣話シタルニ兩名共娘ニ相談スルト申シタリ其ノ後
、　　ノ兩名ハ娘ノ　　ハ　　ノ兩名ヲ
同伴シ來リタル故私ハ娘兩名ニ對シ前同樣ノ話ヲ爲シタ

裁判用紙　　裁判所

ルトコロ兩名共上海行ヲ承諾シ又　　ノ　　モ同
樣上海ニ遣ル事ニ話カ決マリタリ私ハ　　、
ノ兩名ニハ上海ニ行キ淫賣スルト言フ事ハ言ハス女給
又ハ仲居ノ如キ仕事ヲセネハナラヌト申シテ勸誘シタル
モノナル旨ノ記載

二、證人　　ニ對スル豫審訊問調書中其ノ供述トシテ
（記錄一、八二七丁裏以下）　　ハ私ノ長女ニシテ同
ハ私ノ次女ナルカ昭和七年三月頃中田丈太郎カ私方
ニ來テ上海ニ良キ働キ口カアルカ貴殿ノ娘應　　ノ
娘ハ行カヌカト申シタルニヨリ　　ヲ私方ニ招キ私

改一字

八五

レモ娘ニ訊ネタル上返事ヲ為スコトトシタルニ丈太郎ハ
佐世保ニ居ル娘　ヲモ一緒ニ連レテハ如何ト申シタリ
其ノ後私ト助八トハ私ノ娘　ト助八ノ娘　トヲ中田
方ニ同伴シタルトコロ同人ハ娘等ニモ前同様ノ趣旨ノ話
ヲ為シ上海行ヲ勧メタルトコロ両名共上海行ヲ承諾シタ
リ最初中田ハ上海ニ於ケル良キ働キ口トハ岡崎ノ経営セ
ル海軍ノ倶楽部ノ如キ所ニテ酒ヤ肴ヲ運ブ仕事ニテ同所
ハ客ヲ取ラスル所ニ非ス月ニ二、三百圓ノ收入アリト申シ
タリ其ノ後岡崎ノ妻ニ會ヒタルカ同女ヨリモ客取リノ話
ハ聞カス　ニ對シテハ私カ中田ヨリ聞キタル通リ話シ

裁判用紙　裁判所

タルトコロ同女ハ客取リヲセス左様ナ金儲ノ有ル所ナラ
ハ行ケト申シ上海行ヲ承諾シタリ私モ娘両名モ中田カ客
取リスル所ニテハ無ク心配セスデモ良イト申シテ勧メタ
ル故其レヲ信シ娘二人ヲ上海ニ遣ル氣ニ為リ娘等モ其レ
ヲ信シテ上海行ヲ承諾シタルモノニシテ若シ客取リ商賣
ヲセネハナラヌ事カ判明シ居ラハ僅カ四百圓餘ヲ娘二人
分ノ前借金トシテ借受ケ上海迄遣ル筈ナカリシモノナリ
然ルニ其ノ後娘　カ歸國シ内地ノ話トハ相違シ上海ニ
テ客取リ商賣ヲサセラレタリト申シタル旨ノ記載
三、證人　ニ對スル豫審訊問調書中其ノ供述トシテ（

甲　高知縣

八六

削一字

記録〔八一三丁裏以下〕　ハ私ノ支度ナルカ昭和
七年三月頃　方ニ於テ中田丈太郎ニ面会シタル
時同人ハ岡崎カ上海ニ於テ飲食店ノ如キモノヲ経営シ女
カ必要ナルカ上海ハ景気好ク金儲カ出来ル故娘ヲ遣テヌ
カト言フ趣旨ノ事ヲ申シタリ私ハ水商賣ヲスル所ナラハ
遣ラヌト答ヘタルトコロ同人ハ水商賣ヲスル所テハナク
女中ノ如キ仕事ヲ爲スモノナル旨申シタルニ依リ娘ノ意
見ヲ聞キタルニ上海行ヲ承諾シタリ私モ娘　モ客ヲ取
ル水商賣ヲサセル所ト信シテ上海行ヲ承諾シタルモノニ
シテ若シ賣淫ヲセネハナラヌ事カ判明スレハ私モ　モ

裁判用紙　　裁判所

上海行ヲ承諾スル筈ナシ然ルニ　カ上海ニ行キタル後
私ニ音信シタ手紙ニハ内地ニ於ケル話トハ違ヒ客取リヲ
爲サネハナラヌト書キアリタル旨ノ記載
四、被告人中田丈太郎ニ對スル第一回豫審訊問調書中其ノ供
述トシテ（記録九〇三丁裏以下）私ハ　方ニ於
テ同人ノ娘　ニ對シ上海行ヲ勧メ賣淫ヲセネハ
ナラヌ事ハ言ハス勧メ先ハ　ノ慰安所ニシテ「カフ
エー」ノ女給又ハ仲居ノ如キ仕事ヲ爲ス所ニテ收入ハ月
七八十圓位ト申シタル旨ノ記載
五、證人　ニ對スル囑託ニ依ル領事ノ訊問調書中其ノ供

八七

述トシテ（記錄一、五一六丁裏以下）私ハ　　ト婚姻前
ト稱シタルカ昭和七年四月初頭中田文太郎カ私
方ニ來テ上海ハ戰爭後景氣良ク月收七十圓位アル同地ノ
料理屋ノ女中ニ爲ラヌカト申シ上海行ヲ勸メタル故私ハ
其レヲ信シ上海行ヲ承諾シタリ同地ニ於テ醜業ニ從事セ
ネハナラヌ事ハ全然聞カス若シ之ヲ知リ居レハ上海行ヲ
承諾セサル筈ナリシ旨ノ記載
ヲ綜合シテ之ヲ認メ
判示第四ノ爾餘ノ點ハ
一、被告人岡崎（原田）春吉ニ對スル第三回豫審訊問調書中

裁判用紙　　裁判所

其ノ供述トシテ（記錄二七八四丁裏以下）私ハ
ノ兄ニ妹ヲ上海ノ慰安所ニ遣ラヌカ月何十圓カノ收入
カアルト申シ勸メ更ニ上海ニ行キ海軍慰安所ノ内情ヲ知
リ歸國後　　及同人ノ父ニ會ヒ上海行ヲ勸メタルトコ
ロ承諾ヲ得タリ　　等ニ上海行ヲ勸メタル時慰安所ニ
行ケハ醜業ヲセネハナラヌ事ハ言ハサリシ旨ノ記載
二、證人　　ニ對スル豫審訊問調書中其ノ供述トシテ
（記錄一、二一七丁以下）昭和七年四月初頭岡崎春吉カ私
方ニ來テ私ヤ私ノ父ニ對シ上海ニ行ケハ月七八十圓ノ收
入アル故行キテハ如何若シ行キタル上都合惡ケレハ何時

加三字

中　高知製

歸國シテモ差支ナシト申シ尚行先ハ上海ノ海軍慰安所ナルカ其處ハ「カフエー」ニシテ水兵ヤ士官等ノ飲食スル所ナリ而シテ仕事ハ客ノ相手ヲ爲シ品物ヲ運フ等ナリ一年位居リ家ヲ造リタル者モアルト申シタル故私モ父モ之ヲ信用シ上海行ヲ承諾シタルカ春吉ヨリモ亦岡崎安太郎ノ妻ヨリモ賣淫ヲ爲サネハナラヌ事ハ聞カス若シ醜業セネハナラヌ事カ判明シ居レハ上海ニハ行カサリシ筈ナリ然ルニ上海ニ行キ賣淫ニ從事セシメラレタル旨ノ記載

ヲ綜合シテ之ヲ認メ

判示第五ノ罪證ノ點ハ

裁判用紙　　裁判所

一、原審相被告人上田虎藏ニ對スル第六回豫審訊問調書中其ノ供述トシテ（記錄二七六七丁裏以下）私ハ周田市之助ト共ニ　　及　　方ニ行キ上海行ヲ勸メタルカ其ノ際上海ニ行キ醜業ニ從事スルモノナルコトハ告ケス　　ニハ帳場ニ世話スルト申シ　　ニハ女中ニ世話スルト申シタル旨ノ記載

二、原審相被告人川田市之助ニ對スル第一回豫審訊問調書中其ノ供述トシテ（記錄九三三丁裏以下）私ハ上田虎藏ト共ニ　　方ニ於テ同人及其ノ母ニ對シ上海ニ行ケハ金儲カアル故行カヌカ行先ハ　　カ經營セル料

改一字

八九

理屋ニシテ女中カ又ハ女給ナリト申シテ上海行ヲ勧メタ
ルカ淫賣ヲセネハナラヌ事ハ告ケス次テ同日
ニ行キ同女ニ對シ前同様申シテ上海行ヲ勧誘シタルニ同
女ハ賣淫スルコトハ欲セヌト申シタル故私ト上田ハ帳場
ニ世話スルト申シタル處同女ハ上海行ヲ承諾シタル旨ノ
記載
三、證人 …ニ對スル豫審訊問調書中其ノ供述トシテ
（記錄三、四六〇丁以下）昭和七年三月二十四五日頃川
田市之助、上田虎義外一名カ数回 ノ私方ニ來テ上
海ニ行ケハ金儲カアリ行先ハ上海ノ兵隊相手ノ食堂ニテ

裁判用紙　裁判所

收入ハ一日ニ「チップ」カ〝ニ圓アル旨申シ上海行ヲ勧
メタル故私ハ單ニ兵隊相手ノ給仕カ酒ノ酌位ズレハ良キ
事ト思ヒ承諾シタルカ賣淫スル事ハ想像タニセズ若シ其
ノ事カ判明シ居レハ上海行ハ絶對ニ承諾セサリシ筈ナリ
シトコロ上海ニ行キタルニ賣淫ヲセネハナラヌ事ヲ知リ
驚キ騙サレタリト思ヒタルモ逃ケ歸ルニハ旅費モ無ク仕
方ナク醜業ニ從事シタル旨ノ記載
四、證人 ニ對スル豫審訊問調書中其ノ供述トシテ（
記錄一、七八一丁以下）川田市之助及姓不詳虎義ト言フ人
カ私方ニ參リ私ノ妹 ハ家政女學校ヲ卒業シ居ル故上

海ノ食堂トカ「カフエー」トカノ帳場ニ世話スルカ行カ
ヌカ非常ニ金儲ニ爲ルト申シタルモ　ハ女學校ヲ出タ
許リノ事故斷リタルニ同女ハ私ノ不在中無斷ニテ上海ヘ
行キタル旨ノ記載

五、證人　ニ對スル豫審訊問調書中其ノ供述トシテ（記
錄一、七五五丁裏以下）私ハ　ト結婚スル前ハ　姓
ヲ稱シ居タルカ昭和七年四月初頃川田雨之助外一名カ私
方ニ三回參リ長崎ノ岡崎カ上海ニ於テ食堂ノ如キモノヲ
經營シ居リ帳場カ人用ナルカ内地ヨリモ收入多キ故行カ
ヌカト申シ上海行ヲ勸メタルニ依リ兄ヤ母ノ同意ヲ得ス

裁判用紙　裁判所

承諾シタリ其ノ後岡崎ユキノ方ニ行キタル際同人モ帳場
カ不足シ居ル故上海ニ行キ呉レト申シタルモ賣淫スルト
ノ話ハ全然聞カス然ルニ上海ニ行キタルトコロ同地ニテ
ハ專ラ醜業ニ從事スル事ヲ知リ又藤田勝ヨリ醜業ニ從事
スルコトヲ勸メラレタルモ拒絶シタル旨ノ記載

ヲ綜合シテ之ヲ認メ

判示第六ノ爾餘ノ點ハ

一、原審相被告人上田虎藏ニ對スル第六回豫審訊問調書中其
ノ供述トシテ（記錄二、七六八丁裏以下）私ハ　、
等ヲ世話シタル際同女等ニ對シ上海ニ行キ客

九三

取ヲセネハナラヌ事ハ告ケス女中ニ世話スルト申向ケタ
ル旨ノ記載

二、證人　ニ對スル豫審訊問調書中其ノ供述トシテ
（記錄二二三〇丁裏以下）　ハ私ノ長女ナルカ
上田虎藏カ自分ノ姪カ上海ニ於テ「カフエー」ヲシテ居
リ戰後ニテ忙シキ故娘ヲ女中ニ遣ツテ吳レヌカト申シタ
ル故女中ノ仕事ヲ爲サシムルモノト信シ娘モ承諾ノ上上
海ニ遣リタルトコロ其ノ後娘ヨリ手紙ニテ上海ニ行キ淫
賣ヲ爲サシメラレ居ルト知ラセテ來リタルニ依リ私ハ直
ニ手ヲ盡シテ娘ヲ内地ニ呼戻シタル旨ノ記載

裁判用紙　裁判所

三、證人　ニ對スル囑託ニ依ル領事ノ訊問調書中其ノ
供述トシテ（記錄二六四一丁裏以下）私ハ戸籍上
ナルモ　トモ稱シ居タリ昭和七年四月初頃上田
虎藏カ私方ニ來テ上海ノ仕出屋ノ女中奉公ヲ爲サハ月二
三十圓ノ收入アリト申シ上海行ヲ勸メタル故私ハ之ヲ承
諾シ上海ニ參リタルカ上田モ岡崎ユキノモ上海ニテ賣淫
ヲ爲スト事ハ言ハス若シ其ノ事カ判明シ居ラハ上海ニ
來ル筈ニアラサリシ旨ノ記載

四、證人　ニ對スル豫審訊問調書中其ノ供述トシテ（
記錄二二四四丁裏以下）　ハ私ノ四女ニシテ昭

九試

和十年三月中死去シタルカ昭和七年四月頃上田虎靜カ私
方ニ參リ娘ヲ上海ニ於テ同人ノ經營スル「カフエ
ー」ノ女給ニ遣ラヌカ內地ニ於テ女中奉公スルヨリ三、三
倍ノ給料カ貰ヘルト申シタル故私ハ娘　　ト相談シタ
ル上私モ　　モ女中奉公ナリト信シテ上海行ヲ承諾シ
タルトコロ　　カ上海ニ行キテ後手紙ニハ內地ニ於ケ
ル話トハ相違シ淫賣ヲセシメラレ斯樣ナ事ナレハ來ル筈
ニハアラサリシ旨申來リタリ私モ淫賣ヲサセラルル事カ判
明シ居レハ娘ヲ上海ニハ遣ラサリシ筈ナル旨ノ記載
ヲ綜合シテ之ヲ認メ

裁判用紙　裁判所

判示第七ノ爾餘ノ點ハ
一、原審第二回公判調書中被告人松島章二ノ供述トシテ（記
錄一三八八丁以下）私ハ　　ノ世話ニテ上海ノ海
軍指定慰安所ニ送ル爲　　、　　等ヲ抱ヘルコ
トニ爲シタル旨ノ記載
二、證人　　ニ對スル豫審訊問調書中其ノ供述トシテ
（記錄一八六〇丁以下）昭和七年三月頃松島章二カ私方
ニ來テ上海ノ海軍慰安所ノ給仕女ヲ世話シテ吳レ給料ハ
五、六圓ナルモ「チツプ」ノ收入カ多ク五、六十圓ニ爲ルト
申シタル故私ハ之ヲ信シ　　等ニ對シ松島章二ノ申

九

シタルト同様ノ事ヲ話シ同女等ヲ　方ニ同伴シタルト
コロ章二ハ同人等ニ私ニ話シタルト同様ノ事ヲ話シ且客
ヲ取ラヌトモ良キ旨申シ同人等ハ上海行ヲ承諾シタリ次
テ同月末頃私ハ　モ同様ノ事ヲ話シ上海行ヲ勧
メタルカ章二ヨリハ上海ニ於テ賣淫ヲ爲サシムルモノナ
リトノ話ハ全然聞キ居ラサリシ旨ノ記載

三、證人　ニ對スル豫審訊問調書中其ノ供述トシテ（
記錄三一〇六丁裏以下）私ハ昭和七年三月半頃女中ヲ志
望シ豫テ知合ノ　ニ對シ其ノ旨告ケテ仕事口ノ
周旋ヲ依賴シ置キタルトコロ其ノ後　カ上海ノ海軍慰

裁判用紙　裁判所

安所ニ働ク女ヲ松島章二ヨリ頼マレ居ルカ同所ニテハ食
事ノ給仕ヤ酒ノ酌ヲスル仕事ナル由ニテ月給ハ十圓位ナ
ルモ客ヨリノ貰物モアリ月五六十圓ニ爲ルト申シタルニ
依リ松島章二方ニ行キタルニ松島モ　ト同様ノ話ヲ爲
シ女中ニ雇フト申シタル故私ハ上海行ヲ承諾シタリ松島
ハ上海ニ於テ醜業ヲ爲サシムルトハ言ハサリシヲ以テ上
海ニ行キタルトコロ海軍慰安所ハ内地ニ於ケル話トハ全
然異リ客取リヲセネハ僅カ三十五圓ノ前借金カ支拂ヘヌ
爲遂ニ止ムナク客取リヲスルニ至リタル旨ノ記載

四、證人　ニ對スル豫審訊問調書中其ノ供述トシテ（

九四

記錄二一二七丁以下）昭和七年四月初頃　方ニ
於テ同人カ私ニ對シ上海ノ藤田ノ家ヘ女中トシテ炊事ヤ
洗濯スル仕事カアル故行カヌカ月給ハ十圓位ナルカ酌婦
等ノ洗濯モスレハ十五圓位ニハ爲リ又客ヨリノ貰ヒモ有
リ月五六十圓位ニ爲ルト申シタル故私ハ之ヲ信シ上海行
ヲ承諾シタルカ賣淫ヲセネハナラヌト言フ話ハナク斯ル
話カアレハ上海ニハ行カサリシ筈ナリシ旨ノ記載

五、證人　ニ對スル囑託ニ依ル領事ノ訊問調書中其ノ
供述トシテ（記錄三六五八丁裏以下）昭和七年四月初頃
松島章二方ニ於テ同人カ私ニ對シ上海ニ於ケル飲食店ノ

裁判用紙　裁判所

女中ニ爲レハ同地ハ景氣カ良キ故五十圓位前借シテ行ケ
モ一週間經過セヌ間ニ返濟シ得ヘキ旨申シタルニ依リ承
諾シテ上海ニ參リタルカ上海ニ行キ醜業セネハナラヌト
ノ話ハ全然無カリシ旨ノ記載

六、證人　ニ對スル豫審訊問調書中其ノ供述トシテ（記
錄三二七四丁以下）私ハ昭和七年四月一日藤田ミキニ頼
マレ　外四名ヲ連レ長崎港出帆ノ船ニテ上海ニ渡
リタルカ（三二九八丁以下）其ノ際松島章二カ私ニ此ノ
女等ハ慰安所ノ女給トシテ送ルモノ故其ノ積リニテ連行
カレ度ク若シ女等カ訊ネタルトキハ「女給ジヤ」ト申シ

加 七字
九五
改 一字

テ奥レト耳打シタル旨ノ記載
ヲ綜合シテ之ヲ認メ
犯意繼續ノ點ハ判示被告人等カ短期間内ニ同種ノ行爲ヲ反覆
累行シタル事蹟ニ徴シ明ナリ
左レハ如上説明ニ依リ判示犯罪事實ハ全部其ノ證明アリタル
モノトス
法律ニ照スニ被告人等ノ所爲中誘拐ノ點ハ刑法第二百二十六
條第一項第五十五條（但シ被告人春吉ニ對シテハ第五十五條
ヲ適用セス）ニ被拐者帝國外移送ノ點ハ同條第二項第一項第
五十五條（但シ被告人春吉ニ對シテハ第五十五條ヲ適用セス

裁判用紙　裁判所

）ニ各該當スルトコロ右ハ手段結果ノ關係アルヲ以テ同法第
五十四條第一項後段第十條ニ則リ犯情重キ被拐者帝國外移送
罪ノ刑ニ從ヒ尚被告人等ノ所爲ハ共犯ナルヲ以テ同法第六十
條ヲ適用シ被告人春吉ニ對シテハ犯情憫諒スヘキモノアルヲ
以テ同法第六十六條第七十一條第六十八條第三號ニ從ヒ酌量
減輕ヲ爲シ各其ノ所定刑期範圍内ニ於テ被告人等ヲ主文第一
項記載ノ刑ヲ量定處斷シ同法第二十一條ニ從ヒ原審ニ於ケル
未決勾留日數ノ一部ヲ主文第二項記載ノ如ク各其ノ本刑ニ算
入シ被告人春吉ニ對シテハ犯情刑ノ執行ヲ猶豫スルヲ相當ト
認メ同法第二十五條ニ從ヒ本裁判確定ノ日ヨリ三年間刑ノ執

九六

行ヲ循護シ訴訟費用ノ負擔ニ付刑事訴訟法第二百三十七條第二百三十八條ニ則リ被告人等ヲシテ主文掲記ノ如ク負擔セシムヘキモノトス
仍テ主文ノ如ク判決ス

昭和十一年九月二十八日

長崎控訴院第一刑事部

裁判長判事 岩村流芳

判事 高田喜雄

判事 島村廣治

右謄本也

昭和十一年十月五日

長崎控訴院第一刑事部

裁判所書記

裁判用紙 裁判所

1936년(레)제3021호(昭和十一年(れ)第三〇二一號)

大審院藏版

大審院刑事判例集 第十六卷

法曹會發行

ニ從ヒ之ヲ沒收スヘキモノトス尙訴訟費用ニ付テハ刑事訴訟法第二百三十七條第一項ニ則リ被告人ヲシテ其ノ全部ヲ負擔セシムヘキモノトシ主文ノ如ク判決ス

檢事平井彥三郞關與

○國外移送誘拐被告事件（昭和十一年(れ)第三〇二一號 同十二年三月五日第四刑事部判決 棄却）

【上告人】被告人 藤田松 外六名 辯護人 松永東 赤井幸夫 中山伊佐男 河鰭彥治郞 山崎佐六 外一名

【第一審】長崎地方裁判所 【第二審】長崎控訴院

○判示事項

誘拐罪ノ謀議ト共同正犯──上海ヘノ移送ト國外誘拐罪又ハ國外移送罪ノ成立──人ヲ誘拐シテ國外ニ移送セル場合ノ擬律

○判決要旨

一 國外移送ノ目的ヲ以テ人ヲ誘拐シ其ノ被誘拐者ヲ國外ニ移送スルコトヲ謀議シタル者ハ其ノ實行行爲ヲ分擔セサリシトキト雖國外誘拐並國外移送罪ノ共同正犯タル刑責ヲ負フヘキモノトス【要旨第一】

二 上海ニ移送スル目的ヲ以テ人ヲ誘拐シ之ヲ同地ニ移送シタルトキハ直ニ國外誘拐罪並國外移送罪ノ成立ヲ來スヘク同地ニ帝國軍隊ノ駐屯スルト否ト帝國裁判權ノ行ハルルト否トハ犯罪ノ成立ニ關係ナキモノトス【要旨第二】

三 國外移送ノ目的ヲ以テ人ヲ誘拐シタル者カ其ノ被誘拐者ヲ國外ニ移送シタルトキハ其ノ誘拐ノ點ニ付刑法第二百二十六條第一項移送ノ點ニ付同條第二項ヲ各適用シ其ノ間ニ手段結果ノ關係アルモノトシテ同法第五十四條第一項後段ニ照シ處斷スヘキモノトス【要旨第三】

【參照】刑法第二百二十六條 帝國外ニ移送スル目的ヲ以テ人ヲ略取又ハ誘拐シタル

者ハ二年以上ノ有期懲役ニ處ス
帝國外ニ移送スル目的ヲ以テ人ヲ賣買シ又ハ被拐取者若クハ被賣者ヲ帝國外ニ移送シタル者亦同シ

同法第六十條　二人以上共同シテ犯罪ヲ實行シタル者ハ皆正犯トス

同法第五十四條一項　一個ノ行爲ニシテ數個ノ罪名ニ觸レ又ハ犯罪ノ手段若クハ結果タル行爲ニシテ他ノ罪名ニ觸ルルトキハ其最モ重キ刑ヲ以テ處斷ス

○事　實

第二審ハ被告人等カ婦女ヲ誘拐シテ上海ニ移送シ醜業ニ從事セシメンコトヲ謀議シタル上被告人富雄以外ノ被告人等カ其ノ謀議ニ基キ長崎地方ニ於テ十數名ノ婦女ヲ誘拐シ之ヲ上海ニ移送シタル事實ヲ認定シ被告人等ヲ孰レモ共同正犯ナリト判定シ其ノ行爲中誘拐ノ點ニ對シテハ刑法第二百二十六條第一項移送ノ點ニ對シテハ同條第二項ヲ各適用シ尚右兩行爲ノ間ニ手段結果ノ關係アルモノト認メ同法第五十四條第一項後段ニ照シテ處斷シタリ

○主　文

本件上告ハ孰レモ之ヲ棄却ス

○理　由

被告人村上富雄辯護人松永東　赤井幸夫上告趣意書第一點原判決ハ其ノ事實理由ニ於テ被告人村上富雄ハ昭和五年十一月頃ヨリ中華民國上海ニ於テ其ノ雇人ニ係ル婦女ヲシテ同地駐屯ノ帝國軍人ヲ顧客トシ醜業ニ從事セシメ居タル處昭和七年一月所謂上海事變ノ勃發ニ因リ多數帝國海軍軍人ノ駐屯ヲ見ルニ至リタルヲ以テ海軍指定慰安所ナル名稱ノ下ニ從來ノ營業ヲ擴張センコトヲ欲シ豫テ知合ノ亡梶原伊吉ニ其ノ意圖ヲ告ケ同人ノ紹介ニ依リ同年三月七、八日頃上海文路江尾旅館ニ於テ被告人藤田稔岡崎安太郎ノ兩名ニ面談シ右ノ企圖ヲ諮リ之カ贊同ヲ得玆ニ被告人富雄ニ於テ家屋其ノ他ノ設備ヲ提供シ伊吉及被告人稔ノ兩名ニ於テ該營業所ニ於テ醜業ニ從事スヘキ日本婦女ヲ日本內地ニ於テ雇入レ移送スルコトヲ擔當シ被告人安太郎ニ於テ之カ雇入資金ヲ提供スルコトヲ約スルト共ニ婦女雇入レニ際シテハ其ノ專ラ醜業ニ從事スルモノナルコトノ情ヲ祕シ單ニ女給又ハ女中トシテ雇フモノノ如ク欺罔シ勸說誘惑シテ上海ニ移送セムコトヲ謀議シ伊吉ニ於テ直チニ之ニ贊同スルト共ニ安太郎等ノ旨ヲ受ケテ其ノ頃長崎市ニ於ケル被告人安太郎ノ妻ナル被告人岡崎雪野ニ右ノ協議內容ヲ通知シテ婦女ノ雇入方ヲ求メ被告人雪野ハ其ノ旨ヲ被告人稔ノ妻ナル被告人藤田ミキ及被告人中田丈太郎ノ兩名ニ通スルト共ニ被告人ミキトノ間ニハ之カ實行ヲ兩名ニ於テ分擔スヘキ旨ノ協議ヲ遂ケ次テ被告人丈太郎トノ間ニハ安太郎等ノ協議セル前記方法ニ基キ婦女ヲ雇入ルヘキコトヲ謀議シ居タルカ更ニ同月十四日被告人安太郎ニ於テ長崎市ニ歸來スルヤ直チニ同市內ナル同人方ニ西田丘三郎及被告人ミキヲ招致シ同人等竝被告人雪野ニ對シ前敍上海ニ於ケル協議ノ結果ヲ告ケテ婦女ノ移送方ヲ促シ同人等モ之ニ贊

誘拐罪ノ謀議ト共同正犯　上海ヘノ移送ト國外誘拐罪又ハ國外移送罪ノ成立　人
チ誘拐シテ國外ニ移送セル場合ノ擬律

同ノ上被告人雪野ニ於テハ同年三月下旬頃被告人原田春吉原審相被告人上田虎壽ヲ介シテ原審相被告人川田市之助ノ三名ニ五三郎及被告人ミキニ於テハ同月十四日頃被告人松島章二ニ夫々安太郎等ノ協議セル前記方法ニ依リ婦女ヲ誘拐シテ上海ナル前示慰安所ニ移送センコトヲ諮リタルトコロ被告人春吉 章二及原審相被告人虎壽 市之助ハ孰レモ之ニ賛同シ因テ第一乃至第七ノ如ク順次山口キクヱ以下十五名ノ婦女ヲ長崎ヨリ乗船セシメテ之ヲ誘拐シタル上孰レモ上海ニ上陸セシメ以テ同女等ヲ帝國外ニ移送シタルモノナリト判示シ刑法第二百二十六條第一、二項第五十五條第六十條等ヲ適用シテ有罪ノ言渡ヲ爲シタリ然レトモ右事實理由ニ依レハ上告人村上富雄ハ上海ニ在リテ判示ノ營業ヲ爲シ居リ日本國内ヨリ婦女ヲ雇入ルコトヲ協議シタルニ止マリ判示婦女ヲ判示ノ手續ニヨリ上海ニ送リタル一切ノ事項ニハ全然關與スル處ナキモノナリ即伊吉 雪野 ミキ其ノ他ノ者ニ於テ順次相謀議シ判示ノ如キ手段ニヨリテ判示婦女ヲ上海ニ赴カシメタル事實ニ付テハ全然其ノ實行ニ關與シタルモノニアラサルノミナラス其ノ之ニ關シテ全ク其ノ認識ヲ有セサルモノニシテ隨テ之ヲ其ノ共同正犯ナリト斷スルヲ得サルモノナリトス加之記錄ヲ閲スルニ上告人ハ當局ノ認許ヲ受ケ上海ニ於テ永ク判示營業ヲ經營シ居リタルモノニ係リ同地ノ狀勢更ニ其ノ擴張ヲ要スルニ至レルヨリ判示伊吉等ニ其ノ協議ヲ爲シタルニ止マルモノニシテ其ノ際判示ノ如キ甘言ヲ以テ婦女ヲ誘拐センコトヲモ謀議シタルニアラス判示ノ如キ手段ヲ以テ判示婦女ヲ欺キタリトセハ并ハ現實長崎縣下ニ於テ婦女ノ雇入ニ從事セル者等ニ於テ爲シタル處ノモノナリ然ルニ原判決カ前示ノ如ク上告人富雄ニ於テモ判示婦女誘拐海外移送ノ罪ノ共同正犯ナリトシテ前示法條ヲ適用シテ有罪ノ言渡ヲ爲シタルハ事實ノ誤認アルコト顯著ナル事由アルモノニシテ此ノ點ニ於テ破毀ヲ免レサルモノト信スト云フニ在レトモ

所論ノ判示事實ハ原判決擧示ノ證據ニ徵シ之ヲ肯定スルニ足リ記錄ヲ査スルモ原審ノ事實認定ニ重大ナル誤謬アルコトヲ疑フヘキ顯著ナル事由ナキノミナラス凡ソ國外誘拐罪ハ帝國外ニ移送スル目的ヲ以テ人ヲ誘拐スルニ依リテ成立シ又國外移送罪ハ被誘拐者ヲ帝國外ニ移送シタルトキニ於テ成立スルモノニシテ其ノ被誘拐者ノ何人ナルヤハ敢テ問フ所ニ非サルカ故ニ苟モ帝國外ニ移送スル目的ヲ以テ

【要旨第一】

人ヲ誘拐シ其ノ被誘拐者ヲ帝國外ニ移送スルコトヲ謀議シタル以上之ニ參加シタル者ノ一部カ其ノ謀議ニ基キ被誘拐者ヲ物色シ之ヲ誘拐シテ國外ニ移送シ爾餘ノ者ハ其ノ實行行爲ニ全然關與セサリシトキト雖其ノ實行行爲ニ關與セサリシ者モ亦之ニ依リ自己ノ犯意ヲ實現セル結果トナルカ故ニ國外誘拐竝國外移送罪ノ共同正犯タル刑責ヲ負フヘキハ當然ノコトト云ハサルヘカラス從テ本件ニ於テ被告人富雄カ相被告人等ト醜業ニ從事セシムヘキ婦女ヲ誘拐シテ上海ニ移送センコトヲ謀議シ其ノ結果相被告人等カ長崎地方ニ於テ山口キクヱ外十數名ノ婦女ヲ誘拐シテ之ヲ上海ニ移送シタルコト原判決認定ノ如クナル以上縱令被告人富雄カ右犯罪ノ實行行爲ニ全然關與セサリシトテ共ノ共同正犯トシテノ罪責ヲ免ルヘキニ非ラサルハ勿論ニシテ原審カ其ノ判示スルカ如キ擬律ニ依リ被告人等ヲ處斷シタルハ

誘拐罪ノ謀議ト共同正犯　上海ヘノ移送ト國外誘拐罪又ハ國外移送罪ノ成立　人
ヲ誘拐シテ國外ニ移送セル場合ノ擬律

相當ナルヲ以テ論旨ハ理由ナキモノトス

同第三點原判決ハ上告人等ノ所爲ヲ以テ帝國外移送ノ目的ヲ以テ婦女ヲ誘拐シ且之ヲ帝國外ニ移送シタルモノナリトシテ刑法第二百二十六條ヲ適用處斷シタリ然レトモ當時上海ハ我帝國軍隊駐屯シ吾裁判權及警察權ノ及ヒシ場所即吾主權ノ及ヘル場所ナルヲ以テ土地ソノモノハ中華民國ニ屬セルモノナルヘシト雖斯ル場所ニ人ヲ移送スルハ刑法第二百二十六條ニ所謂帝國外ニ移送スルモノト謂フヘカラサリシモノト信ス果シテ然ラハ原判決ハ不當ニ法律ヲ適用シタル違法アルモノナリト云フニ在レトモ誘拐罪ニ付刑法第二百二十六條ニ特別規定ノ設ケラレタル理由ハ畢竟國情ヲ異ニシ歸還ノ容易ナラサル他國ニ被誘拐者ヲ移送シ又ハ移送スルヲ目的トスルカ如キハ普通ノ誘拐行爲ニ比シ情狀輕カラサルモノアルニ因ルコト勿論ニシテ其ノ他國ニ帝國軍隊ノ駐屯スルト否ト我裁判權竝警察權ノ行ハルルト否トハ問フ所ニアラサルカ故ニ被告人等カ支那領土タル上海ニ移送スル目的ヲ以テ婦女ヲ誘拐シタル上之ヲ同地ニ移送シタルコト原判決認定ノ如クナル以上前記法條ノ適用アルヘキハ當然ニシテ原判決ニハ所論ノ如キ違法ナキヲ以テ論旨ハ理由ナシ

【要旨第二】

同第六點原判決ハ其ノ法律理由中「被告人等ノ所爲中誘拐ノ點ハ刑法第二百二十六條第一項第五十五條ニ被誘拐者帝國外移送ノ點ハ同法第二百二十六條第二項第一項第五十五條ニ各該當スルトコロ右ハ手段結果ノ關係アルヲ以テ同法第五十四條第一項後段第十條ニ則リ犯情重キ被誘拐者帝國外移送罪ノ刑ニ從ヒ云々處斷シ」ト說示シタリ然レトモ帝國外ニ移送スル目的ヲ以テ人ヲ略取又ハ誘拐シタル者其ノ被誘拐者ヲ帝國外ニ移送シタル場合ニ於テ其ノ後段ノ所爲ハ其ノ前段ノ所爲ノ當然ノ結果トシテ別ニ他罪ヲ構成セサルモノナルコト夫ノ他人ノ物ヲ竊取シタル者カ其ノ目的物ヲ處分スルモ別ニ橫領罪ヲ構成セス之ヲ他ニ運搬スルモ贓物罪ヲ構成セサルト異ナル處ナキモノナリトス然ルニ原判決カ前示ノ如ク刑法第二百二十六條第二項ヲモ適用處斷シタルハ違法ニシテ破毀ヲ免レサルモノト信スト云フニ在レトモ

刑法第二百二十六條第一項ノ國外誘拐罪ハ帝國外ニ移送スル目的ヲ以テ人ヲ誘拐スルニ依リテ成立シ必スシモ其ノ被誘拐者ヲ帝國外ニ移送スルコトヲ要スルモノニアラス又同條第二項ノ國外移送罪ハ單ニ同法第二百二十四條乃至第二百二十六條第一項ノ被誘拐者又ハ被害者ヲ帝國外ニ移送スルニ依リテ成立シ移送者自ラ人ヲ誘拐シ若ハ賣買スルコトヲ必要トセサルカ故ニ兩者ハ夫々構成要件ヲ異ニスル別個ノ犯罪ニシテ其ノ一方カ成立スルトキハ他方ハ當然之ニ包含又ハ吸收セラレテ別罪ヲ構成セサルモノト謂フコト能ハス從テ帝國外ニ移送スル目的ヲ以テ人ヲ誘拐シタル者カ其ノ被誘拐者ヲ帝國外ニ

【要旨第三】

移送シタルトキハ其ノ行爲中誘拐ノ點ハ前示第二百二十六條第一項ニ移送ノ點ハ同條第二項ニ各該當シ尙其ノ兩行爲ノ間ニハ手段結果ノ關係アルヲ以テ同法第五十四條第一項後段第十條ヲ適用スヘキモノト解スヘク原審カ其ノ判示スルカ如キ擬律ニ依リ被告人ヲ處斷シタルハ相當ト認ムヘキカ故ニ論旨

ハ理由ナキモノトス（其ノ他ノ上告論旨及判決理由ハ之ヲ省略ス）
以上ノ理由ナルニ依リ刑事訴訟法第四百四十六條ニ則リ主文ノ如ク判決ス
檢事德江治之助關與

○縣會議員選擧罰則違反被告事件（昭和十一年(れ)第三〇五七號 同十二年三月五日第四刑事部判決 棄却）

【上告人】被告人 松浦善太郎 辯護人 赤井幸夫 高見喜四郎
【第一審】富山區裁判所 【第二審】富山地方裁判所

○判示事項

推薦狀ノ表書ニ使用スル勞務者ト其ノ選任

○判決要旨

推薦狀ニ依ル選擧運動ヲ爲スニ當リ推薦狀ノ表書ヲ爲サシムル爲ニ使用スル勞務者ト雖選擧事務長ニ非サレハ之ヲ選任スルコトヲ得サルモノトス

【參照】衆議院議員選擧法第八十九條第一項 選擧事務長ニ非サレハ選擧事務所ヲ設置シ又ハ選擧委員若ハ選擧運動ノ爲使用スル勞務者ヲ選任スルコトヲ得ス
同法第百三十一條 第八十九條第一項、第九十九條又ハ第百九條ノ規定ニ違反シタル者ハ六月以下ノ禁錮又ハ三百圓以下ノ罰金ニ處ス
府縣制第三十九條 府縣會議員ノ選擧ニ付テハ衆議院議員選擧法第十章及第十一章竝第百四十條第二項、第百四十二條及第百四十七條ノ規定ヲ準用ス但シ議員候補者一人ニ付定ムヘキ選擧委員ノ數、選擧運動ノ爲使用スル勞務者ノ數及選擧運動ノ費用ノ額ニ關シテハ勅令ノ定ムル所ニ依ル
同法第四十條 府縣會議員ノ選擧ニ付テハ衆議院議員選擧ニ關スル罰則ヲ準用ス

○事實

第二審ハ左記事實ヲ認定シ右事實ニ付府縣制第三十九條第四十條衆議院議員選擧法第八十九條第一項第百三十一條ヲ適用シ被告人ヲ懲役四月ニ處ス但未決拘留日數中二十日ヲ右本刑ニ算入スル旨ノ判決ヲ爲シタリ

被告人ハ昭和十年九月二十五日施行ノ富山縣會議員選擧ニ際シ同月九日同議員ニ立候補セシ安井忠重ノ當選ヲ得シムル目的ヲ以テ

일제침탈사 자료총서 96

식민지 조선과 일본군'위안부' 문제 자료집 II

-제국 외 이송유괴 사건 관계-

초판 1쇄 인쇄 2021년 12월 20일
초판 1쇄 발행 2021년 12월 31일

엮은이 동북아역사재단
편역자 박정애
펴낸이 이영호
펴낸곳 동북아역사재단

등록 제312-2004-050호(2004년 10월 18일)
주소 서울시 서대문구 통일로 81 NH농협생명빌딩
전화 02-2012-6065
팩스 02-2012-6189
홈페이지 www.nahf.or.kr
제작·인쇄 역사공간

ISBN 978-89-6187-689-6 94910
978-89-6187-589-9 (세트)